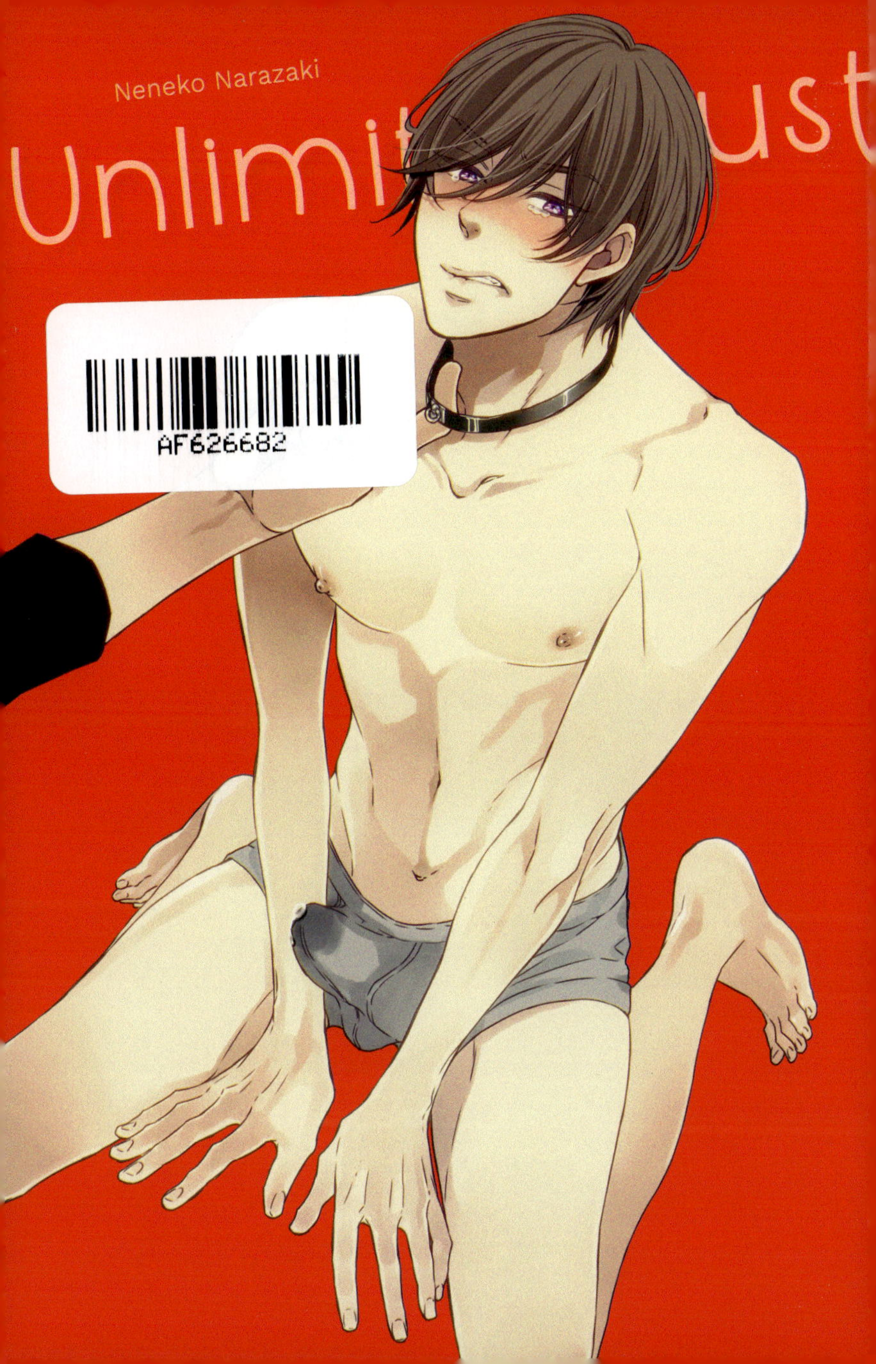
Neneko Narazaki
Unlimit
ust

Inhalt

Aus dem Japanischen von Lina Ballhus

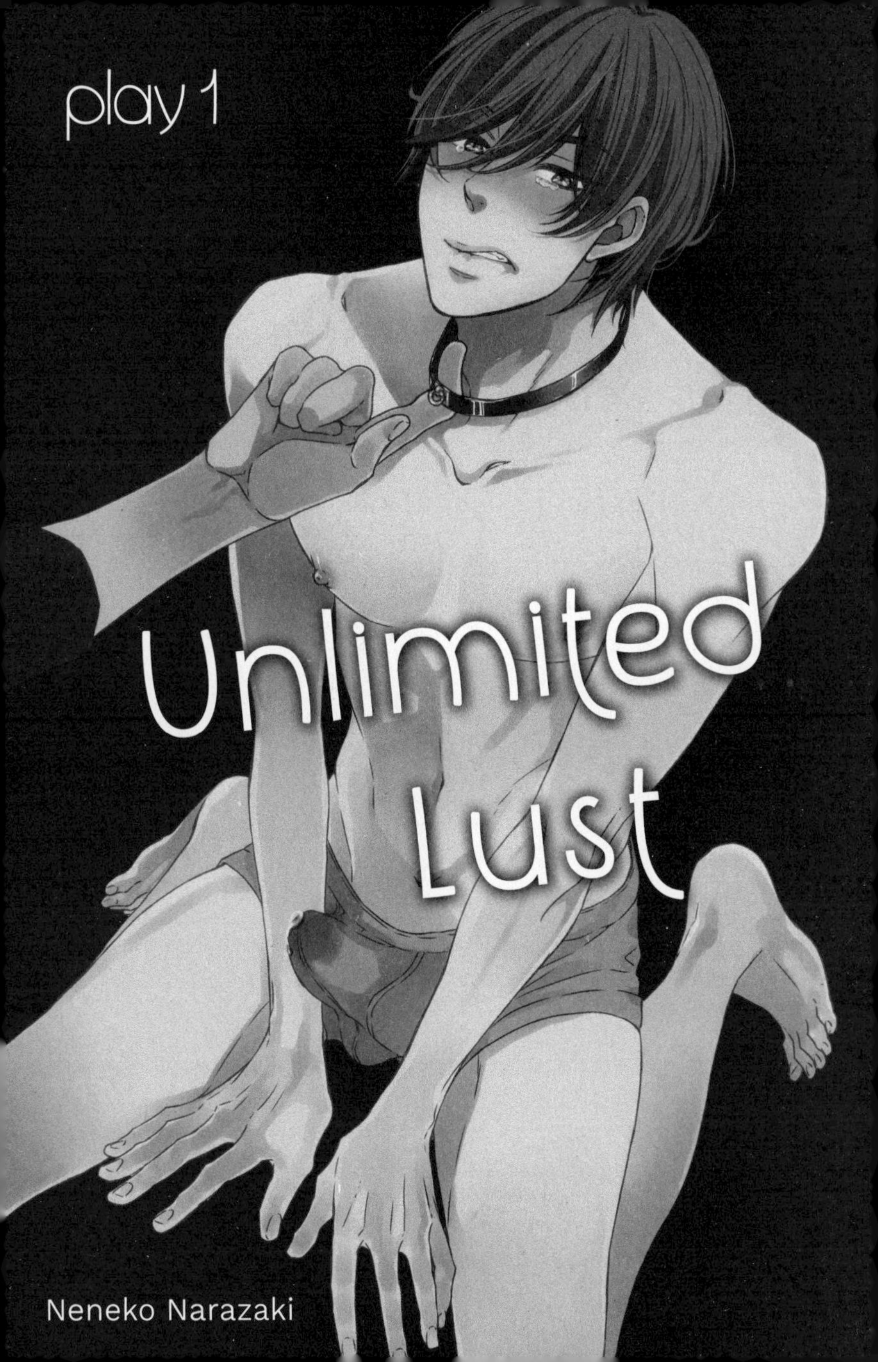
play 1
Unlimited Lust
Neneko Narazaki

Die Welt von Doms und Subs

Neben den klassischen Geschlechtern existiert mit Doms und Subs in dieser Welt noch eine zweite Art von Geschlechtszugehörigkeit, welche als »Dynamics« bezeichnet wird. Personen, die dieses Merkmal besitzen, können körperliche Probleme bekommen, wenn sie über längere Zeit keine Partner finden und ihre Lust nicht stillen können.

Dom

Besitzt das instinktive Verlangen, über einen Sub zu herrschen. Will disziplinieren, beschützen und sich kümmern.

Sub

Besitzt das instinktive Verlangen, von einem Dom beherrscht zu werden. Will diszipliniert, verhätschelt und komplett verausgabt werden.

Normal

Hat keine der beiden Geschlechtsausprägungen Dom/Sub. Über die Hälfte der Menschen gehört diesem Typ an.

Command

Befehl, den Doms gegenüber Subs nutzen. Kommunikationsmittel, um das gegenseitige Vertrauen zu stärken und die Lust zu befriedigen.

Glare

Erdrückende Ausstrahlung, die nur Doms besitzen. Kommt ein Sub damit in Berührung, will er gehorchen und wird verängstigt.

Subspace

Bezeichnet den Punkt, an dem das Bewusstsein des Subs im gemeinsamen Play komplett vom Dom kontrolliert wird. Der Sub fällt in eine Art Trance.

Subdrop

Mentale Instabilität des Subs, wenn die Kontrolle des Doms unzureichend ist. Passiert hauptsächlich, wenn der Sub nach dem gemeinsamen Spiel nicht beachtet wird oder wenn er unter einem starken Glare leidet.

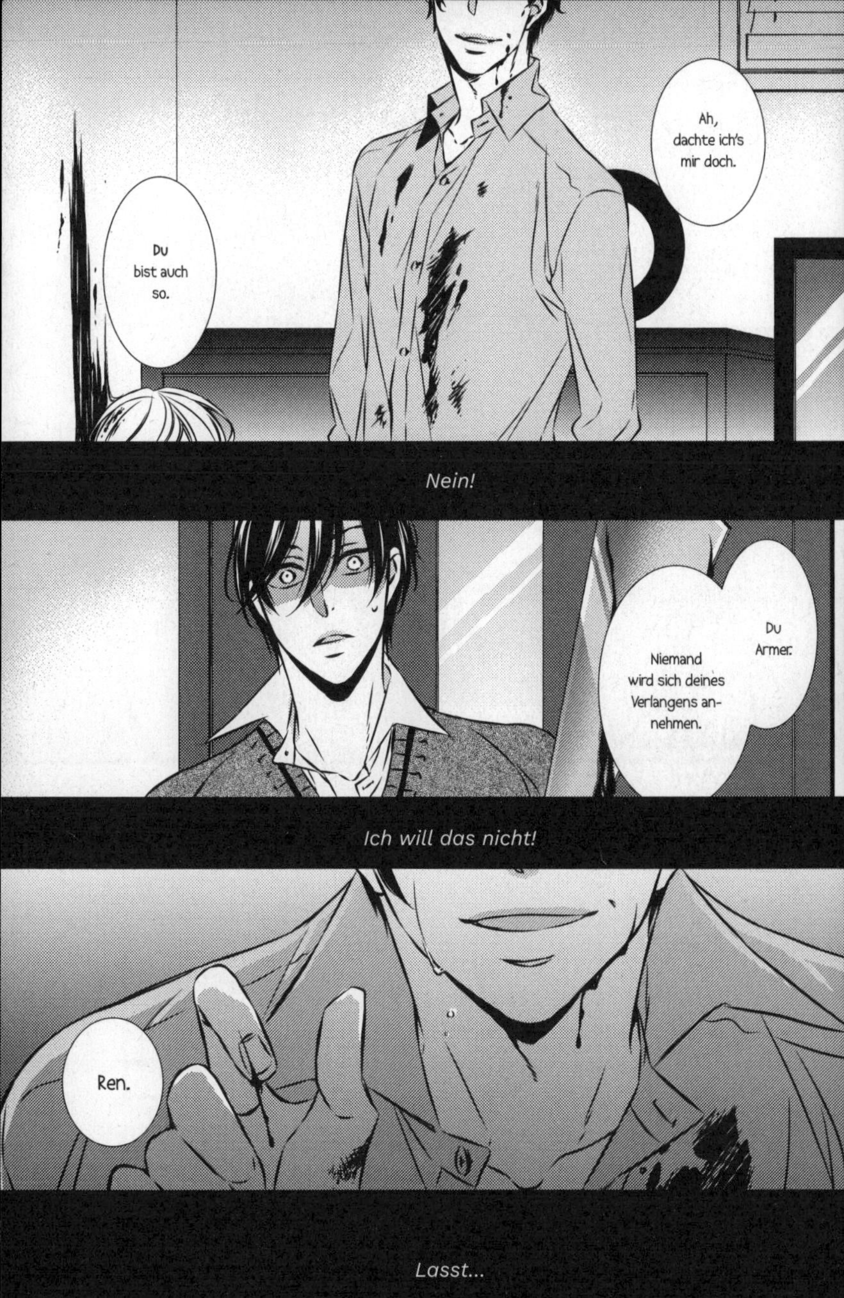
Ah, dachte ich's mir doch.
Du bist auch so.
Nein!
Du Armer.
Niemand wird sich deines Verlangens an-nehmen.
Ich will das nicht!
Ren.
Lasst...

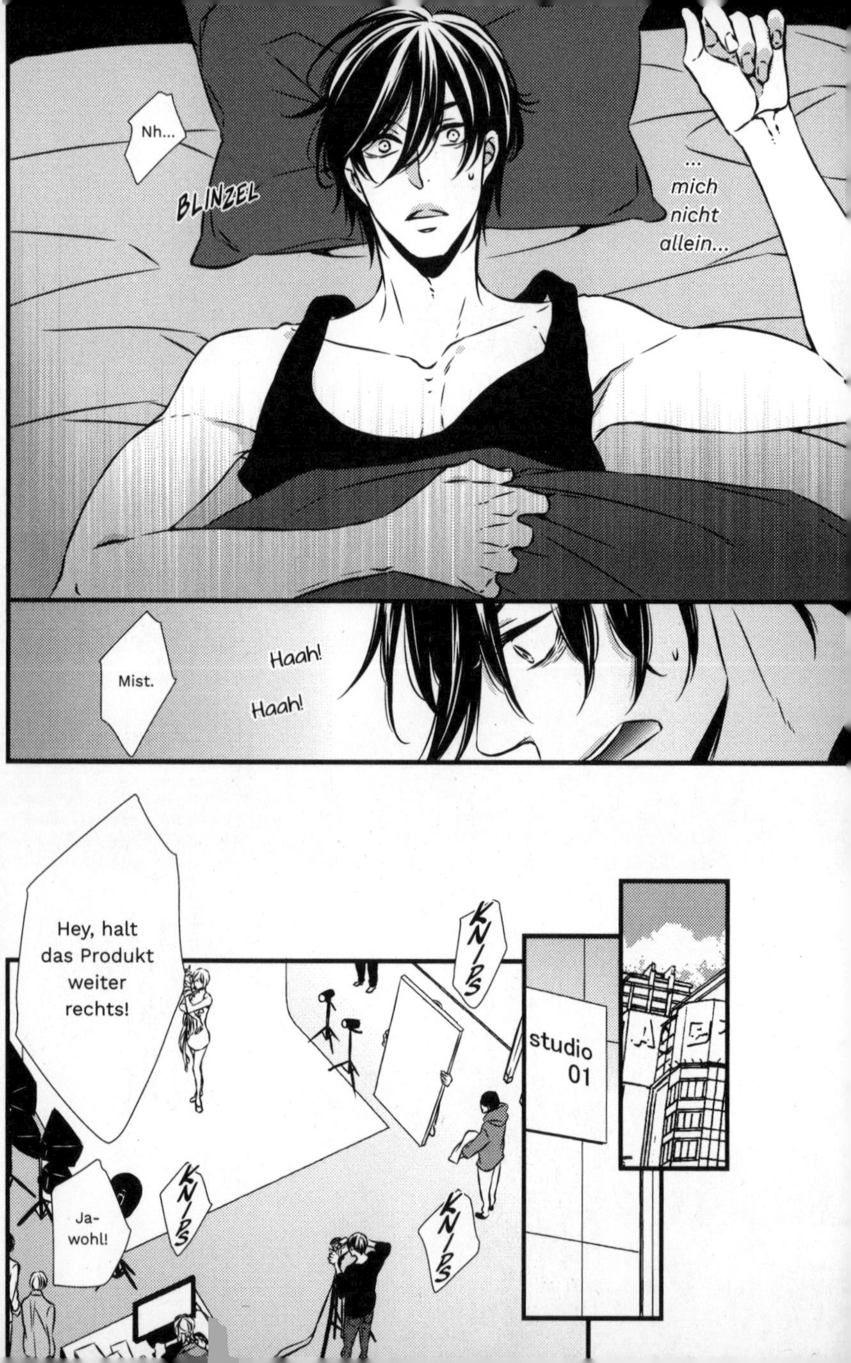

... mich nicht allein...
Nh...
BLINZEL
Haah!
Haah!
Mist.
studio 01
KNIPS
Hey, halt das Produkt weiter rechts!
KNIPS
KNIPS
Ja-wohl!

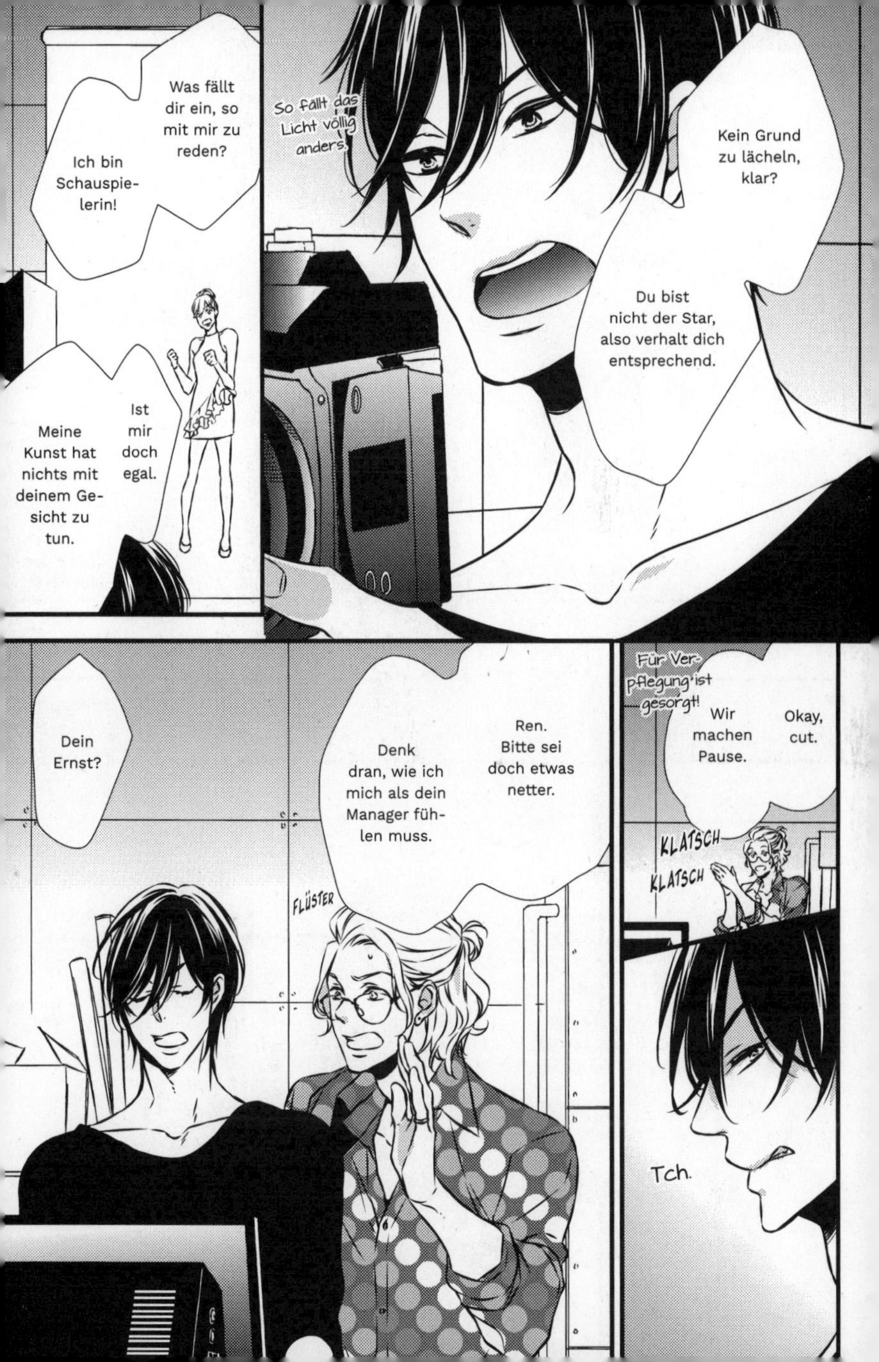

Kein Grund zu lächeln, klar?
Du bist nicht der Star, also verhalt dich entsprechend.
So fällt das Licht völlig anders.
Was fällt dir ein, so mit mir zu reden?
Ich bin Schauspielerin!
Ist mir doch egal.
Meine Kunst hat nichts mit deinem Gesicht zu tun.
Okay, cut.
Wir machen Pause.
Für Verpflegung ist gesorgt!
KLATSCH
KLATSCH
Tch.
Ren. Bitte sei doch etwas netter.
Denk dran, wie ich mich als dein Manager fühlen muss.
FLÜSTER
Dein Ernst?

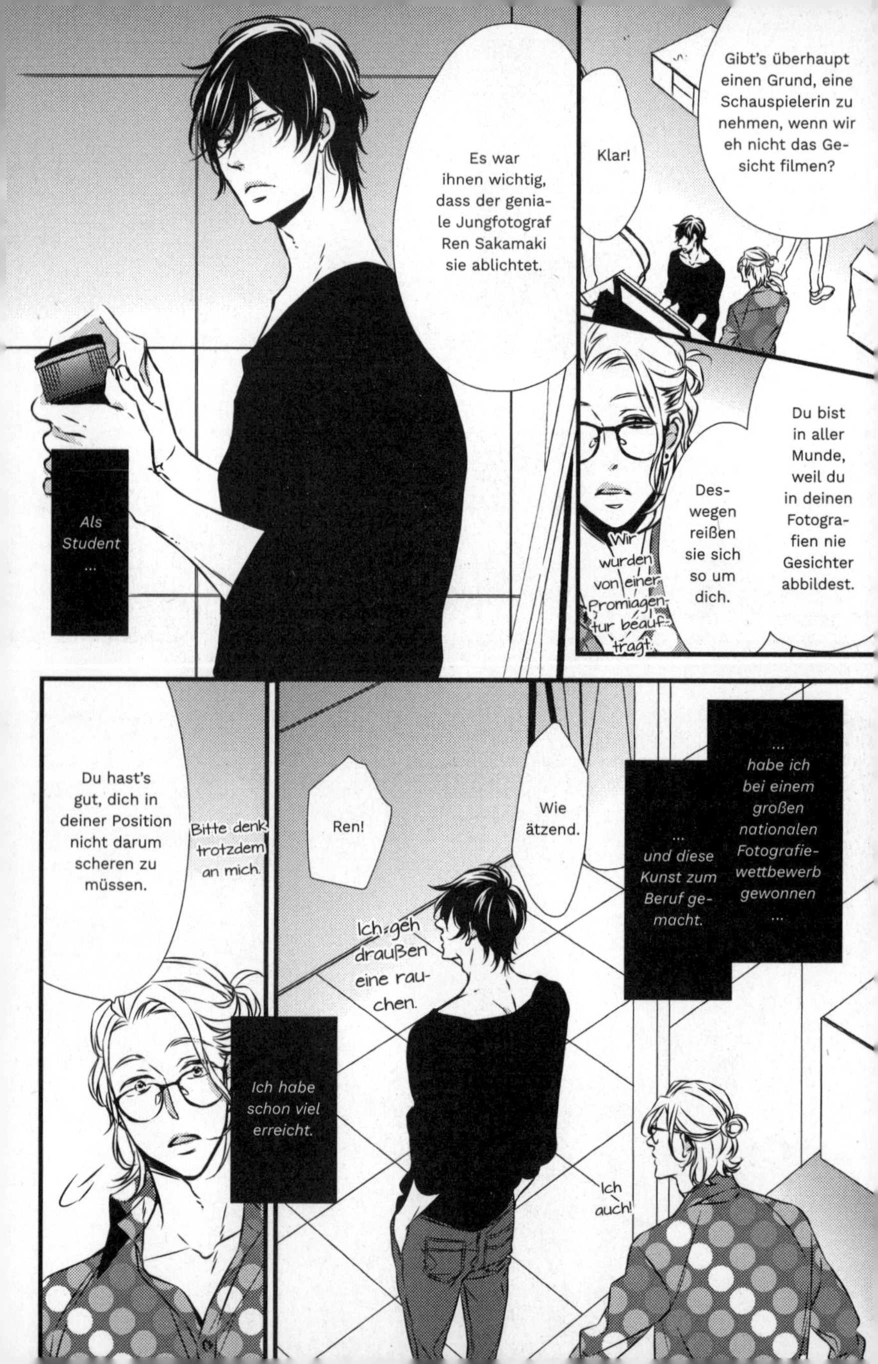
Gibt's überhaupt einen Grund, eine Schauspielerin zu nehmen, wenn wir eh nicht das Gesicht filmen?
Klar!
Du bist in aller Munde, weil du in deinen Fotografien nie Gesichter abbildest.
Deswegen reißen sie sich so um dich.
Wir wurden von einer Promiagentur beauftragt.
Es war ihnen wichtig, dass der geniale Jungfotograf Ren Sakamaki sie ablichtet.
Als Student …
… habe ich bei einem großen nationalen Fotografiewettbewerb gewonnen …
… und diese Kunst zum Beruf gemacht.
Wie ätzend.
Ren!
Ich geh draußen eine rauchen.
Ich auch!
Du hast's gut, dich in deiner Position nicht darum scheren zu müssen.
Bitte denk trotzdem an mich.
Ich habe schon viel erreicht.

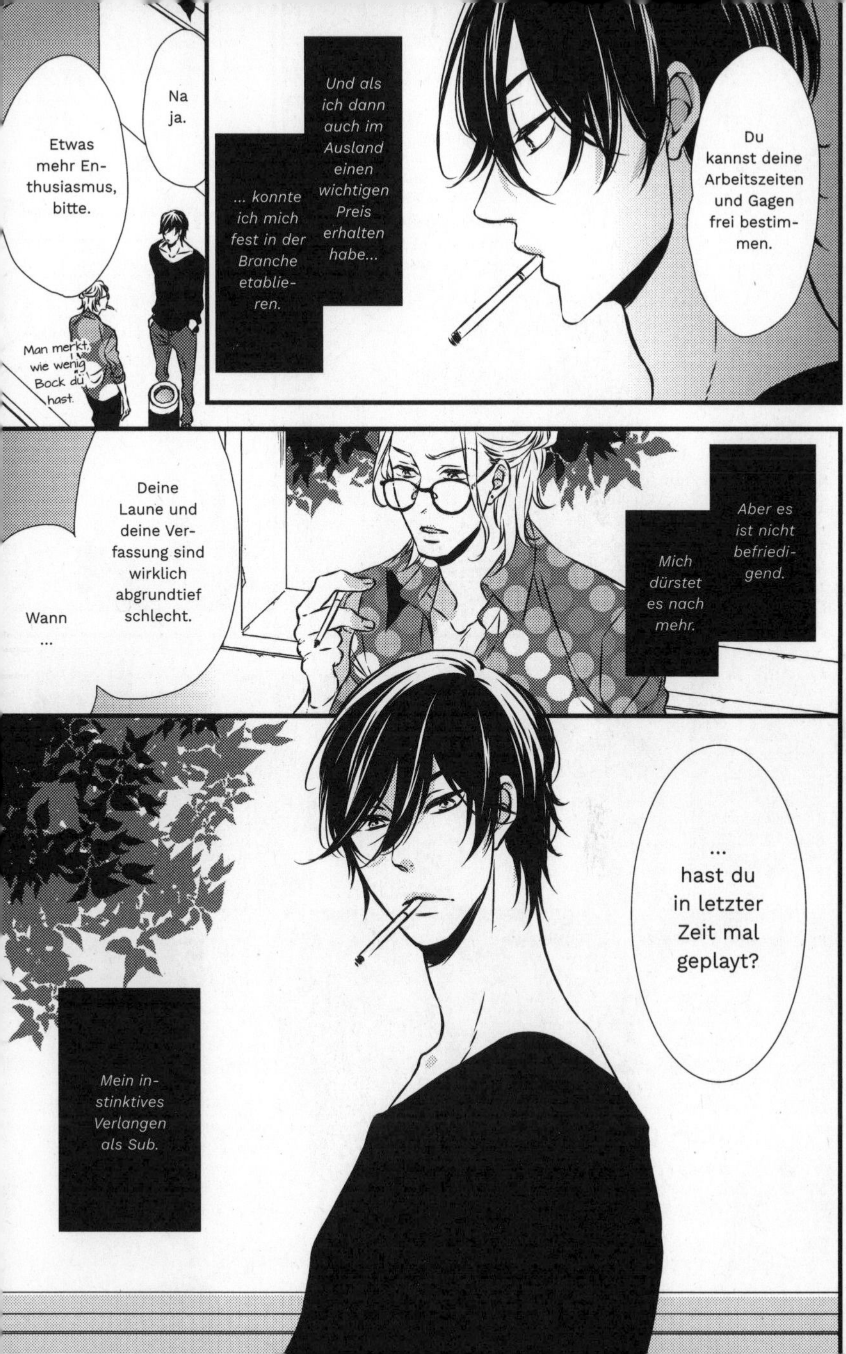
Du kannst deine Arbeitszeiten und Gagen frei bestimmen.
Und als ich dann auch im Ausland einen wichtigen Preis erhalten habe...
... konnte ich mich fest in der Branche etablieren.
Na ja.
Etwas mehr Enthusiasmus, bitte.
Man merkt, wie wenig Bock du hast.
Aber es ist nicht befriedigend.
Mich dürstet es nach mehr.
Deine Laune und deine Verfassung sind wirklich abgrundtief schlecht.
Wann ...
... hast du in letzter Zeit mal geplayt?
Mein instinktives Verlangen als Sub.

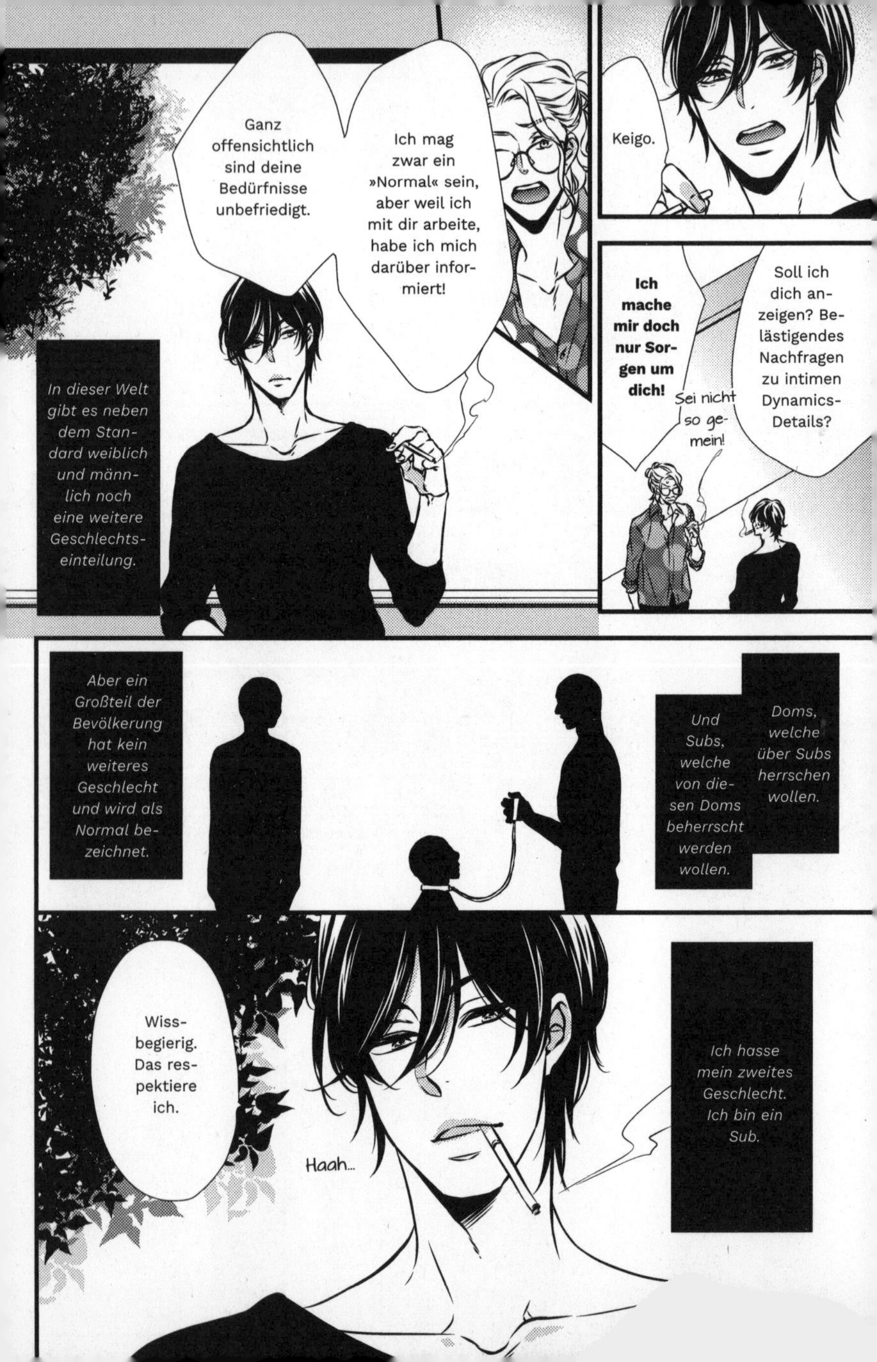
Ich mag zwar ein »Normal« sein, aber weil ich mit dir arbeite, habe ich mich darüber informiert!
Ganz offensichtlich sind deine Bedürfnisse unbefriedigt.
Keigo.
Soll ich dich anzeigen? Belästigendes Nachfragen zu intimen Dynamics-Details?
Ich mache mir doch nur Sorgen um dich!
Sei nicht so gemein!
In dieser Welt gibt es neben dem Standard weiblich und männlich noch eine weitere Geschlechtseinteilung.
Aber ein Großteil der Bevölkerung hat kein weiteres Geschlecht und wird als Normal bezeichnet.
Doms, welche über Subs herrschen wollen.
Und Subs, welche von diesen Doms beherrscht werden wollen.
Wissbegierig. Das respektiere ich.
Haah...
Ich hasse mein zweites Geschlecht. Ich bin ein Sub.

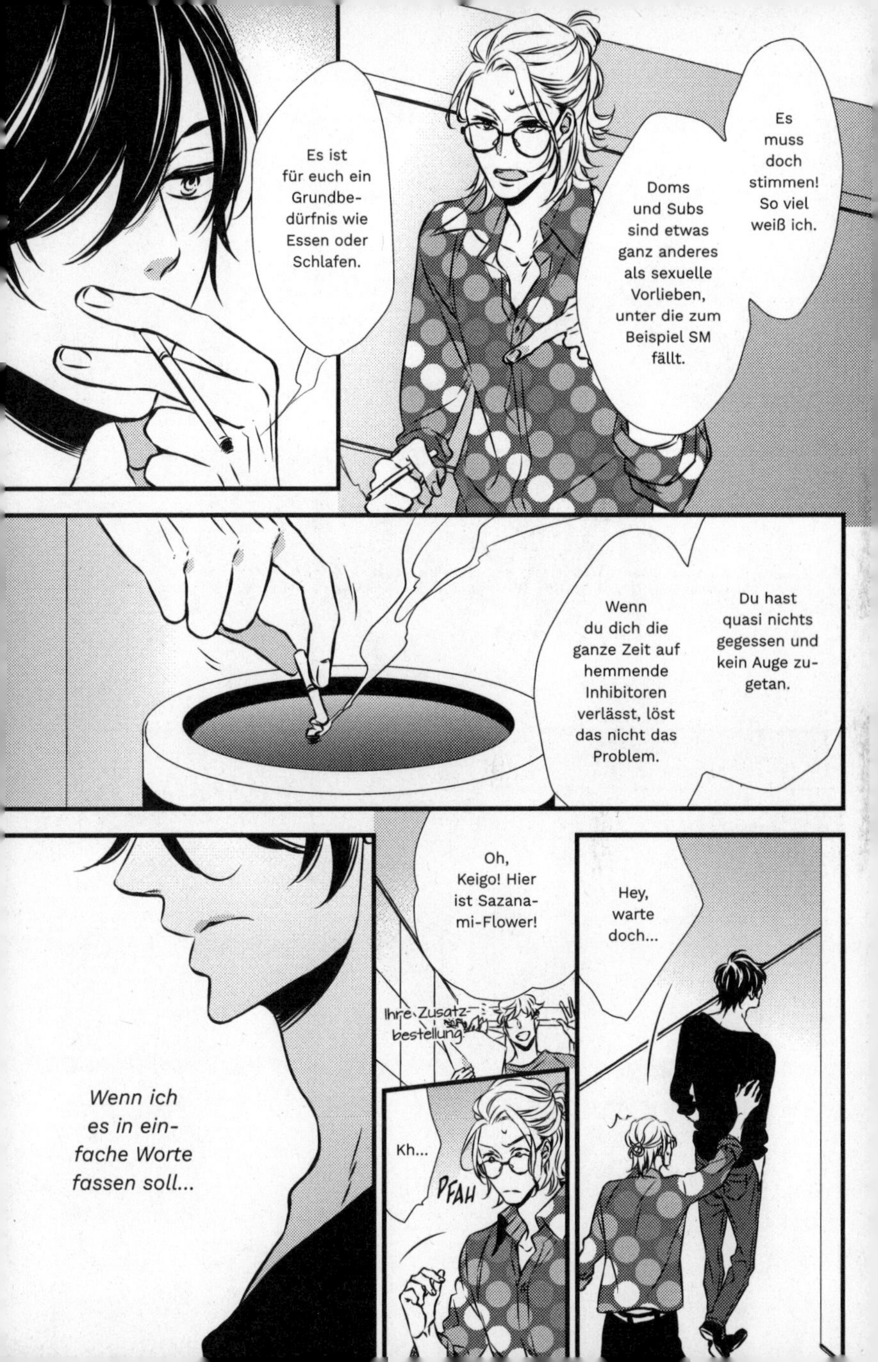

Es muss doch stimmen! So viel weiß ich.
Doms und Subs sind etwas ganz anderes als sexuelle Vorlieben, unter die zum Beispiel SM fällt.
Es ist für euch ein Grundbedürfnis wie Essen oder Schlafen.
Du hast quasi nichts gegessen und kein Auge zugetan.
Wenn du dich die ganze Zeit auf hemmende Inhibitoren verlässt, löst das nicht das Problem.
Hey, warte doch…
Oh, Keigo! Hier ist Sazanami-Flower!
Ihre Zusatzbestellung!
Kh…
PFAH
Wenn ich es in einfache Worte fassen soll…

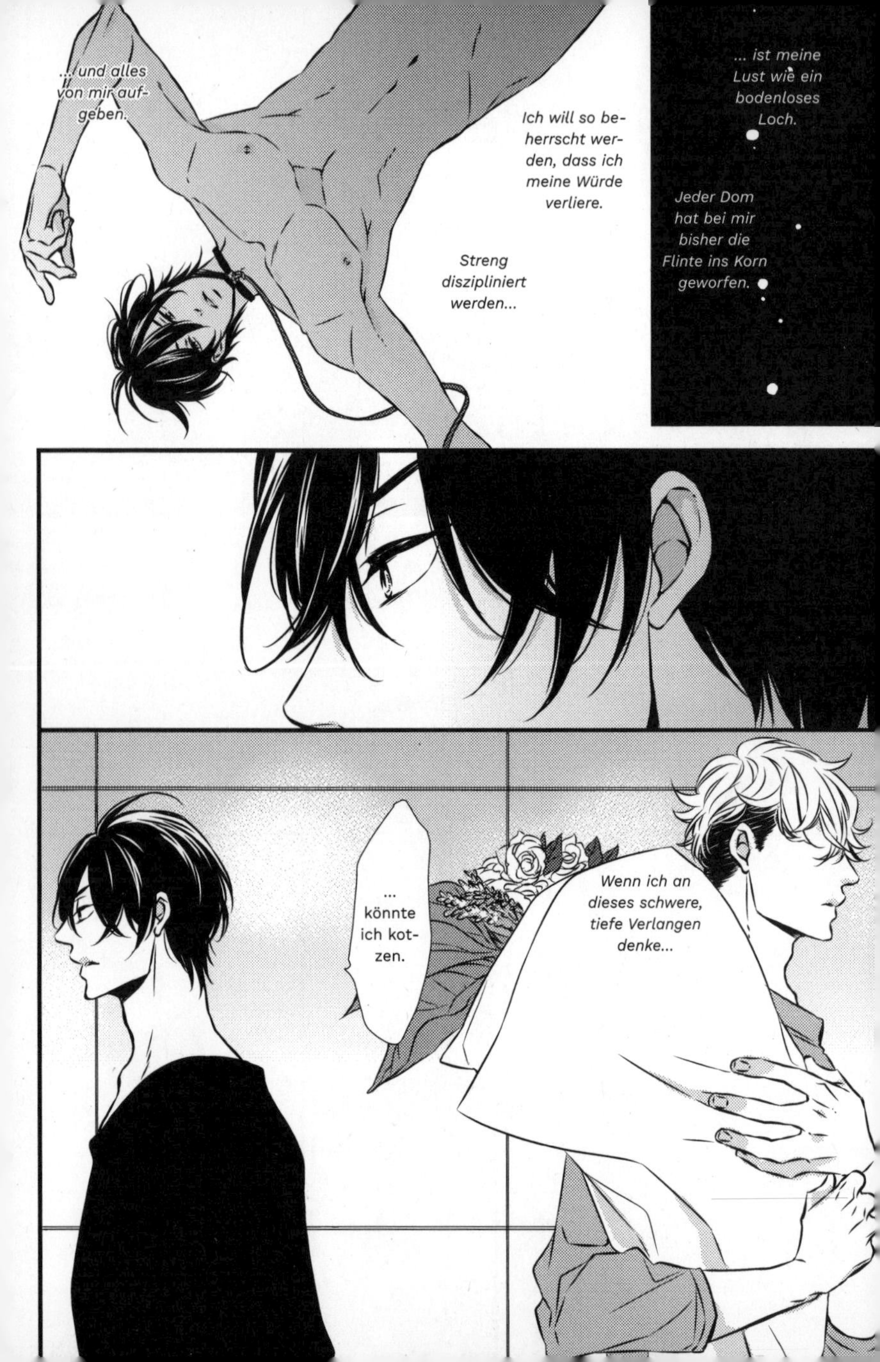
... ist meine Lust wie ein bodenloses Loch.
Jeder Dom hat bei mir bisher die Flinte ins Korn geworfen.
Ich will so beherrscht werden, dass ich meine Würde verliere.
Streng diszipliniert werden...
... und alles von mir aufgeben.
Wenn ich an dieses schwere, tiefe Verlangen denke...
... könnte ich kotzen.

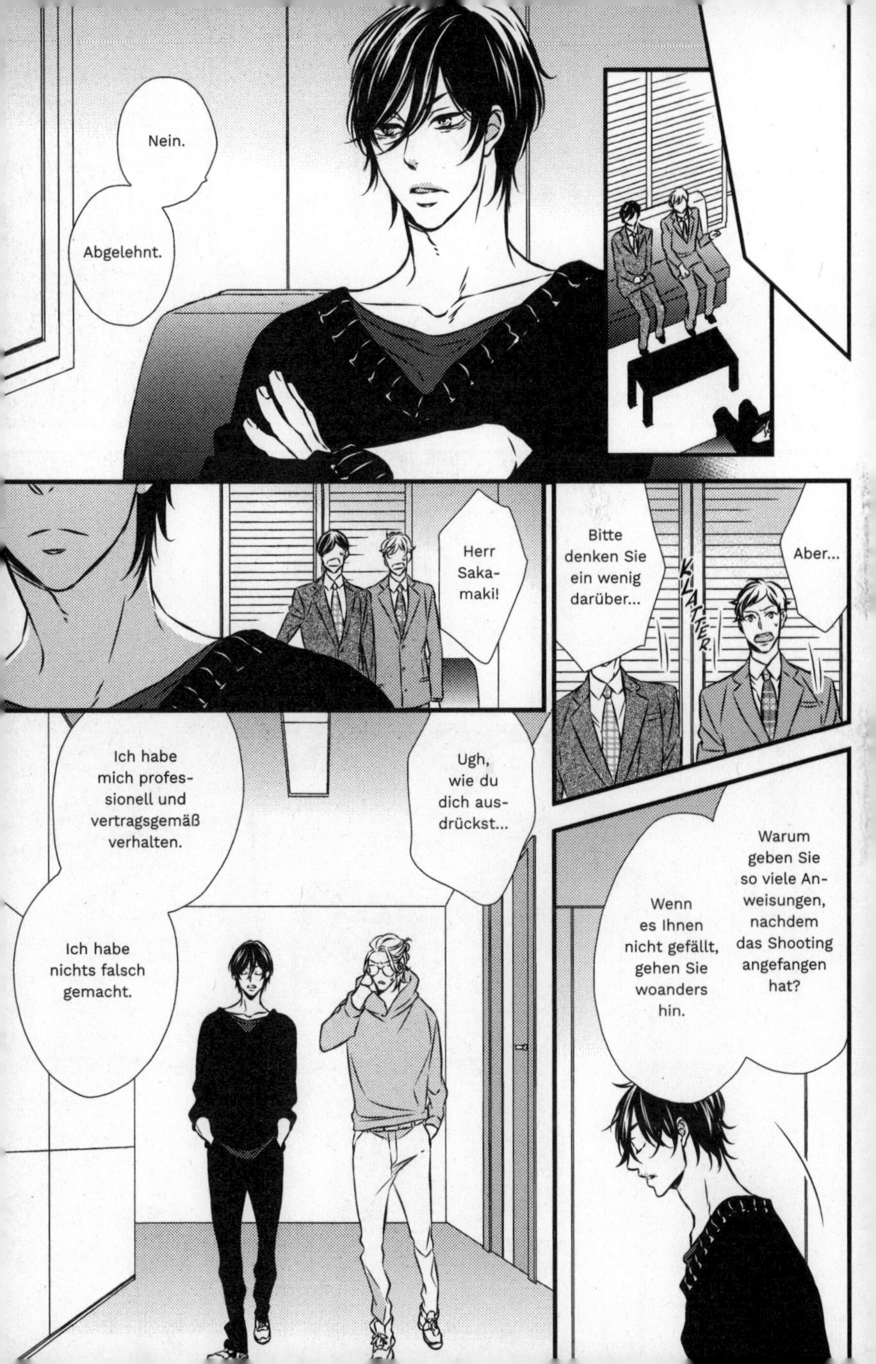
Nein.
Abgelehnt.
Aber...
Bitte denken Sie ein wenig darüber...
KLATTER
Herr Sakamaki!
Warum geben Sie so viele Anweisungen, nachdem das Shooting angefangen hat?
Wenn es Ihnen nicht gefällt, gehen Sie woanders hin.
Ugh, wie du dich ausdrückst...
Ich habe mich professionell und vertragsgemäß verhalten.
Ich habe nichts falsch gemacht.

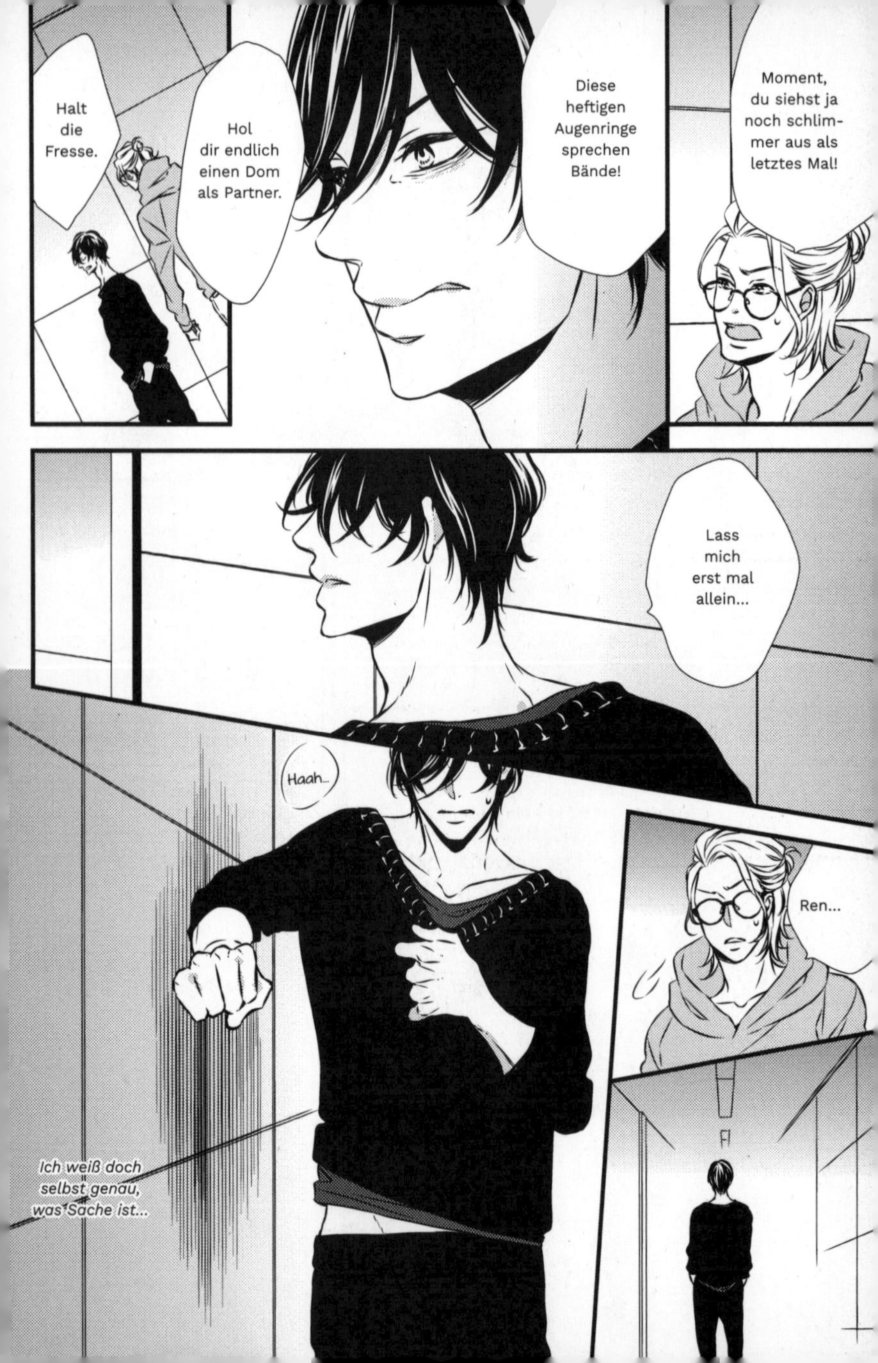
Moment, du siehst ja noch schlimmer aus als letztes Mal!
Diese heftigen Augenringe sprechen Bände!
Hol dir endlich einen Dom als Partner.
Halt die Fresse.
Lass mich erst mal allein...
Ren...
Haah...
Ich weiß doch selbst genau, was Sache ist...

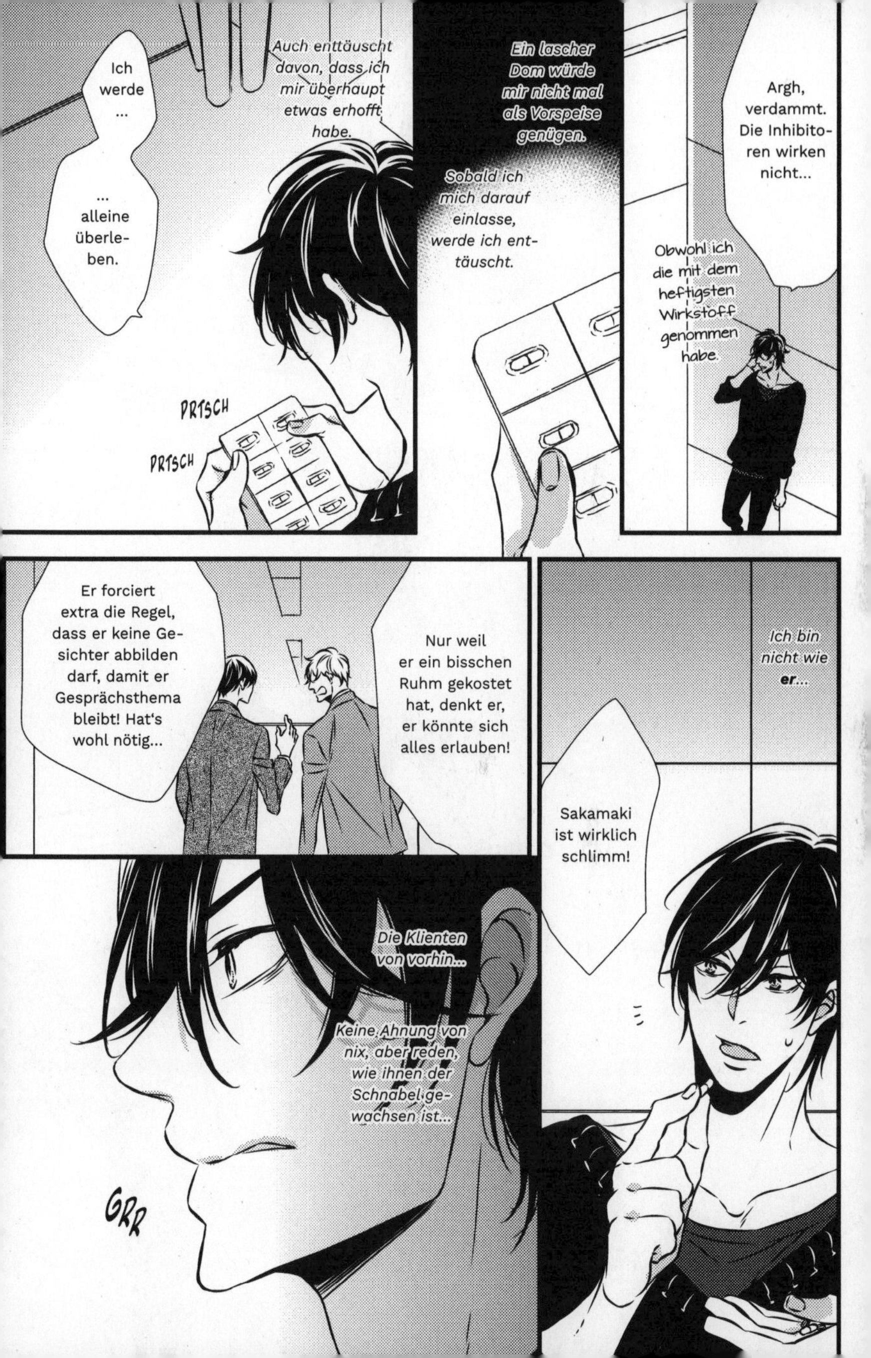

Argh, verdammt. Die Inhibitoren wirken nicht...
Obwohl ich die mit dem heftigsten Wirkstoff genommen habe.
Ein lascher Dom würde mir nicht mal als Vorspeise genügen.
Sobald ich mich darauf einlasse, werde ich enttäuscht.
Auch enttäuscht davon, dass ich mir überhaupt etwas erhofft habe.
Ich werde ...
... alleine überleben.
PRTSCH
PRTSCH
Ich bin nicht wie **er**...
Sakamaki ist wirklich schlimm!
Nur weil er ein bisschen Ruhm gekostet hat, denkt er, er könnte sich alles erlauben!
Er forciert extra die Regel, dass er keine Gesichter abbilden darf, damit er Gesprächsthema bleibt! Hat's wohl nötig...
Die Klienten von vorhin...
Keine Ahnung von nix, aber reden, wie ihnen der Schnabel gewachsen ist...
GRR

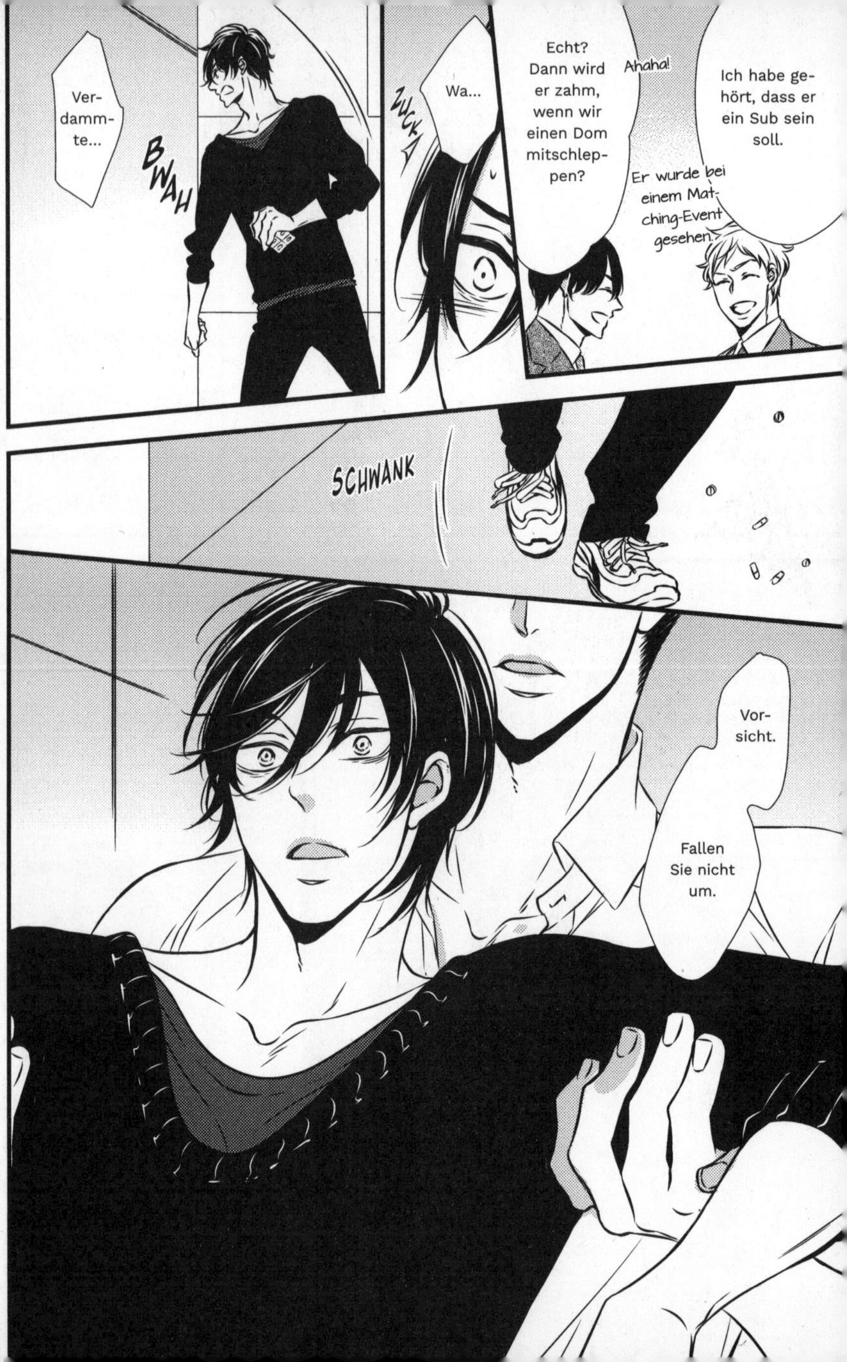
Ich habe gehört, dass er ein Sub sein soll.
Er wurde bei einem Matching-Event gesehen.
Ahaha!
Echt? Dann wird er zahm, wenn wir einen Dom mitschleppen?
Wa...
ZUCK
Verdammte...
BWAH
SCHWANK
Vorsicht.
Fallen Sie nicht um.

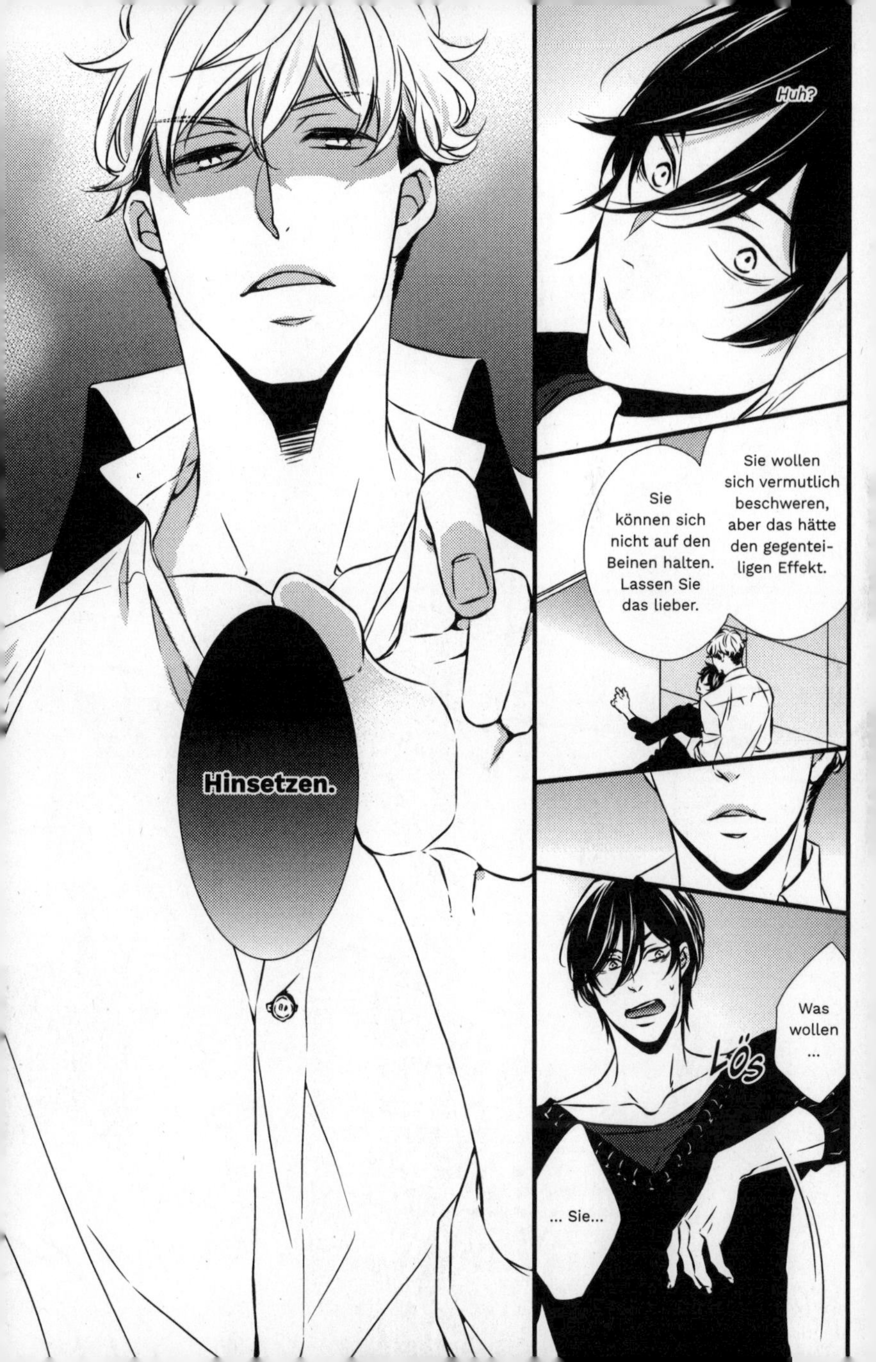
Huh?
Sie wollen sich vermutlich beschweren, aber das hätte den gegenteiligen Effekt.
Sie können sich nicht auf den Beinen halten. Lassen Sie das lieber.
Was wollen ...
LÖS
... Sie...
Hinsetzen.

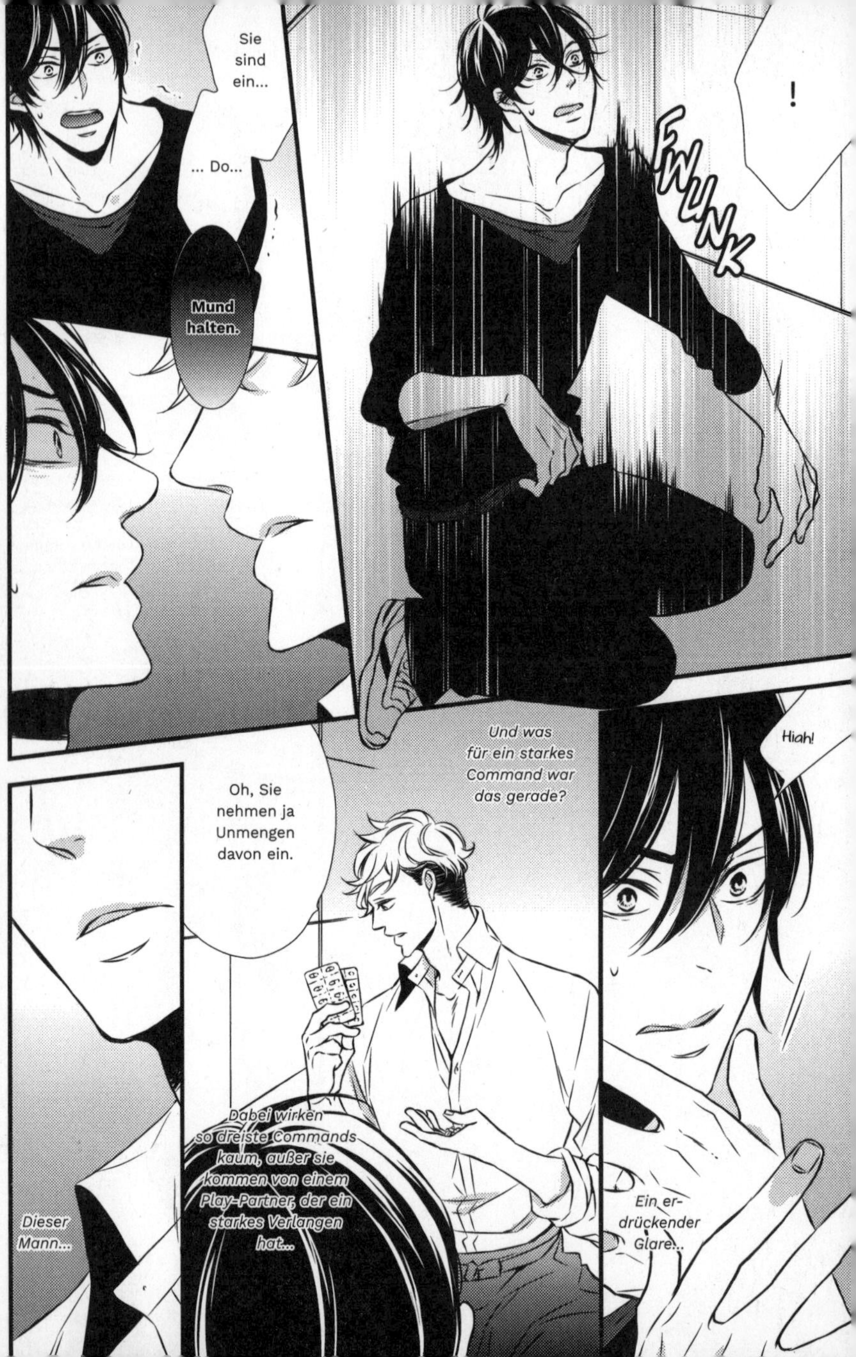
!
FWUNK
Sie sind ein...
... Do...
Mund halten.
Hiah!
Und was für ein starkes Command war das gerade?
Oh, Sie nehmen ja Unmengen davon ein.
Ein erdrückender Glare...
Dabei wirken so dreiste Commands kaum, außer sie kommen von einem Play-Partner, der ein starkes Verlangen hat...
Dieser Mann...

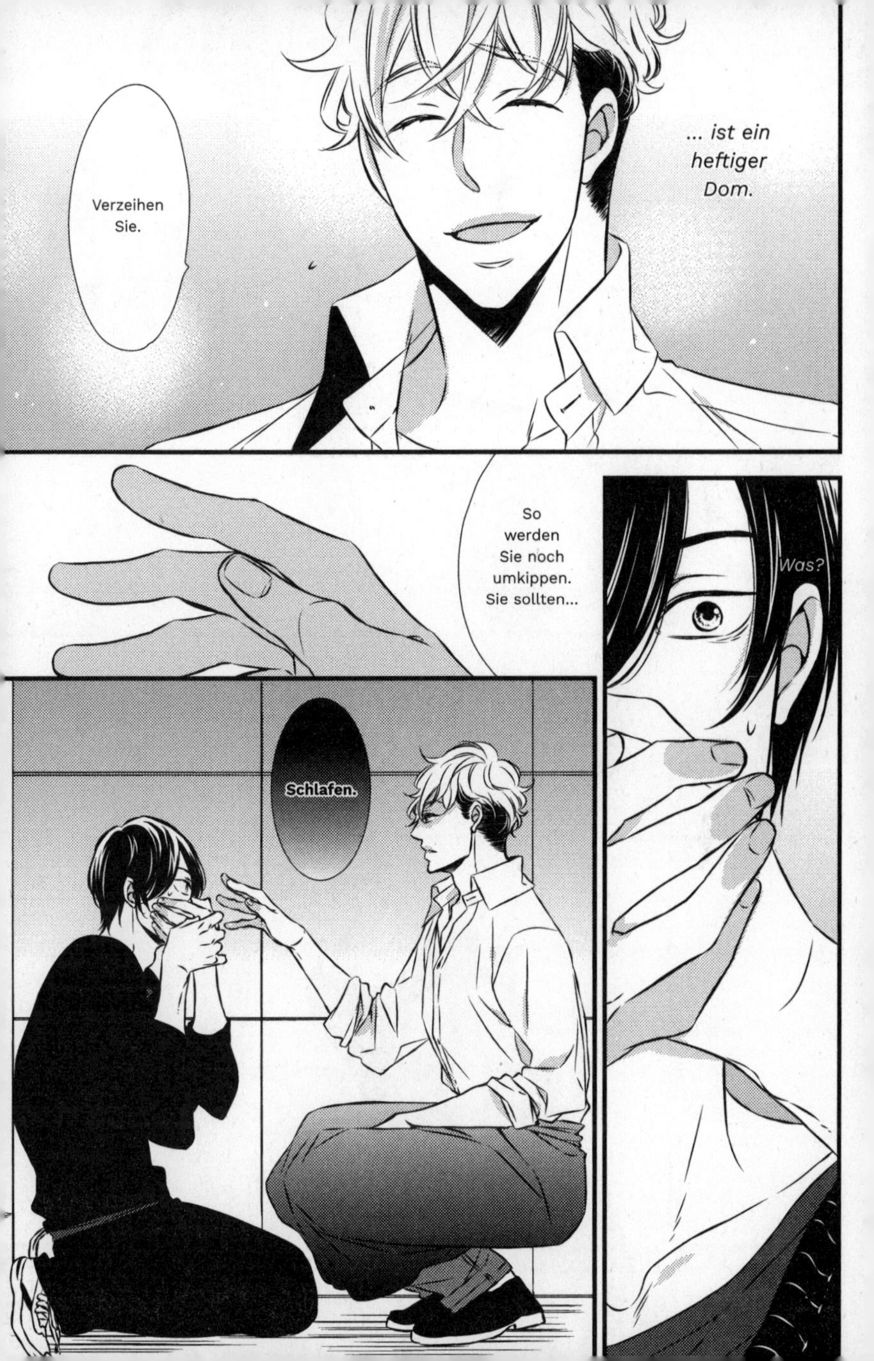

... ist ein heftiger Dom.
Verzeihen Sie.
So werden Sie noch umkippen. Sie sollten...
Schlafen.
Was?

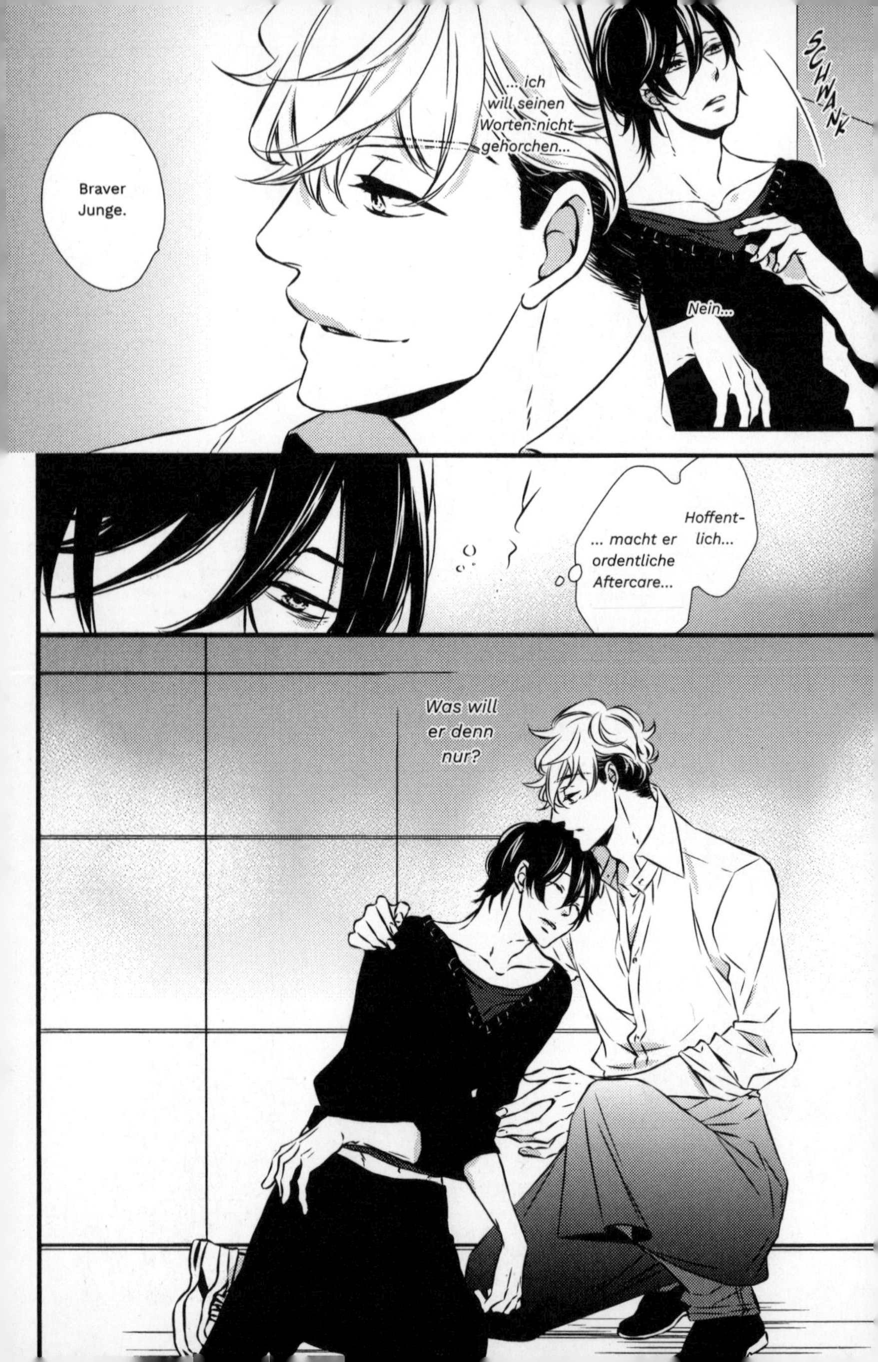
SCHWANK
Nein...
... ich will seinen Worten nicht gehorchen...
Braver Junge.
Hoffent-lich...
... macht er ordentliche Aftercare...
Was will er denn nur?

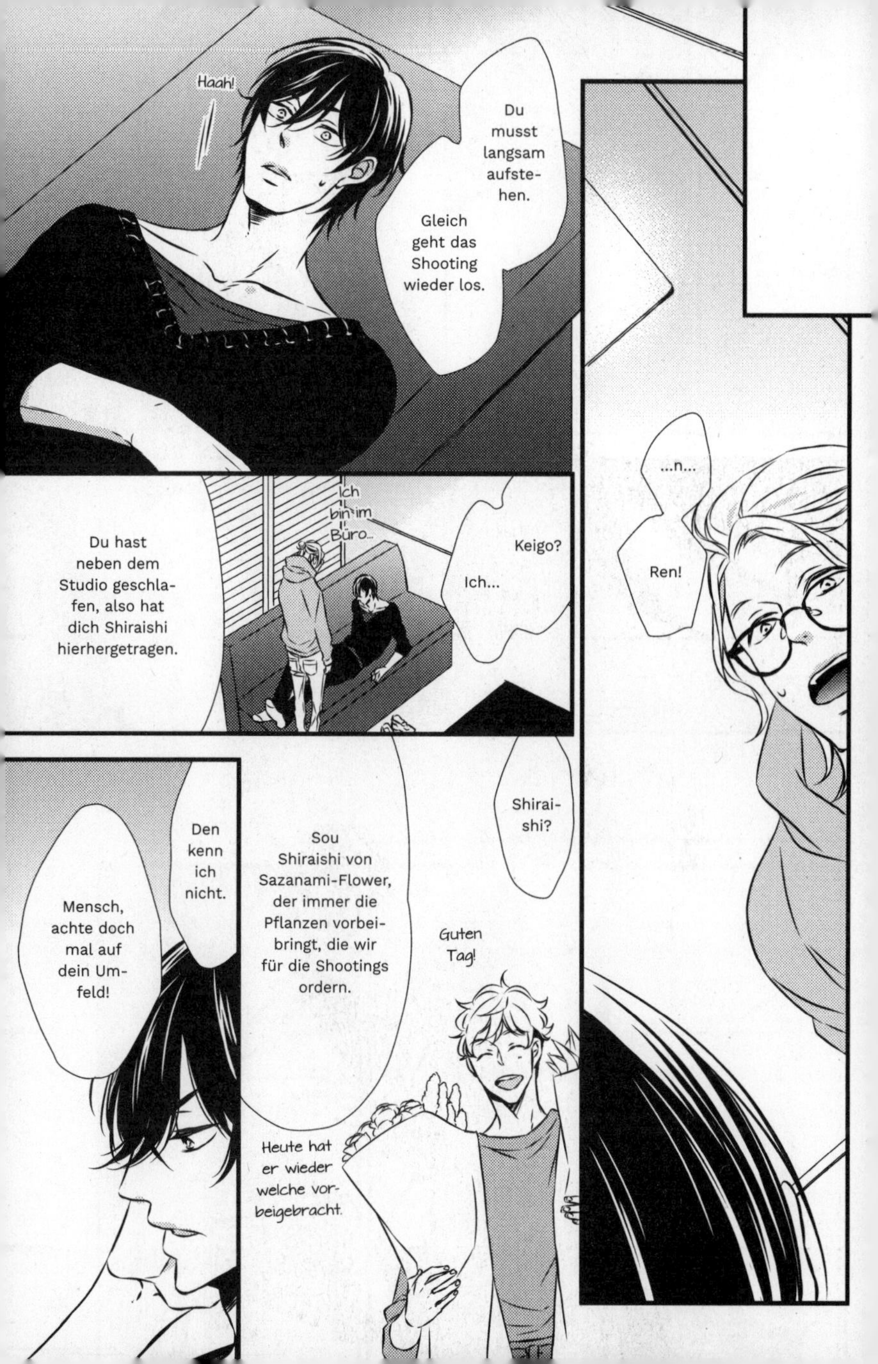
…n…
Ren!
Haah!
Du musst langsam aufste-hen.
Gleich geht das Shooting wieder los.
Keigo?
Ich…
Ich bin im Büro…
Du hast neben dem Studio geschla-fen, also hat dich Shiraishi hierhergetragen.
Shirai-shi?
Sou Shiraishi von Sazanami-Flower, der immer die Pflanzen vorbei-bringt, die wir für die Shootings ordern.
Guten Tag!
Heute hat er wieder welche vor-beigebracht.
Den kenn ich nicht.
Mensch, achte doch mal auf dein Um-feld!

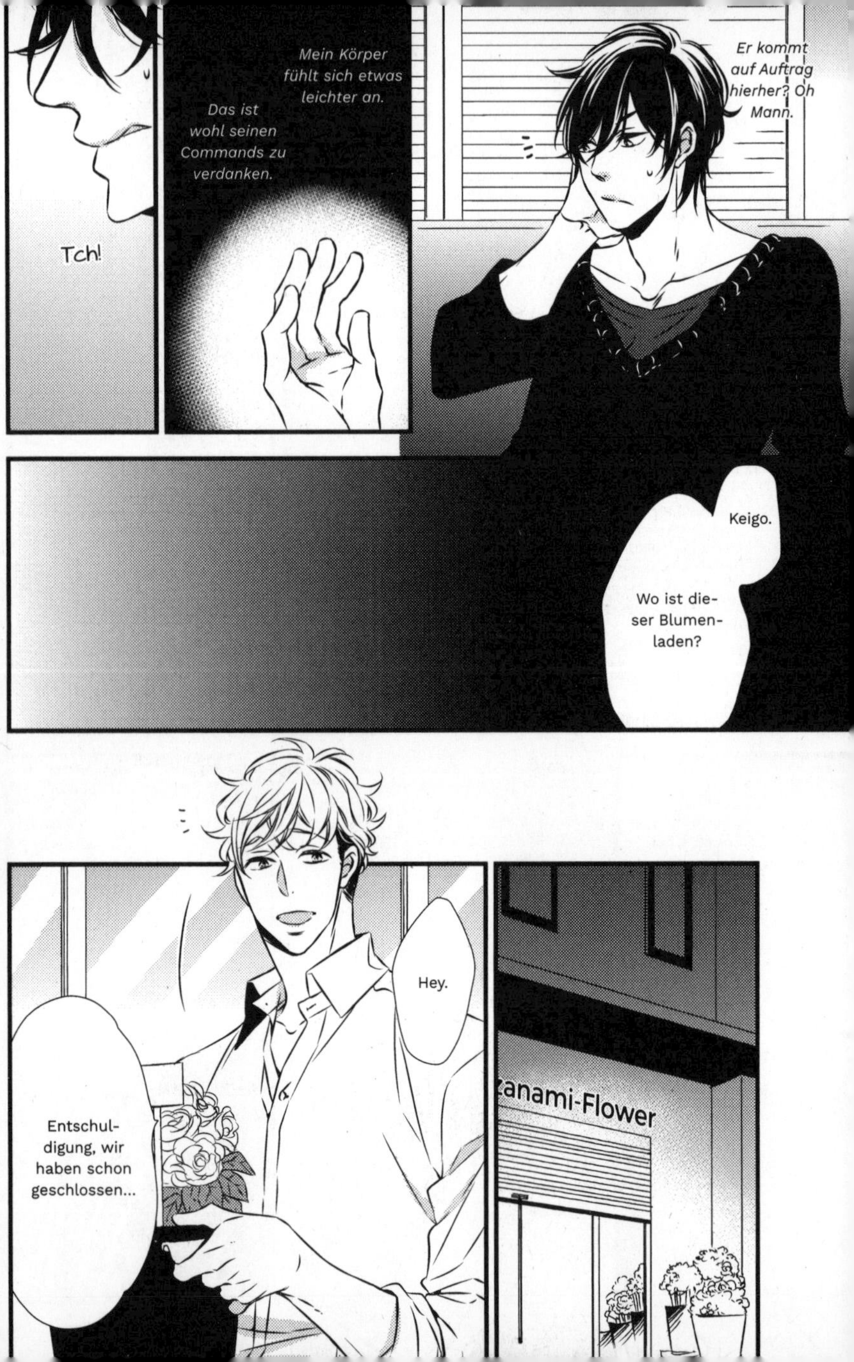
Er kommt auf Auftrag hierher? Oh Mann.
Mein Körper fühlt sich etwas leichter an.
Das ist wohl seinen Commands zu verdanken.
Tch!
Keigo.
Wo ist die- ser Blumen- laden?
zanami-Flower
Hey.
Entschul- digung, wir haben schon geschlossen...

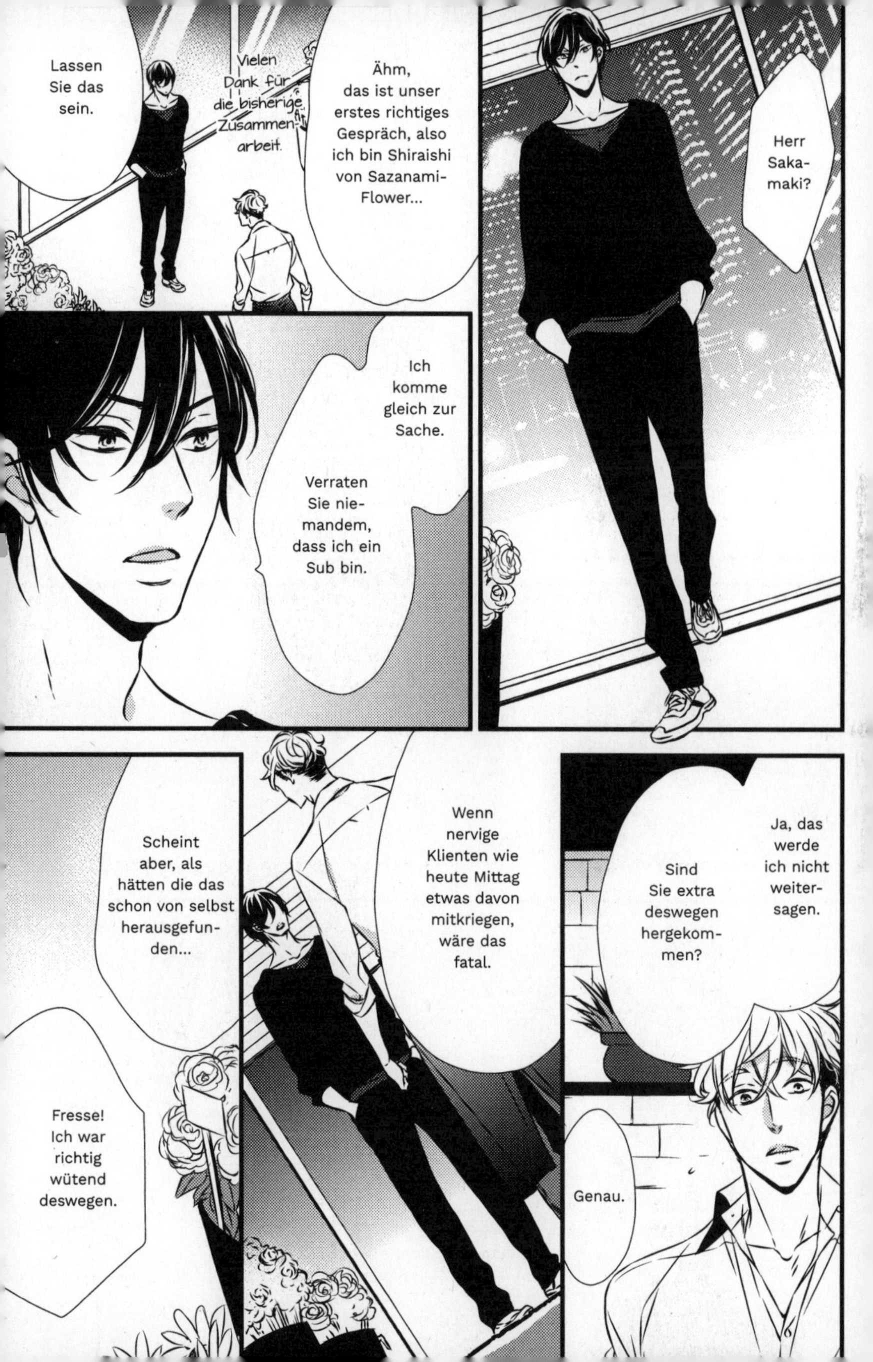
Herr Sakamaki?
Ähm, das ist unser erstes richtiges Gespräch, also ich bin Shiraishi von Sazanami-Flower...
Vielen Dank für die bisherige Zusammenarbeit.
Lassen Sie das sein.
Ich komme gleich zur Sache.
Verraten Sie niemandem, dass ich ein Sub bin.
Ja, das werde ich nicht weitersagen.
Sind Sie extra deswegen hergekommen?
Genau.
Wenn nervige Klienten wie heute Mittag etwas davon mitkriegen, wäre das fatal.
Scheint aber, als hätten die das schon von selbst herausgefunden...
Fresse! Ich war richtig wütend deswegen.

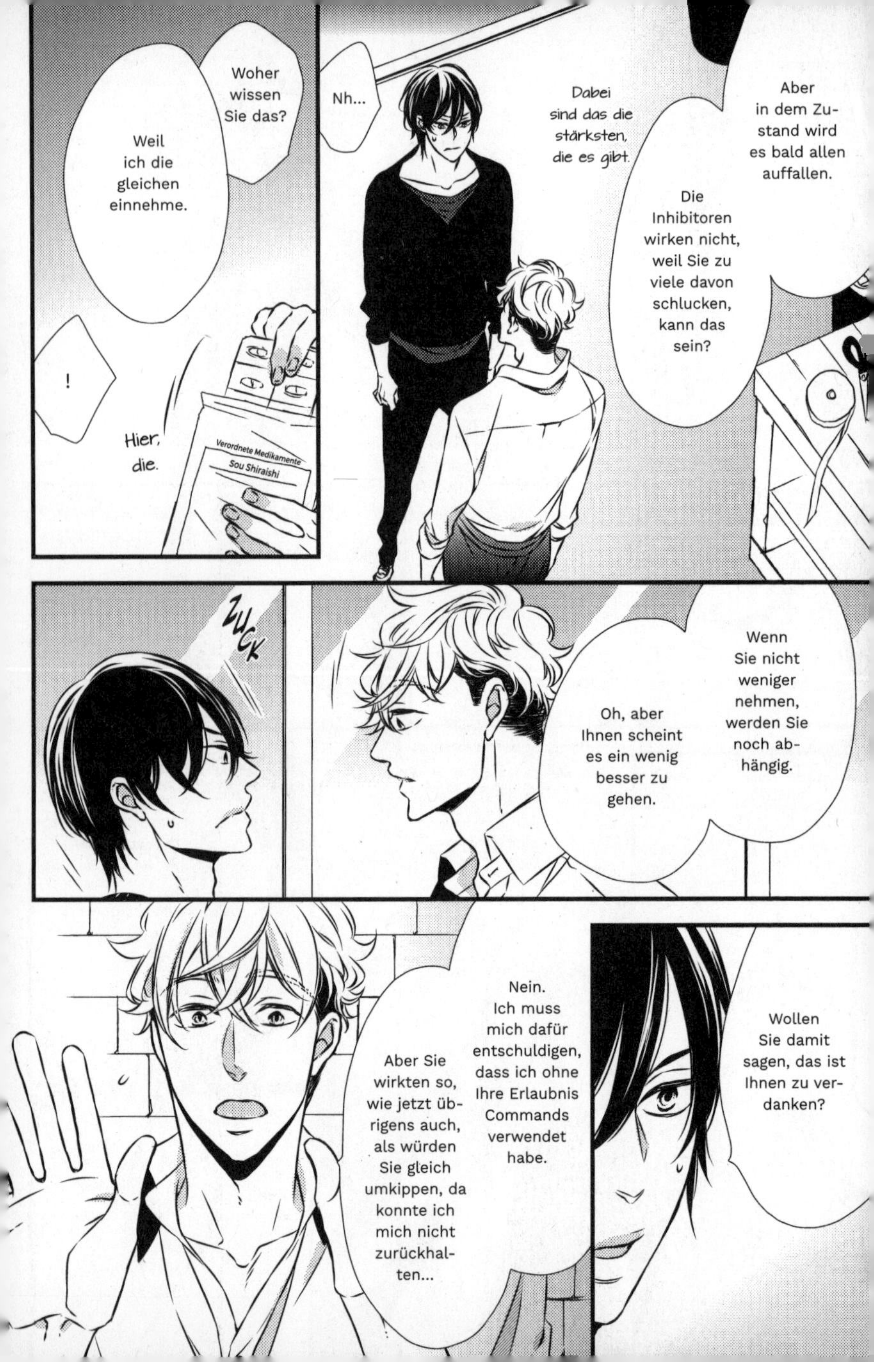
Aber in dem Zustand wird es bald allen auffallen.
Die Inhibitoren wirken nicht, weil Sie zu viele davon schlucken, kann das sein?
Dabei sind das die stärksten, die es gibt.
Nh...
Woher wissen Sie das?
Weil ich die gleichen einnehme.
!
Hier, die.
Verordnete Medikamente
Sou Shiraishi
Wenn Sie nicht weniger nehmen, werden Sie noch abhängig.
Oh, aber Ihnen scheint es ein wenig besser zu gehen.
ZUCK
Wollen Sie damit sagen, das ist Ihnen zu verdanken?
Nein. Ich muss mich dafür entschuldigen, dass ich ohne Ihre Erlaubnis Commands verwendet habe.
Aber Sie wirkten so, wie jetzt übrigens auch, als würden Sie gleich umkippen, da konnte ich mich nicht zurückhalten...

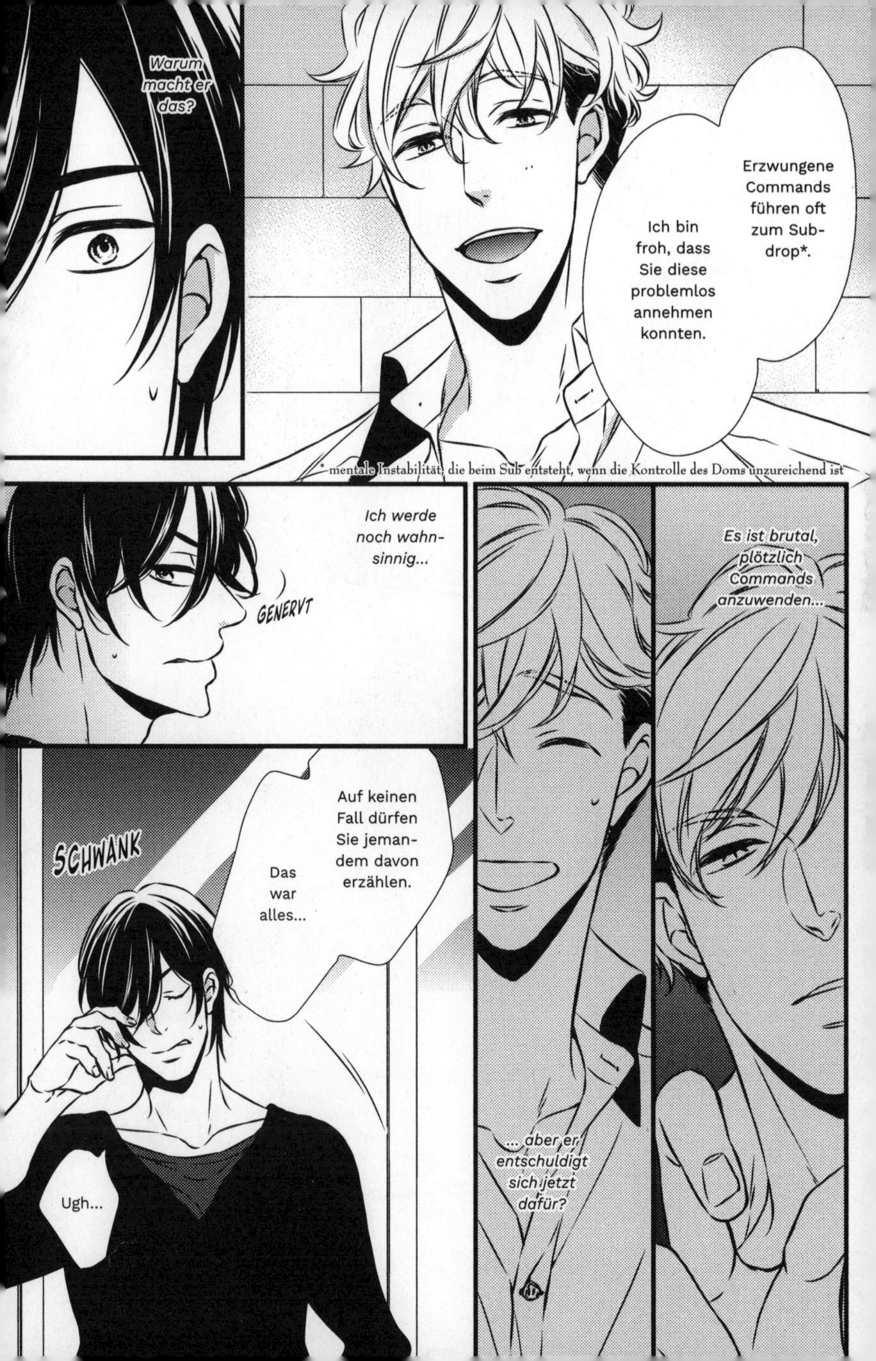
Erzwungene Commands führen oft zum Sub-drop*.
Ich bin froh, dass Sie diese problemlos annehmen konnten.
Warum macht er das?
* mentale Instabilität, die beim Sub entsteht, wenn die Kontrolle des Doms unzureichend ist
Es ist brutal, plötzlich Commands anzuwenden...
... aber er entschuldigt sich jetzt dafür?
Ich werde noch wahnsinnig...
GENERVT
Auf keinen Fall dürfen Sie jemandem davon erzählen.
Das war alles...
SCHWANK
Ugh...

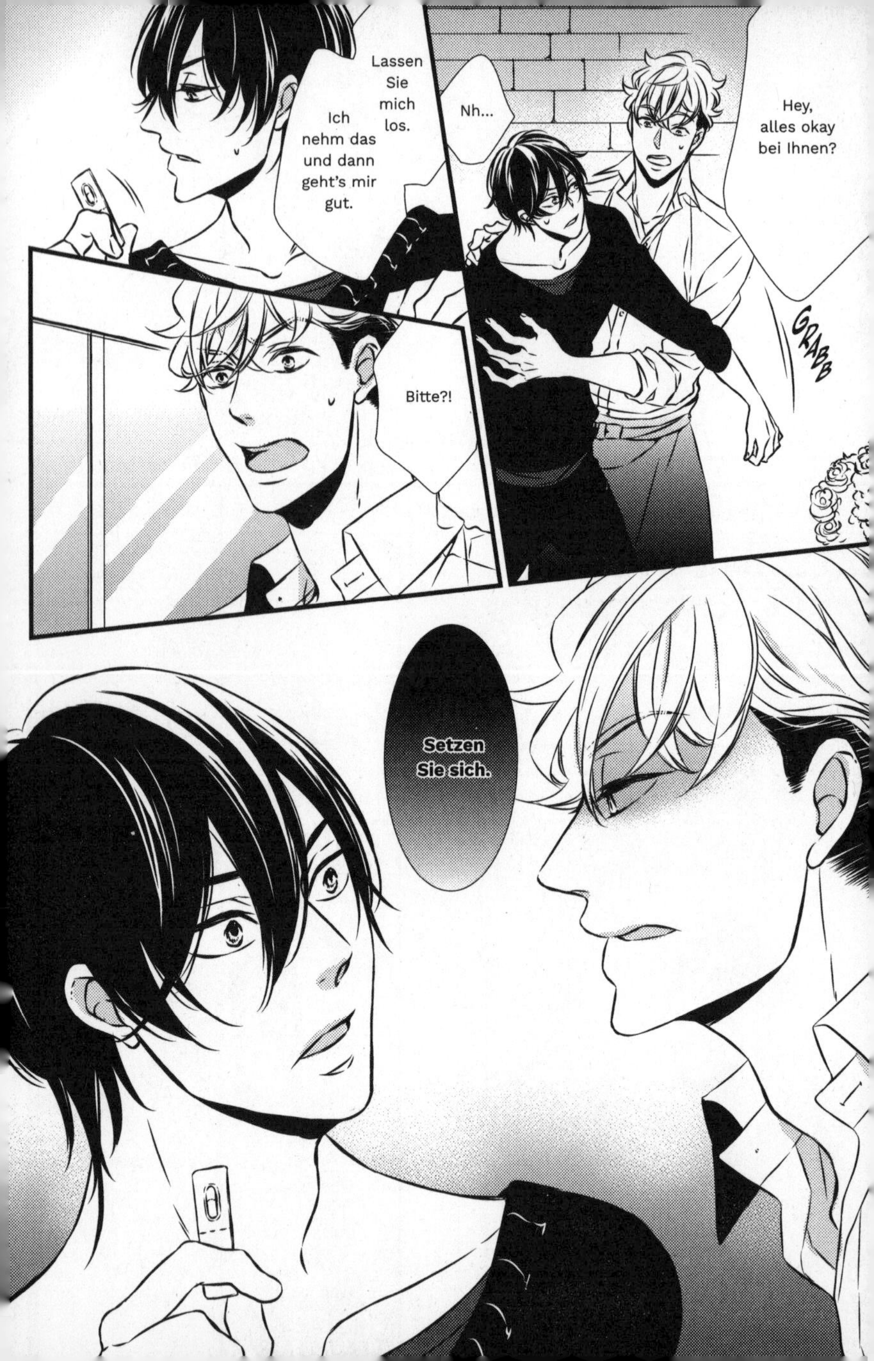
Hey, alles okay bei Ihnen?
GRABB
Nh...
Lassen Sie mich los.
Ich nehm das und dann geht's mir gut.
Bitte?!
Setzen Sie sich.

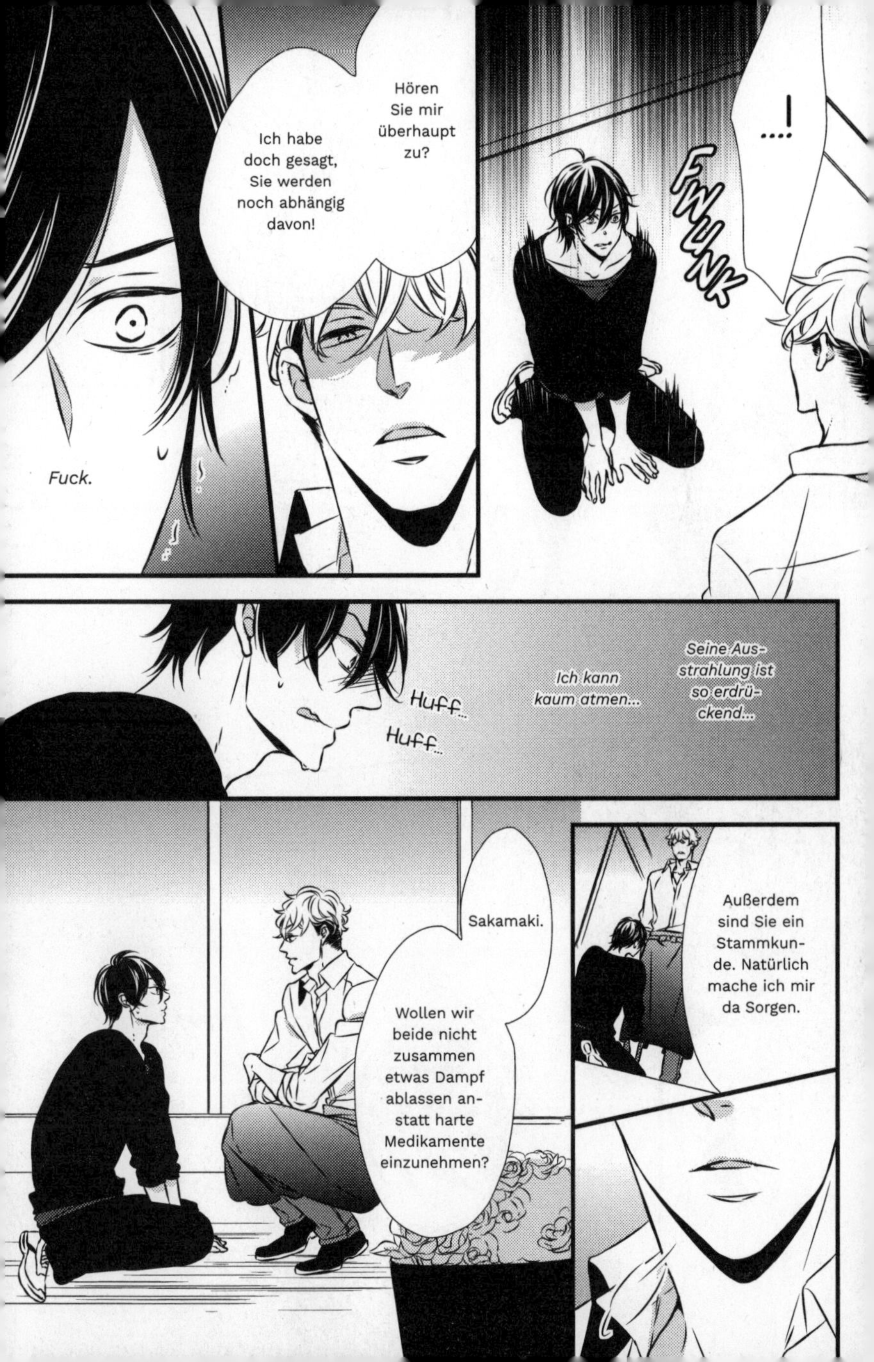

...!
FWUNK
Hören Sie mir überhaupt zu?
Ich habe doch gesagt, Sie werden noch abhängig davon!
Fuck.
Seine Ausstrahlung ist so erdrückend...
Ich kann kaum atmen...
Huff...
Huff...
Außerdem sind Sie ein Stammkunde. Natürlich mache ich mir da Sorgen.
Sakamaki.
Wollen wir beide nicht zusammen etwas Dampf ablassen anstatt harte Medikamente einzunehmen?

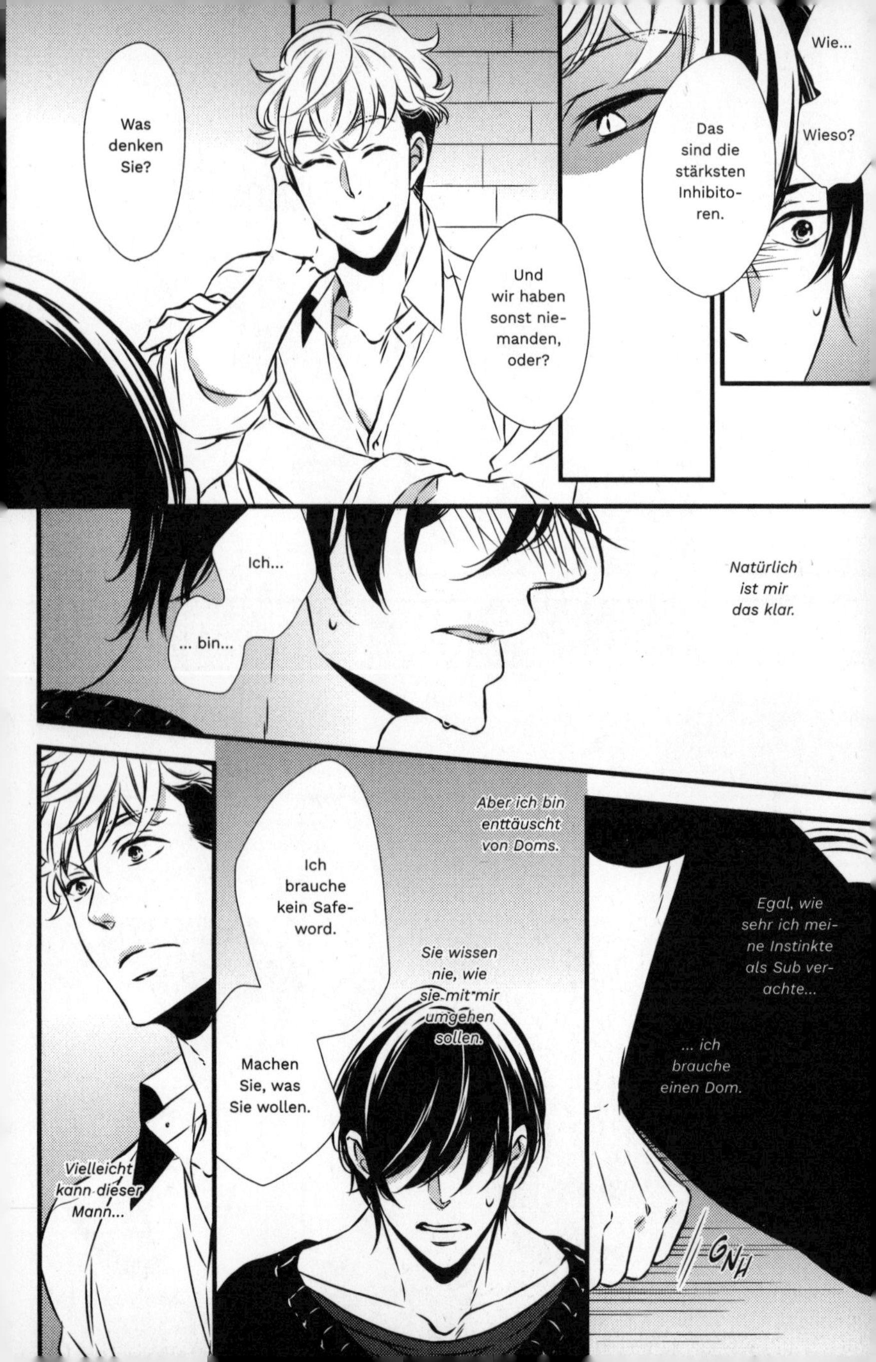
Wie...
Wieso?
Das sind die stärksten Inhibito-ren.
Was denken Sie?
Und wir haben sonst nie-manden, oder?
Natürlich ist mir das klar.
Ich...
... bin...
Egal, wie sehr ich mei-ne Instinkte als Sub ver-achte...
... ich brauche einen Dom.
Aber ich bin enttäuscht von Doms.
Sie wissen nie, wie sie mit mir umgehen sollen.
Ich brauche kein Safe-word.
Machen Sie, was Sie wollen.
Vielleicht kann dieser Mann...
GNH

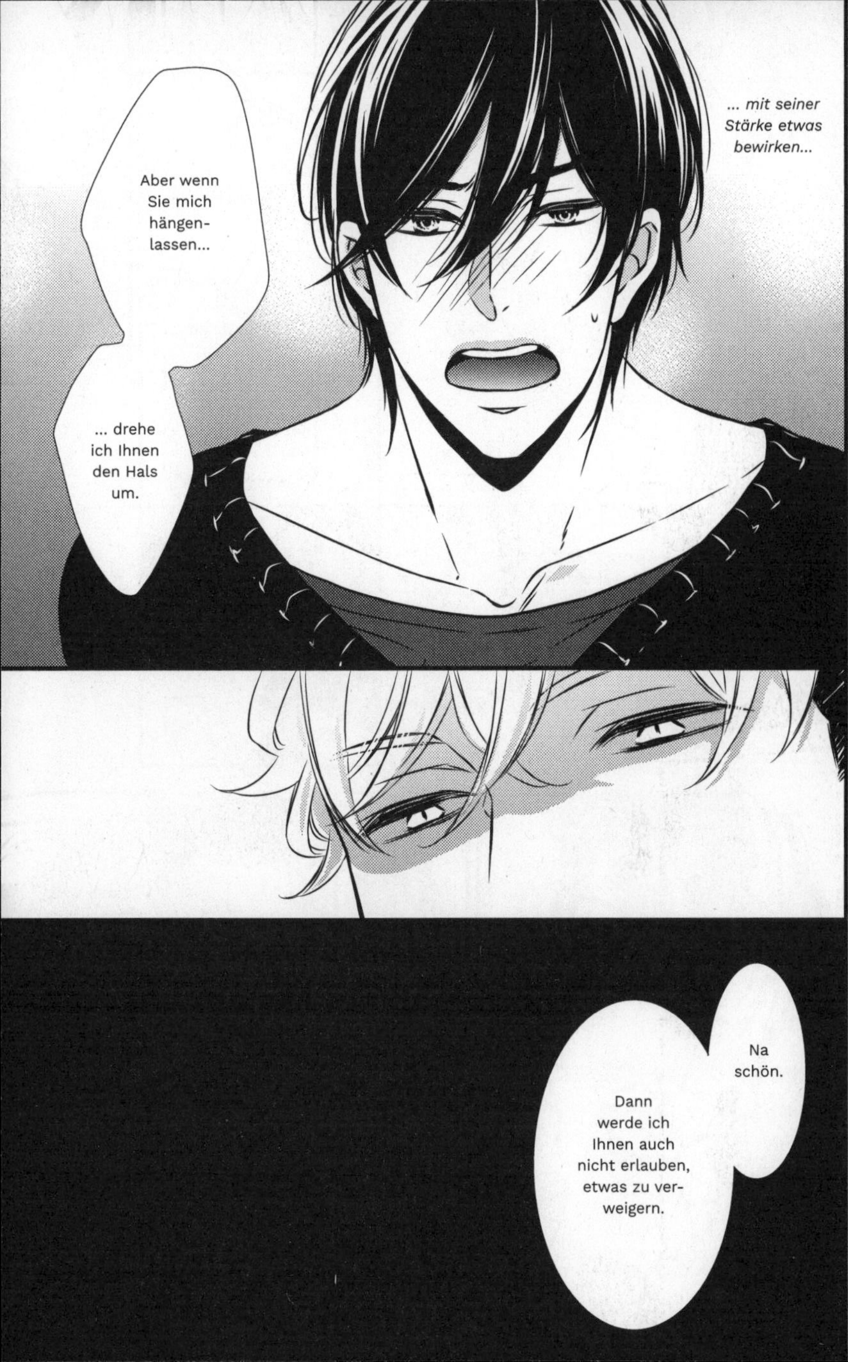
... mit seiner Stärke etwas bewirken...
Aber wenn Sie mich hängen-lassen...
... drehe ich Ihnen den Hals um.
Na schön.
Dann werde ich Ihnen auch nicht erlauben, etwas zu ver-weigern.

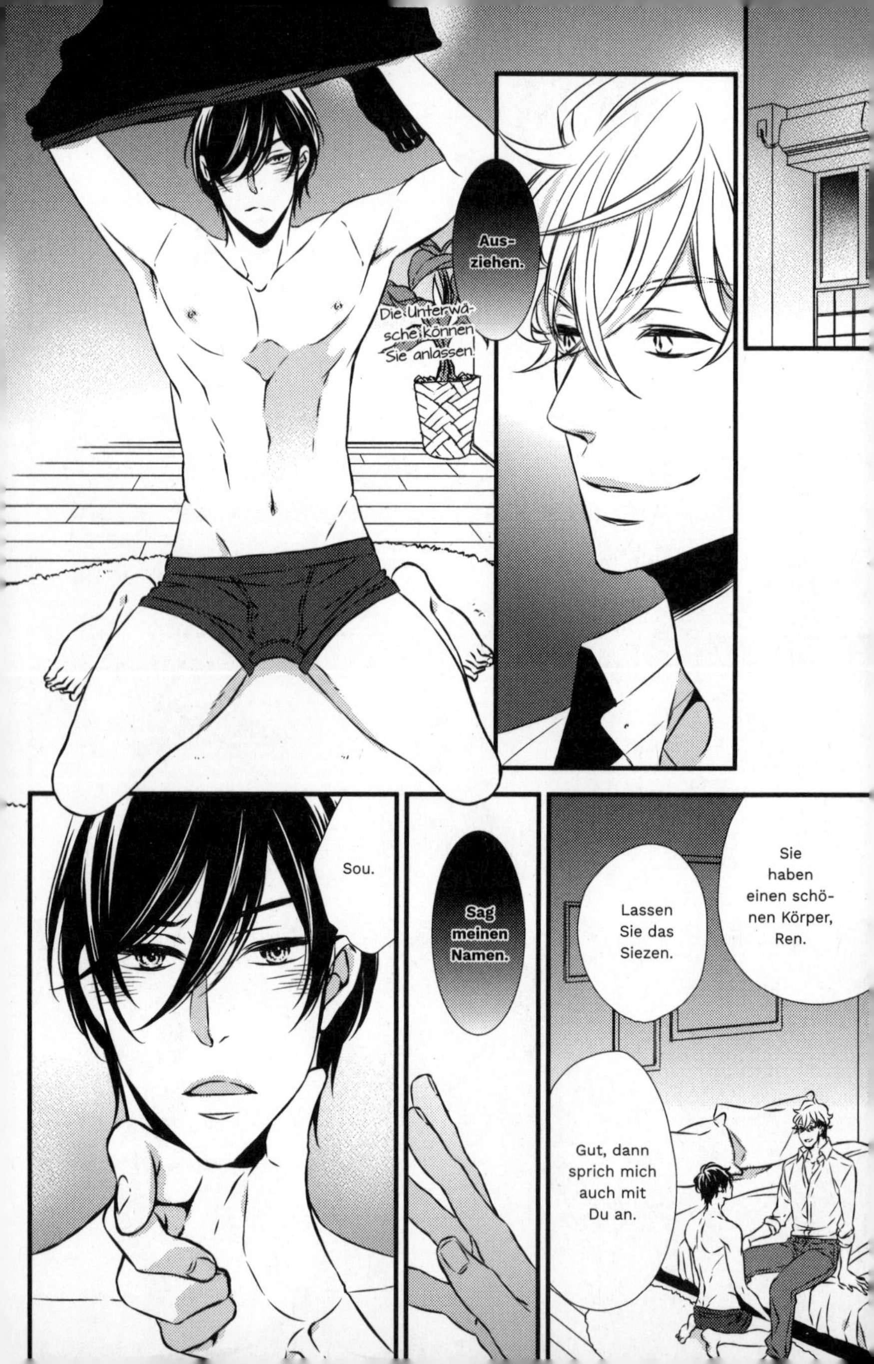
Ausziehen.
Die Unterwäsche können Sie anlassen!
Sie haben einen schönen Körper, Ren.
Lassen Sie das Siezen.
Gut, dann sprich mich auch mit Du an.
Sag meinen Namen.
Sou.

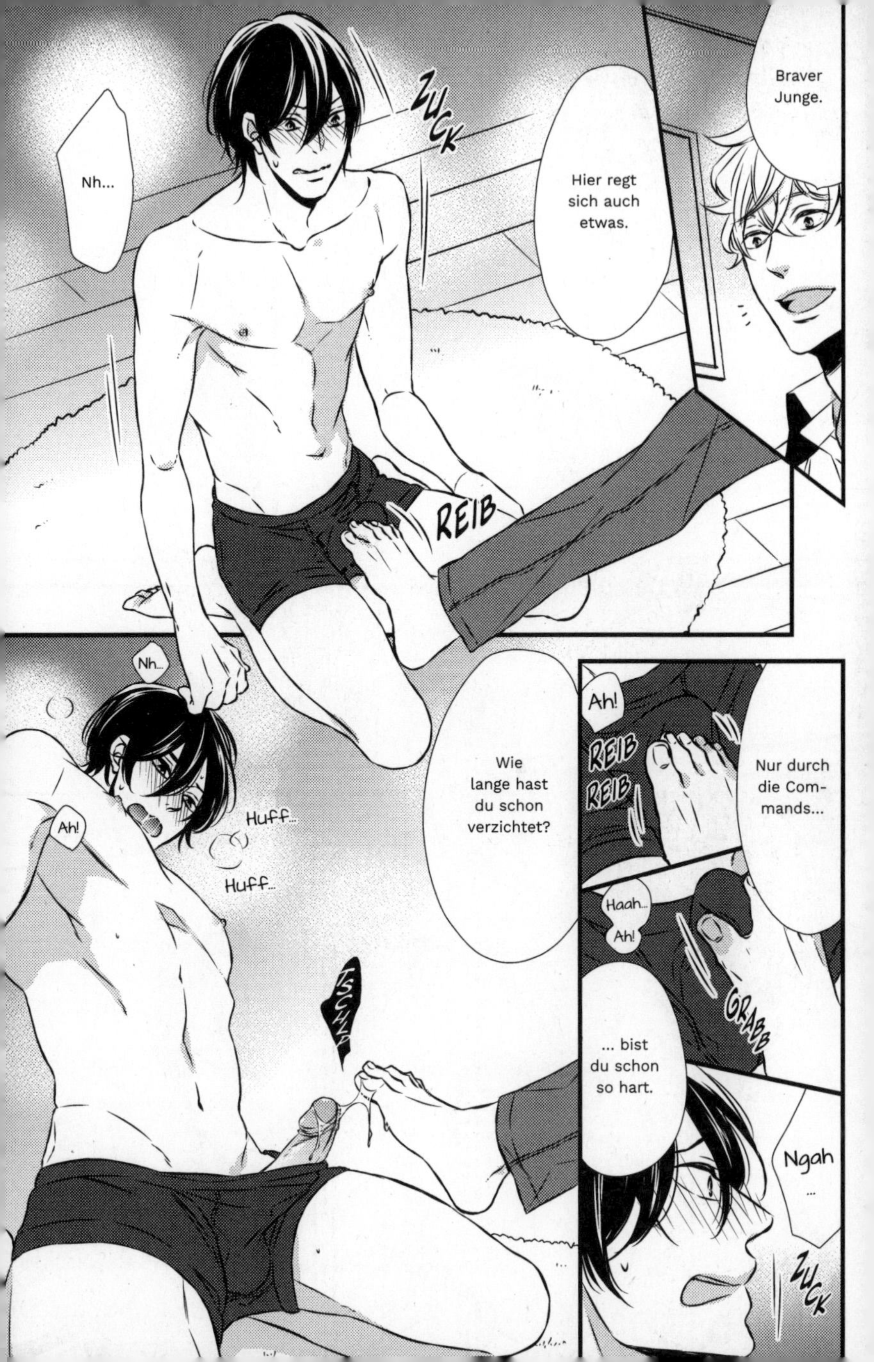
Braver Junge.
Hier regt sich auch etwas.
ZUCK
Nh...
REIB
Wie lange hast du schon verzichtet?
Nh...
Ah!
Huff...
Huff...
Ah!
REIB REIB
Nur durch die Commands...
Haah...
Ah!
GRABB
... bist du schon so hart.
Ngah ...
ZUCK

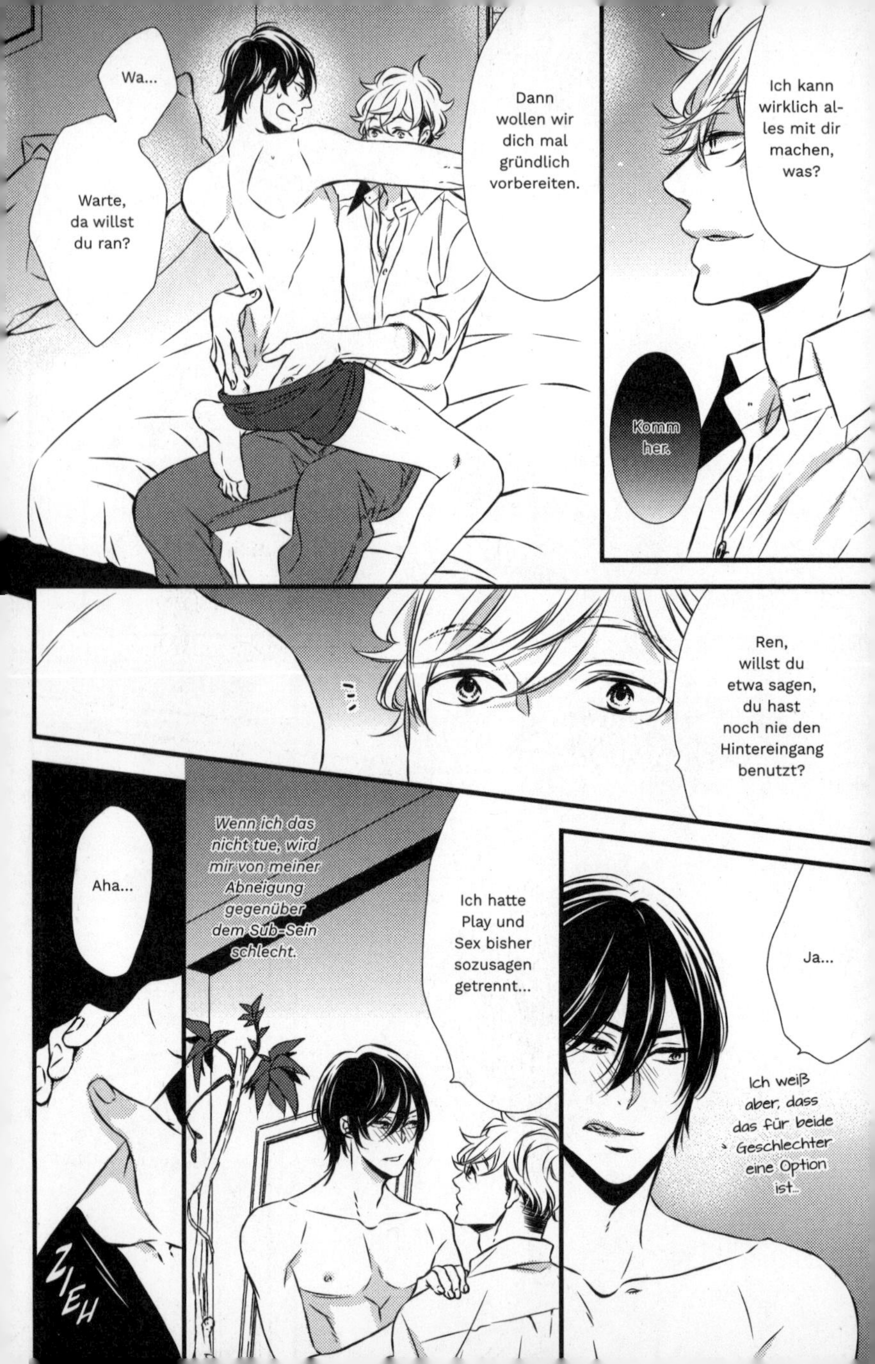
Ich kann wirklich alles mit dir machen, was?
Komm her.
Dann wollen wir dich mal gründlich vorbereiten.
Wa...
Warte, da willst du ran?
Ren, willst du etwa sagen, du hast noch nie den Hintereingang benutzt?
Ja...
Ich weiß aber, dass das für beide Geschlechter eine Option ist...
Ich hatte Play und Sex bisher sozusagen getrennt...
Wenn ich das nicht tue, wird mir von meiner Abneigung gegenüber dem Sub-Sein schlecht.
Aha...
ZIEH

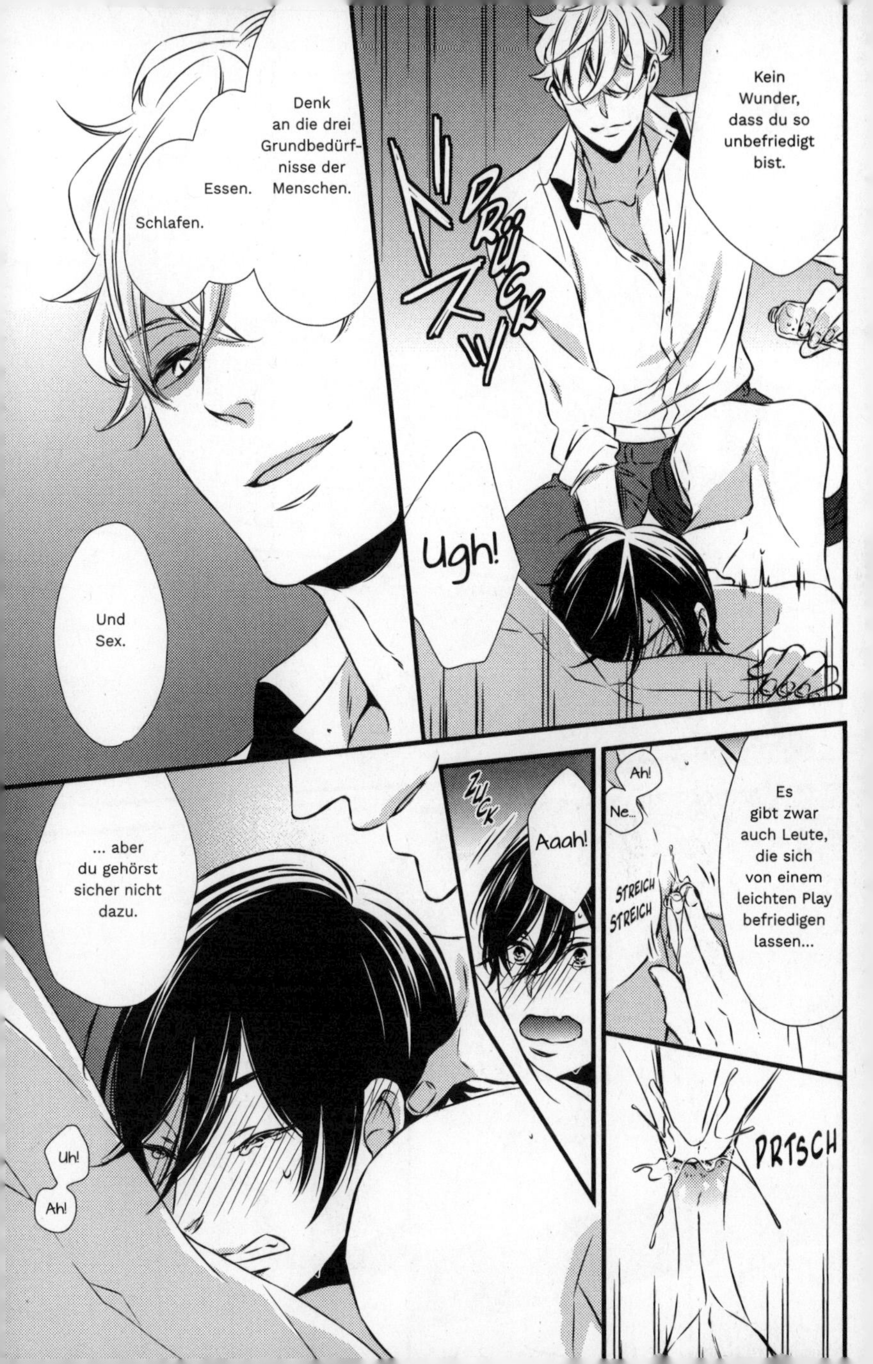
Kein Wunder, dass du so unbefriedigt bist.
DRÜCK
Ugh!
Denk an die drei Grundbedürfnisse der Menschen.
Essen.
Schlafen.
Und Sex.
Es gibt zwar auch Leute, die sich von einem leichten Play befriedigen lassen...
Ah!
Ne...
STREICH STREICH
PRTSCH
ZUCK
Aaah!
... aber du gehörst sicher nicht dazu.
Uh!
Ah!

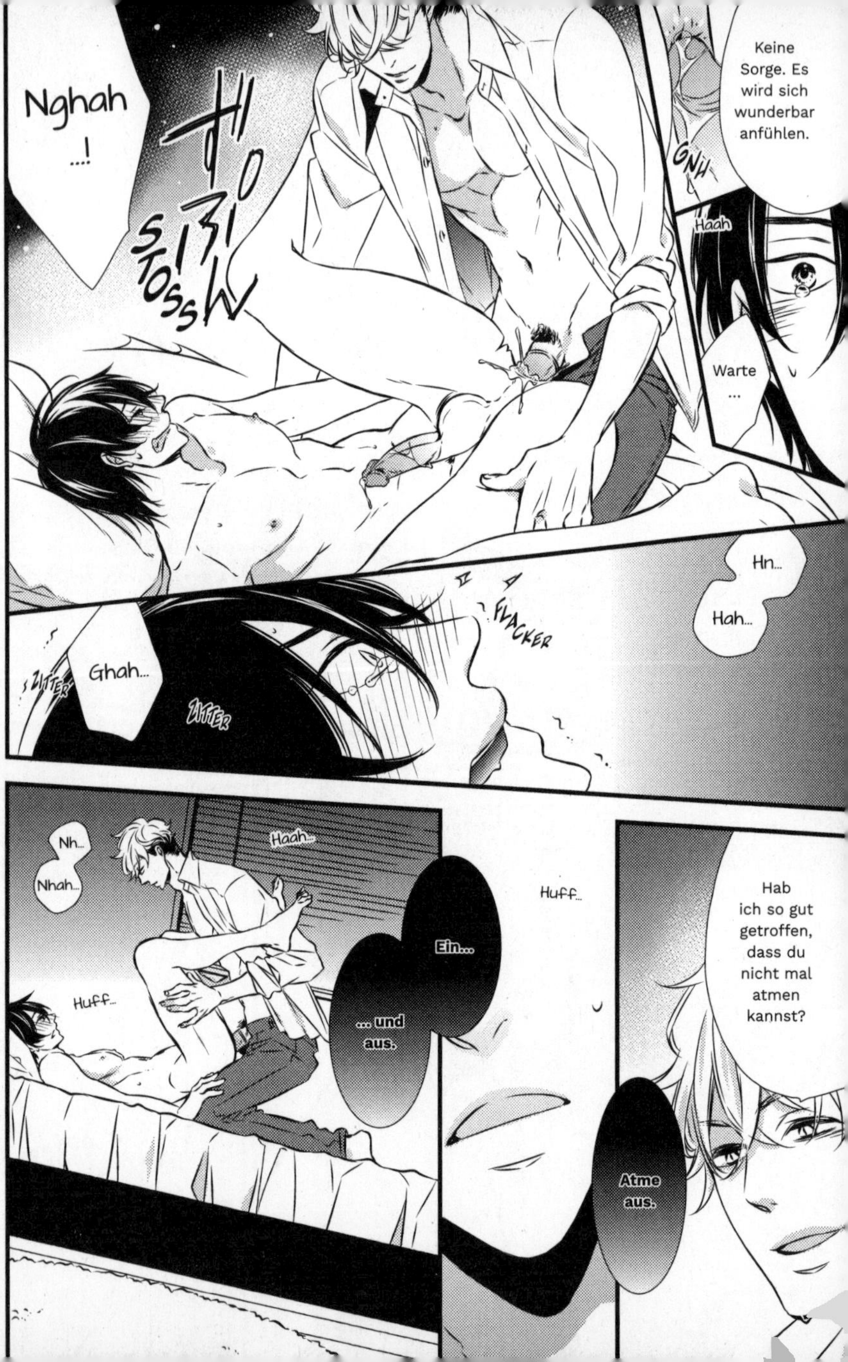
Keine Sorge. Es wird sich wunderbar anfühlen.
GNH
Haah
Warte ...
Nghah ...!
STOSS
Hn...
Hah...
FLACKER
Ghah...
ZITTER
ZITTER
Hab ich so gut getroffen, dass du nicht mal atmen kannst?
Atme aus.
Huff...
Ein...
... und aus.
Haah...
Nh...
Nhah...
Huff...

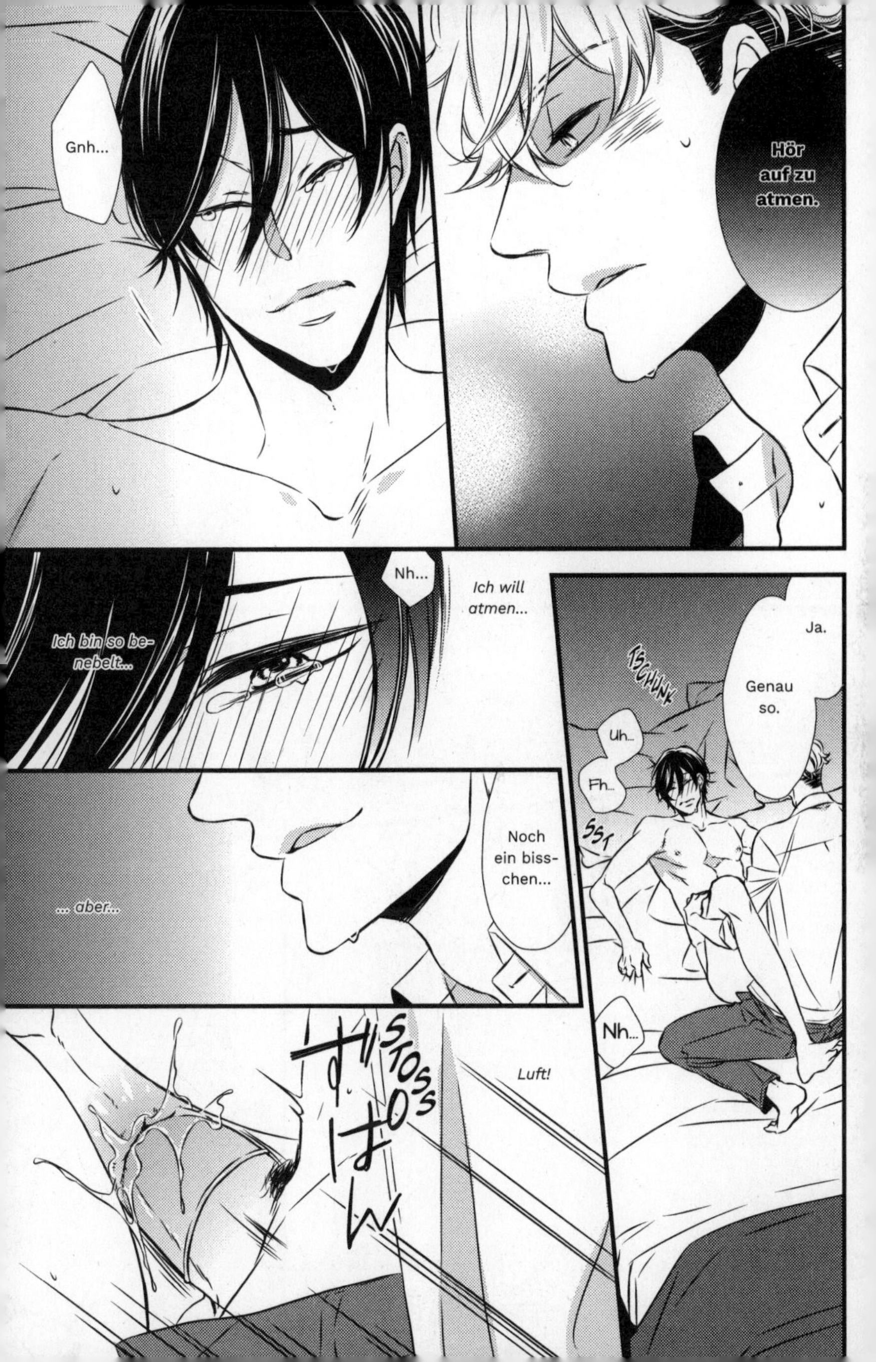

Hör auf zu atmen.
Gnh...
Ja.
Genau so.
TSCHUNK
Uh...
Fh...
SST
Nh...
Nh...
Ich will atmen...
Ich bin so benebelt...
Noch ein bisschen...
... aber...
Luft!
STOSS

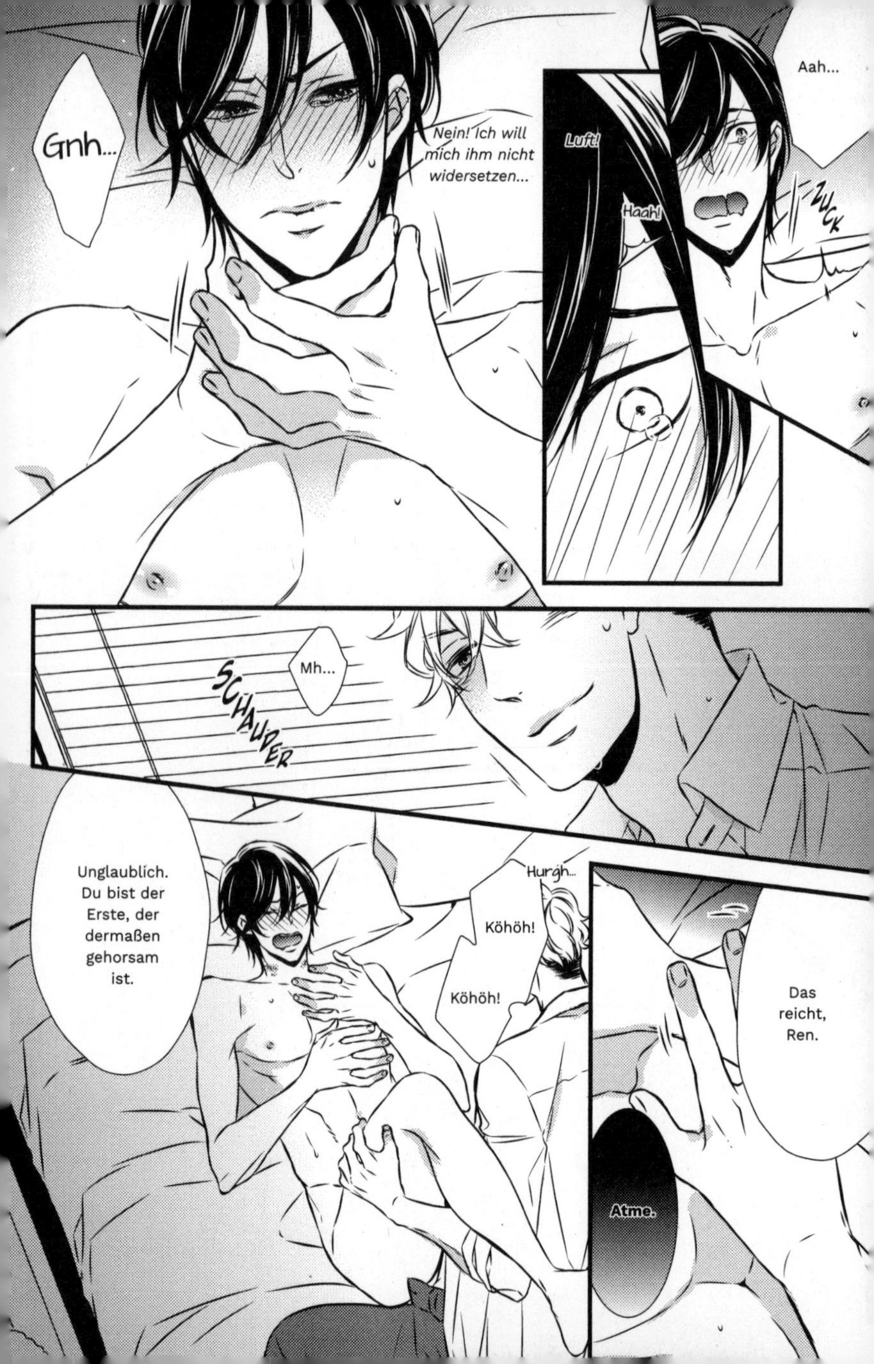
Aah...
ZUCK
Luft!
Haah!
Nein! Ich will mich ihm nicht widersetzen...
Gnh...
Mh...
SCHAUDER
Das reicht, Ren.
Atme.
Hurgh...
Köhöh!
Köhöh!
Unglaublich. Du bist der Erste, der dermaßen gehorsam ist.

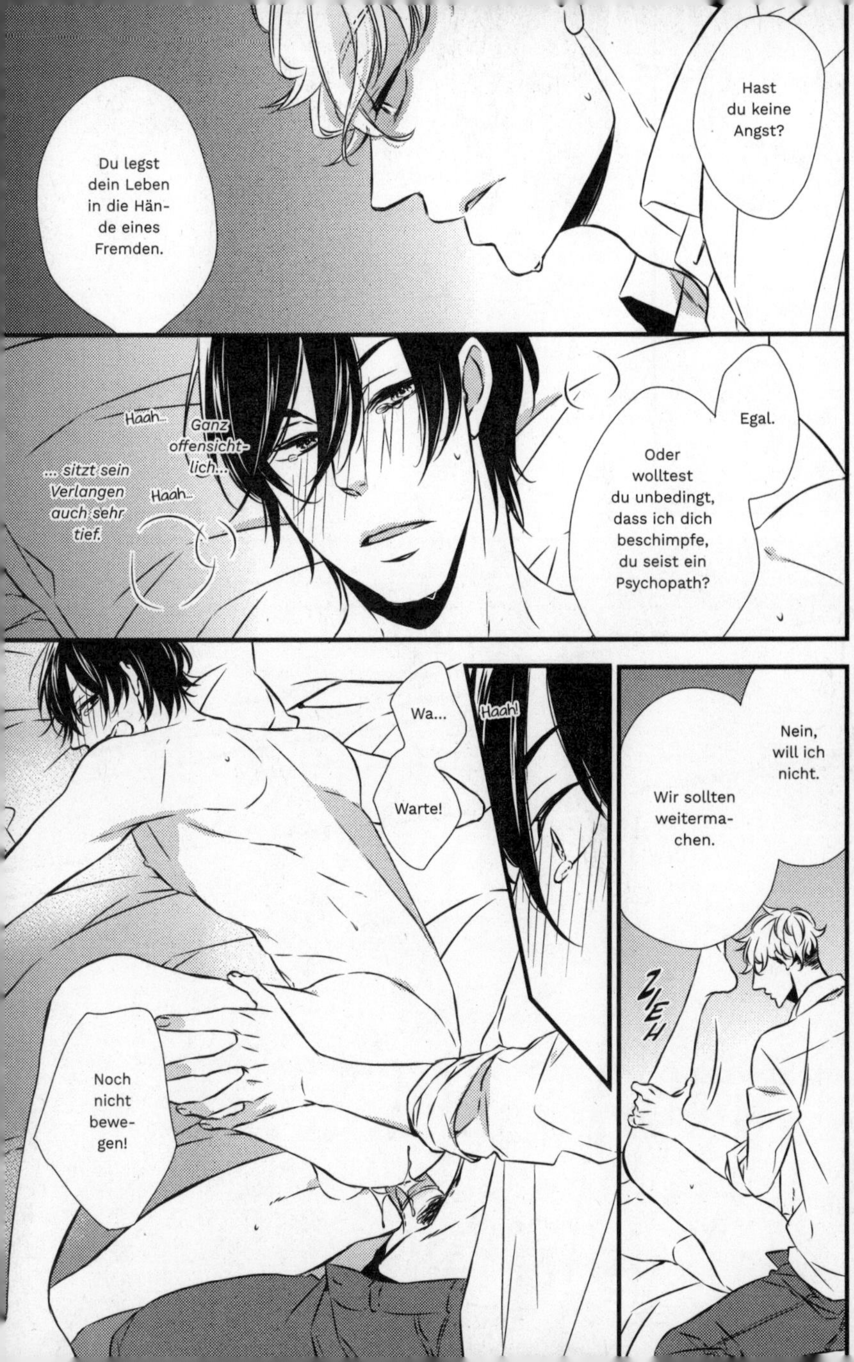
Hast du keine Angst?
Du legst dein Leben in die Hän-de eines Fremden.
Egal.
Oder wolltest du unbedingt, dass ich dich beschimpfe, du seist ein Psychopath?
Haah...
Ganz offensicht-lich...
... sitzt sein Verlangen auch sehr tief.
Haah...
Nein, will ich nicht.
Wir sollten weiterma-chen.
ZIEH
Haah!
Wa...
Warte!
Noch nicht bewe-gen!

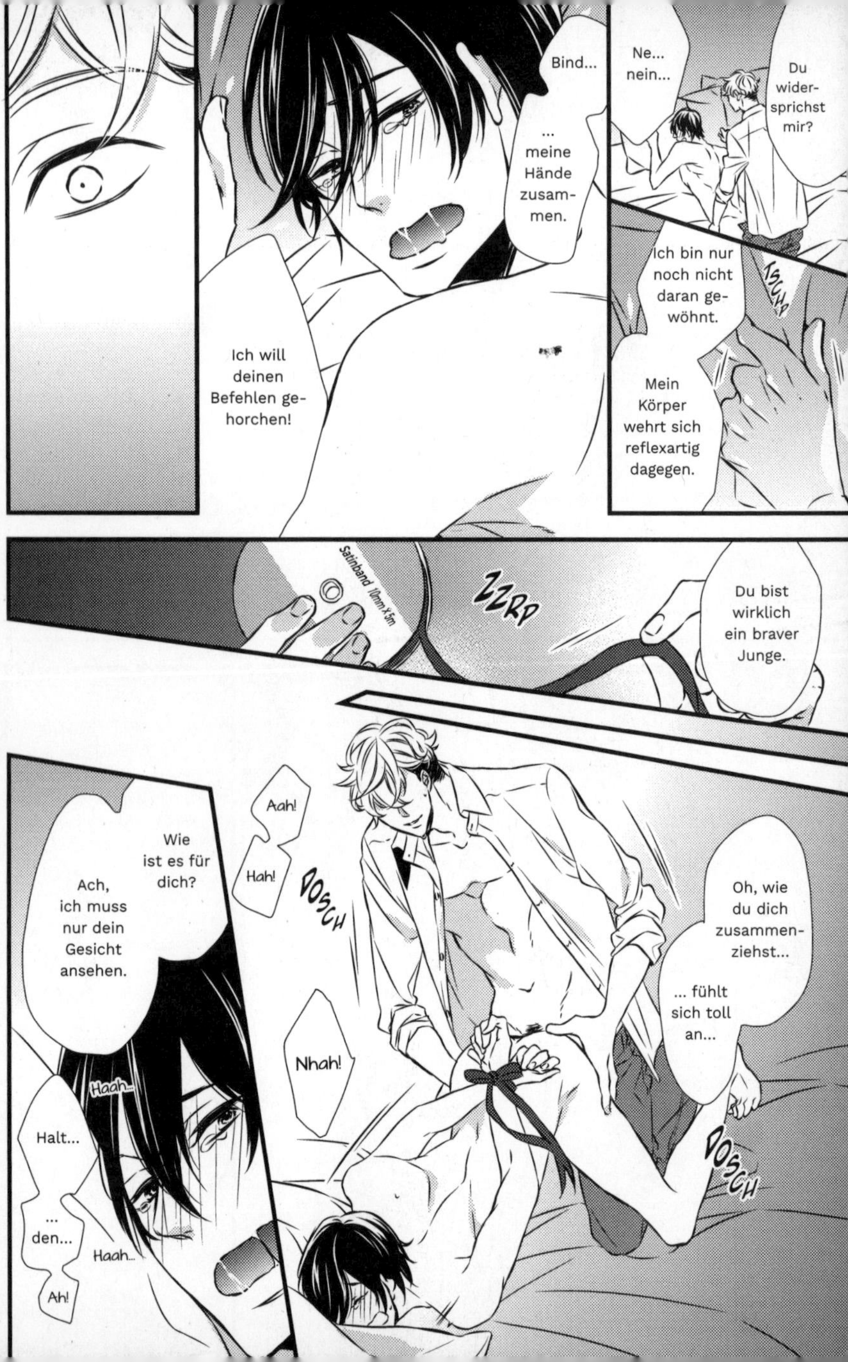
Du widersprichst mir?
Ne... nein...
Ich bin nur noch nicht daran gewöhnt.
TSCHAP
Mein Körper wehrt sich reflexartig dagegen.
Bind... ... meine Hände zusammen.
Ich will deinen Befehlen gehorchen!
Du bist wirklich ein braver Junge.
ZZRP
Satinband 10mm×5m
Oh, wie du dich zusammenziehst...
... fühlt sich toll an...
DOSCH
DOSCH
Aah!
Hah!
Nhah!
Wie ist es für dich?
Ach, ich muss nur dein Gesicht ansehen.
Haah...
Halt...
... den...
Haah...
Ah!

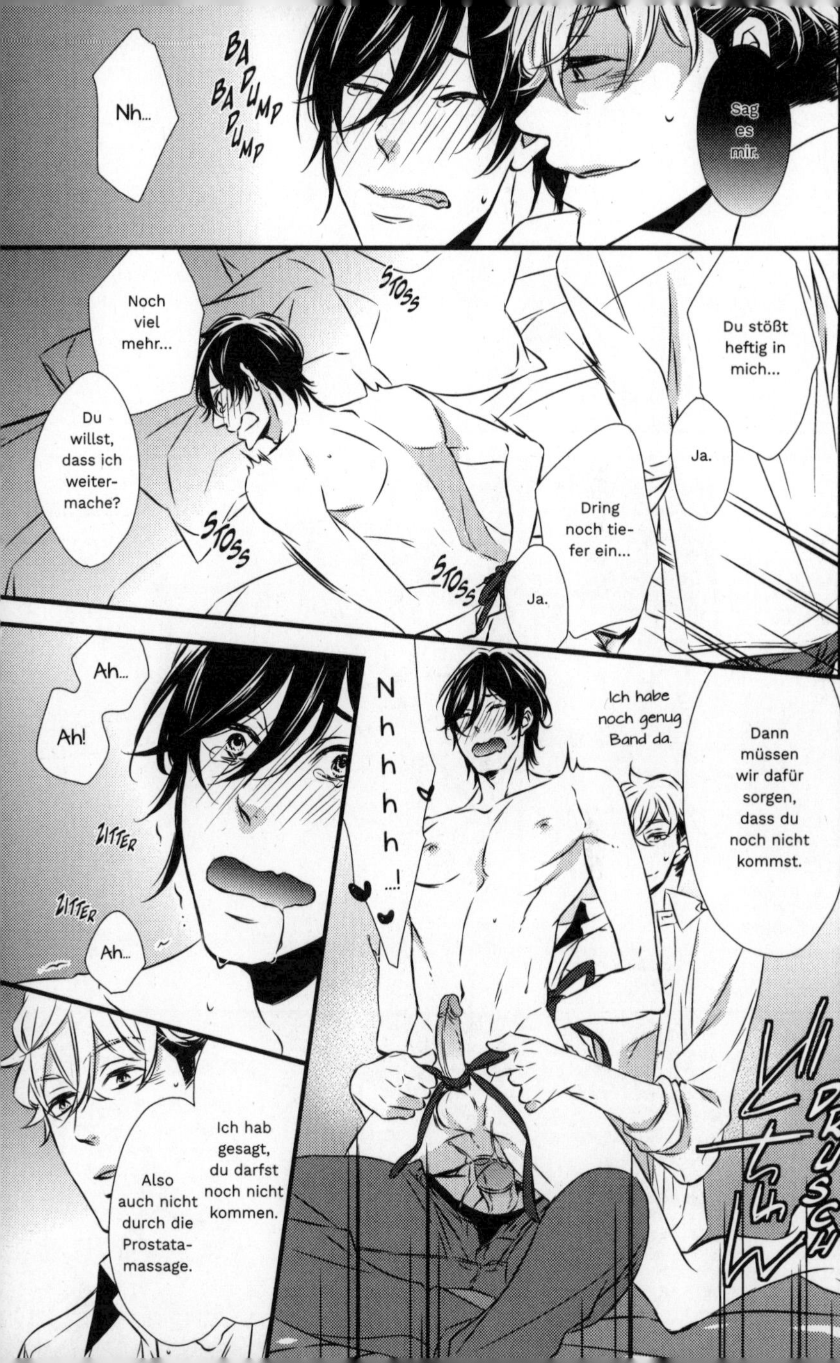
Sag es mir.
BA DUMP BA DUMP
Nh...
Du stößt heftig in mich...
Ja.
Dring noch tie-fer ein...
Ja.
STOSS
Noch viel mehr...
Du willst, dass ich weiter-mache?
STOSS
STOSS
Dann müssen wir dafür sorgen, dass du noch nicht kommst.
Ich habe noch genug Band da.
DRUSCH
Nhhhh...!
Ah...
Ah!
ZITTER
ZITTER
Ah...
Ich hab gesagt, du darfst noch nicht kommen.
Also auch nicht durch die Prostata-massage.

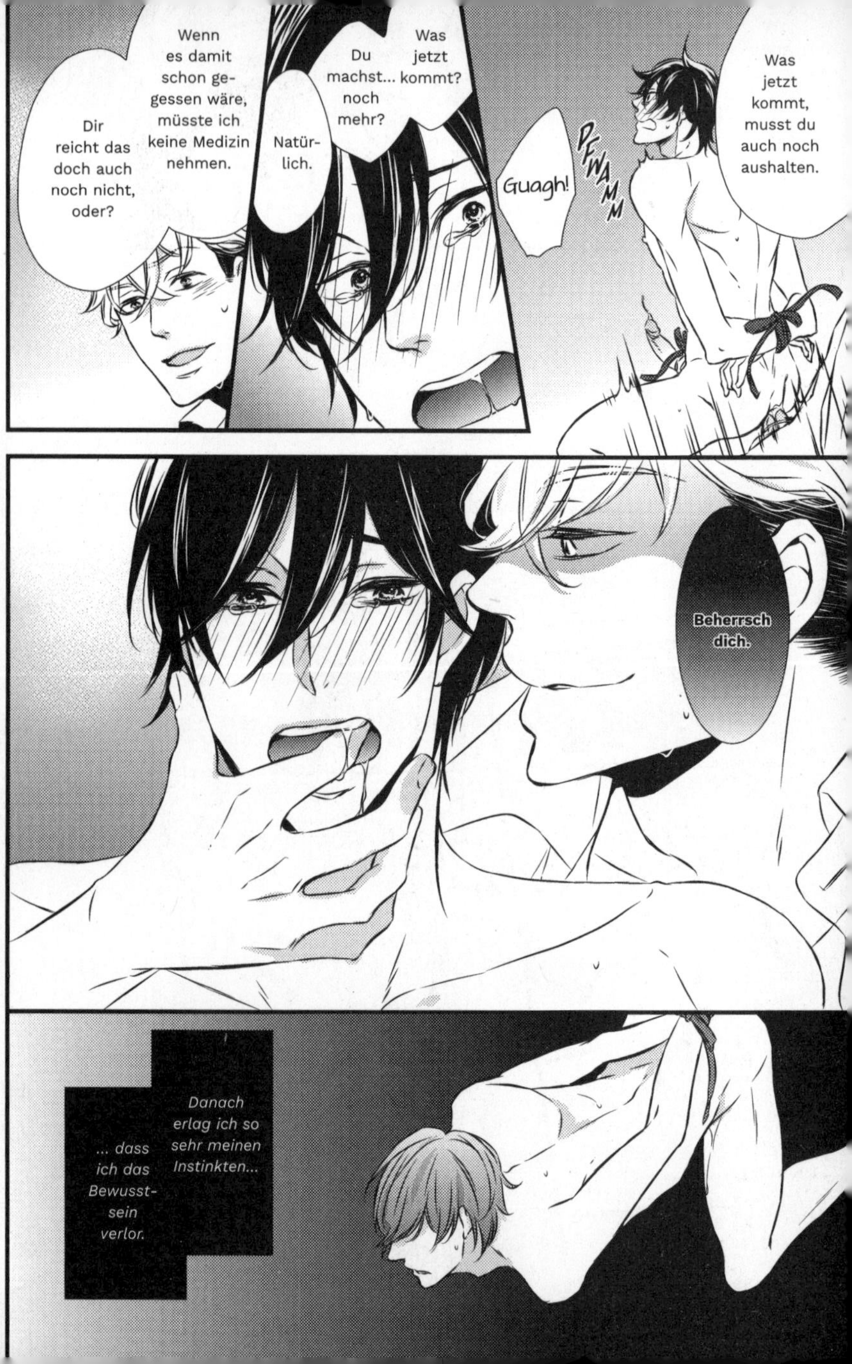
Was jetzt kommt, musst du auch noch aushalten.
DFWAMM
Guagh!
Was jetzt kommt?
Du machst... noch mehr?
Natürlich.
Wenn es damit schon gegessen wäre, müsste ich keine Medizin nehmen.
Dir reicht das doch auch noch nicht, oder?
Beherrsch dich.
Danach erlag ich so sehr meinen Instinkten...
... dass ich das Bewusstsein verlor.

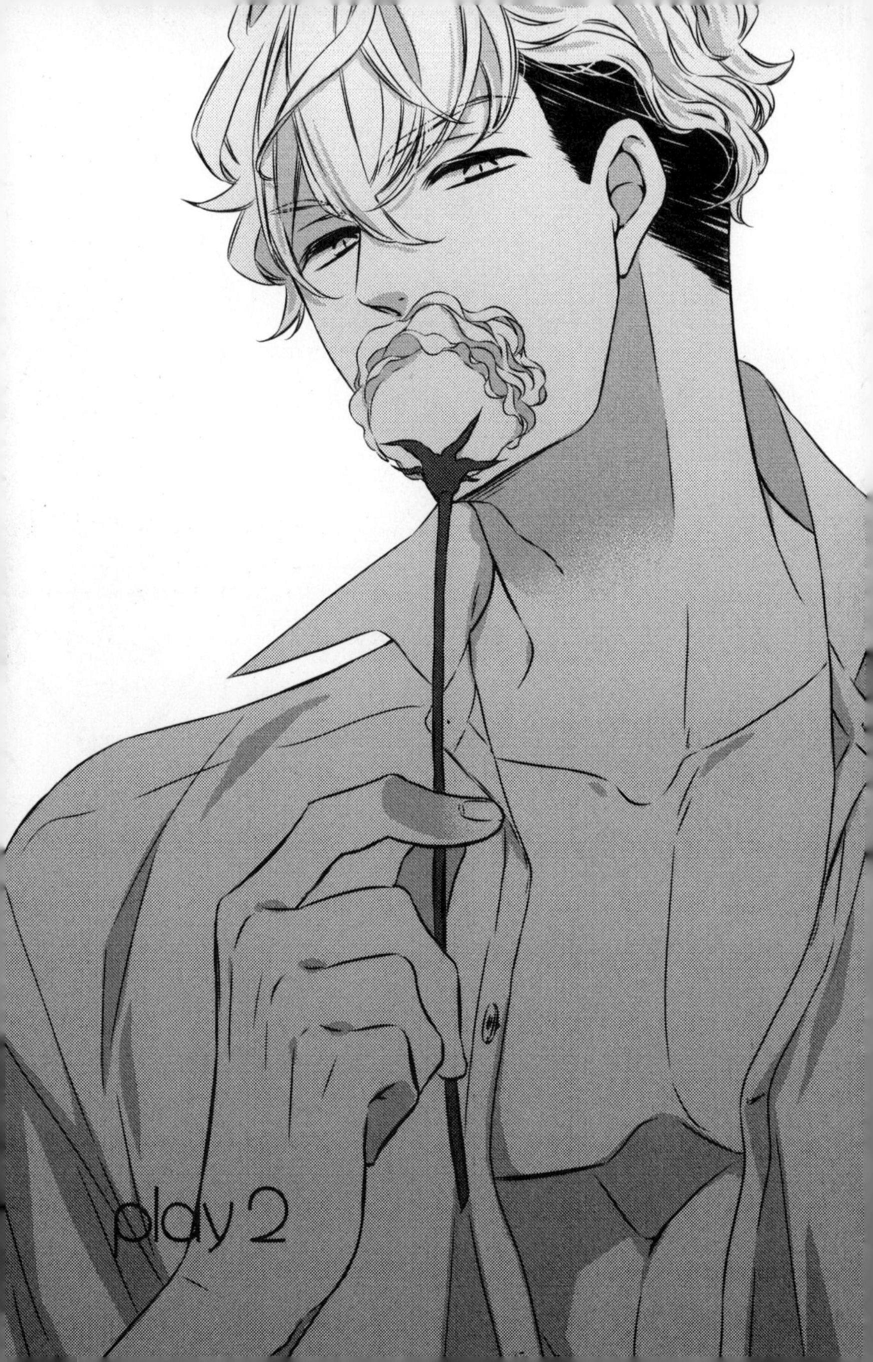
play 2

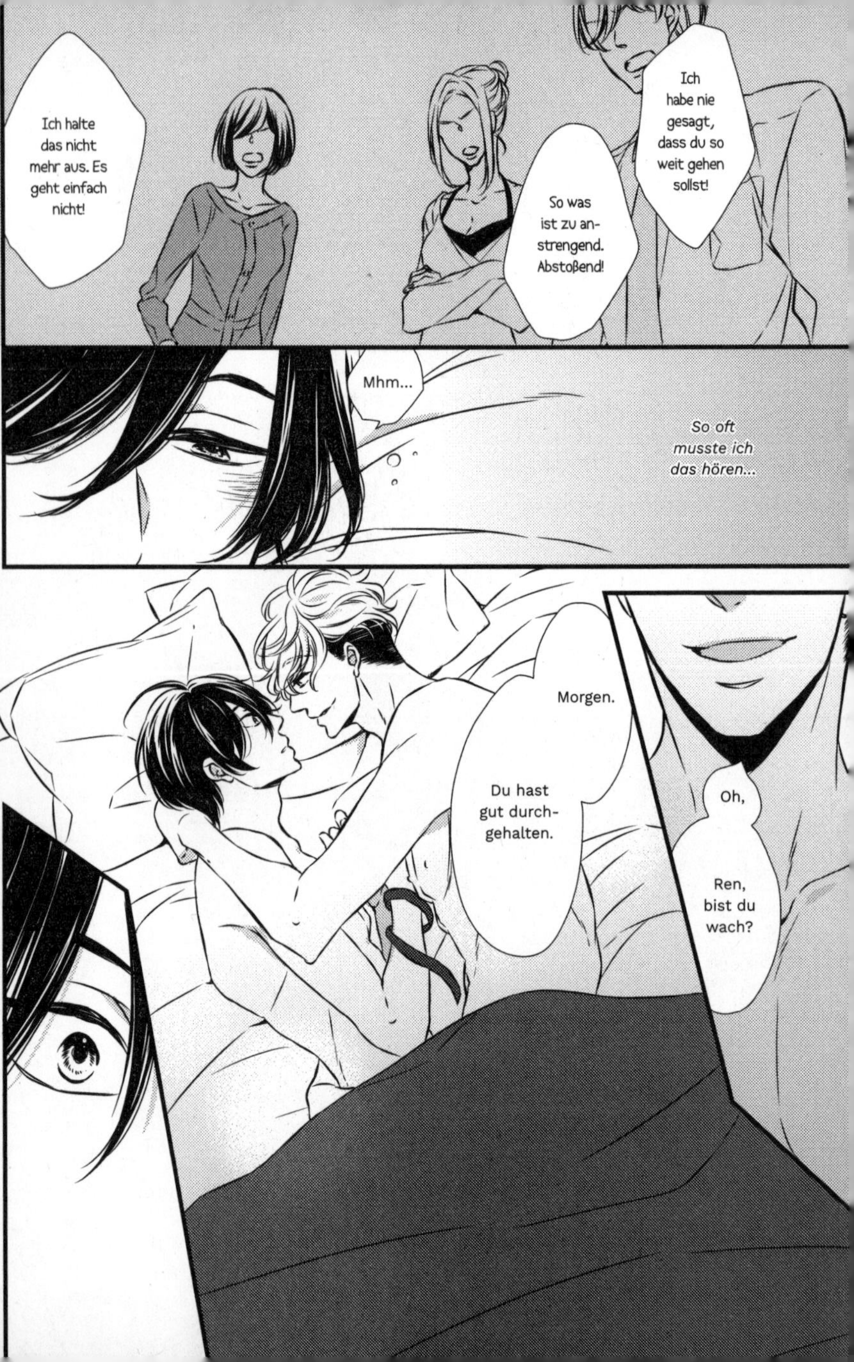
Ich habe nie gesagt, dass du so weit gehen sollst!
So was ist zu anstrengend. Abstoßend!
Ich halte das nicht mehr aus. Es geht einfach nicht!
So oft musste ich das hören...
Mhm...
Oh,
Ren, bist du wach?
Morgen.
Du hast gut durchgehalten.

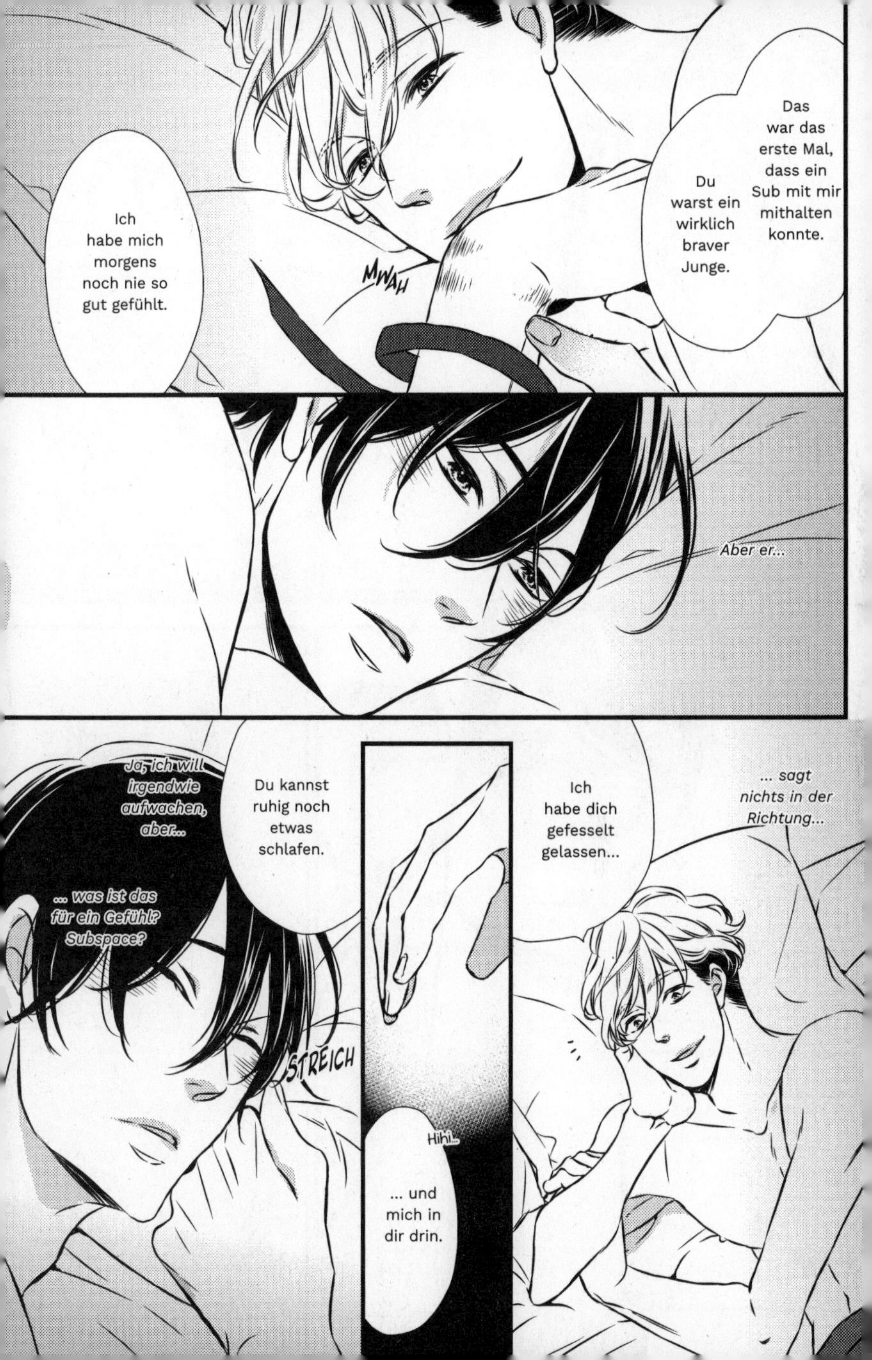
Das war das erste Mal, dass ein Sub mit mir mithalten konnte.
Du warst ein wirklich braver Junge.
MWAH
Ich habe mich morgens noch nie so gut gefühlt.
Aber er...
... sagt nichts in der Richtung...
Ich habe dich gefesselt gelassen...
Hihi...
... und mich in dir drin.
Du kannst ruhig noch etwas schlafen.
STREICH
Ja, ich will irgendwie aufwachen, aber...
... was ist das für ein Gefühl? Subspace?

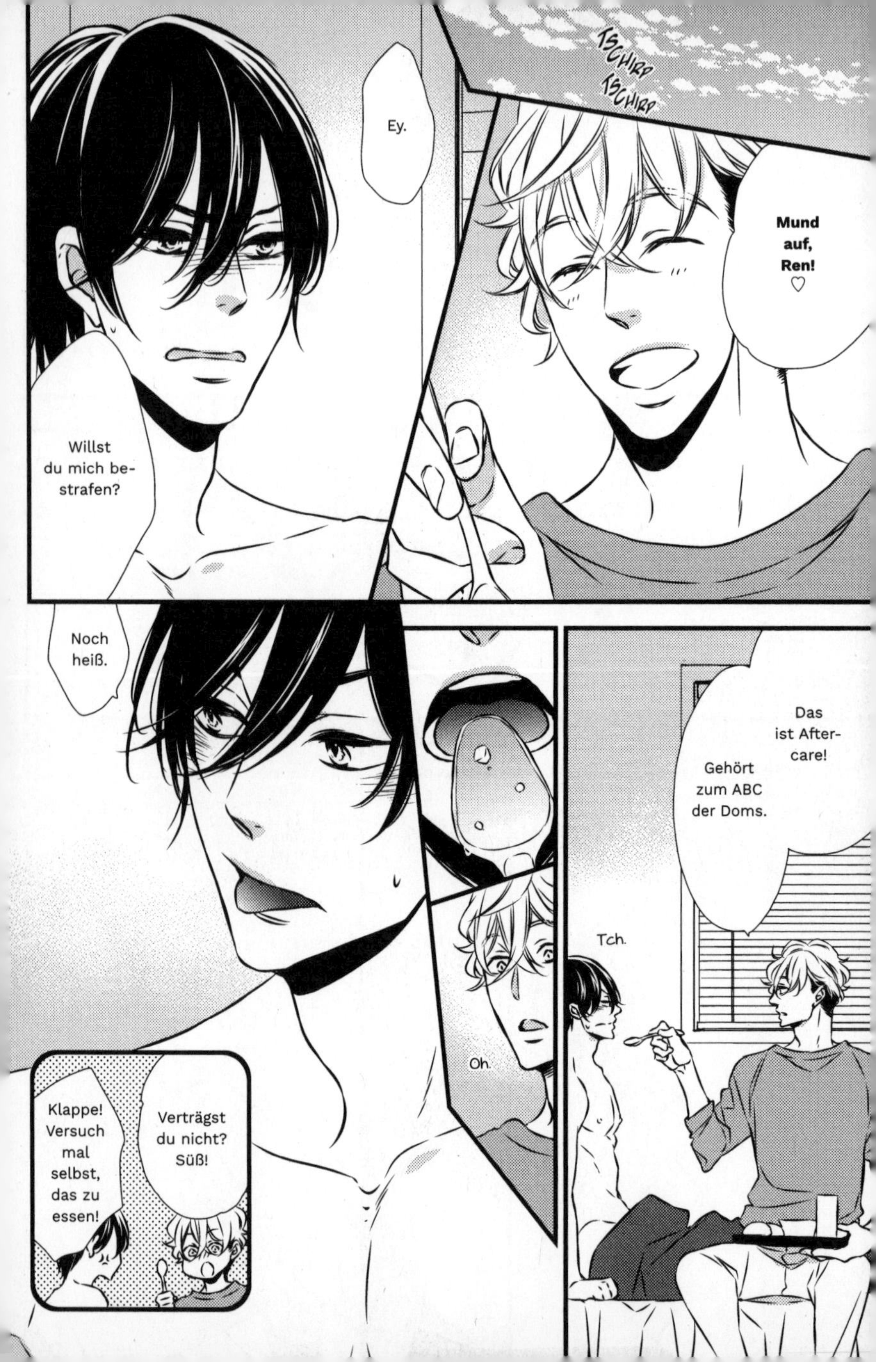

TSCHIRP TSCHIRP
Mund auf, Ren! ♡
Ey.
Willst du mich be-strafen?
Das ist After-care!
Gehört zum ABC der Doms.
Tch.
Oh.
Noch heiß.
Verträgst du nicht? Süß!
Klappe! Versuch mal selbst, das zu essen!

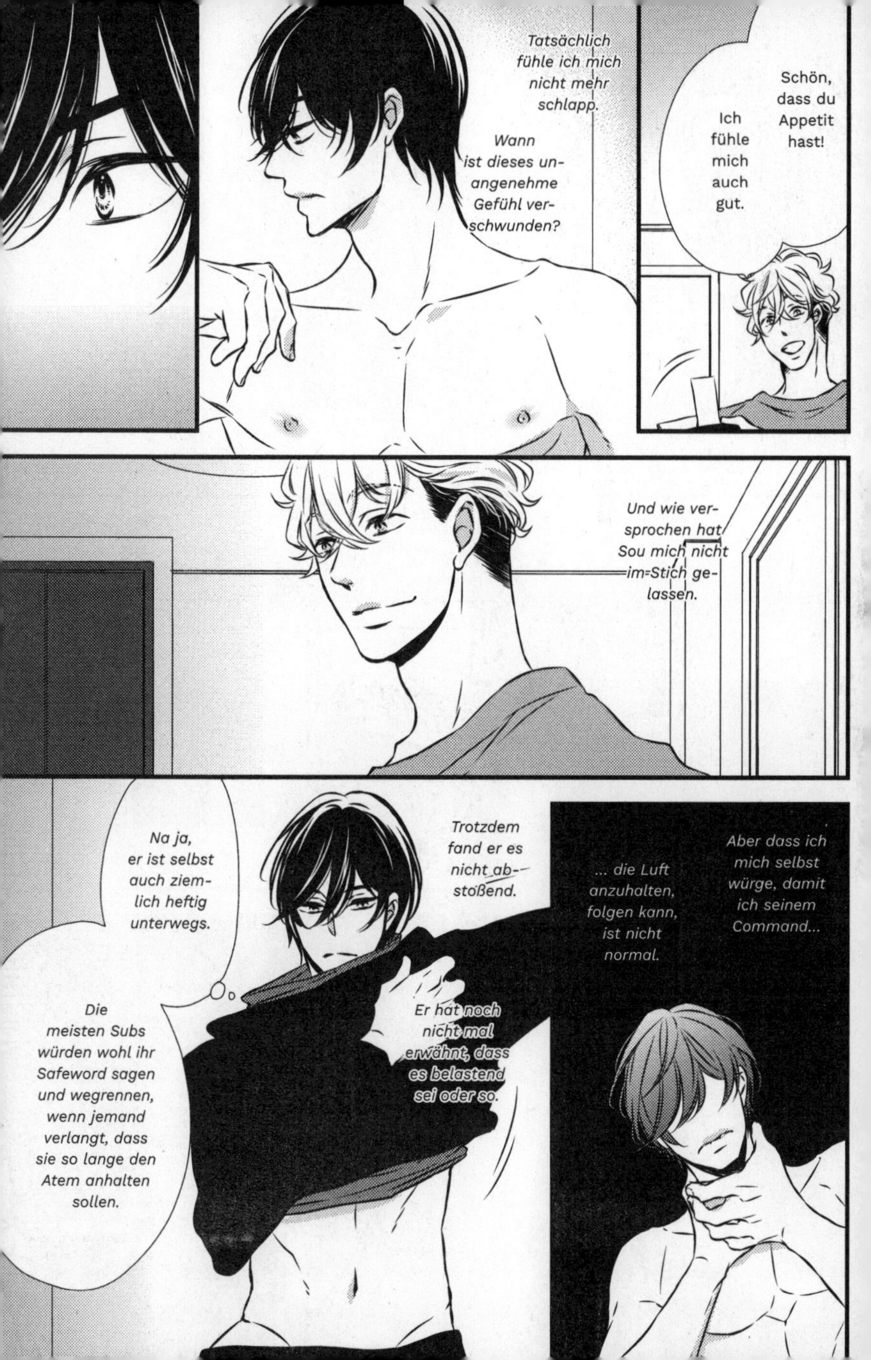
Schön, dass du Appetit hast!
Ich fühle mich auch gut.
Tatsächlich fühle ich mich nicht mehr schlapp.
Wann ist dieses unangenehme Gefühl verschwunden?
Und wie versprochen hat Sou mich nicht im Stich gelassen.
Aber dass ich mich selbst würge, damit ich seinem Command...
... die Luft anzuhalten, folgen kann, ist nicht normal.
Trotzdem fand er es nicht abstoßend.
Er hat noch nicht mal erwähnt, dass es belastend sei oder so.
Na ja, er ist selbst auch ziemlich heftig unterwegs.
Die meisten Subs würden wohl ihr Safeword sagen und wegrennen, wenn jemand verlangt, dass sie so lange den Atem anhalten sollen.

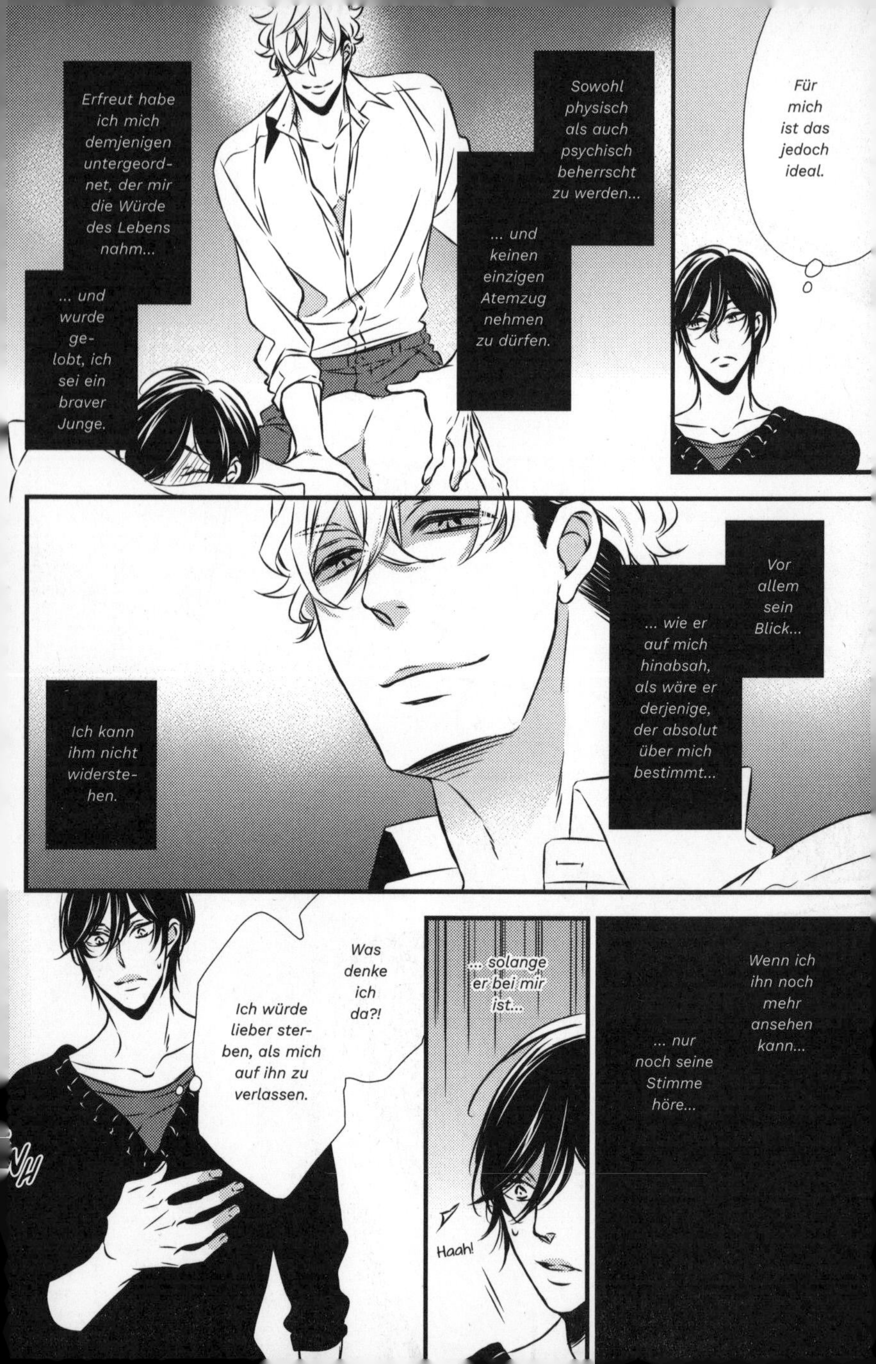
Für mich ist das jedoch ideal.
Sowohl physisch als auch psychisch beherrscht zu werden...
... und keinen einzigen Atemzug nehmen zu dürfen.
Erfreut habe ich mich demjenigen untergeordnet, der mir die Würde des Lebens nahm...
... und wurde gelobt, ich sei ein braver Junge.
Vor allem sein Blick...
... wie er auf mich hinabsah, als wäre er derjenige, der absolut über mich bestimmt...
Ich kann ihm nicht widerstehen.
Wenn ich ihn noch mehr ansehen kann...
... nur noch seine Stimme höre...
... solange er bei mir ist...
Haah!
Was denke ich da?!
Ich würde lieber sterben, als mich auf ihn zu verlassen.

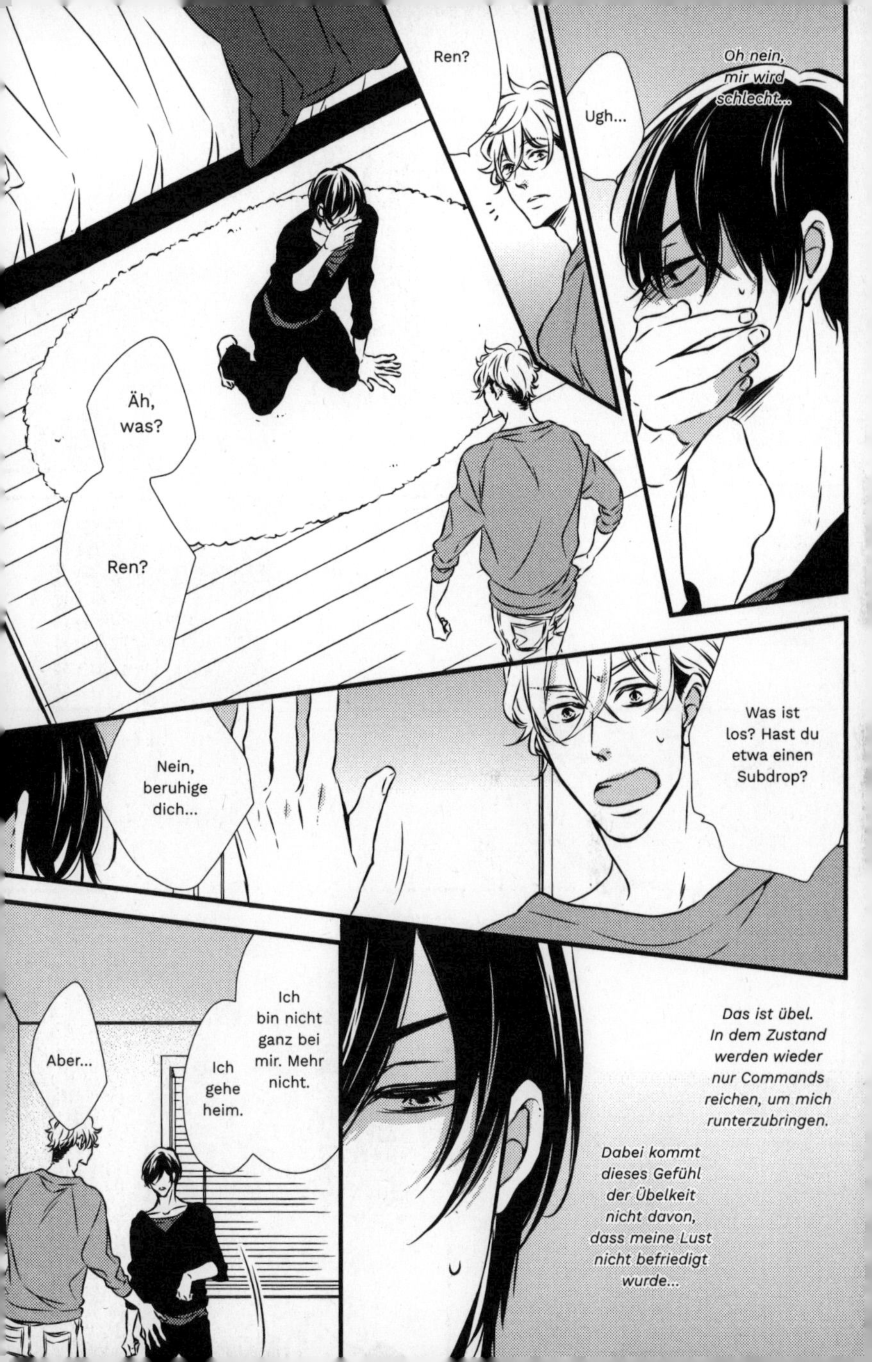
Oh nein, mir wird schlecht...
Ugh...
Ren?
Äh, was?
Ren?
Was ist los? Hast du etwa einen Subdrop?
Nein, beruhige dich...
Das ist übel. In dem Zustand werden wieder nur Commands reichen, um mich runterzubringen.
Dabei kommt dieses Gefühl der Übelkeit nicht davon, dass meine Lust nicht befriedigt wurde...
Ich bin nicht ganz bei mir. Mehr nicht.
Ich gehe heim.
Aber...

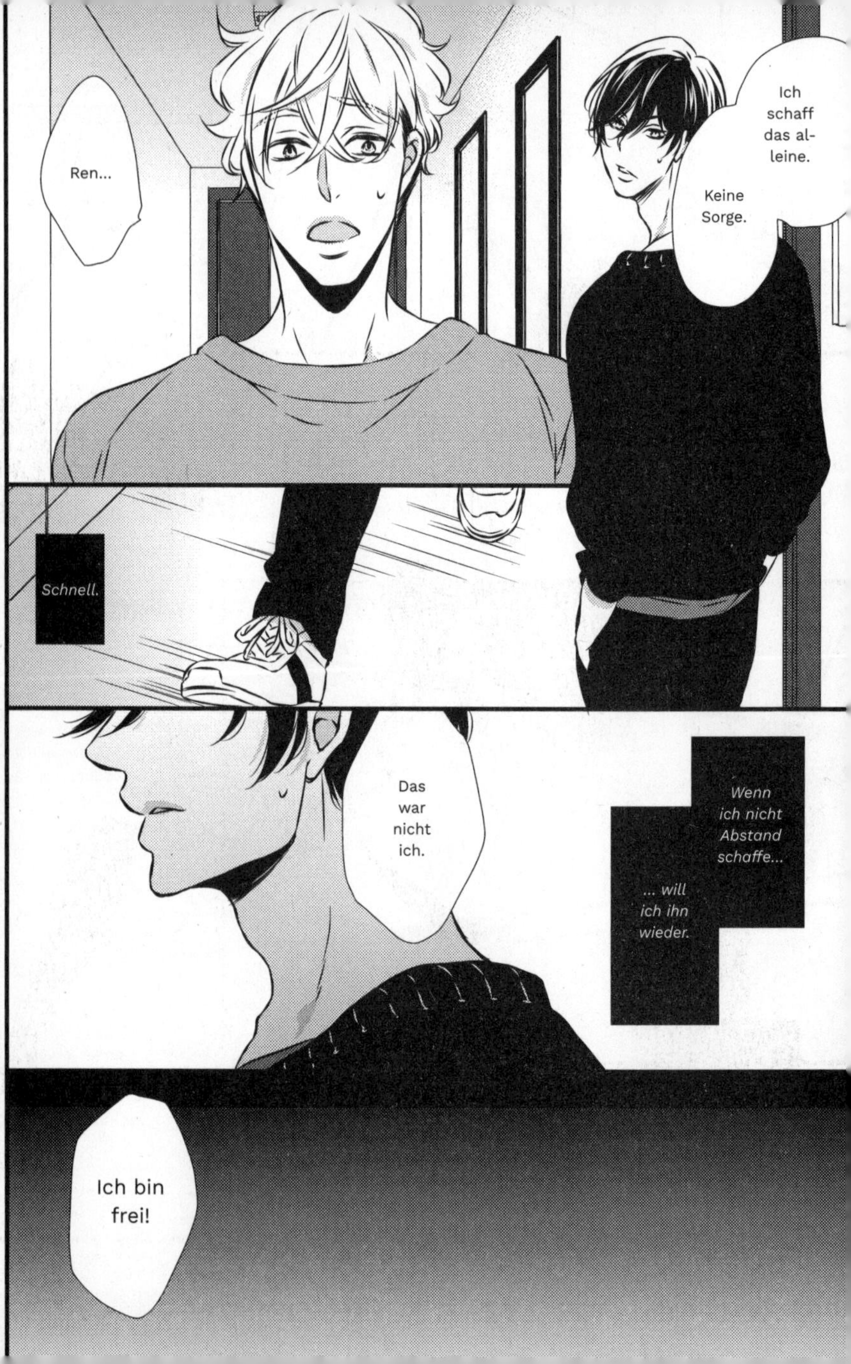
Ich schaff das alleine.
Keine Sorge.
Ren...
Schnell.
Wenn ich nicht Abstand schaffe...
... will ich ihn wieder.
Das war nicht ich.
Ich bin frei!

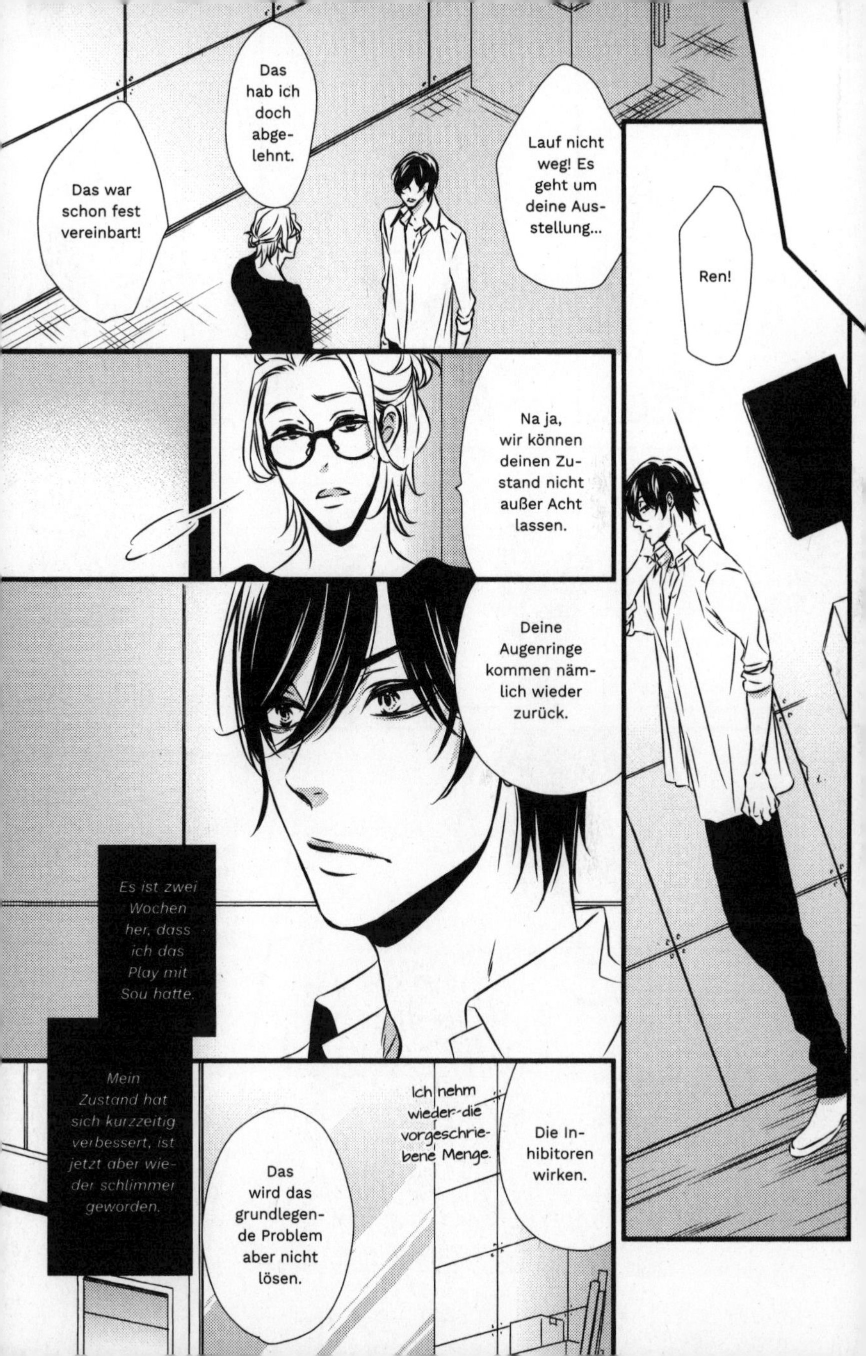

Ren!
Lauf nicht weg! Es geht um deine Ausstellung…
Das hab ich doch abgelehnt.
Das war schon fest vereinbart!
Na ja, wir können deinen Zustand nicht außer Acht lassen.
Deine Augenringe kommen nämlich wieder zurück.
Es ist zwei Wochen her, dass ich das Play mit Sou hatte.
Mein Zustand hat sich kurzzeitig verbessert, ist jetzt aber wieder schlimmer geworden.
Die Inhibitoren wirken.
Ich nehm wieder die vorgeschriebene Menge.
Das wird das grundlegende Problem aber nicht lösen.

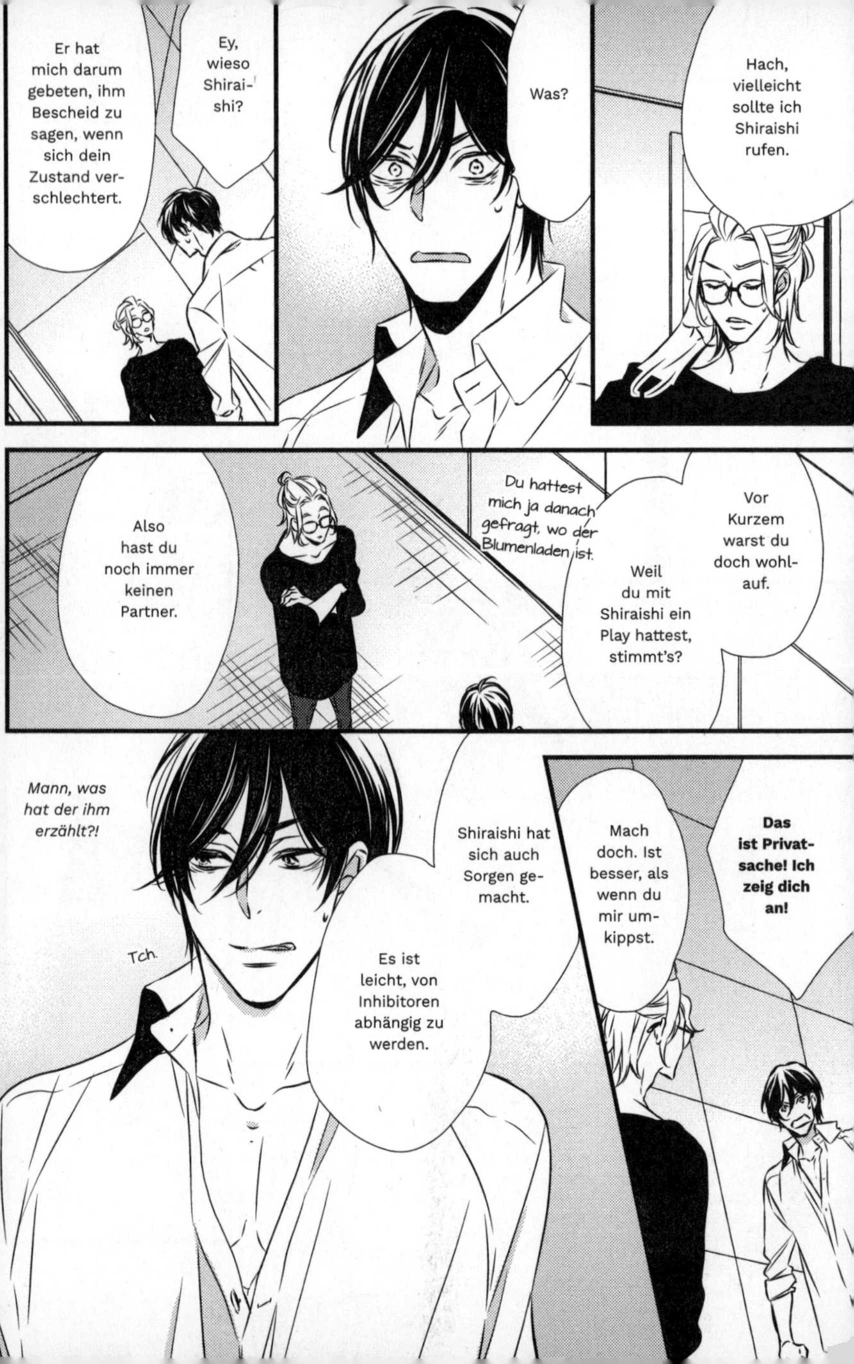
Hach, vielleicht sollte ich Shiraishi rufen.
Was?
Ey, wieso Shirai-shi?
Er hat mich darum gebeten, ihm Bescheid zu sagen, wenn sich dein Zustand verschlechtert.
Vor Kurzem warst du doch wohlauf.
Weil du mit Shiraishi ein Play hattest, stimmt's?
Du hattest mich ja danach gefragt, wo der Blumenladen ist.
Also hast du noch immer keinen Partner.
Das ist Privatsache! Ich zeig dich an!
Mach doch. Ist besser, als wenn du mir umkippst.
Shiraishi hat sich auch Sorgen gemacht.
Es ist leicht, von Inhibitoren abhängig zu werden.
Mann, was hat der ihm erzählt?!
Tch.

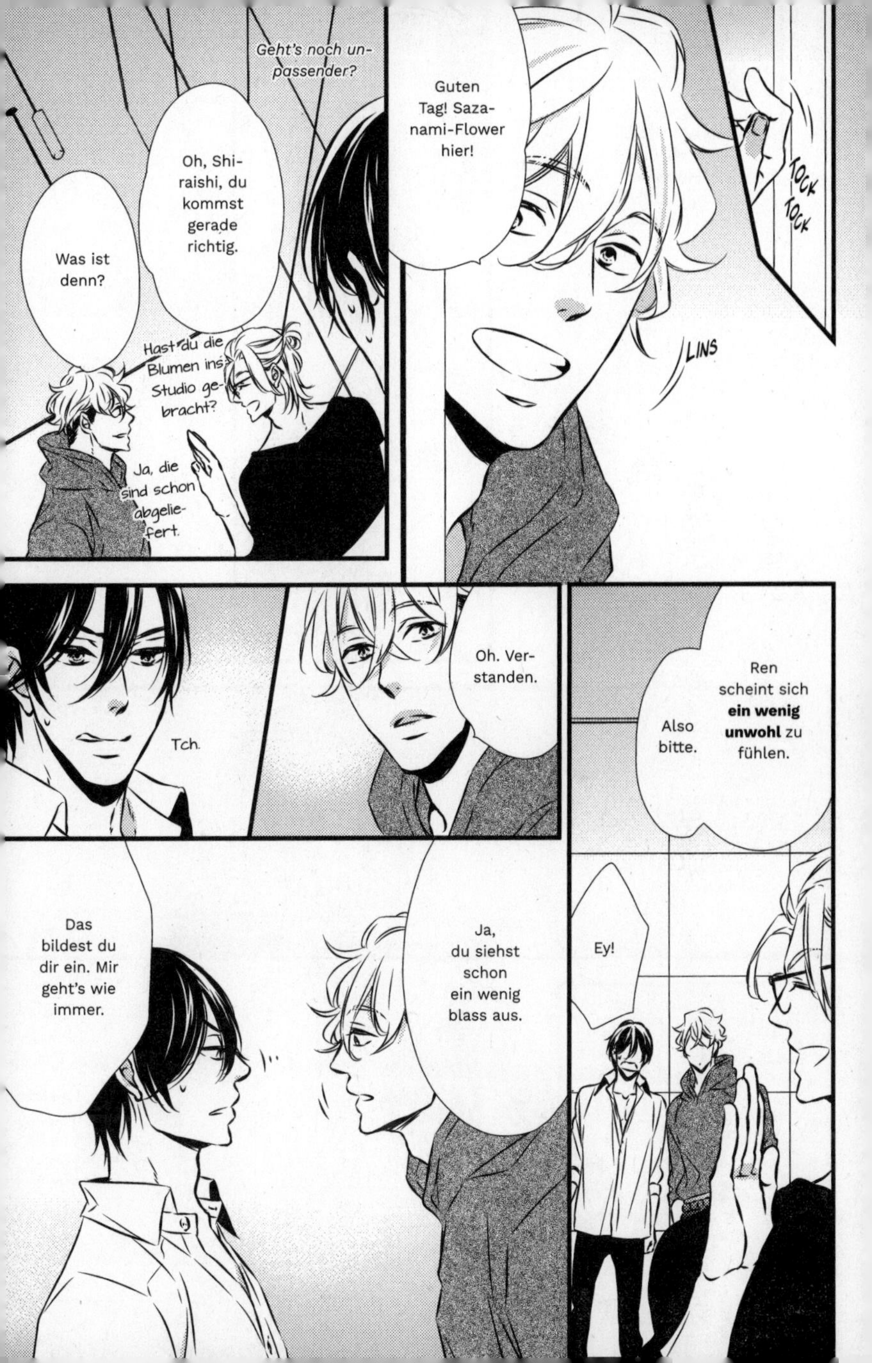
TOCK TOCK
Guten Tag! Sazanami-Flower hier!
LINS
Geht's noch unpassender?
Oh, Shiraishi, du kommst gerade richtig.
Was ist denn?
Hast du die Blumen ins Studio gebracht?
Ja, die sind schon abgeliefert.
Ren scheint sich **ein wenig unwohl** zu fühlen.
Also bitte.
Oh. Verstanden.
Tch.
Ey!
Ja, du siehst schon ein wenig blass aus.
Das bildest du dir ein. Mir geht's wie immer.

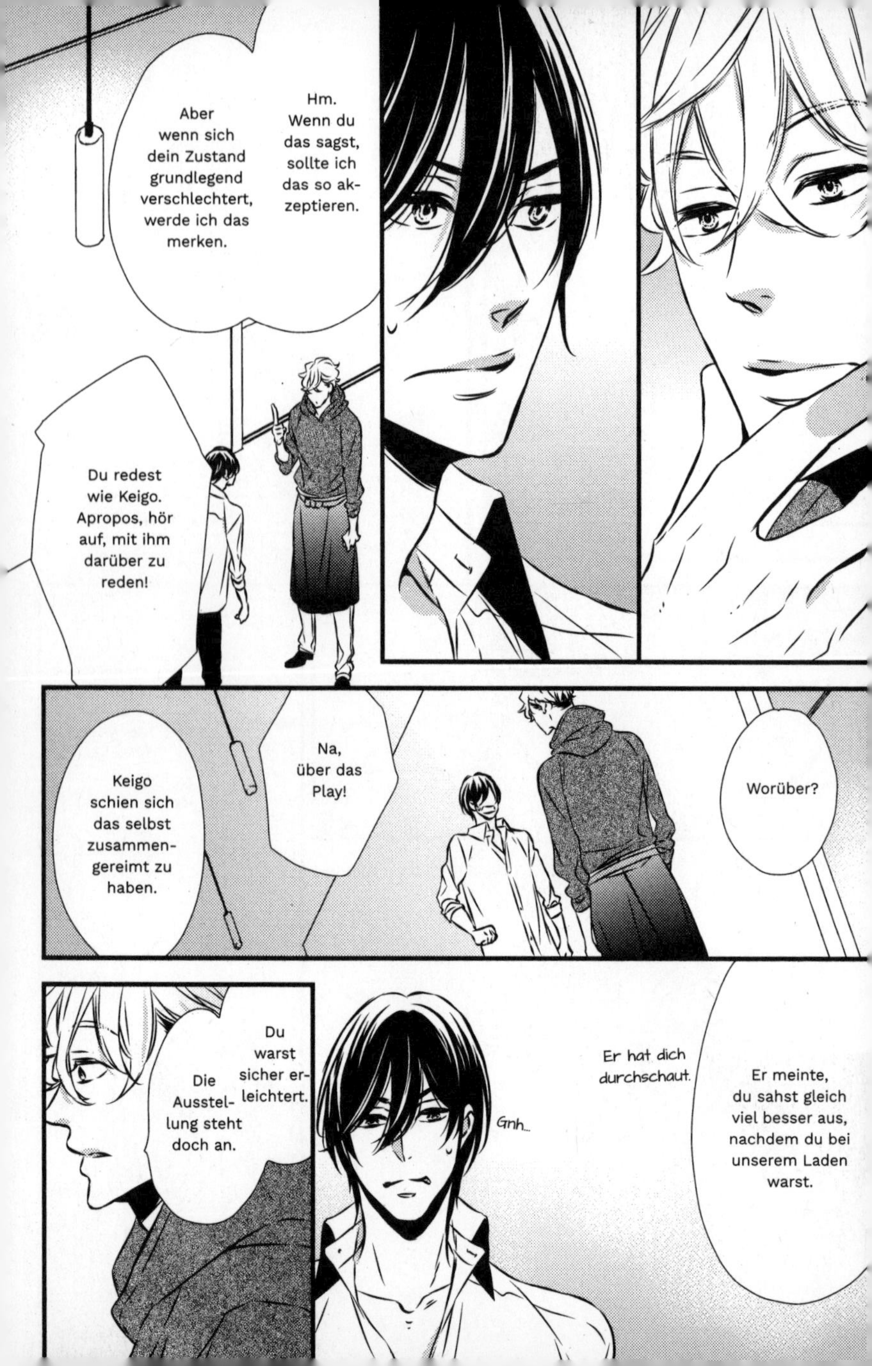
Hm.
Wenn du das sagst, sollte ich das so akzeptieren.
Aber wenn sich dein Zustand grundlegend verschlechtert, werde ich das merken.
Du redest wie Keigo. Apropos, hör auf, mit ihm darüber zu reden!
Worüber?
Na, über das Play!
Keigo schien sich das selbst zusammengereimt zu haben.
Er meinte, du sahst gleich viel besser aus, nachdem du bei unserem Laden warst.
Er hat dich durchschaut.
Gnh...
Du warst sicher erleichtert.
Die Ausstellung steht doch an.

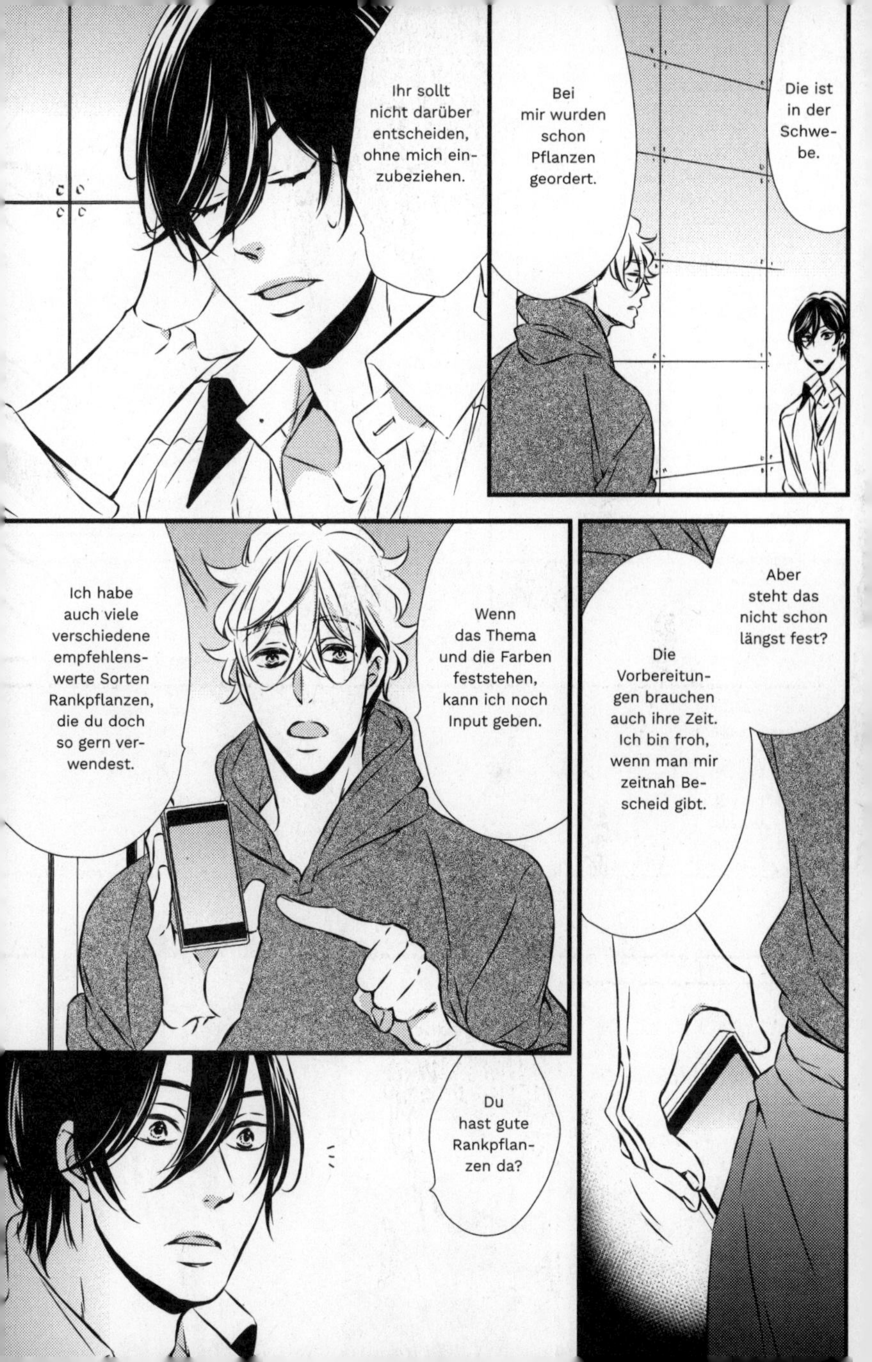

Die ist in der Schwebe.
Bei mir wurden schon Pflanzen geordert.
Ihr sollt nicht darüber entscheiden, ohne mich einzubeziehen.
Aber steht das nicht schon längst fest?
Die Vorbereitungen brauchen auch ihre Zeit. Ich bin froh, wenn man mir zeitnah Bescheid gibt.
Wenn das Thema und die Farben feststehen, kann ich noch Input geben.
Ich habe auch viele verschiedene empfehlenswerte Sorten Rankpflanzen, die du doch so gern verwendest.
Du hast gute Rankpflanzen da?

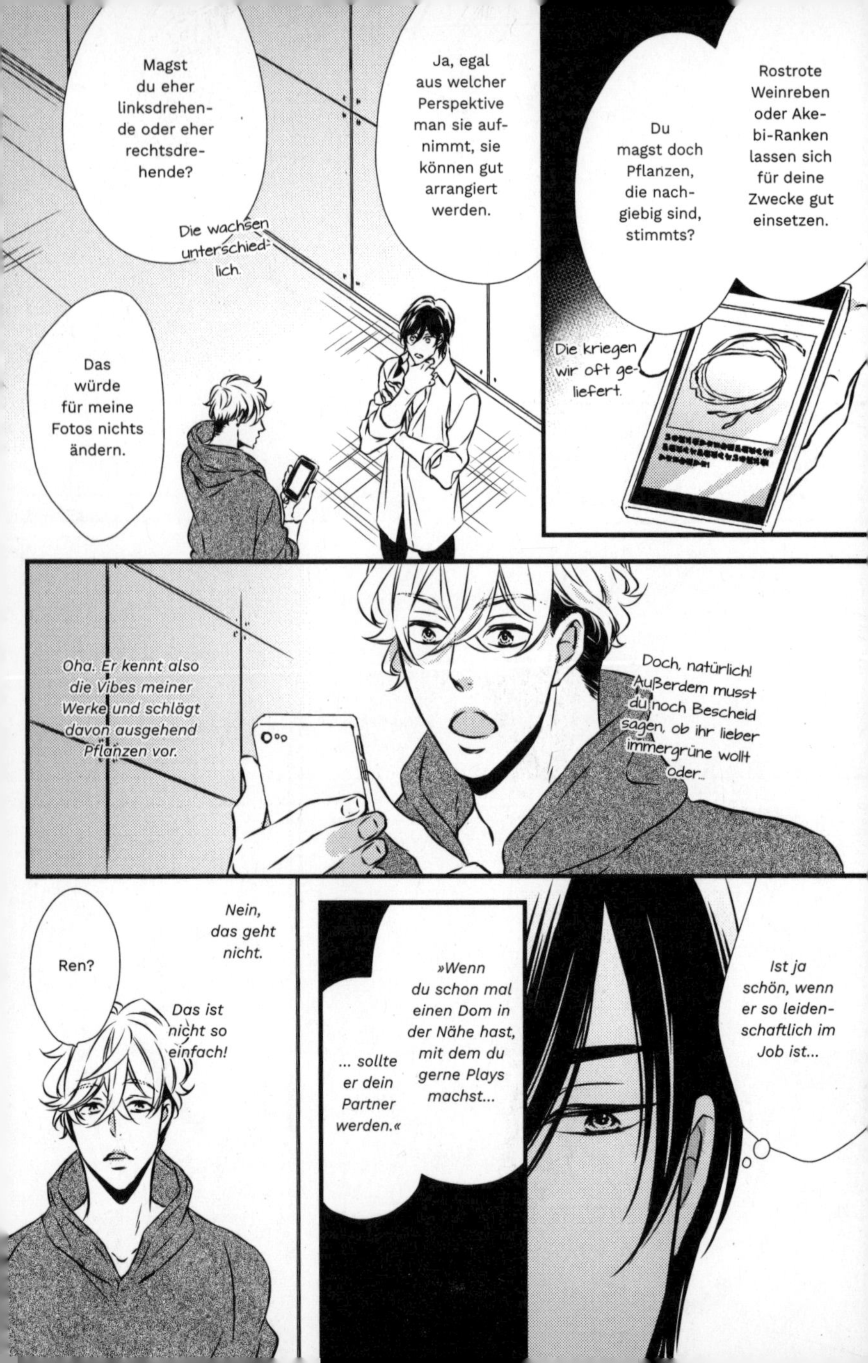

Magst du eher linksdrehende oder eher rechtsdrehende?
Die wachsen unterschiedlich.
Ja, egal aus welcher Perspektive man sie aufnimmt, sie können gut arrangiert werden.
Das würde für meine Fotos nichts ändern.
Du magst doch Pflanzen, die nachgiebig sind, stimmts?
Rostrote Weinreben oder Akebi-Ranken lassen sich für deine Zwecke gut einsetzen.
Die kriegen wir oft geliefert.
Oha. Er kennt also die Vibes meiner Werke und schlägt davon ausgehend Pflanzen vor.
Doch, natürlich! Außerdem musst du noch Bescheid sagen, ob ihr lieber immergrüne wollt oder…
Ren?
Nein, das geht nicht.
Das ist nicht so einfach!
»Wenn du schon mal einen Dom in der Nähe hast, mit dem du gerne Plays machst…
… sollte er dein Partner werden.«
Ist ja schön, wenn er so leidenschaftlich im Job ist…

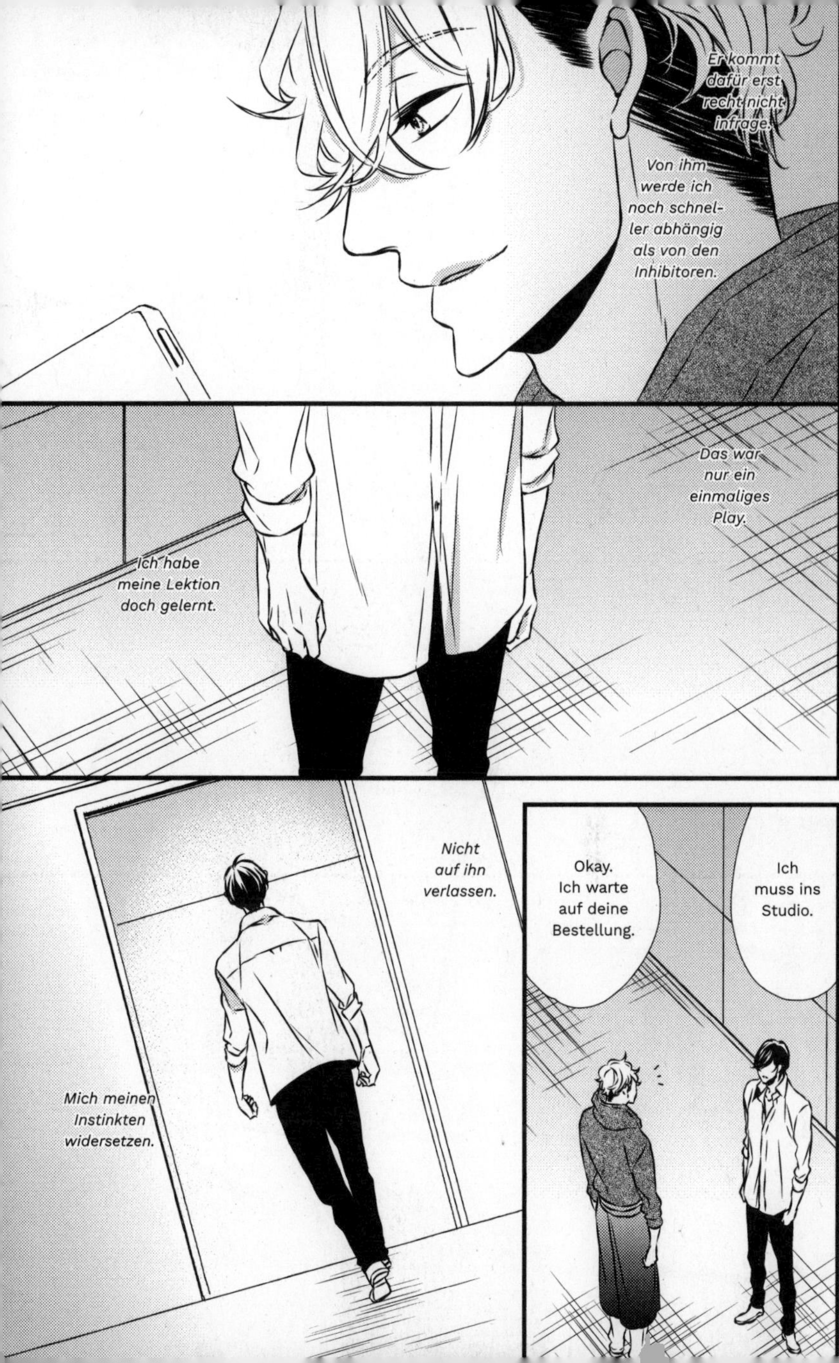

Er kommt dafür erst recht nicht infrage.
Von ihm werde ich noch schneller abhängig als von den Inhibitoren.
Das war nur ein einmaliges Play.
Ich habe meine Lektion doch gelernt.
Ich muss ins Studio.
Okay. Ich warte auf deine Bestellung.
Nicht auf ihn verlassen.
Mich meinen Instinkten widersetzen.

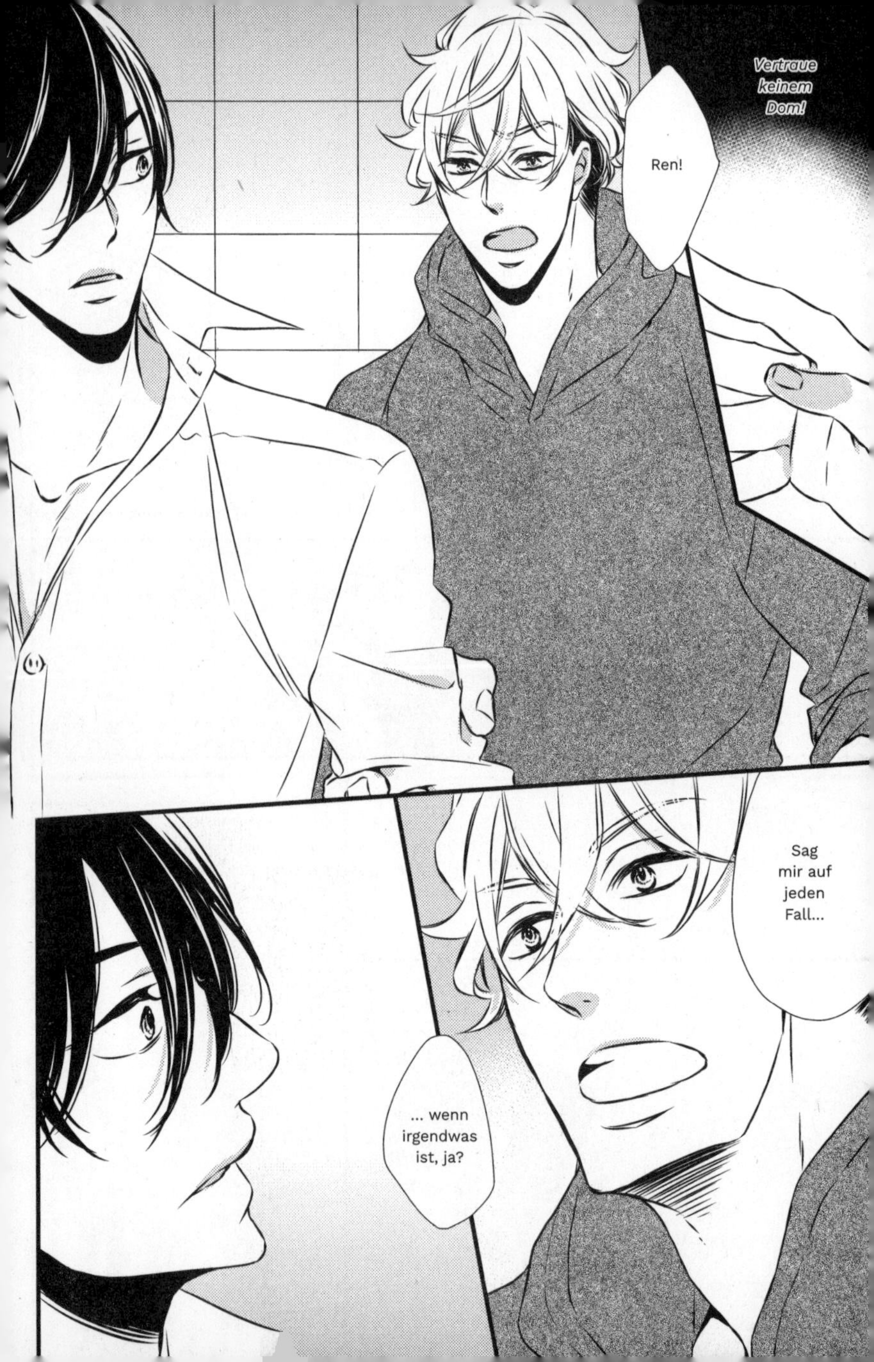
Vertraue keinem Dom!
Ren!
Sag mir auf jeden Fall...
... wenn irgendwas ist, ja?

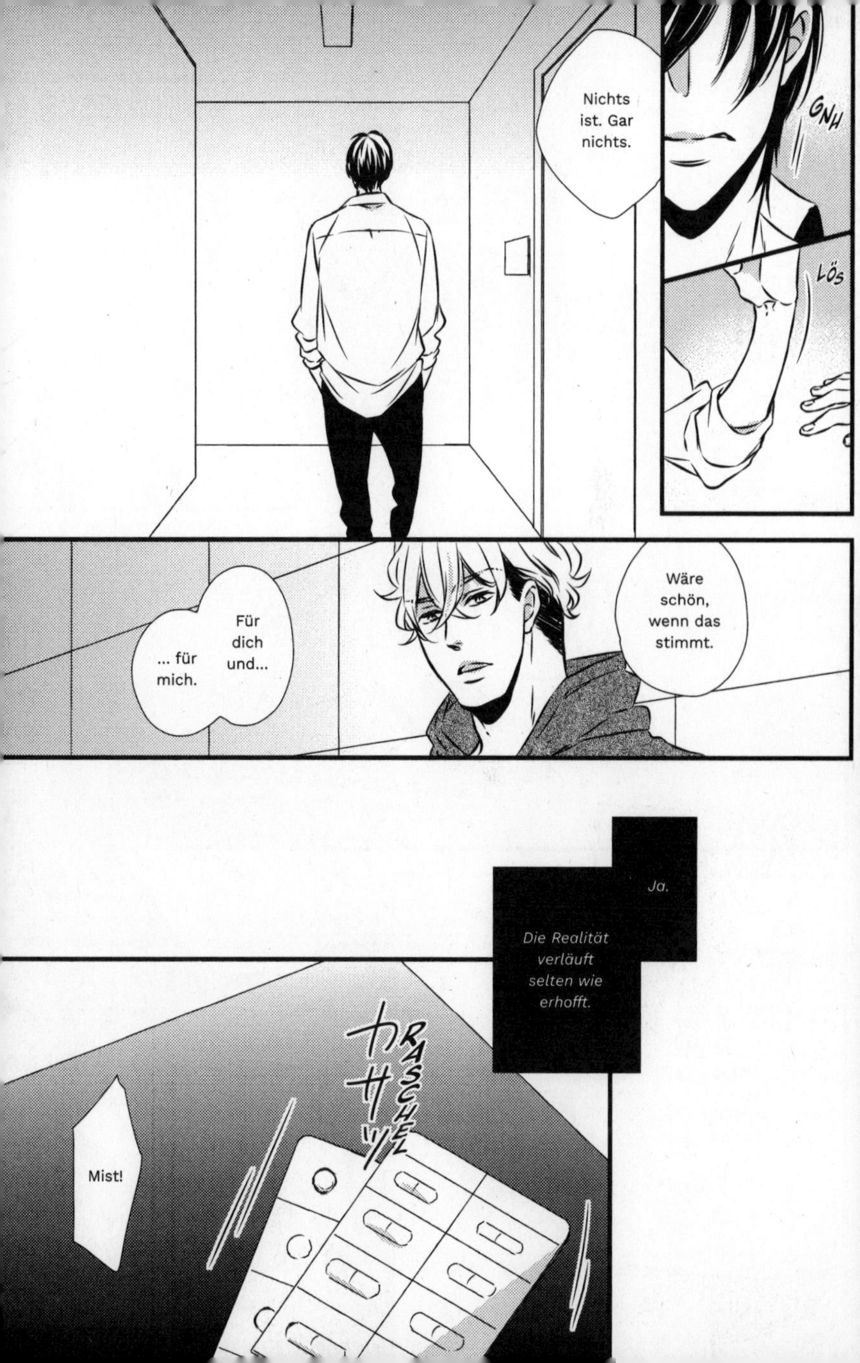
Nichts ist. Gar nichts.
GNH
LÖS
Wäre schön, wenn das stimmt.
Für dich und...
... für mich.
Ja.
Die Realität verläuft selten wie erhofft.
RASCHEL
Mist!

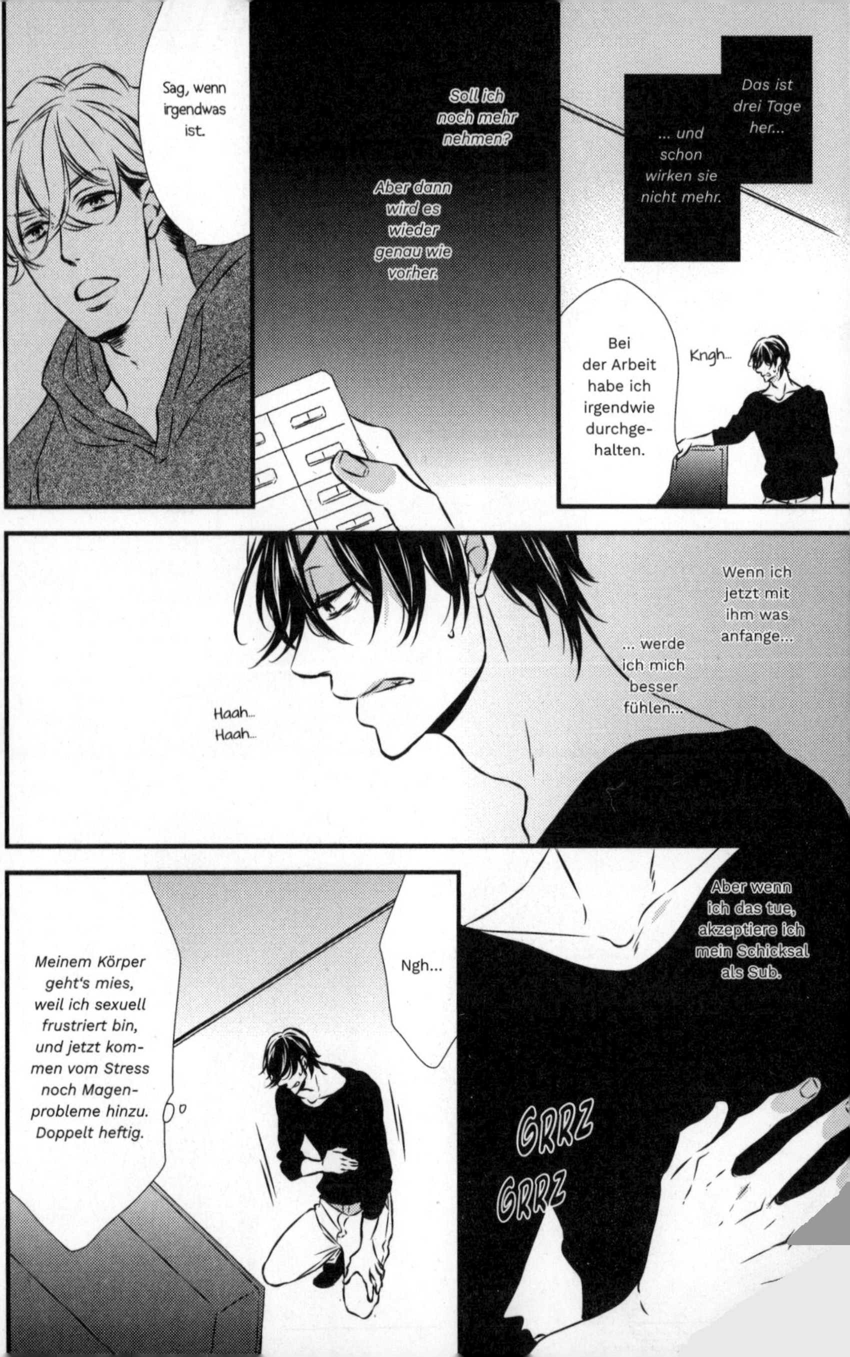
Das ist drei Tage her...
... und schon wirken sie nicht mehr.
Soll ich noch mehr nehmen?
Aber dann wird es wieder genau wie vorher.
Sag, wenn irgendwas ist.
Bei der Arbeit habe ich irgendwie durchgehalten.
Kngh...
Wenn ich jetzt mit ihm was anfange...
... werde ich mich besser fühlen...
Haah... Haah...
Aber wenn ich das tue, akzeptiere ich mein Schicksal als Sub.
GRRZ GRRZ
Ngh...
Meinem Körper geht's mies, weil ich sexuell frustriert bin, und jetzt kommen vom Stress noch Magenprobleme hinzu. Doppelt heftig.

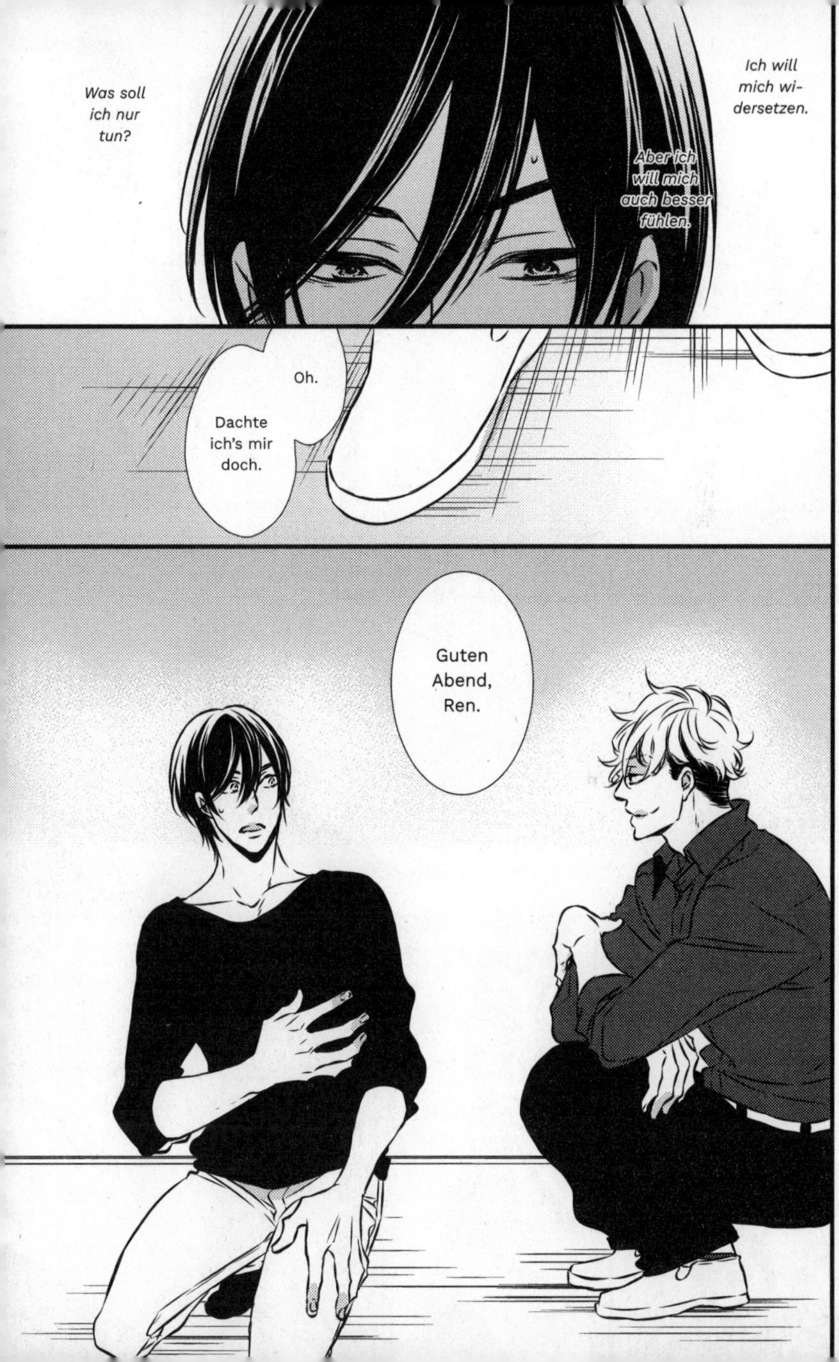

Ich will mich widersetzen.
Aber ich will mich auch besser fühlen.
Was soll ich nur tun?
Oh.
Dachte ich's mir doch.
Guten Abend, Ren.

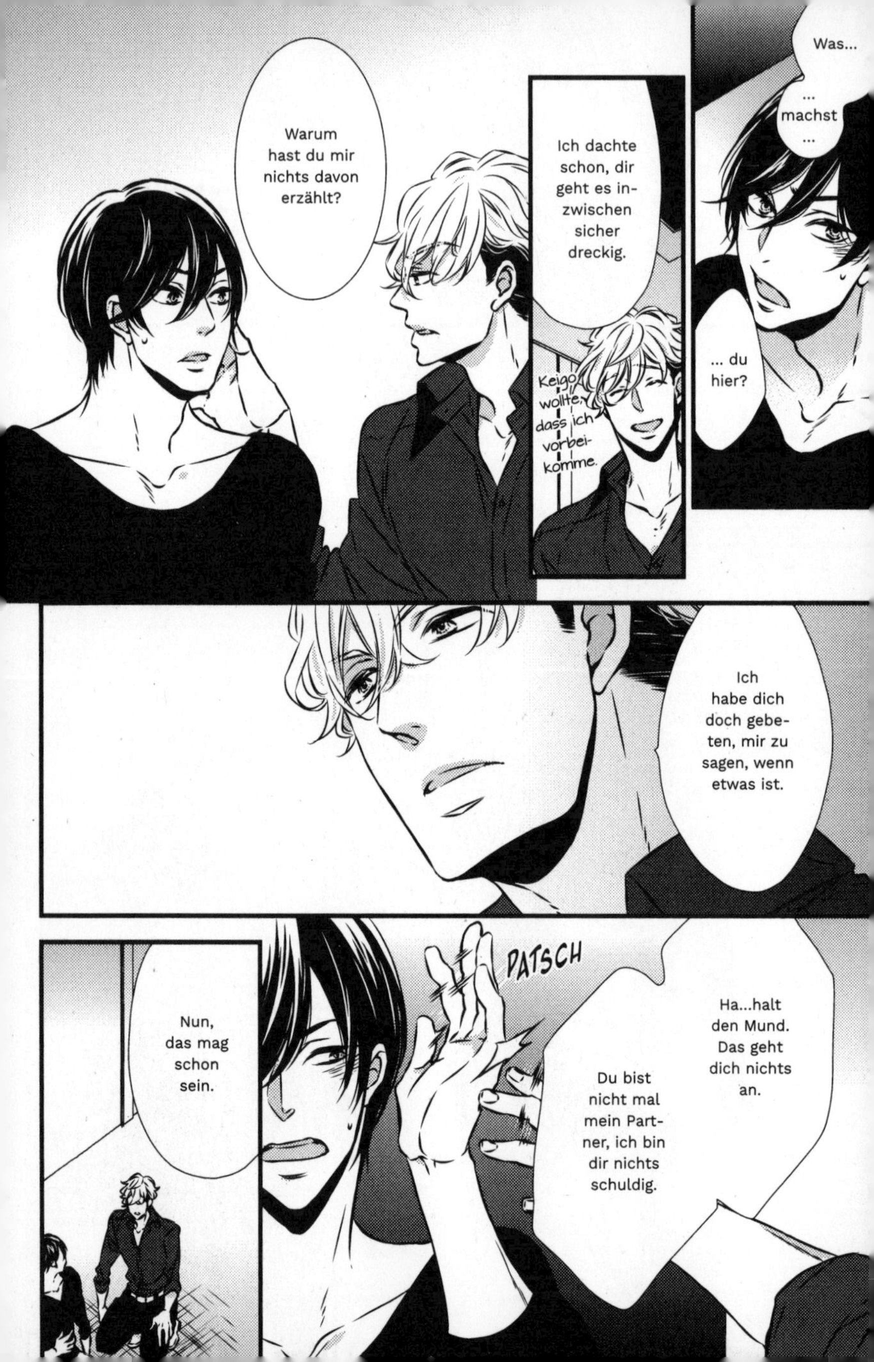
Was...
... machst ...
... du hier?
Ich dachte schon, dir geht es in-zwischen sicher dreckig.
Keigo wollte, dass ich vorbei-komme.
Warum hast du mir nichts davon erzählt?
Ich habe dich doch gebe-ten, mir zu sagen, wenn etwas ist.
Ha...halt den Mund. Das geht dich nichts an.
PATSCH
Du bist nicht mal mein Part-ner, ich bin dir nichts schuldig.
Nun, das mag schon sein.

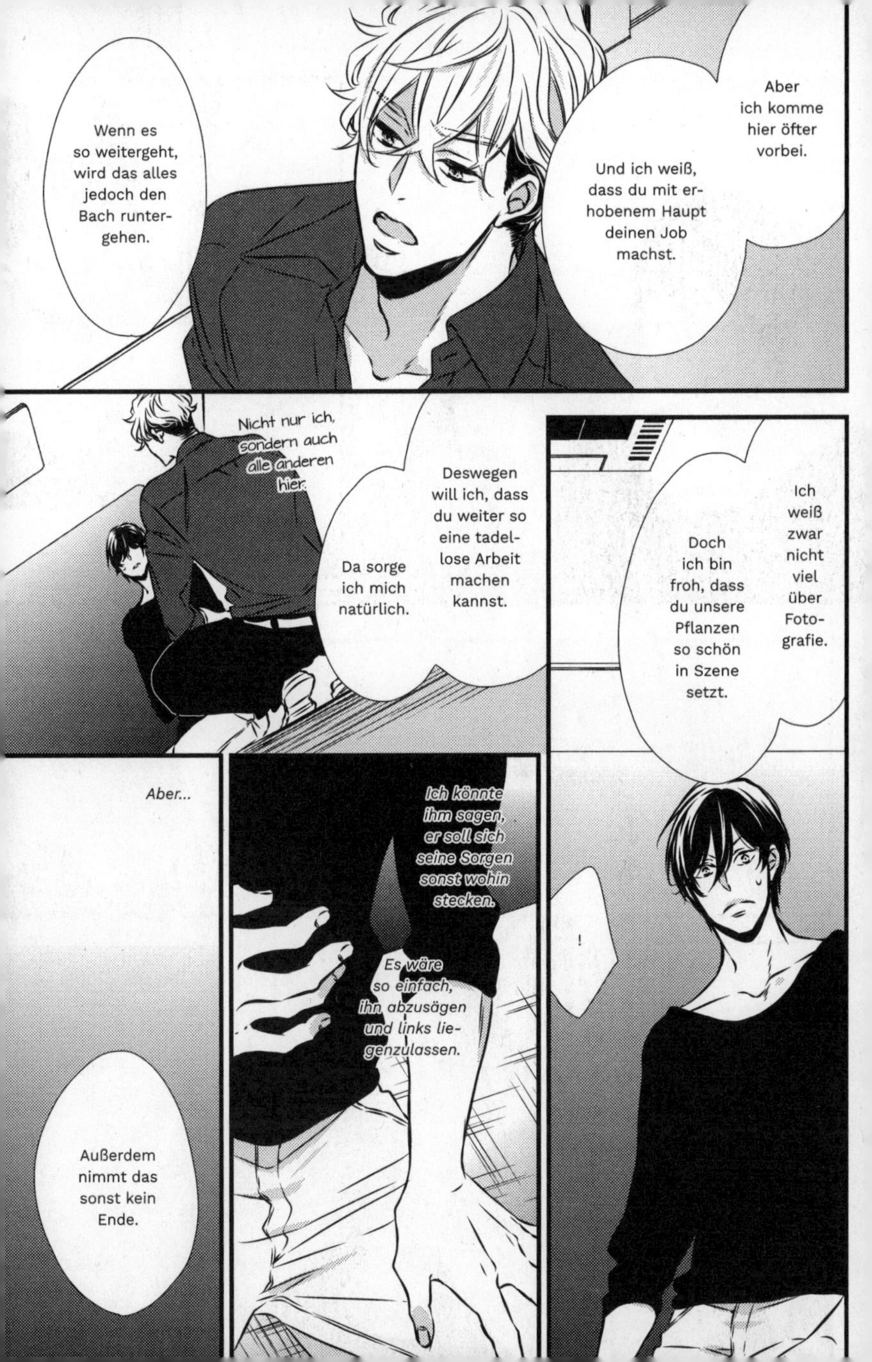
Aber ich komme hier öfter vorbei.
Und ich weiß, dass du mit erhobenem Haupt deinen Job machst.
Wenn es so weitergeht, wird das alles jedoch den Bach runtergehen.
Ich weiß zwar nicht viel über Fotografie.
Doch ich bin froh, dass du unsere Pflanzen so schön in Szene setzt.
Deswegen will ich, dass du weiter so eine tadellose Arbeit machen kannst.
Da sorge ich mich natürlich.
Nicht nur ich, sondern auch alle anderen hier.
!
Ich könnte ihm sagen, er soll sich seine Sorgen sonst wohin stecken.
Es wäre so einfach, ihn abzusägen und links liegenzulassen.
Aber...
Außerdem nimmt das sonst kein Ende.

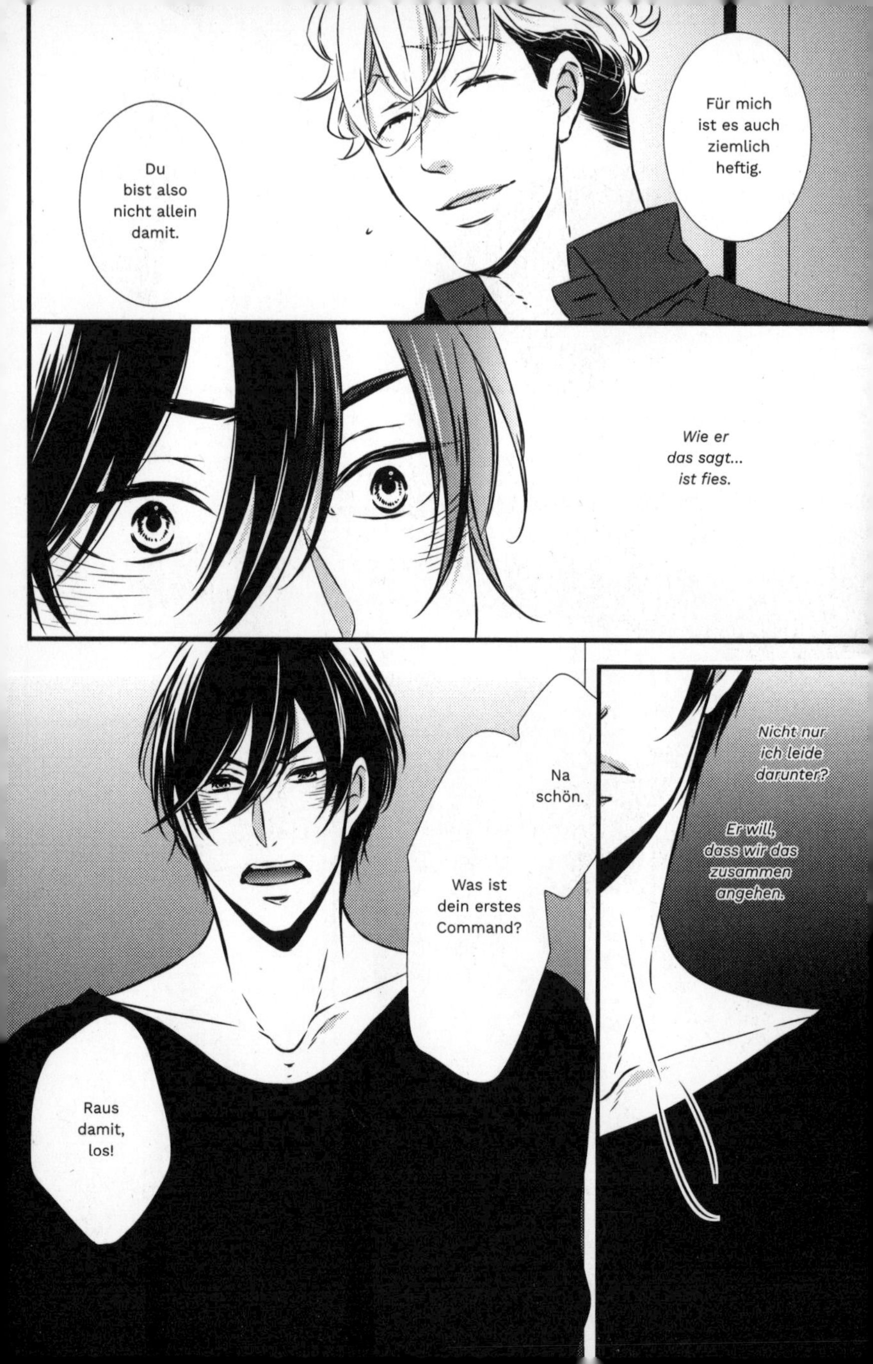
Für mich ist es auch ziemlich heftig.
Du bist also nicht allein damit.
Wie er das sagt... ist fies.
Nicht nur ich leide darunter?
Er will, dass wir das zusammen angehen.
Na schön.
Was ist dein erstes Command?
Raus damit, los!

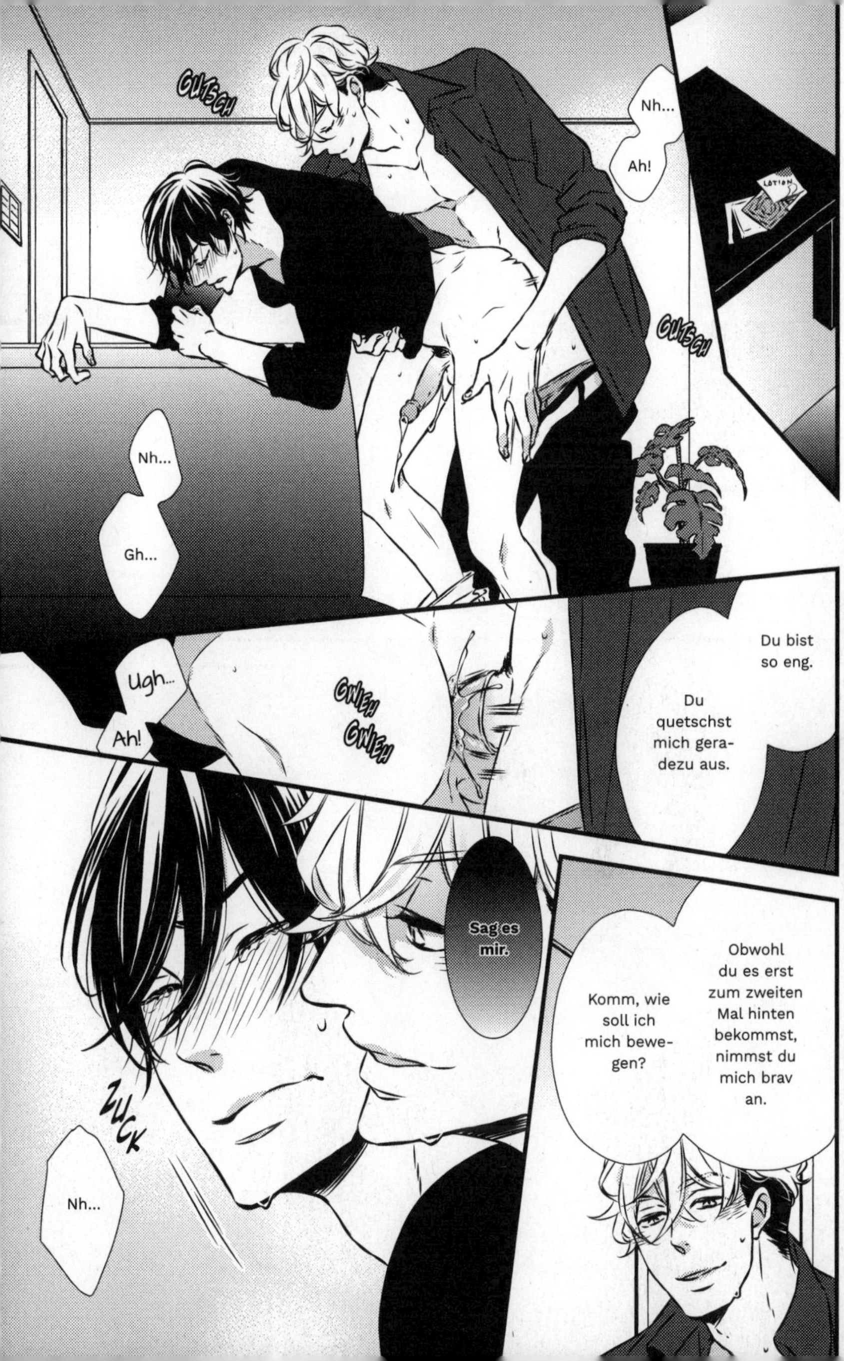
Nh...
Ah!
GUTSCH
GUTSCH
Nh...
Gh...
Du bist so eng.
Du quetschst mich gera-dezu aus.
GWIEH GWIEH
Ugh...
Ah!
Obwohl du es erst zum zweiten Mal hinten bekommst, nimmst du mich brav an.
Komm, wie soll ich mich bewe-gen?
Sag es mir.
ZUCK
Nh...

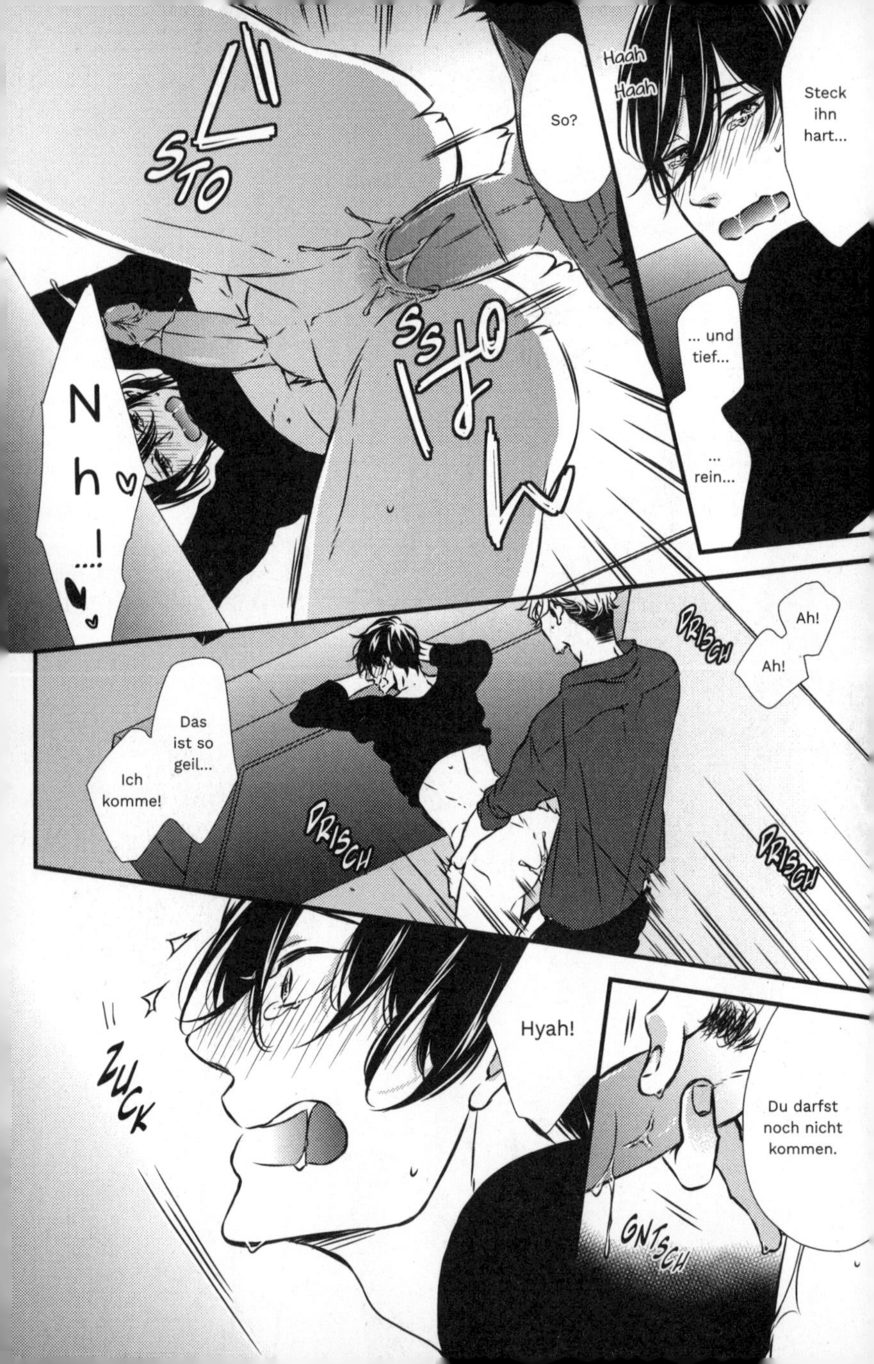
Steck ihn hart...
Haah Haah
So?
... und tief...
... rein...
SSTO
STO
Nh!...♥
Ah! Ah!
DRISCH
Das ist so geil...
Ich komme!
DRISCH
DRISCH
Du darfst noch nicht kommen.
GNTSCH
Hyah!
ZUCK

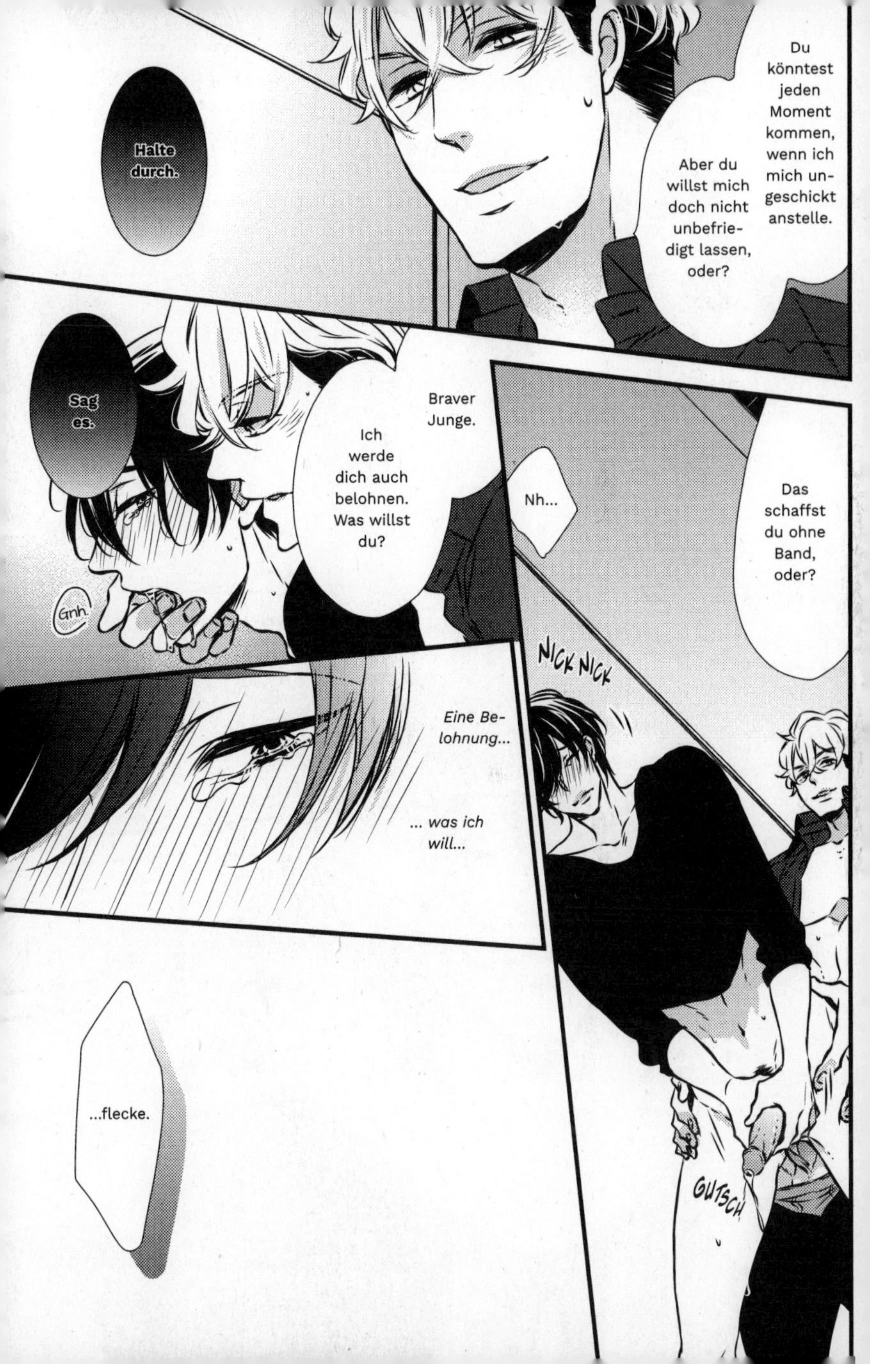
Du könntest jeden Moment kommen, wenn ich mich ungeschickt anstelle.
Aber du willst mich doch nicht unbefriedigt lassen, oder?
Halte durch.
Braver Junge.
Ich werde dich auch belohnen. Was willst du?
Sag es.
Gnh.
Das schaffst du ohne Band, oder?
Nh...
NICK NICK
Eine Belohnung...
... was ich will...
GUTSCH
...flecke.

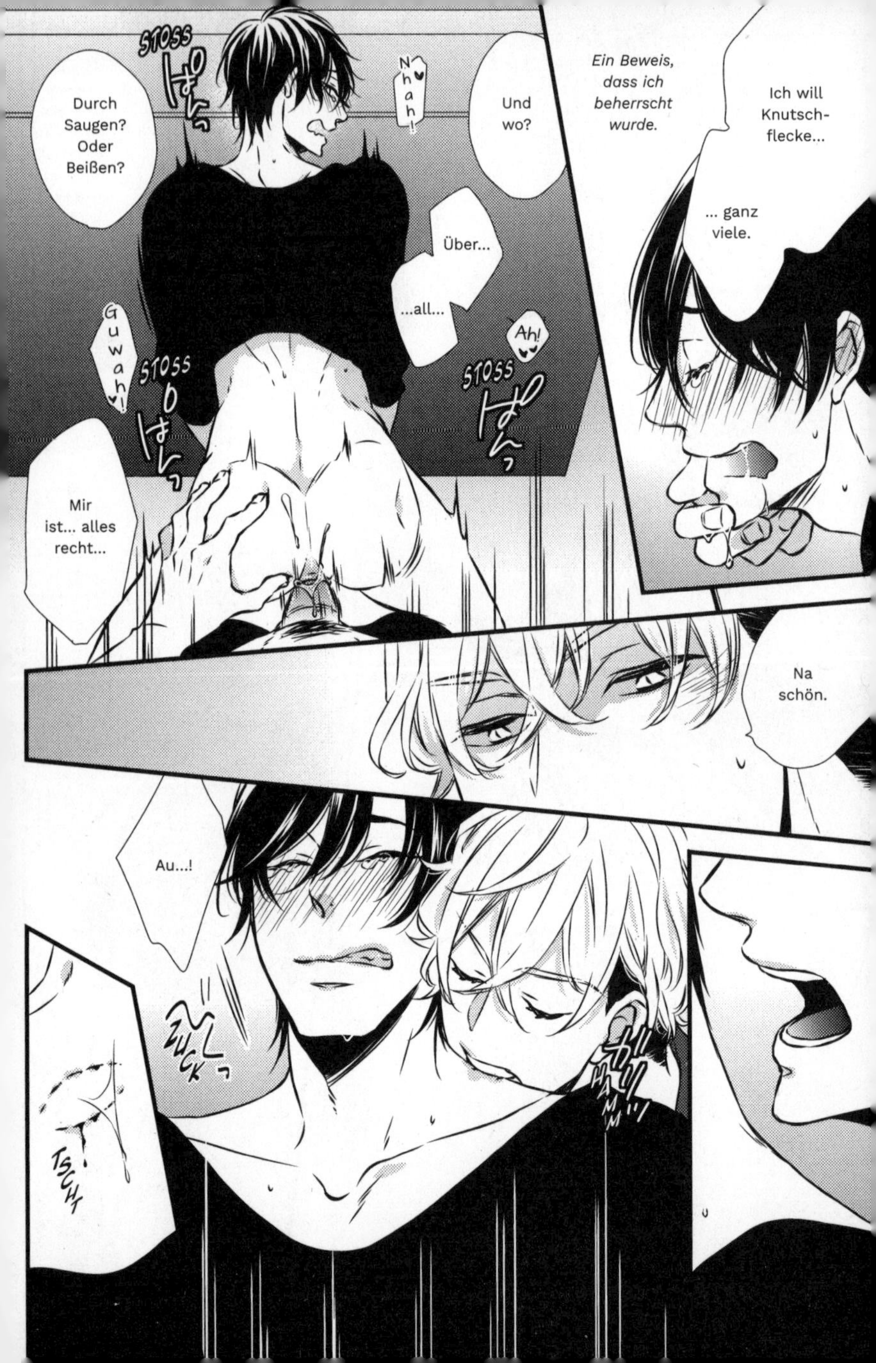

Ich will Knutsch-flecke...
... ganz viele.
Ein Beweis, dass ich beherrscht wurde.
Und wo?
Nhah!
Durch Saugen? Oder Beißen?
STOSS
Über...
...all...
Ah!
STOSS
Guwah!
STOSS
Mir ist... alles recht...
Na schön.
Au...!
ZUCK

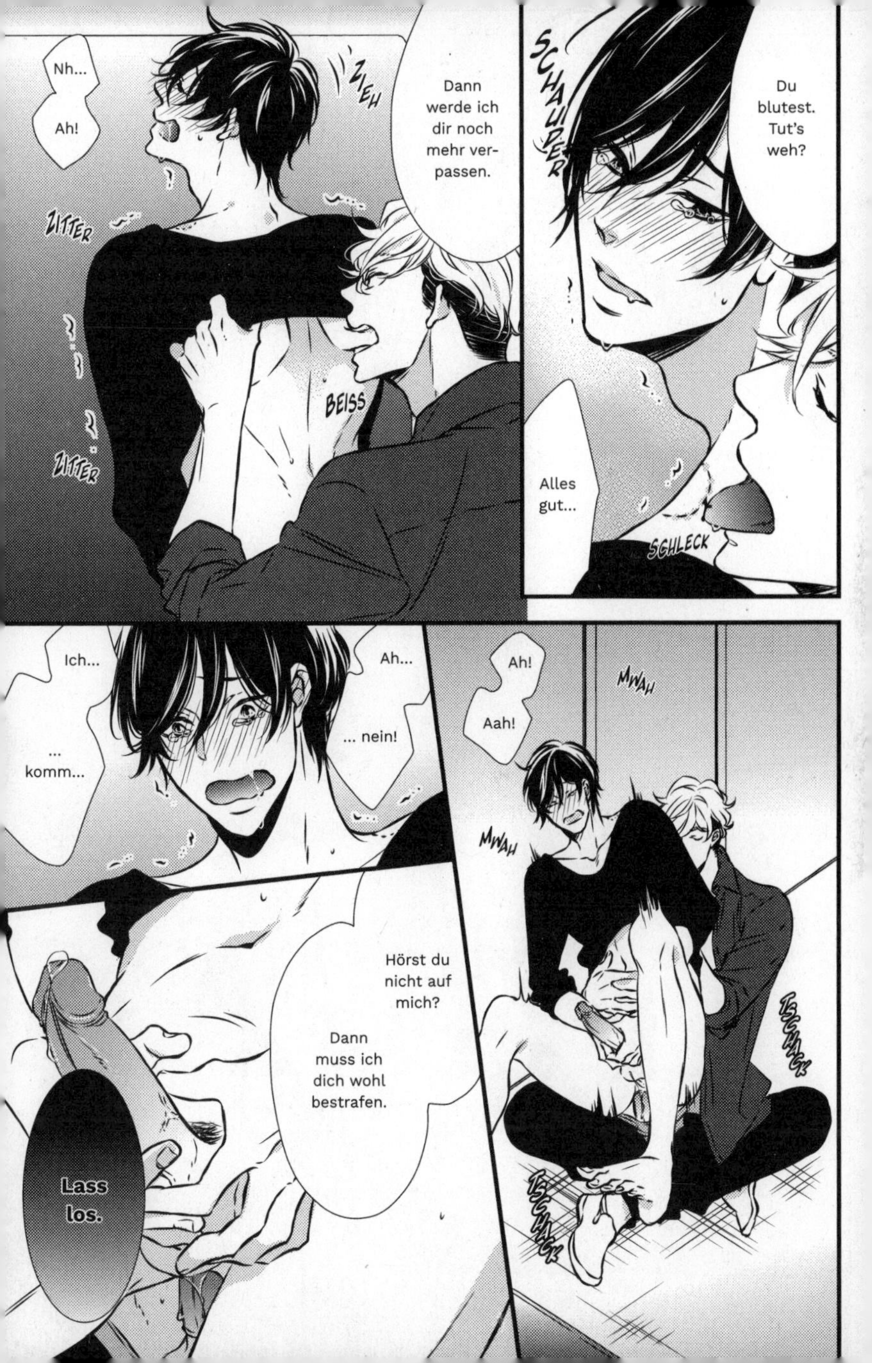
SCHAUDER
Du blutest. Tut's weh?
Alles gut...
SCHLECK
ZIEH
Dann werde ich dir noch mehr verpassen.
Nh...
Ah!
ZITTER
BEISS
ZITTER
Ah!
Aah!
MWAH
MWAH
TSCHACK
TSCHACK
Ah...
... nein!
Ich...
... komm...
Hörst du nicht auf mich?
Dann muss ich dich wohl bestrafen.
Lass los.

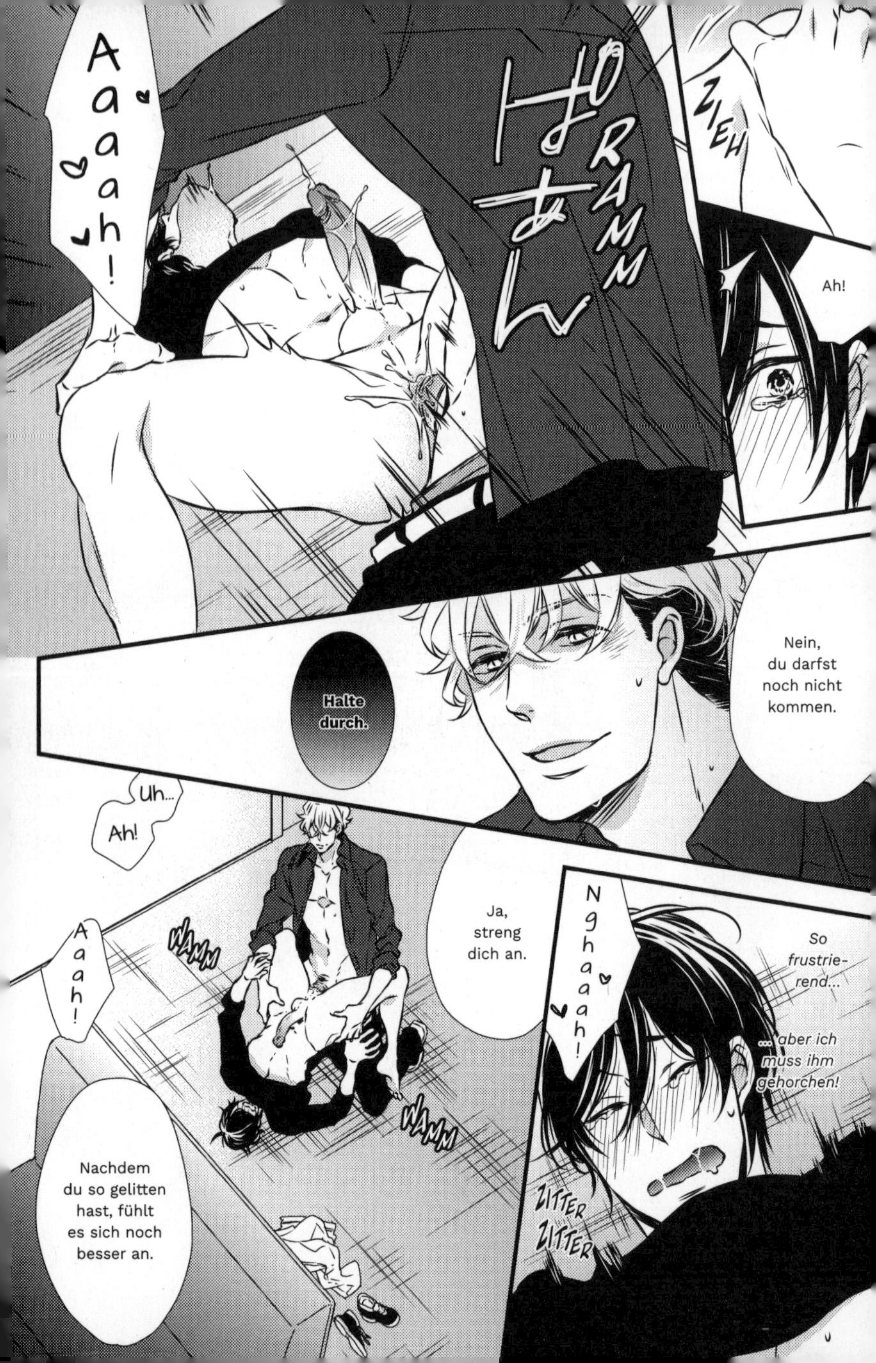
ZIEH
Ah!
RAMM
Aaaaah!
Nein, du darfst noch nicht kommen.
Halte durch.
Uh...
Ah!
So frustrierend...
... aber ich muss ihm gehorchen!
Nghaaaah!
ZITTER ZITTER
Ja, streng dich an.
WAMM
WAMM
Aaah!
Nachdem du so gelitten hast, fühlt es sich noch besser an.

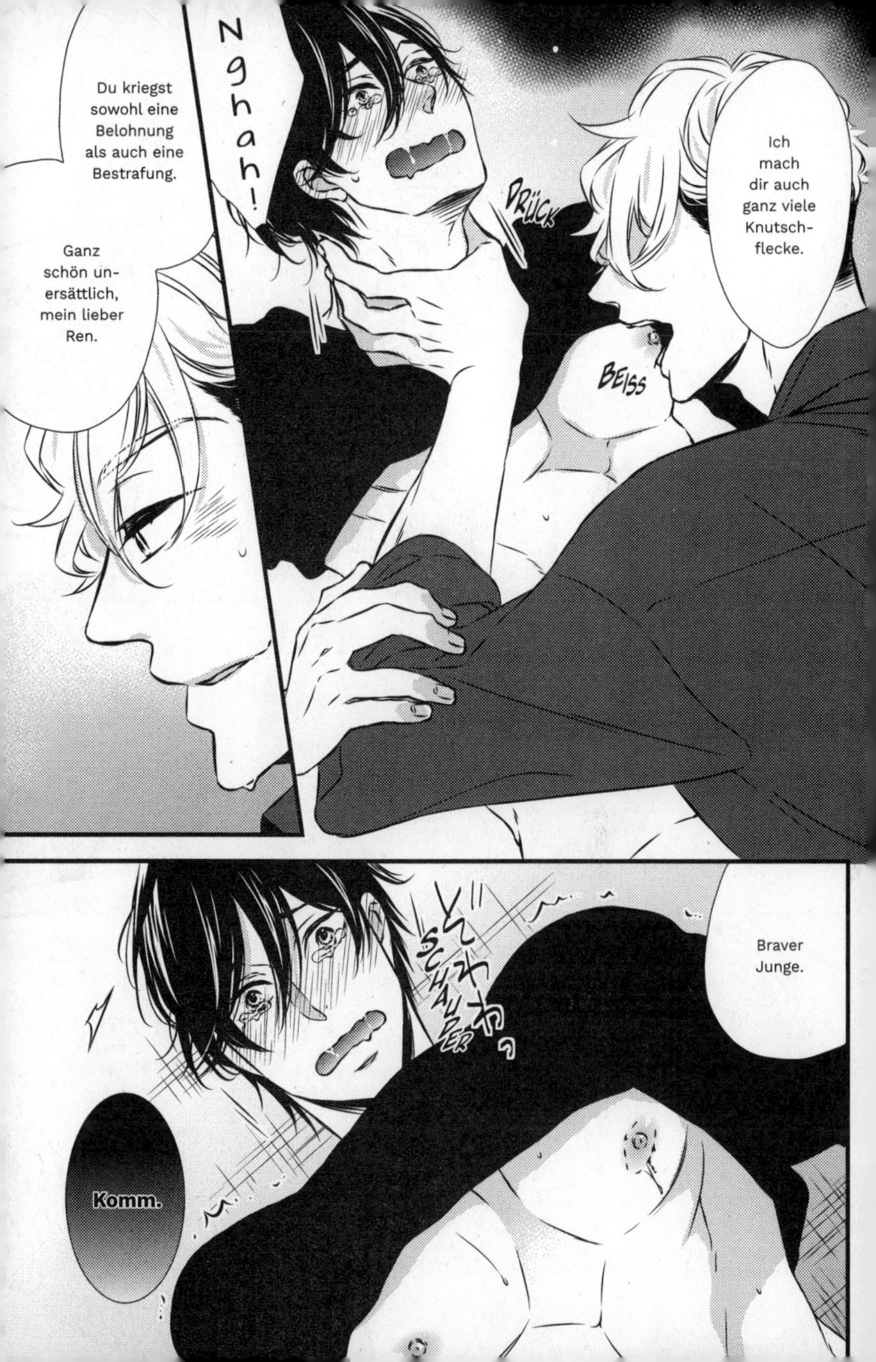
Ich mach dir auch ganz viele Knutsch-flecke.
DRÜCK
BEISS
Nghah!
Du kriegst sowohl eine Belohnung als auch eine Bestrafung.
Ganz schön un-ersättlich, mein lieber Ren.
Braver Junge.
SCHAUDER
Komm.

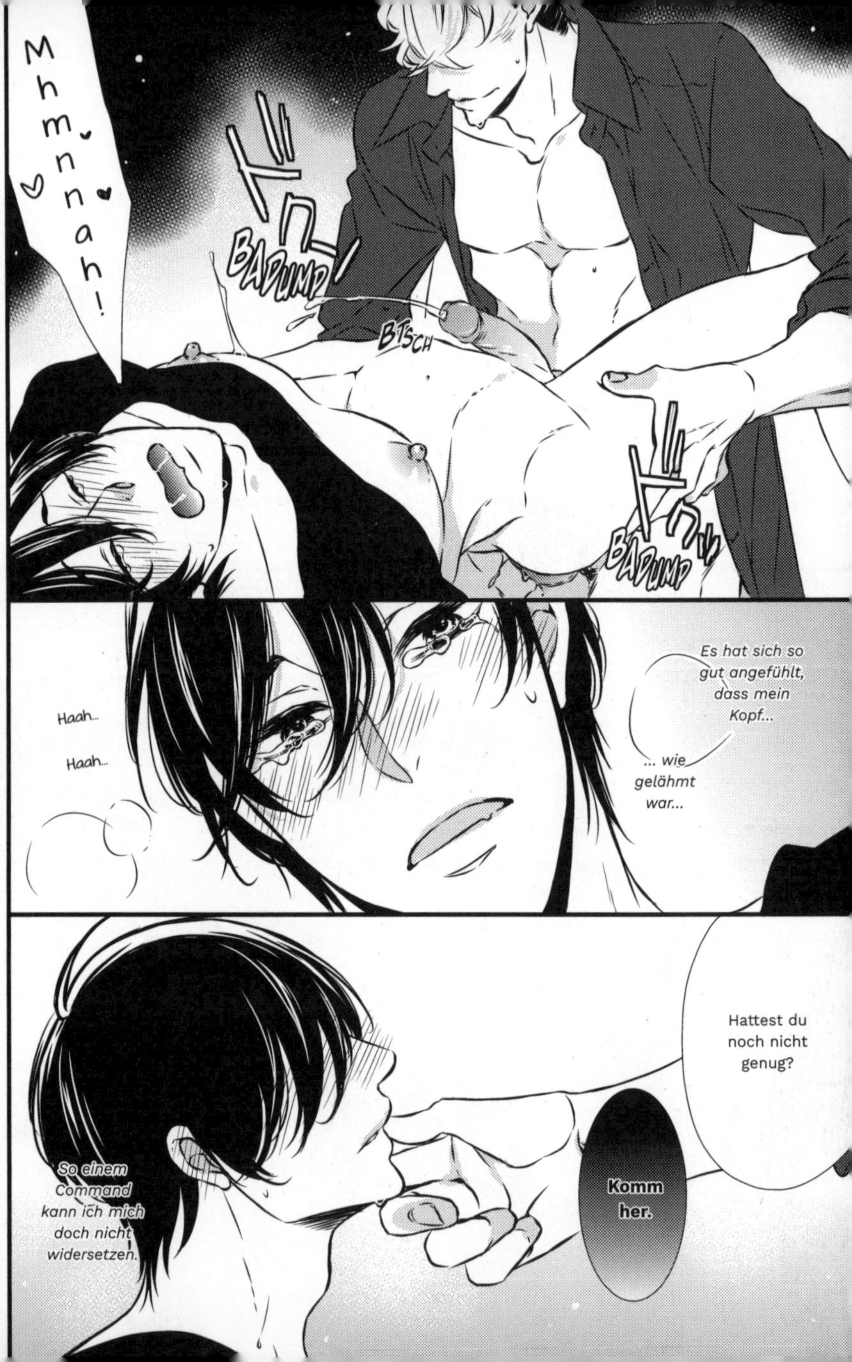

Mhmnnah!
BADUMP
BTSCH
BADUMP
Es hat sich so gut angefühlt, dass mein Kopf...
... wie gelähmt war...
Haah...
Haah...
Hattest du noch nicht genug?
Komm her.
So einem Command kann ich mich doch nicht widersetzen.

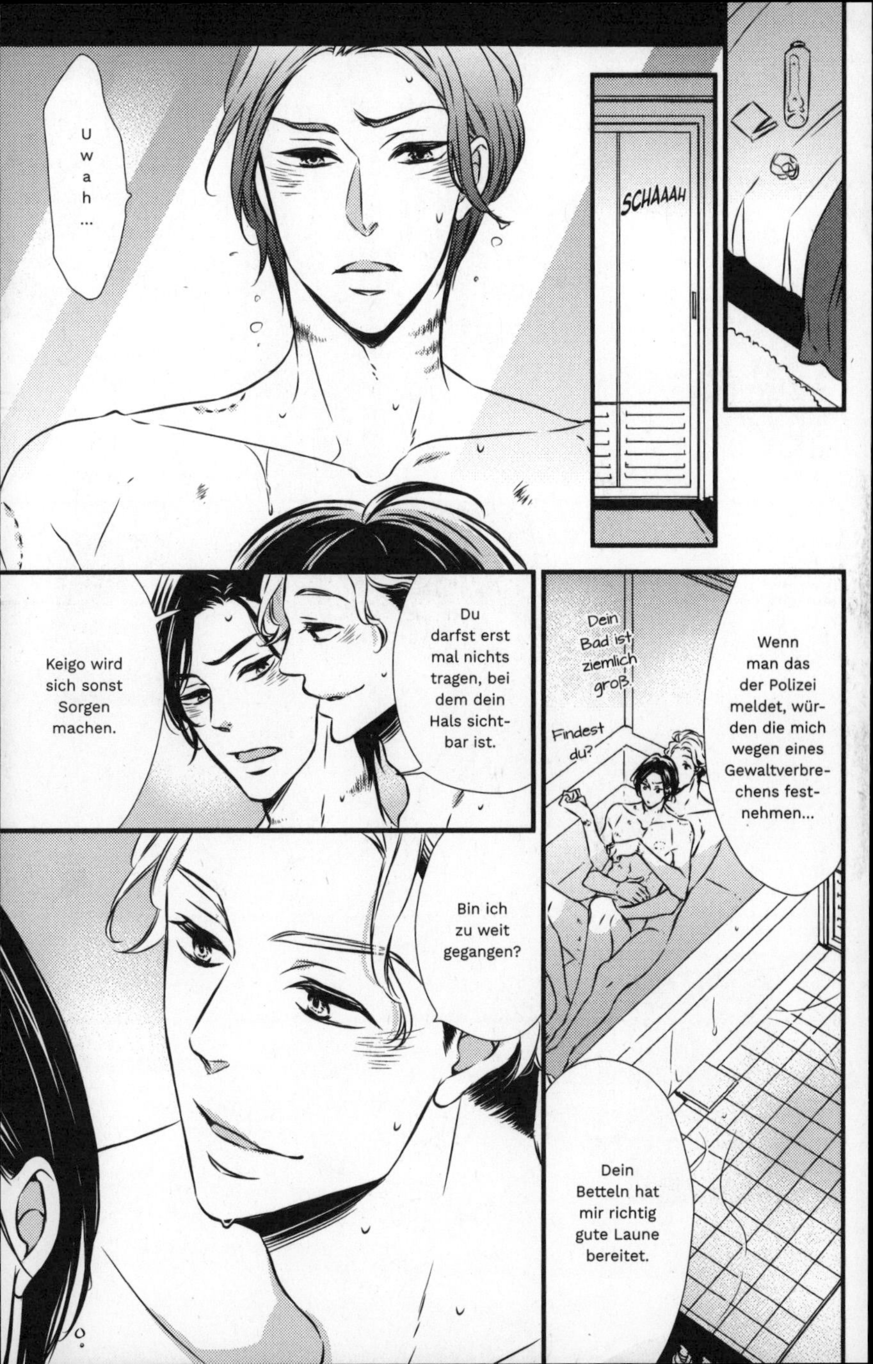

SCHAAAH
Uwah ...
Wenn man das der Polizei meldet, würden die mich wegen eines Gewaltverbrechens festnehmen...
Dein Bad ist ziemlich groß!
Findest du?
Du darfst erst mal nichts tragen, bei dem dein Hals sichtbar ist.
Keigo wird sich sonst Sorgen machen.
Bin ich zu weit gegangen?
Dein Betteln hat mir richtig gute Laune bereitet.

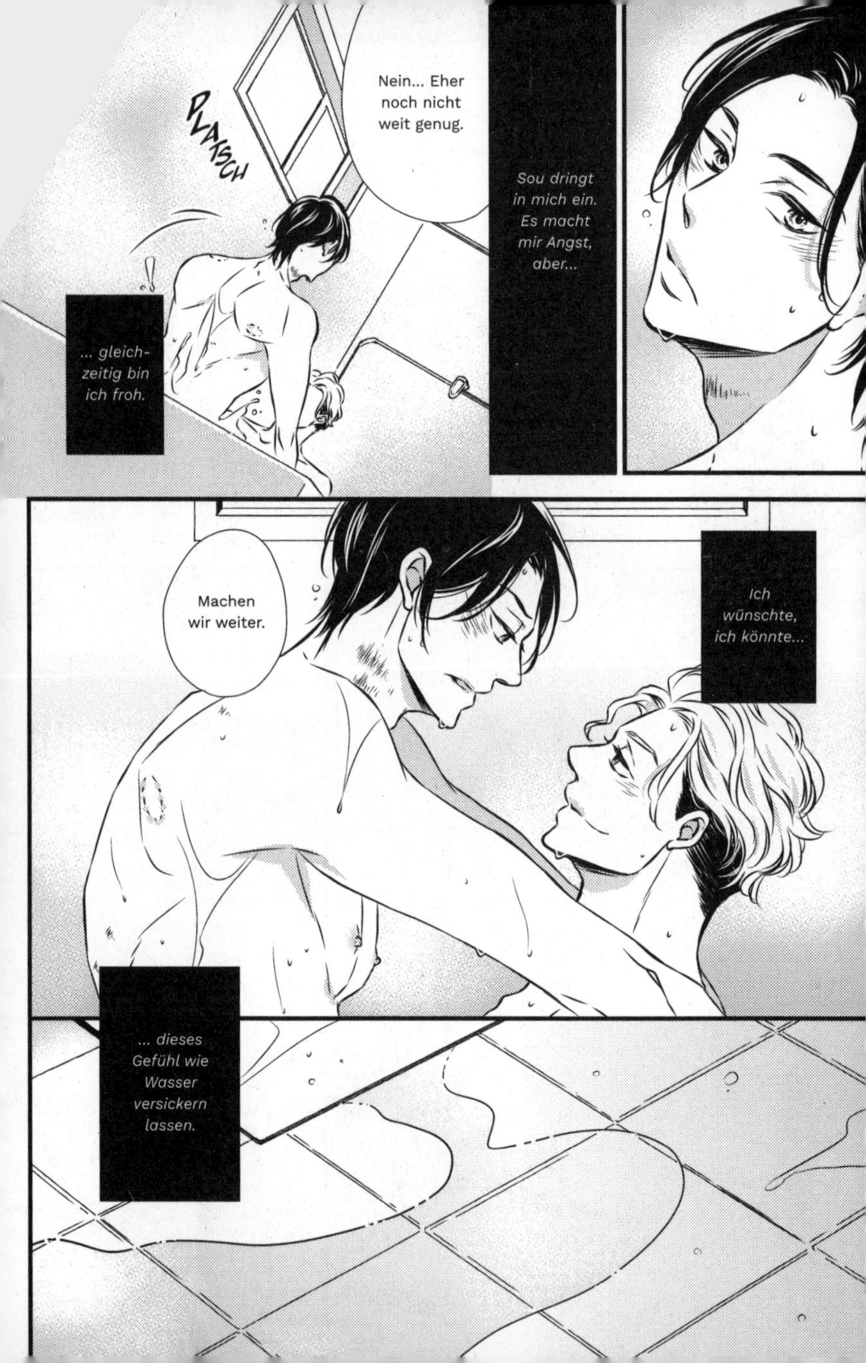
Sou dringt in mich ein. Es macht mir Angst, aber...
Nein... Eher noch nicht weit genug.
PLATSCH
... gleichzeitig bin ich froh.
Ich wünschte, ich könnte...
Machen wir weiter.
... dieses Gefühl wie Wasser versickern lassen.

play 3

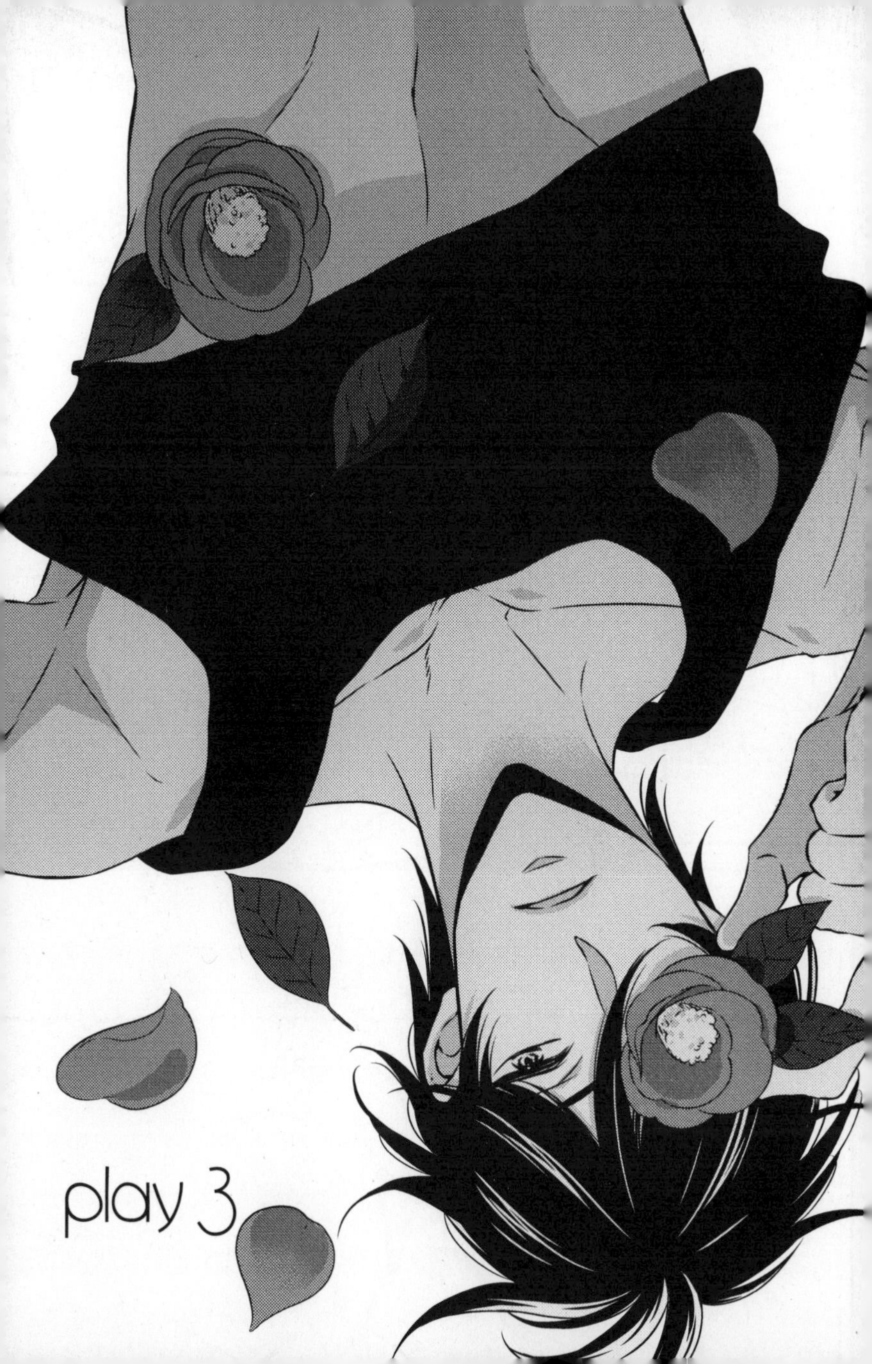

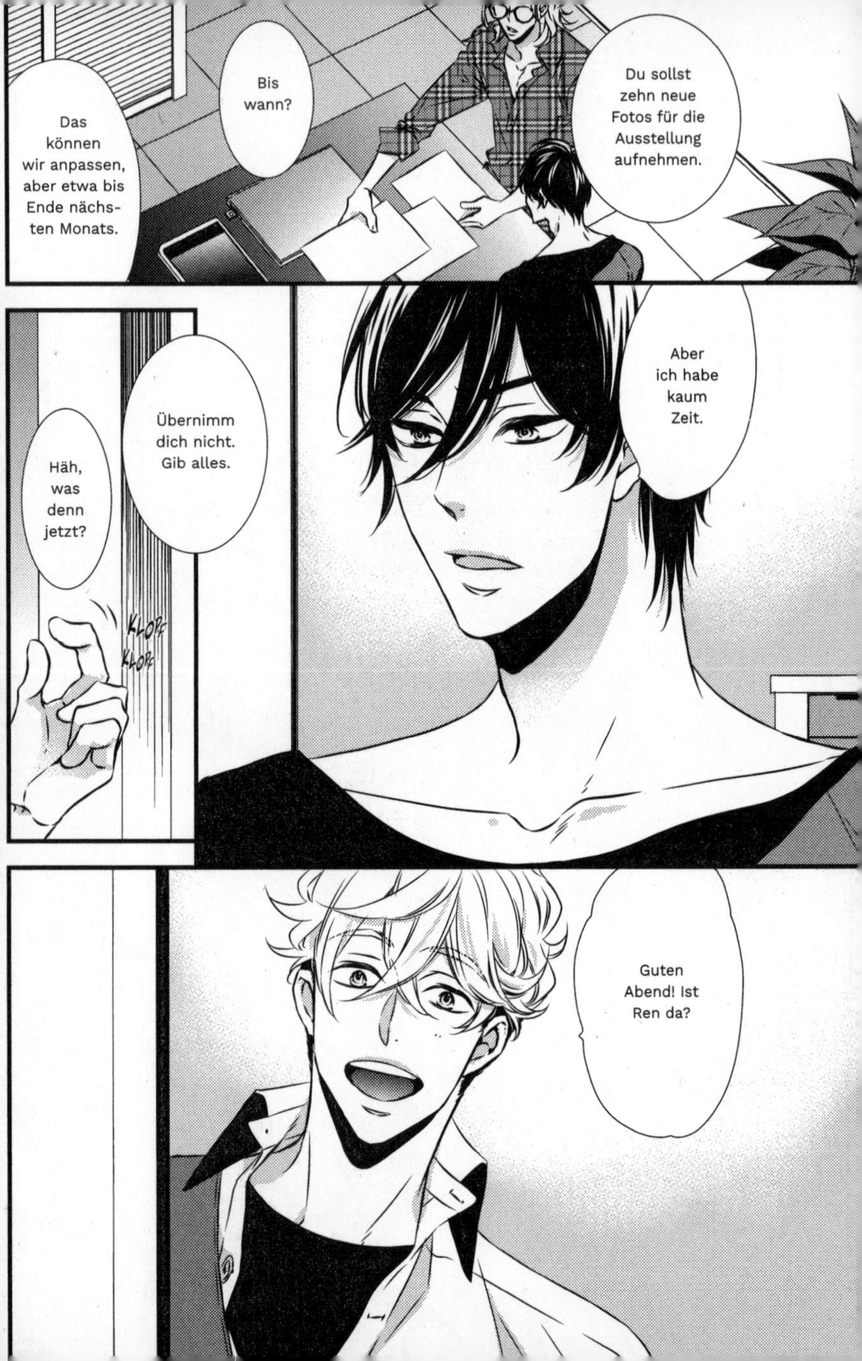
Du sollst zehn neue Fotos für die Ausstellung aufnehmen.
Bis wann?
Das können wir anpassen, aber etwa bis Ende nächs-ten Monats.
Aber ich habe kaum Zeit.
Übernimm dich nicht. Gib alles.
Häh, was denn jetzt?
KLOPF
KLOPF
Guten Abend! Ist Ren da?

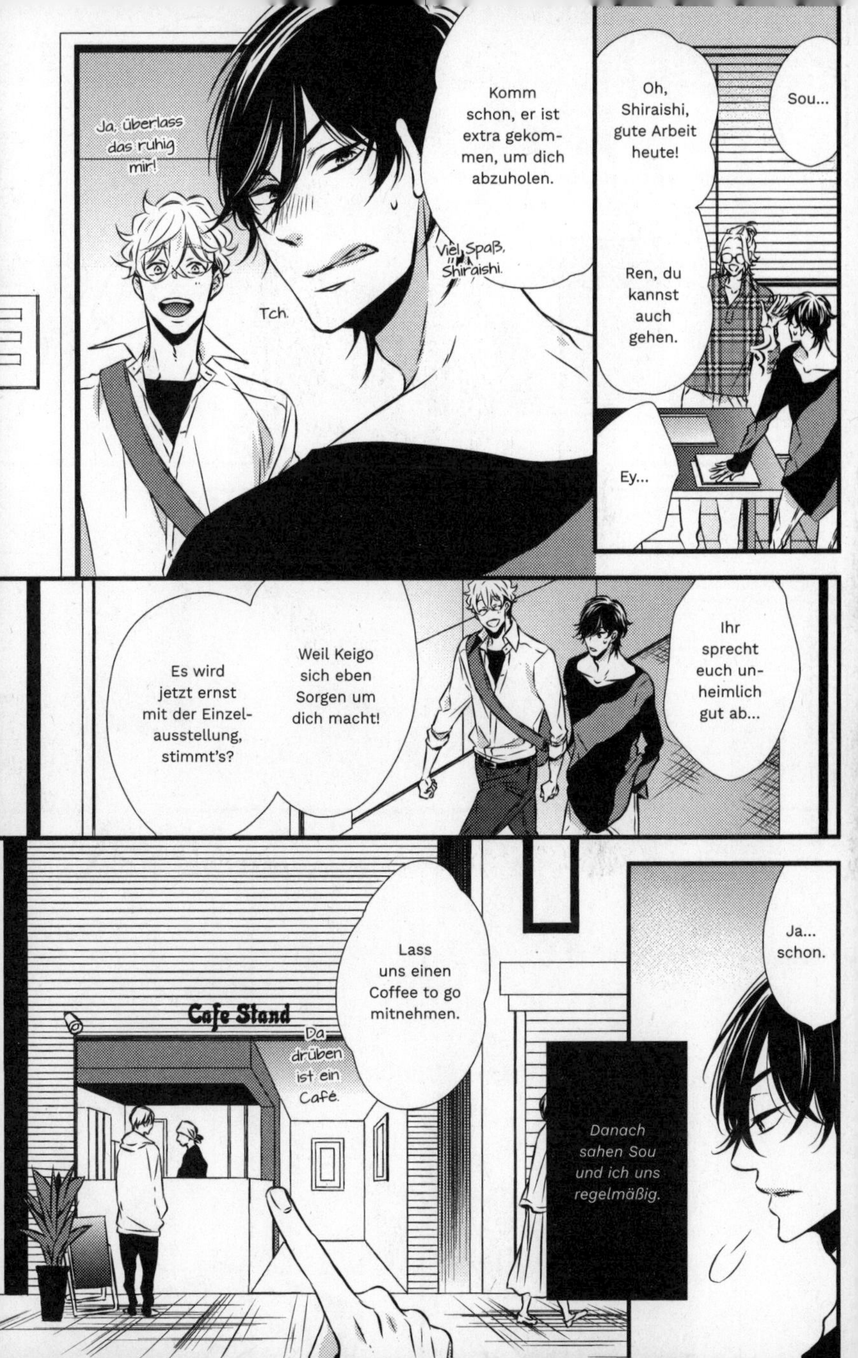

Sou...
Oh, Shiraishi, gute Arbeit heute!
Ren, du kannst auch gehen.
Ey...
Komm schon, er ist extra gekommen, um dich abzuholen.
Viel Spaß, Shiraishi.
Ja, überlass das ruhig mir!
Tch.
Ihr sprecht euch unheimlich gut ab...
Weil Keigo sich eben Sorgen um dich macht!
Es wird jetzt ernst mit der Einzelausstellung, stimmt's?
Ja... schon.
Danach sahen Sou und ich uns regelmäßig.
Lass uns einen Coffee to go mitnehmen.
Da drüben ist ein Café.
Cafe Stand

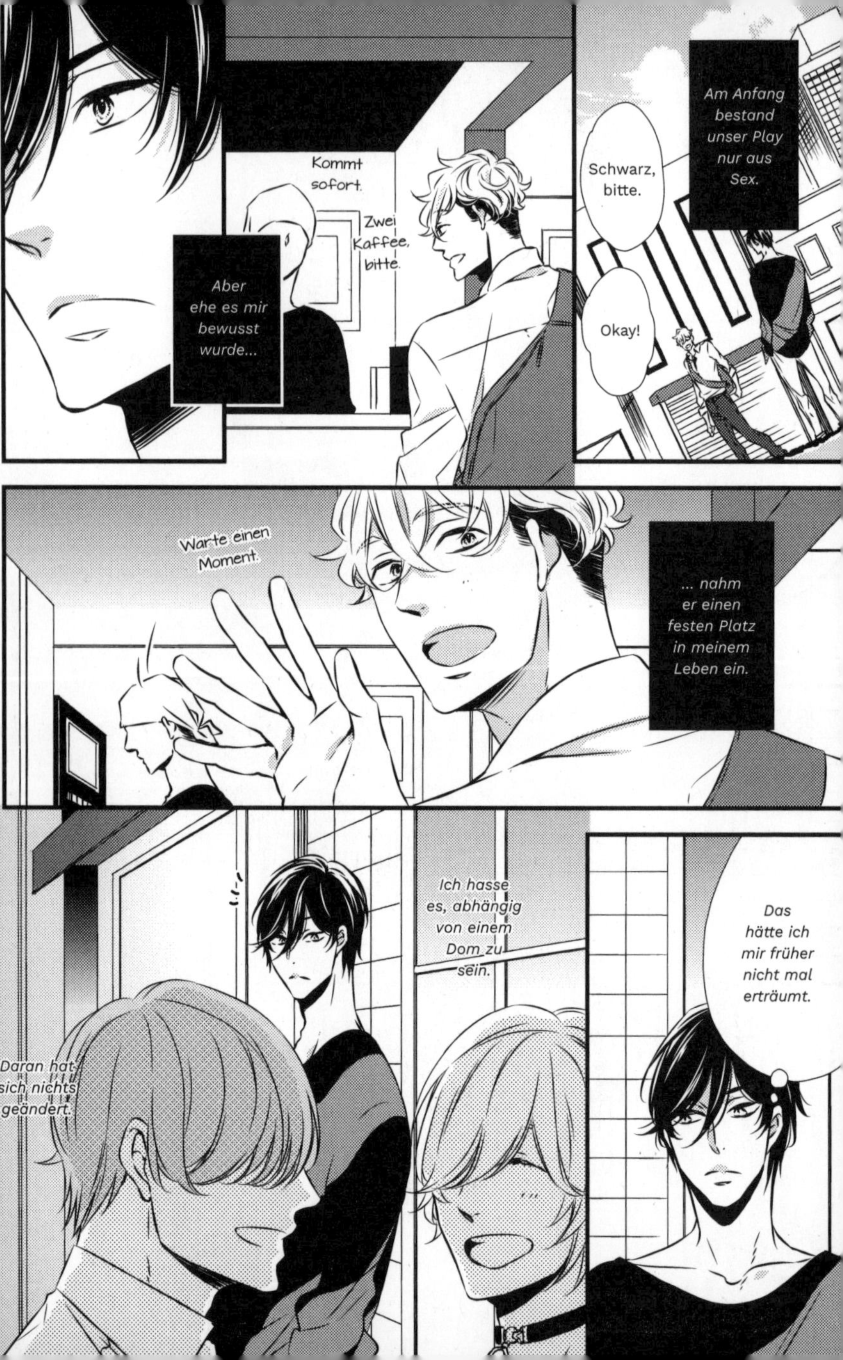
Am Anfang bestand unser Play nur aus Sex.
Schwarz, bitte.
Okay!
Zwei Kaffee, bitte.
Kommt sofort.
Aber ehe es mir bewusst wurde...
... nahm er einen festen Platz in meinem Leben ein.
Warte einen Moment.
Das hätte ich mir früher nicht mal erträumt.
Ich hasse es, abhängig von einem Dom zu sein.
Daran hat sich nichts geändert.

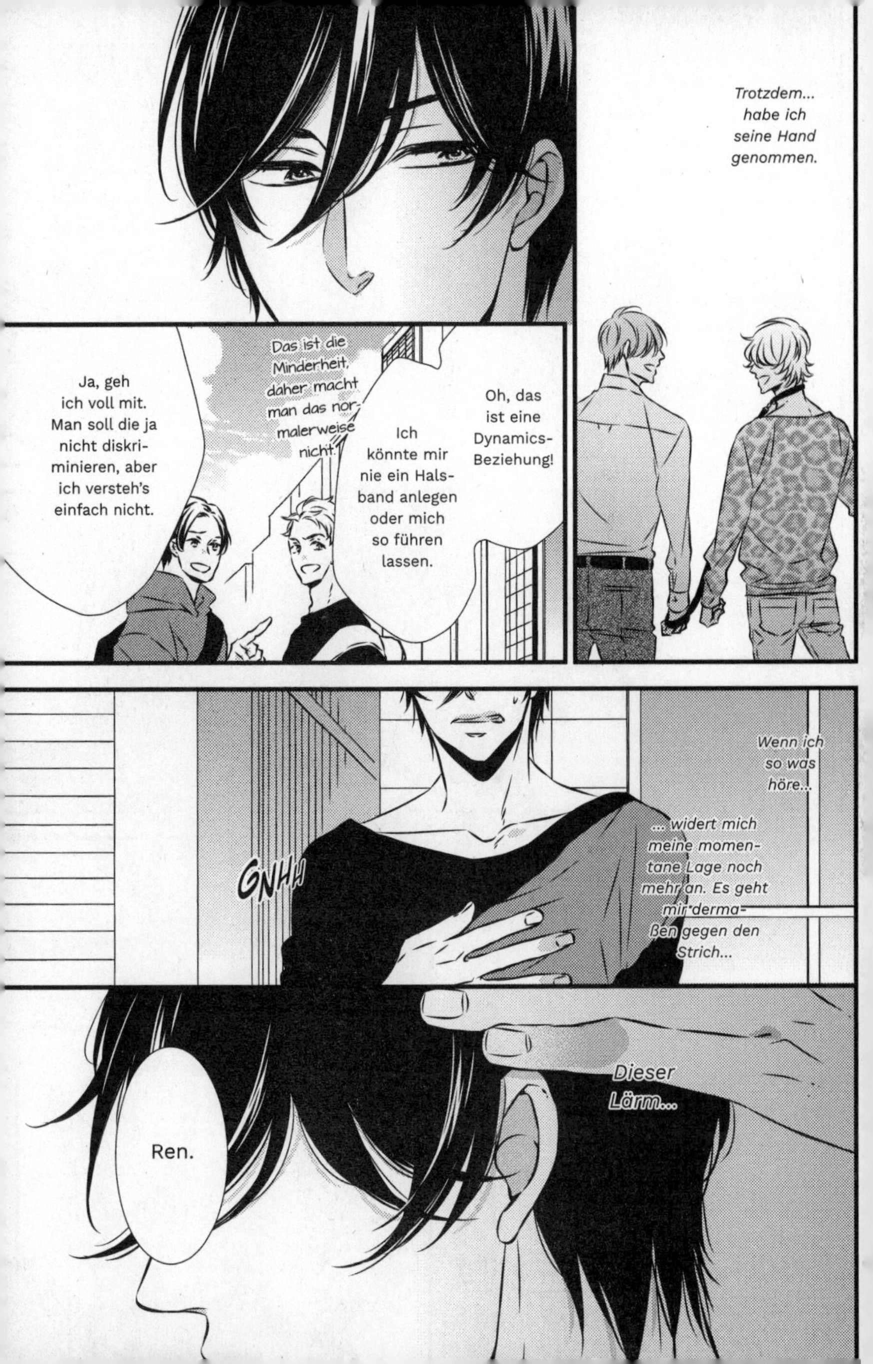
Trotzdem... habe ich seine Hand genommen.
Oh, das ist eine Dynamics-Beziehung!
Ich könnte mir nie ein Halsband anlegen oder mich so führen lassen.
Das ist die Minderheit, daher macht man das normalerweise nicht.
Ja, geh ich voll mit. Man soll die ja nicht diskriminieren, aber ich versteh's einfach nicht.
Wenn ich so was höre...
... widert mich meine momentane Lage noch mehr an. Es geht mir dermaßen gegen den Strich...
GNHH
Dieser Lärm...
Ren.

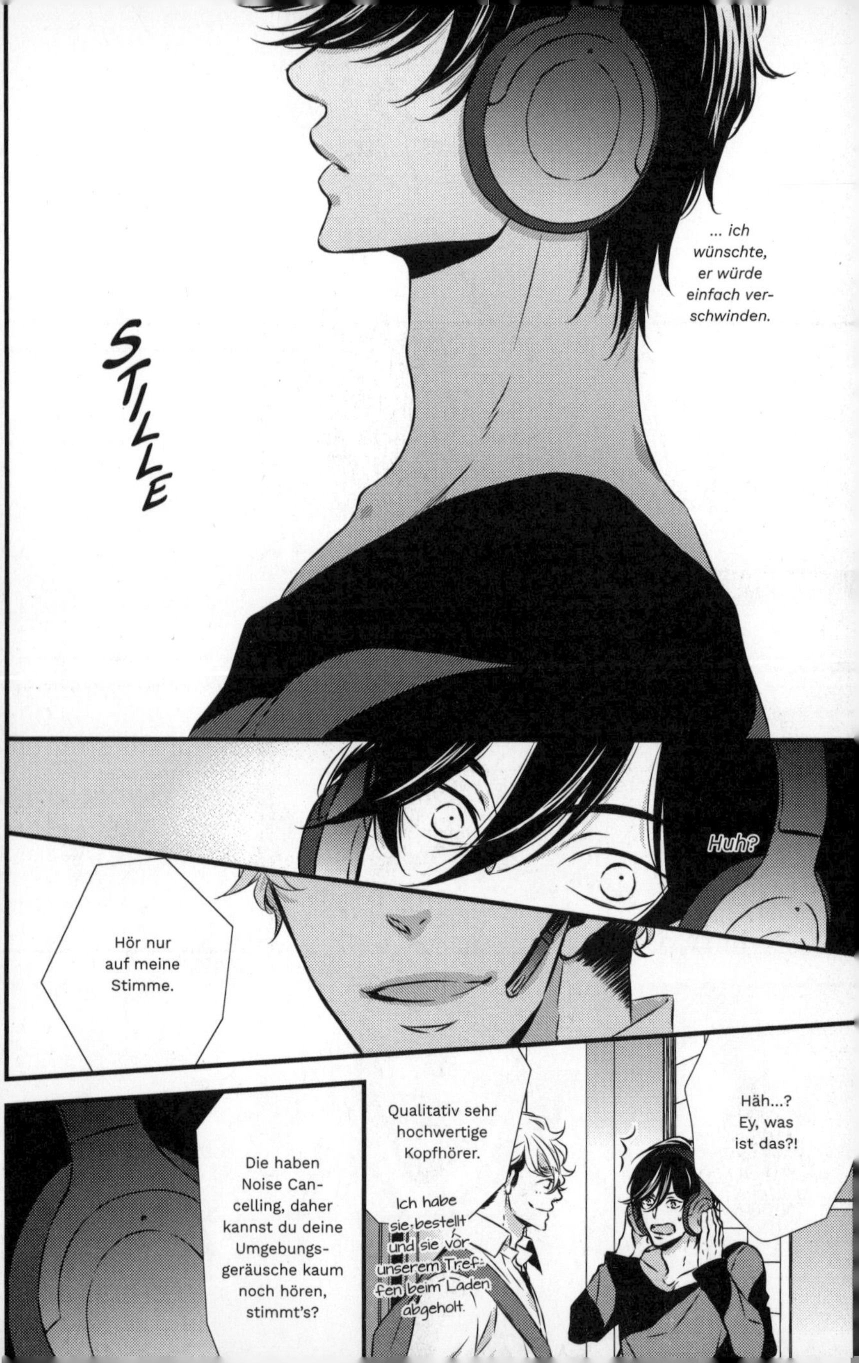
... ich wünschte, er würde einfach verschwinden.
STILLE
Huh?
Hör nur auf meine Stimme.
Häh...? Ey, was ist das?!
Qualitativ sehr hochwertige Kopfhörer.
Ich habe sie bestellt und sie vor unserem Treffen beim Laden abgeholt.
Die haben Noise Cancelling, daher kannst du deine Umgebungsgeräusche kaum noch hören, stimmt's?

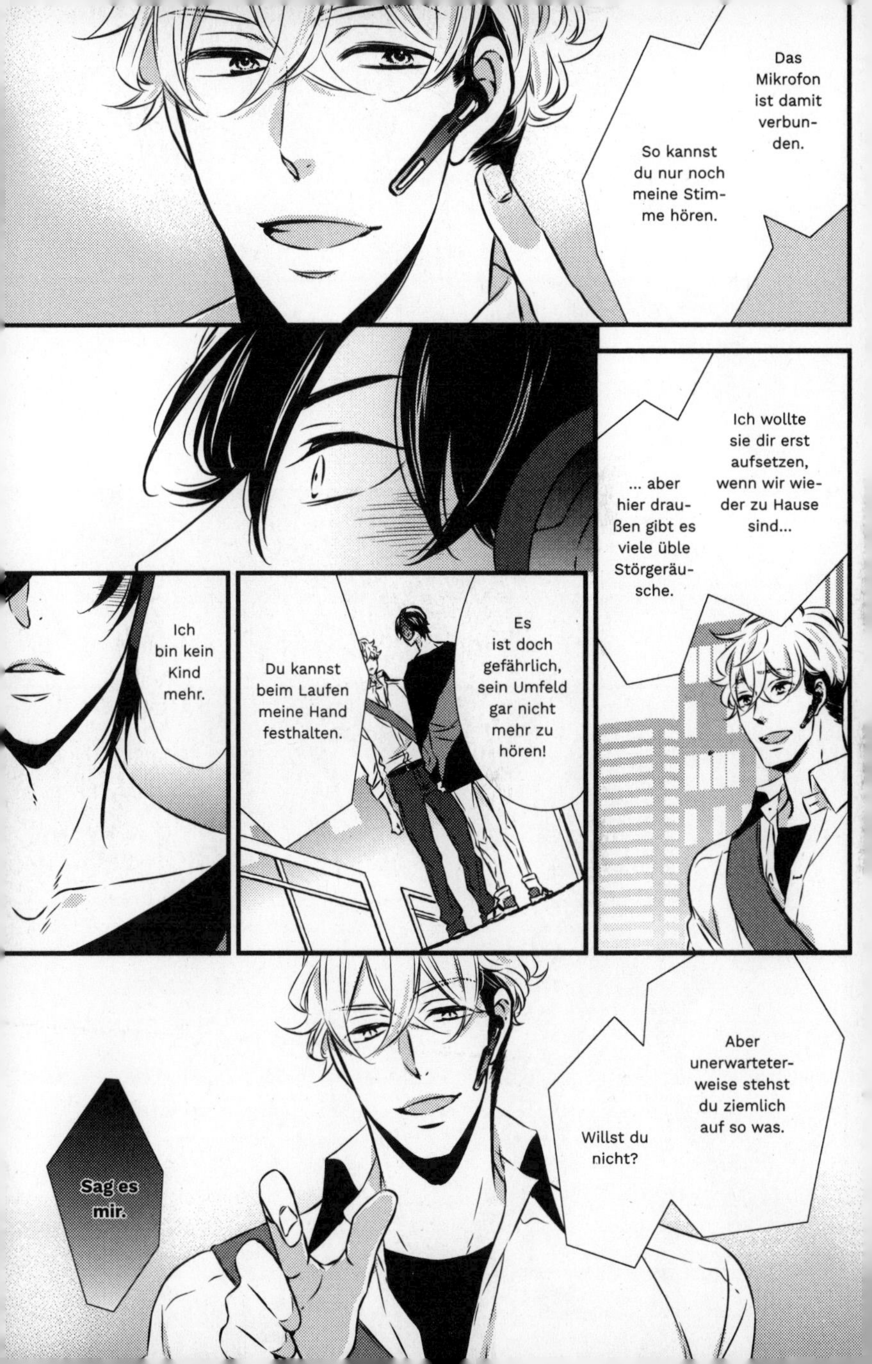

Das Mikrofon ist damit verbunden.
So kannst du nur noch meine Stimme hören.
Ich wollte sie dir erst aufsetzen, wenn wir wieder zu Hause sind...
... aber hier draußen gibt es viele üble Störgeräusche.
Es ist doch gefährlich, sein Umfeld gar nicht mehr zu hören!
Du kannst beim Laufen meine Hand festhalten.
Ich bin kein Kind mehr.
Aber unerwarteterweise stehst du ziemlich auf so was.
Willst du nicht?
Sag es mir.

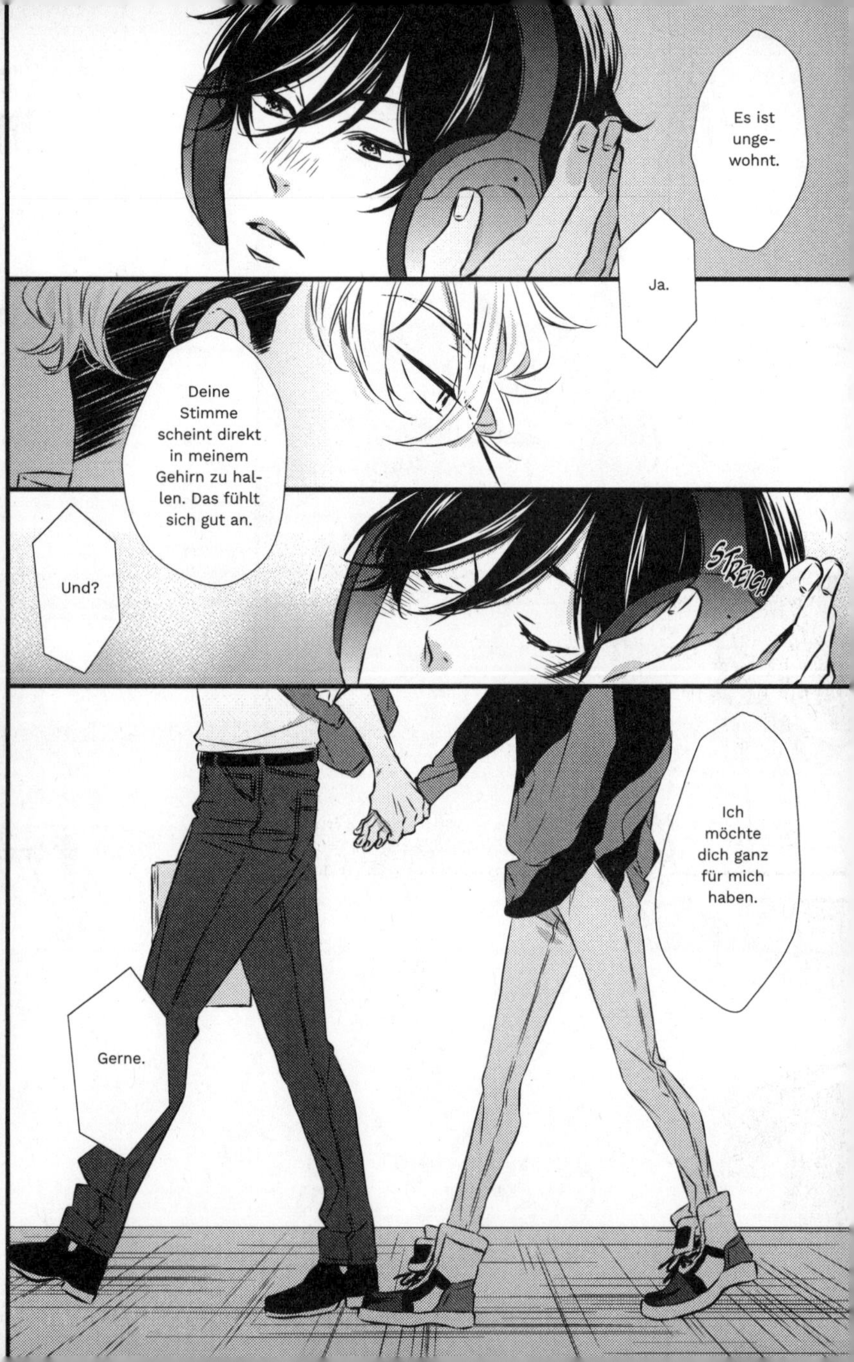
Es ist unge-wohnt.
Ja.
Deine Stimme scheint direkt in meinem Gehirn zu hal-len. Das fühlt sich gut an.
STREICH
Und?
Ich möchte dich ganz für mich haben.
Gerne.

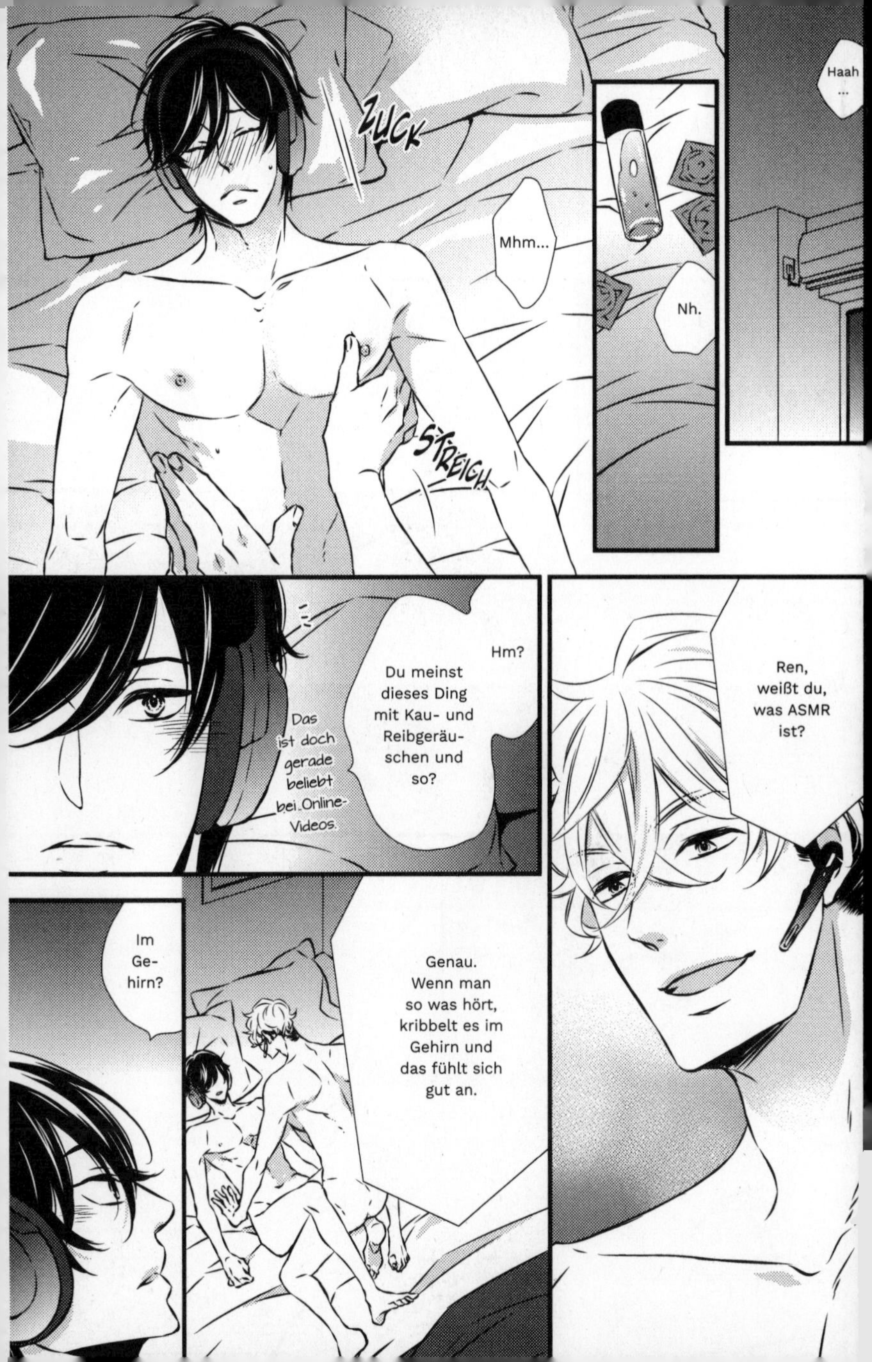
Haah ...
ZUCK
Mhm...
Nh.
STREICH
Ren, weißt du, was ASMR ist?
Hm?
Du meinst dieses Ding mit Kau- und Reibgeräuschen und so?
Das ist doch gerade beliebt bei Online-Videos.
Genau. Wenn man so was hört, kribbelt es im Gehirn und das fühlt sich gut an.
Im Gehirn?

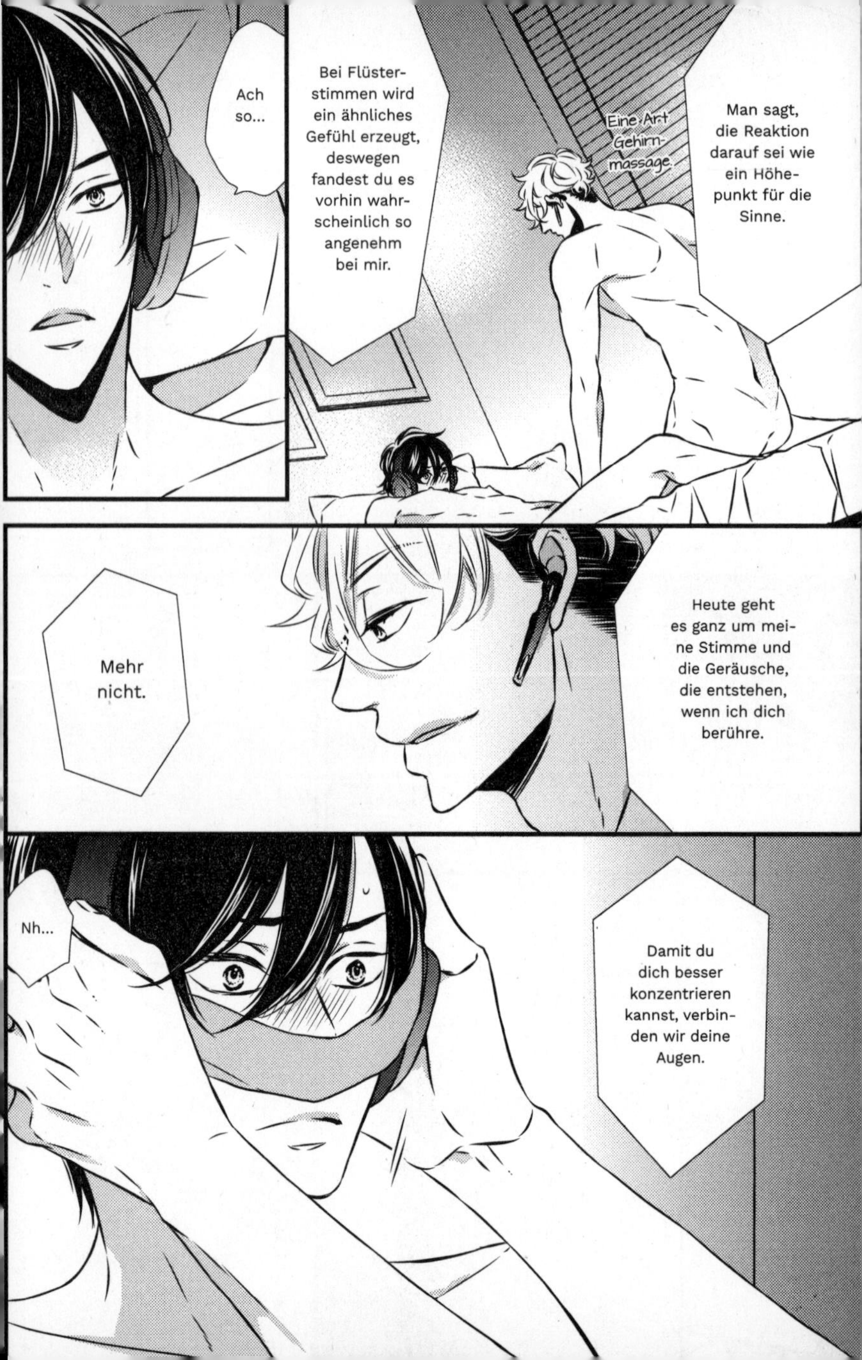
Man sagt, die Reaktion darauf sei wie ein Höhepunkt für die Sinne.
Eine Art Gehirnmassage.
Bei Flüsterstimmen wird ein ähnliches Gefühl erzeugt, deswegen fandest du es vorhin wahrscheinlich so angenehm bei mir.
Ach so...
Heute geht es ganz um meine Stimme und die Geräusche, die entstehen, wenn ich dich berühre.
Mehr nicht.
Damit du dich besser konzentrieren kannst, verbinden wir deine Augen.
Nh...

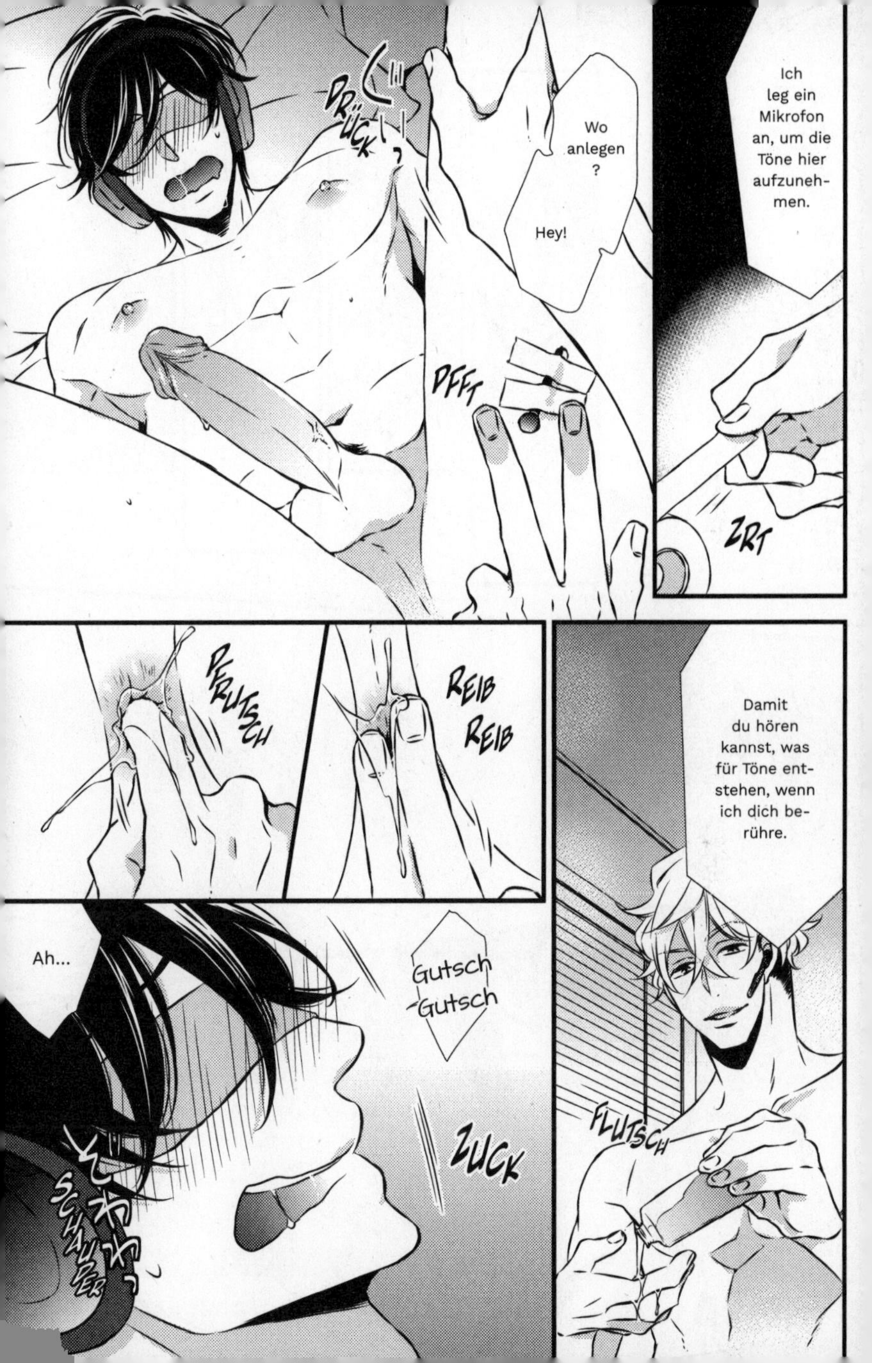
Ich leg ein Mikrofon an, um die Töne hier aufzunehmen.
ZRT
Wo anlegen?
Hey!
DRÜCK
DFFT
Damit du hören kannst, was für Töne entstehen, wenn ich dich berühre.
REIB REIB
DRUTSCH
FLUTSCH
Gutsch Gutsch
ZUCK
Ah...
SCHAUDER

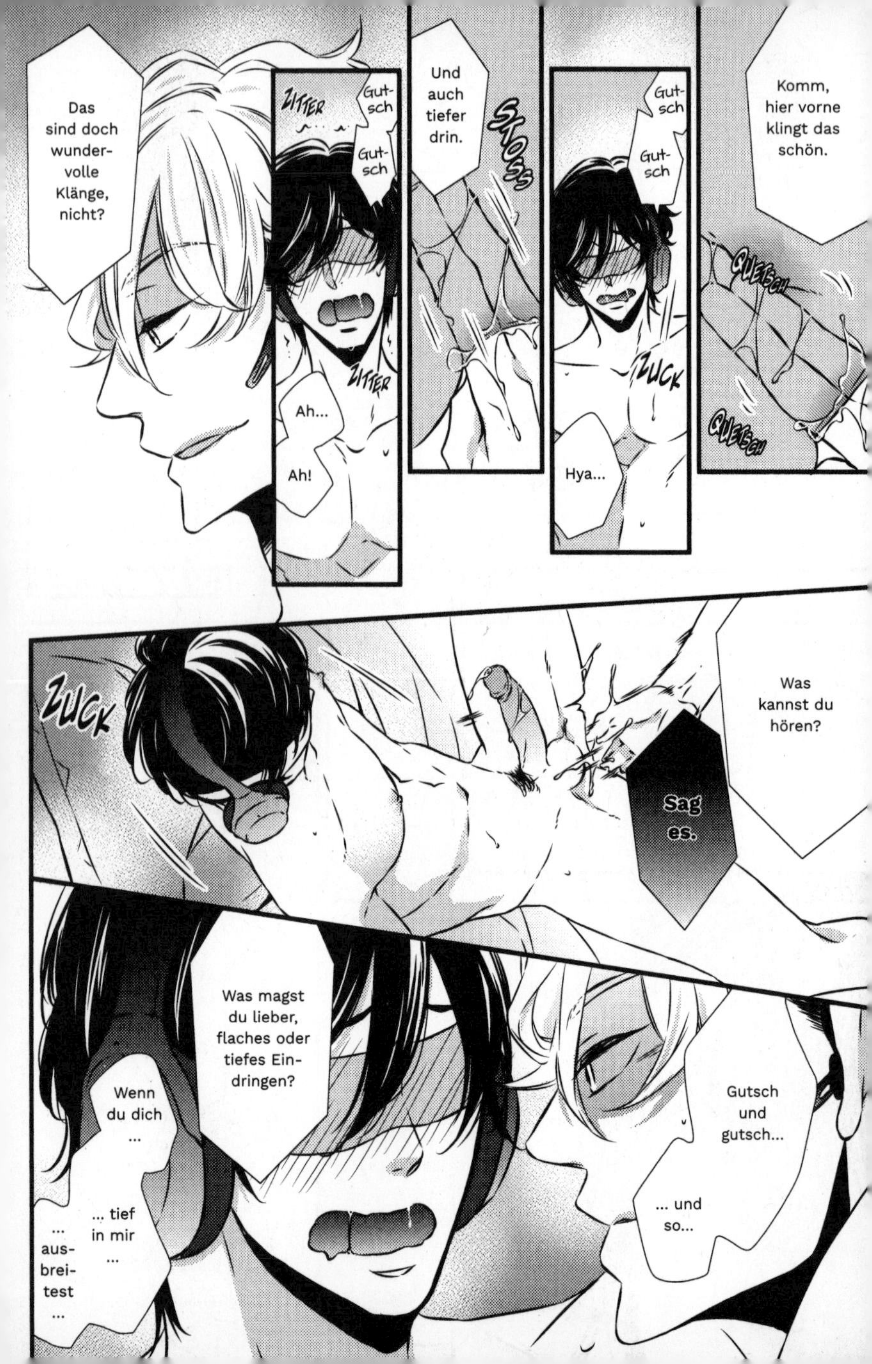
Komm, hier vorne klingt das schön.
QUETSCH
QUETSCH
Gut-sch
Gut-sch
ZUCK
Hya...
Und auch tiefer drin.
STOSS
Gut-sch
Gut-sch
ZITTER
ZITTER
Ah...
Ah!
Das sind doch wundervolle Klänge, nicht?
Was kannst du hören?
Sag es.
ZUCK
Gutsch und gutsch...
... und so...
Was magst du lieber, flaches oder tiefes Eindringen?
Wenn du dich ...
... tief in mir ...
... ausbreitest ...

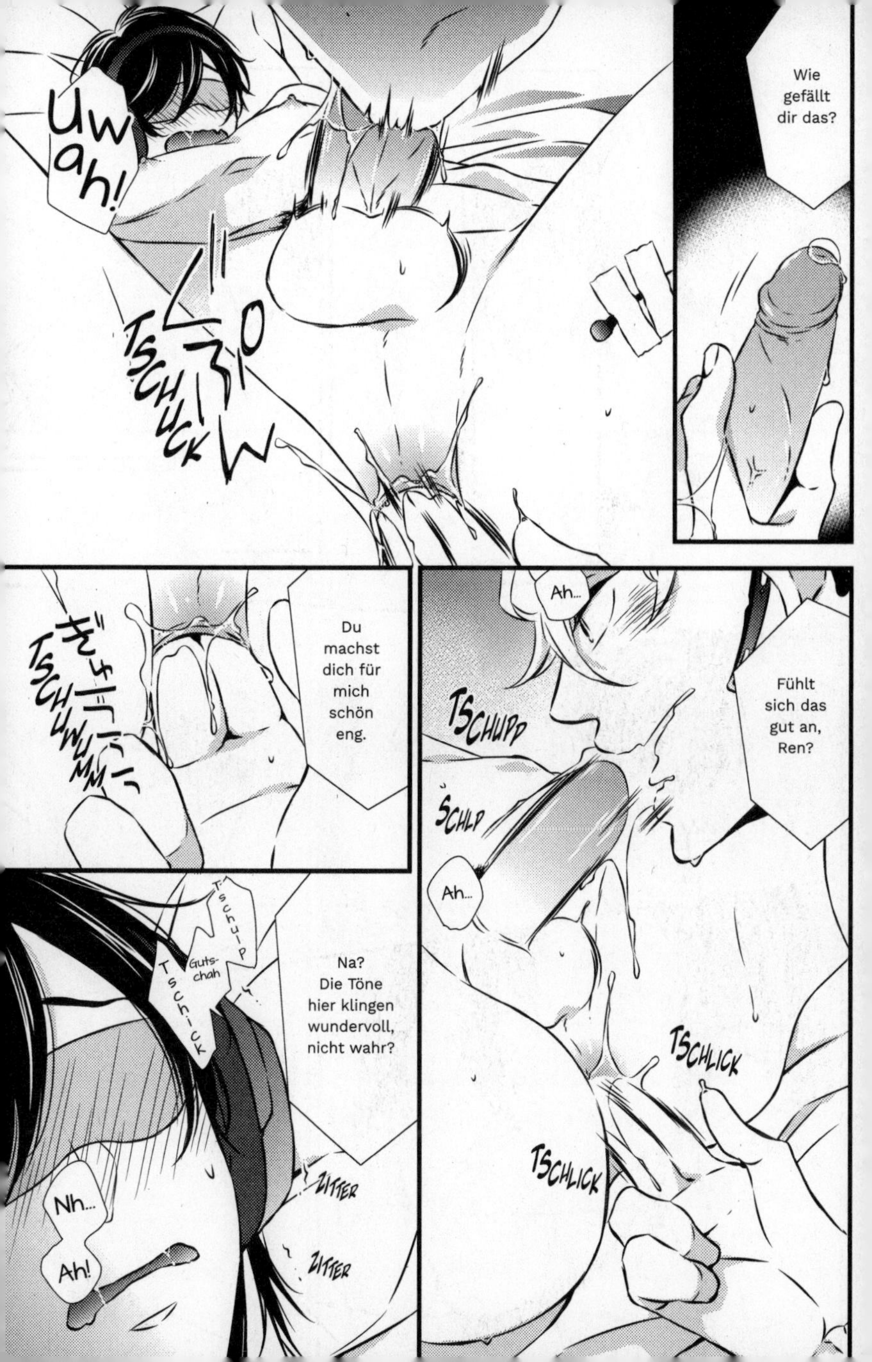
Wie gefällt dir das?
Uwah!
TSCHUCK
Ah...
Fühlt sich das gut an, Ren?
TSCHUPP
SCHLP
Ah...
TSCHLICK
TSCHLICK
Du machst dich für mich schön eng.
TSCHUWUMM
Na? Die Töne hier klingen wundervoll, nicht wahr?
Tschulp
Guts-chah
Tschick
ZITTER
ZITTER
Nh...
Ah!

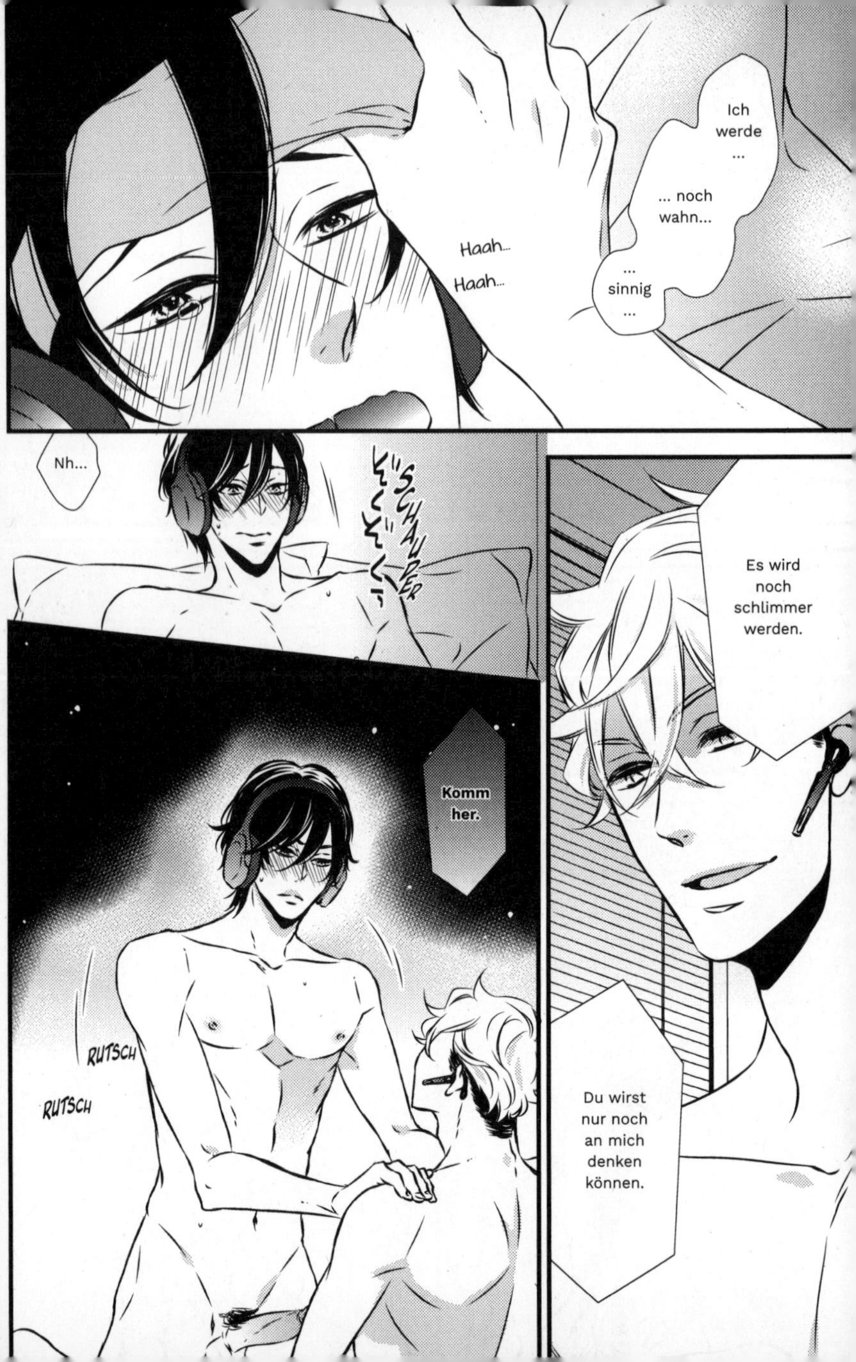
Ich werde ...
... noch wahn...
... sinnig ...
Haah...
Haah...
Es wird noch schlimmer werden.
Nh...
SCHAUDER
Du wirst nur noch an mich denken können.
Komm her.
RUTSCH
RUTSCH

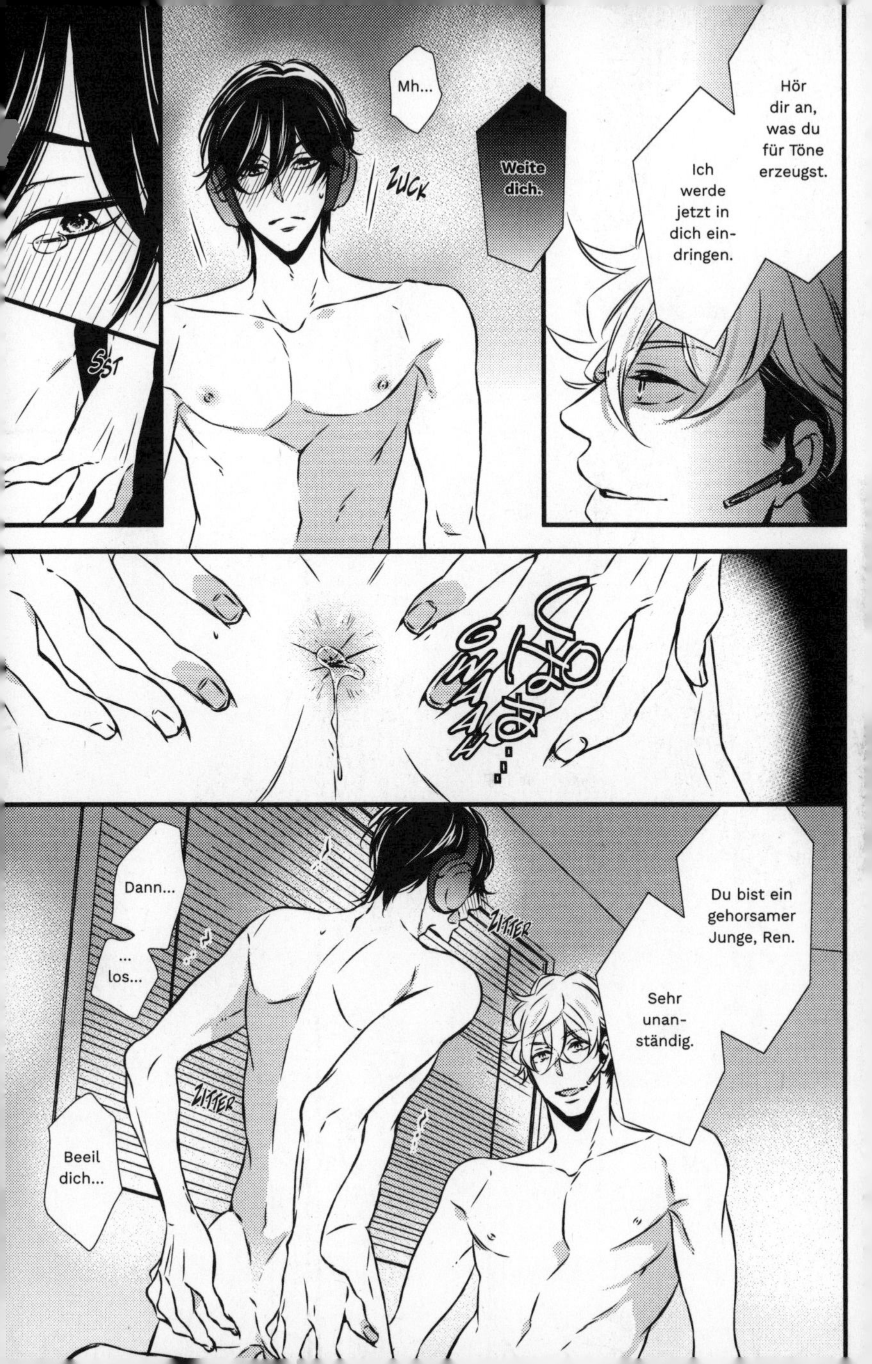
Hör dir an, was du für Töne erzeugst.
Ich werde jetzt in dich ein-dringen.
Weite dich.
Mh...
ZUCK
SST
GWAAH...
Du bist ein gehorsamer Junge, Ren.
Sehr unan-ständig.
ZITTER
Dann...
... los...
ZITTER
Beeil dich...

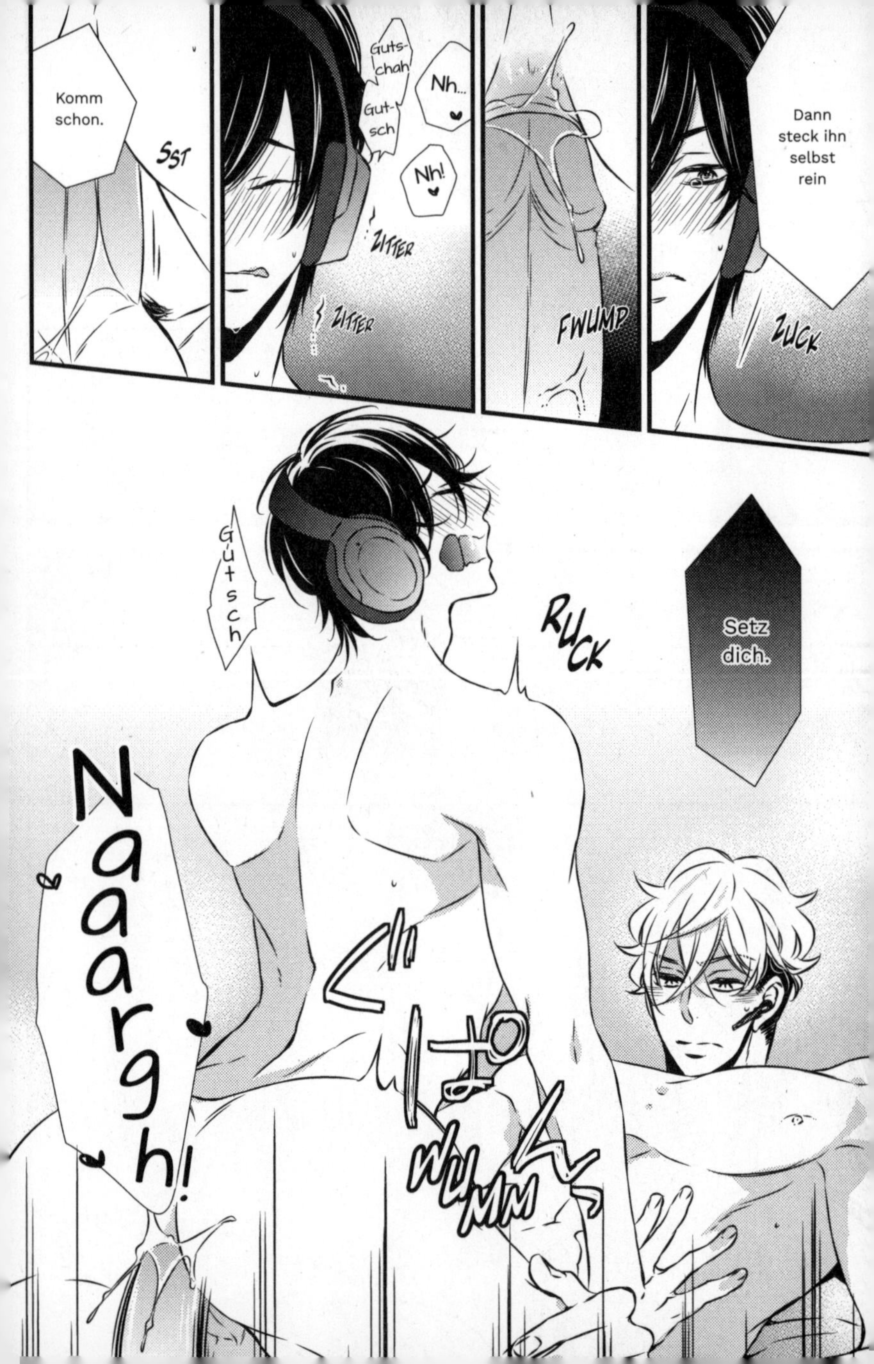
Dann steck ihn selbst rein
ZUCK
FWUMP
Guts-chah
Nh...
Gut-sch
Nh!
ZITTER
ZITTER
Komm schon.
SST
Setz dich.
RUCK
Gütsch
WUMM
Naaargh!

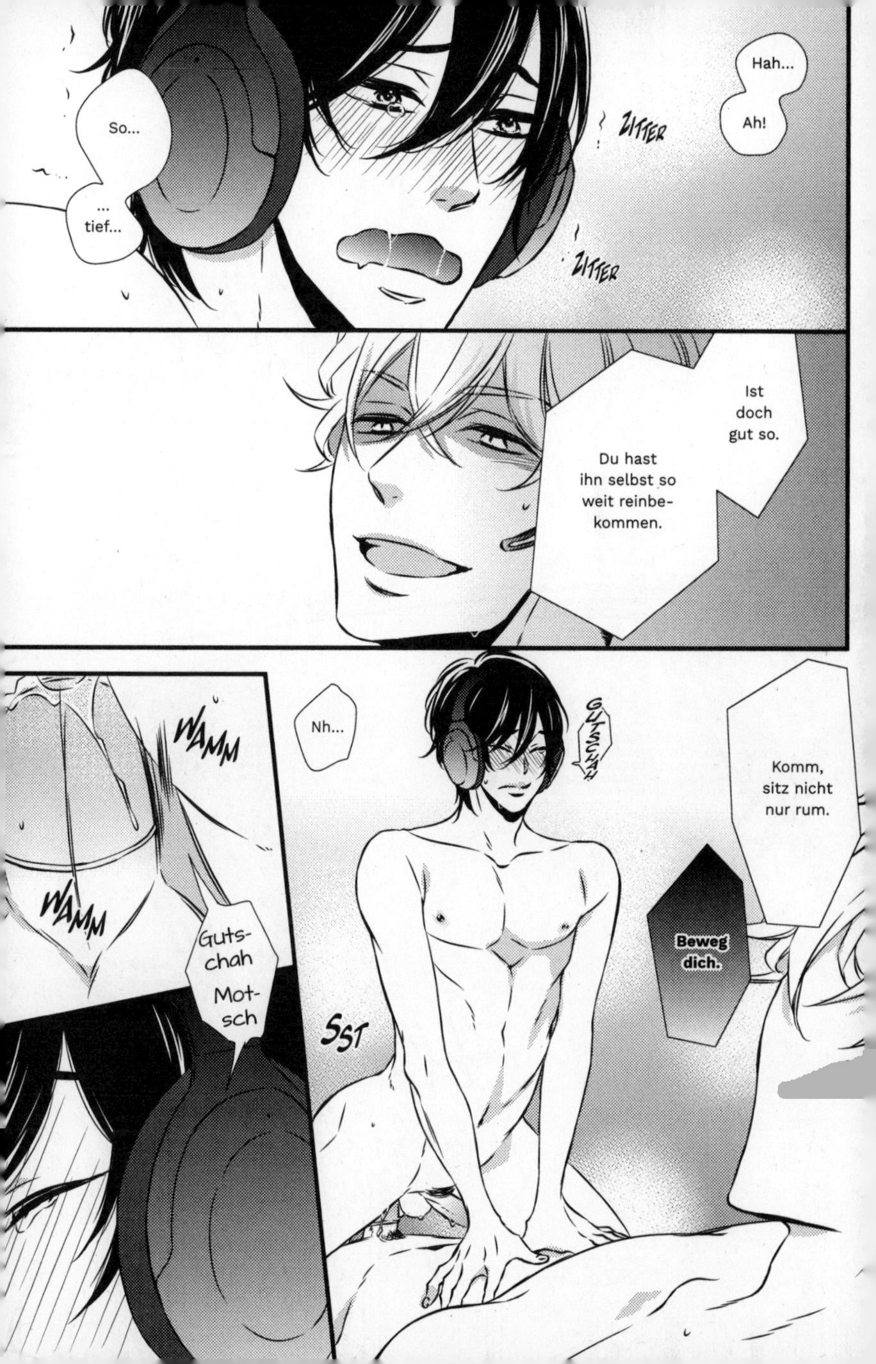
Hah...
Ah!
ZITTER
ZITTER
So...
... tief...
Ist doch gut so.
Du hast ihn selbst so weit reinbekommen.
Komm, sitz nicht nur rum.
Beweg dich.
GUTSCHAH
Nh...
SST
WAMM
WAMM
Gutschah Motsch

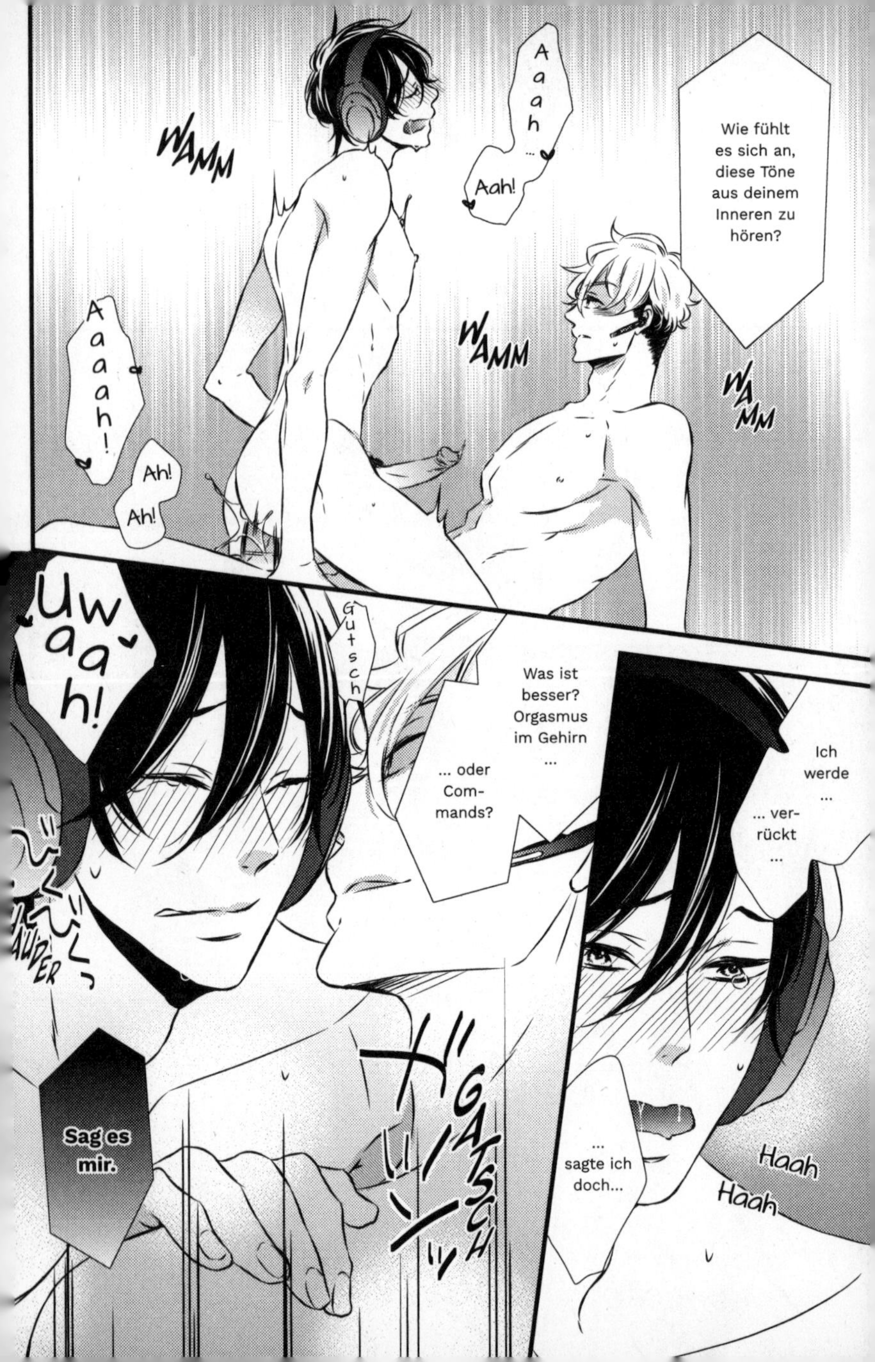
Wie fühlt es sich an, diese Töne aus deinem Inneren zu hören?
WAMM
WAMM
Aaah ... Aah!
WAMM
Aaaah!
Ah! Ah!
Ich werde ... ... verrückt ...
... sagte ich doch...
Haah Haah
Was ist besser? Orgasmus im Gehirn ...
... oder Commands?
GATSCH
Gutsch
Uwaaah!
Sag es mir.

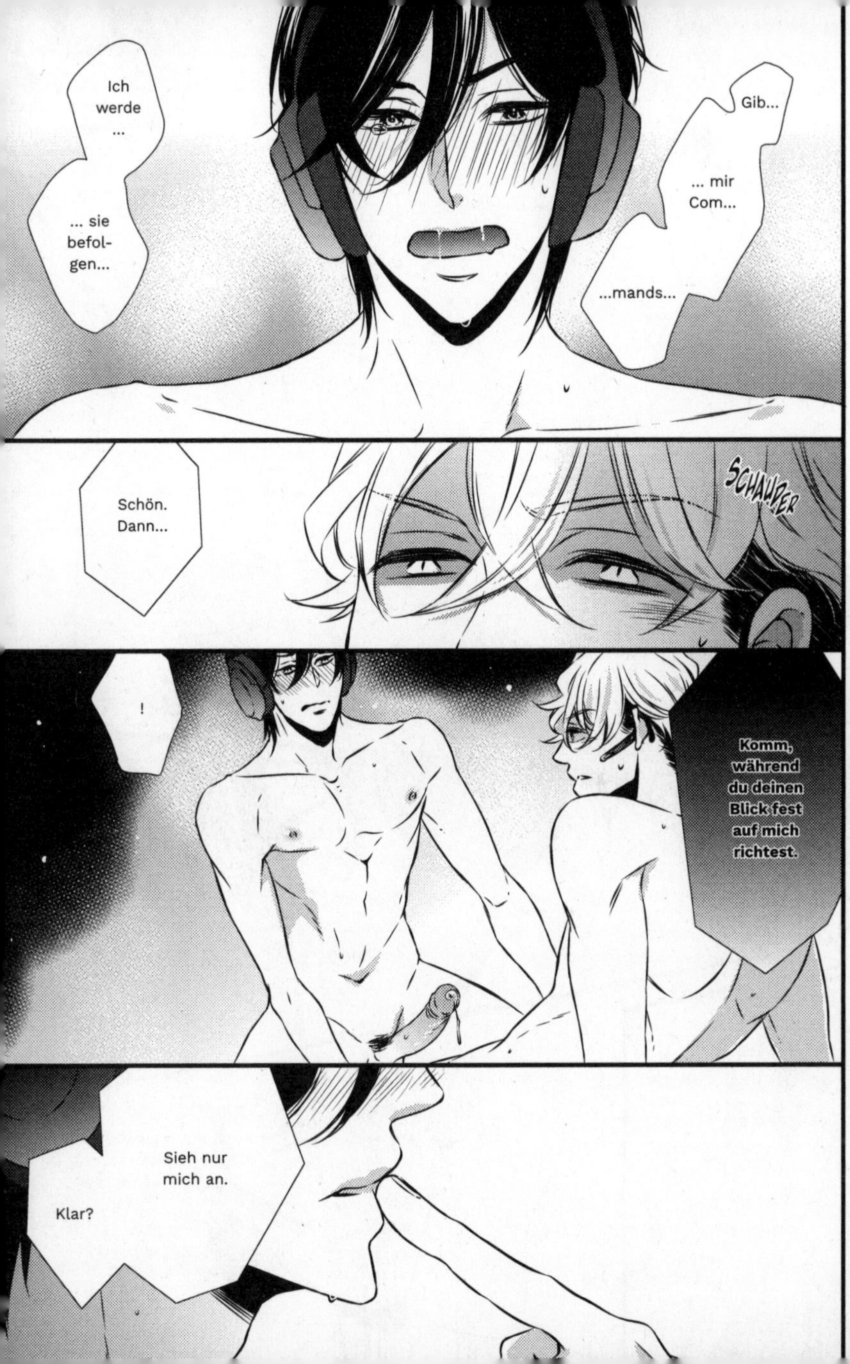
Gib...
... mir Com...
...mands...
Ich werde ...
... sie befol-gen...
SCHAUDER
Schön. Dann...
Komm, während du deinen Blick fest auf mich richtest.
!
Sieh nur mich an.
Klar?

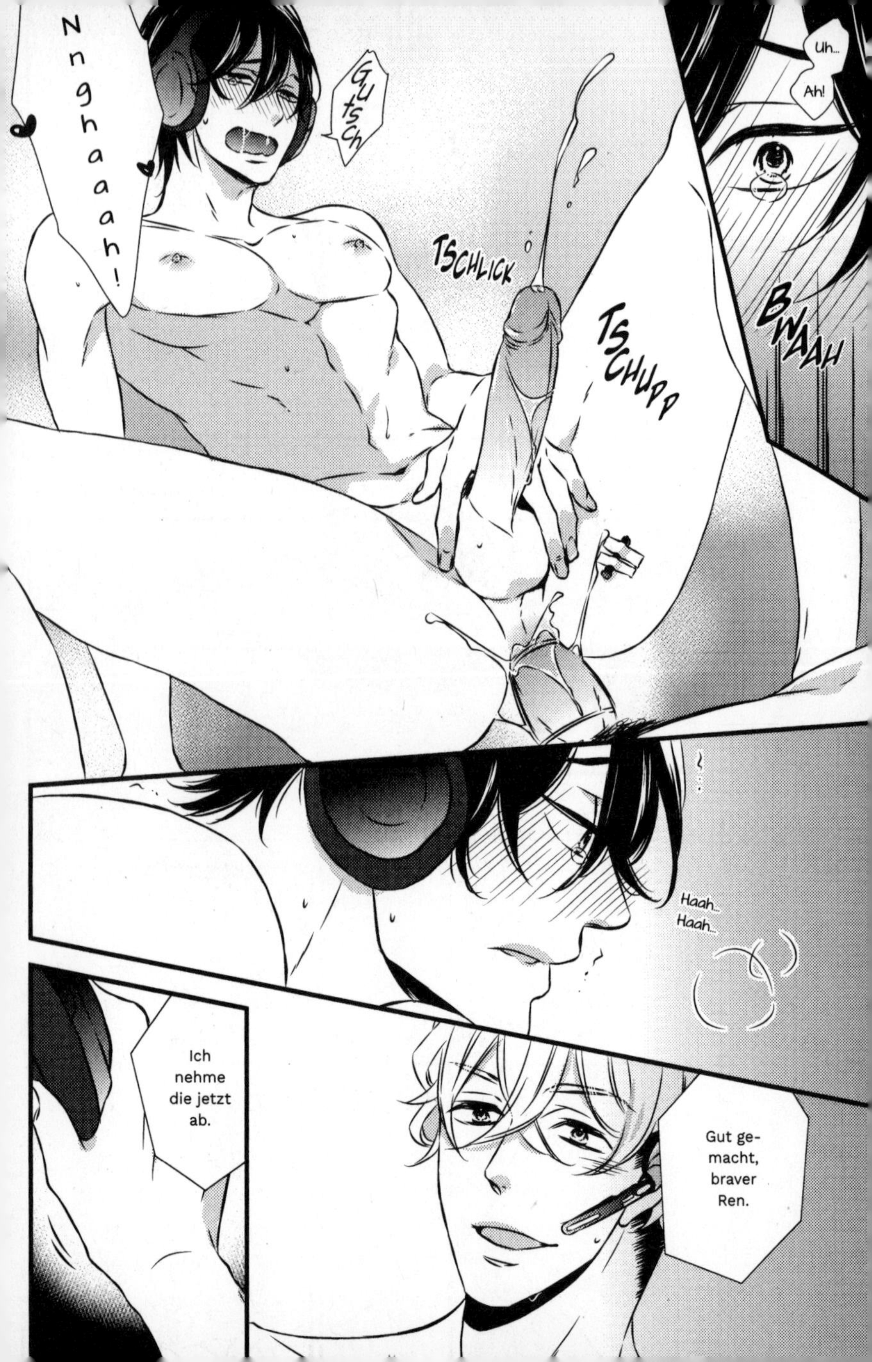
Uh...
Ah!
BWAAH
TSCHUPP
TSCHLICK
Gutsch
Nnghaaaah!
~...
Haah...
Haah...
Gut ge-
macht,
braver
Ren.
Ich
nehme
die jetzt
ab.

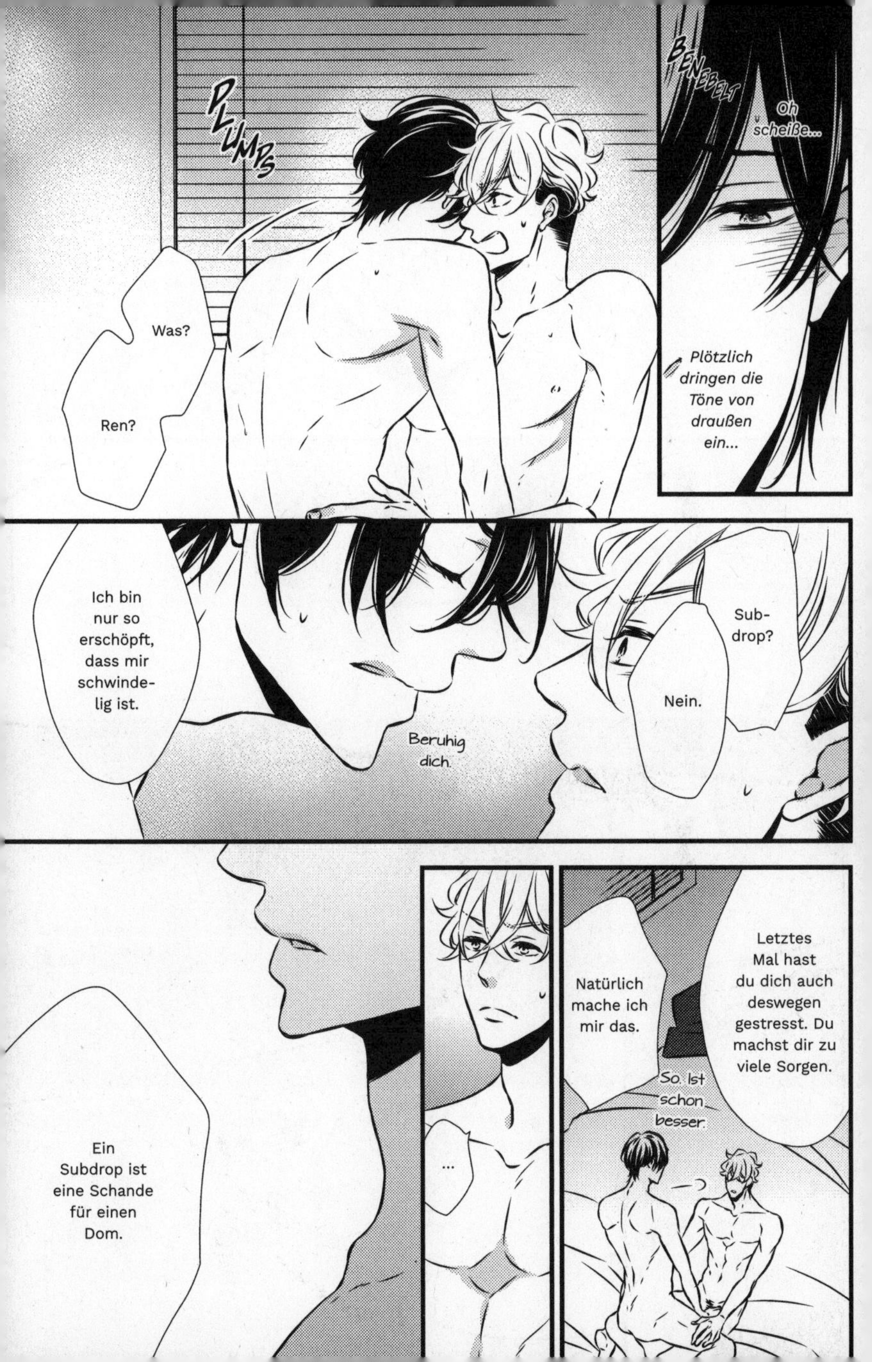
BENEBELT
Oh scheiße...
Plötzlich dringen die Töne von draußen ein...
PLUMPS
Was?
Ren?
Sub-drop?
Nein.
Beruhig dich.
Ich bin nur so erschöpft, dass mir schwinde-lig ist.
Letztes Mal hast du dich auch deswegen gestresst. Du machst dir zu viele Sorgen.
So. Ist schon besser.
Natürlich mache ich mir das.
...
Ein Subdrop ist eine Schande für einen Dom.

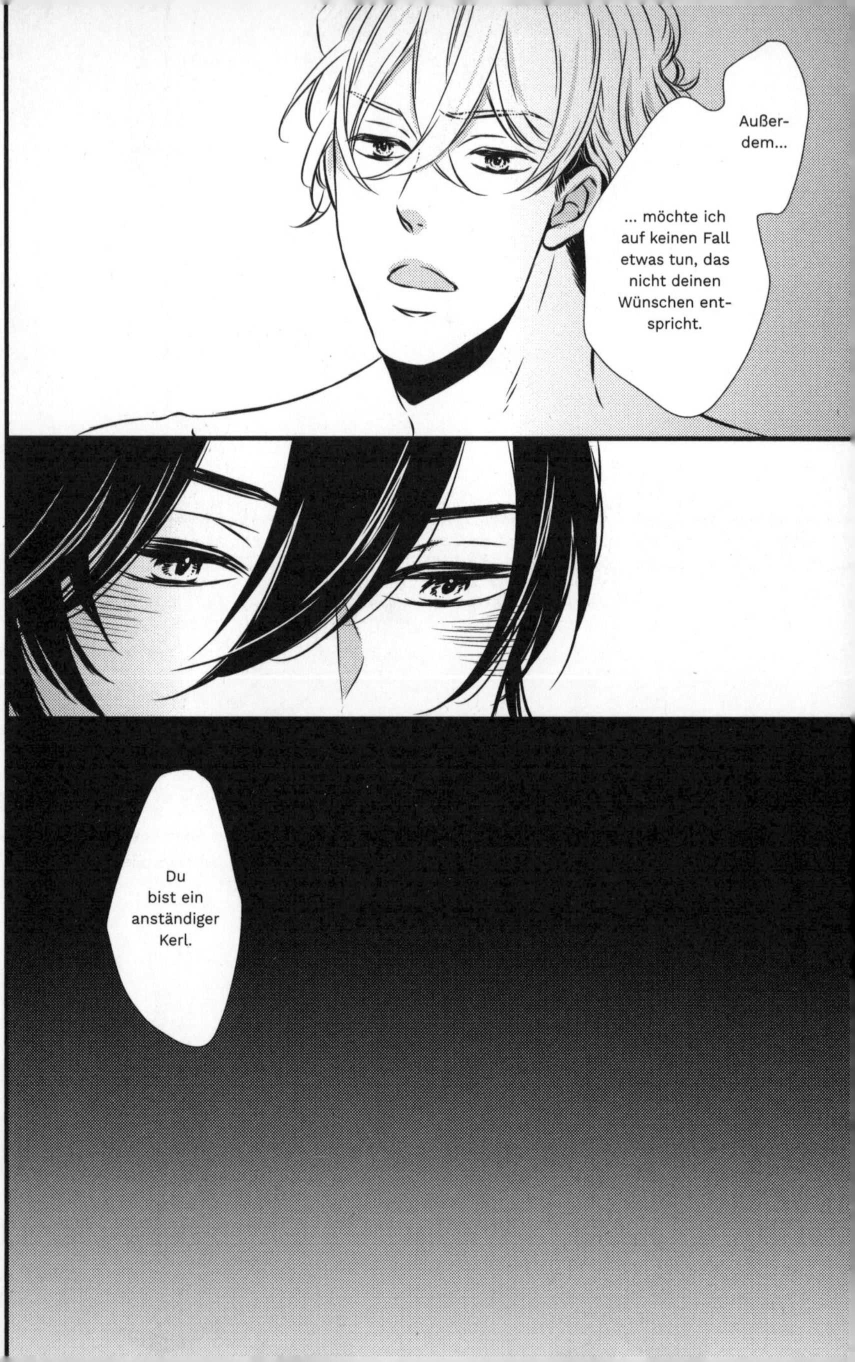
Außer-dem...
... möchte ich auf keinen Fall etwas tun, das nicht deinen Wünschen ent-spricht.
Du bist ein anständiger Kerl.

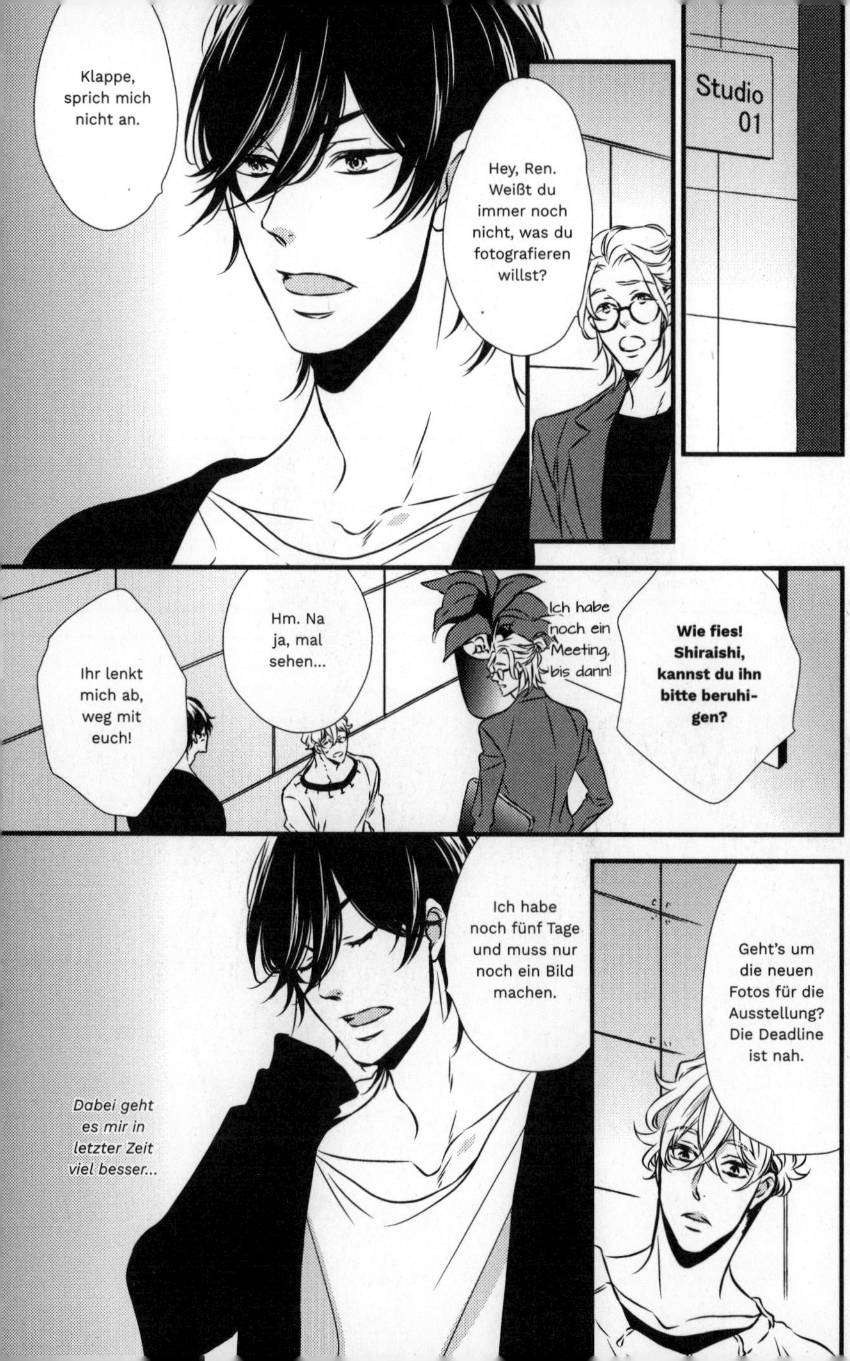
Studio 01
Hey, Ren. Weißt du immer noch nicht, was du fotografieren willst?
Klappe, sprich mich nicht an.
Wie fies! Shiraishi, kannst du ihn bitte beruhigen?
Ich habe noch ein Meeting, bis dann!
Hm. Na ja, mal sehen...
Ihr lenkt mich ab, weg mit euch!
Geht's um die neuen Fotos für die Ausstellung? Die Deadline ist nah.
Ich habe noch fünf Tage und muss nur noch ein Bild machen.
Dabei geht es mir in letzter Zeit viel besser...

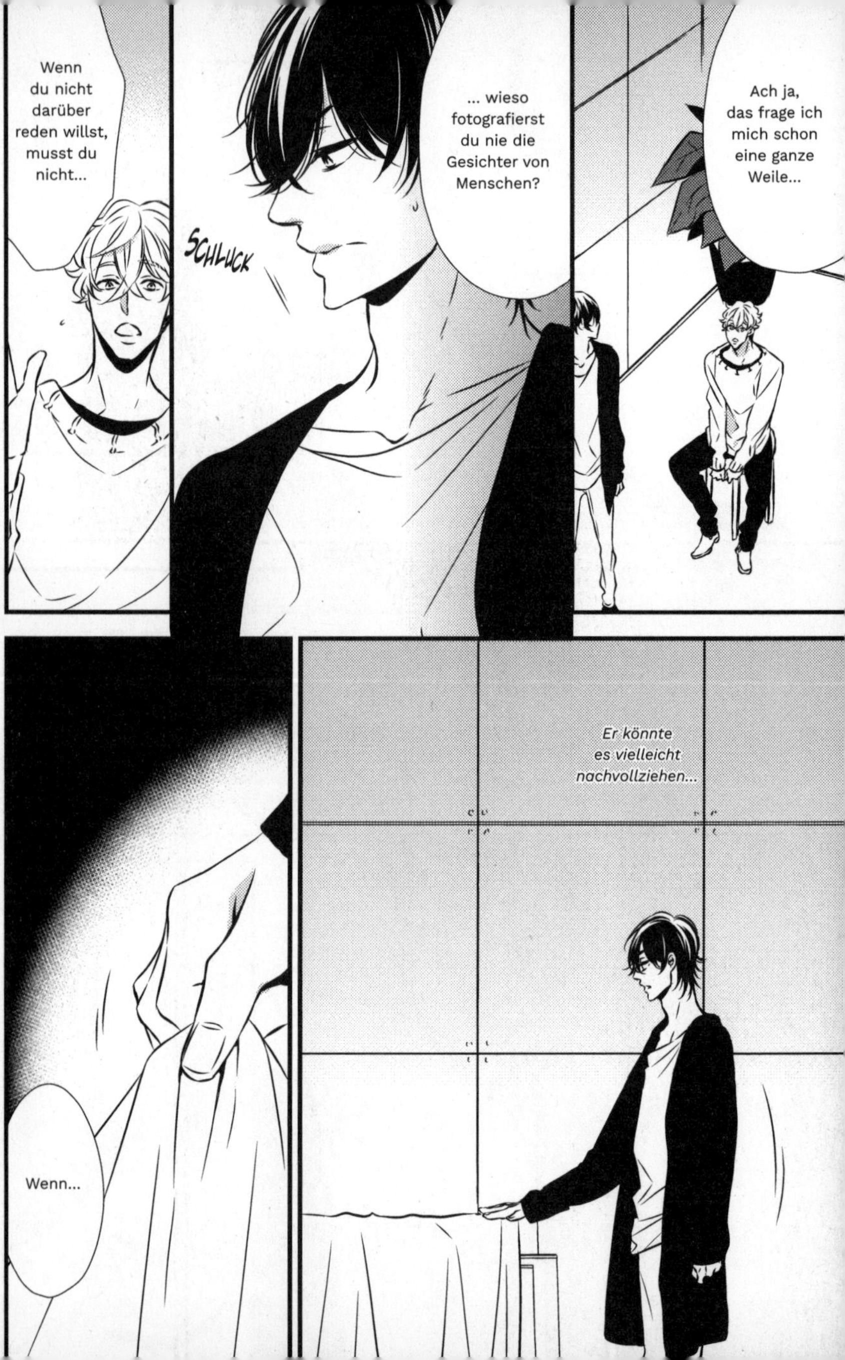
Ach ja, das frage ich mich schon eine ganze Weile...
... wieso fotografierst du nie die Gesichter von Menschen?
SCHLUCK
Wenn du nicht darüber reden willst, musst du nicht...
Er könnte es vielleicht nachvollziehen...
Wenn...

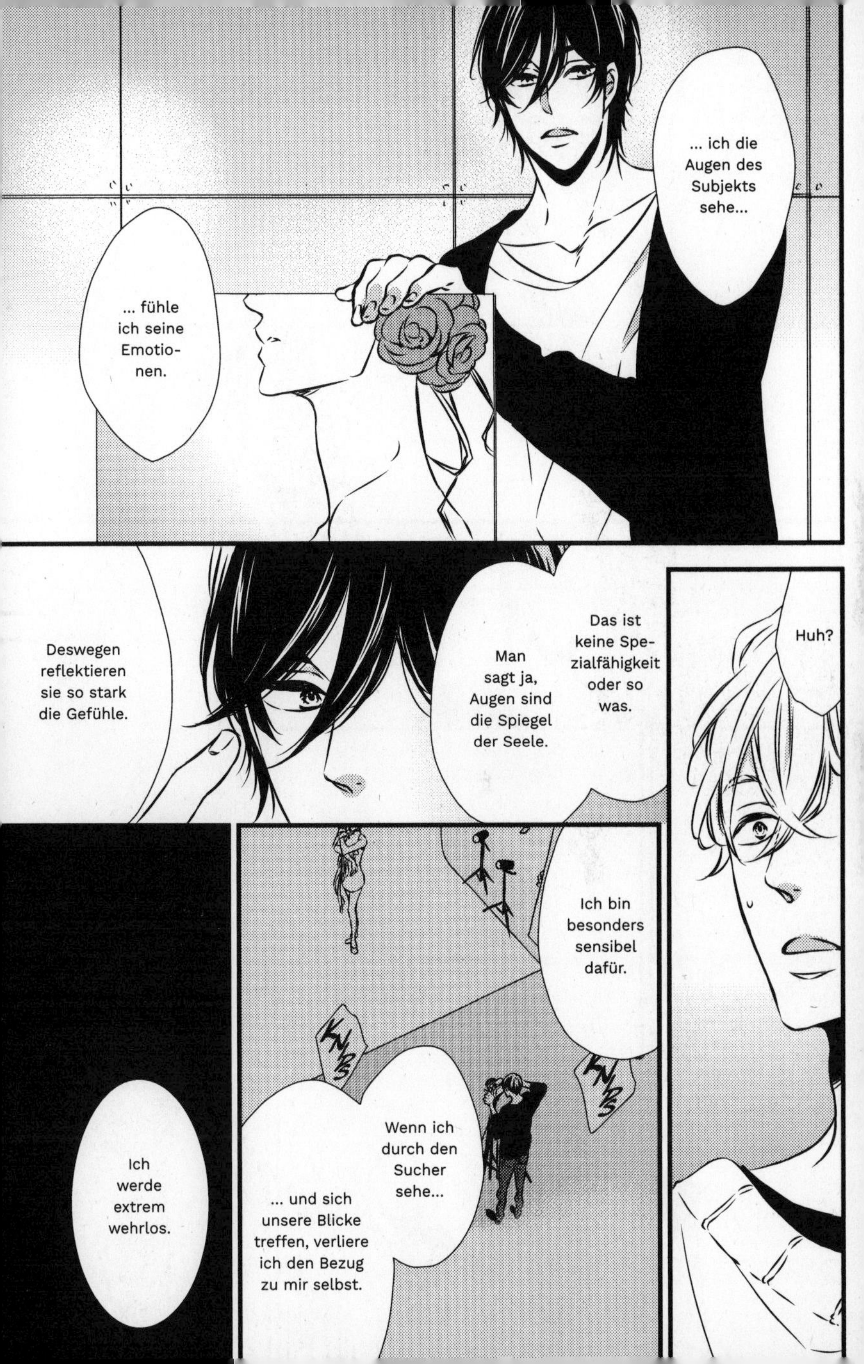

... ich die Augen des Subjekts sehe...
... fühle ich seine Emotionen.
Huh?
Das ist keine Spezialfähigkeit oder so was.
Man sagt ja, Augen sind die Spiegel der Seele.
Deswegen reflektieren sie so stark die Gefühle.
Ich bin besonders sensibel dafür.
Wenn ich durch den Sucher sehe...
... und sich unsere Blicke treffen, verliere ich den Bezug zu mir selbst.
Ich werde extrem wehrlos.

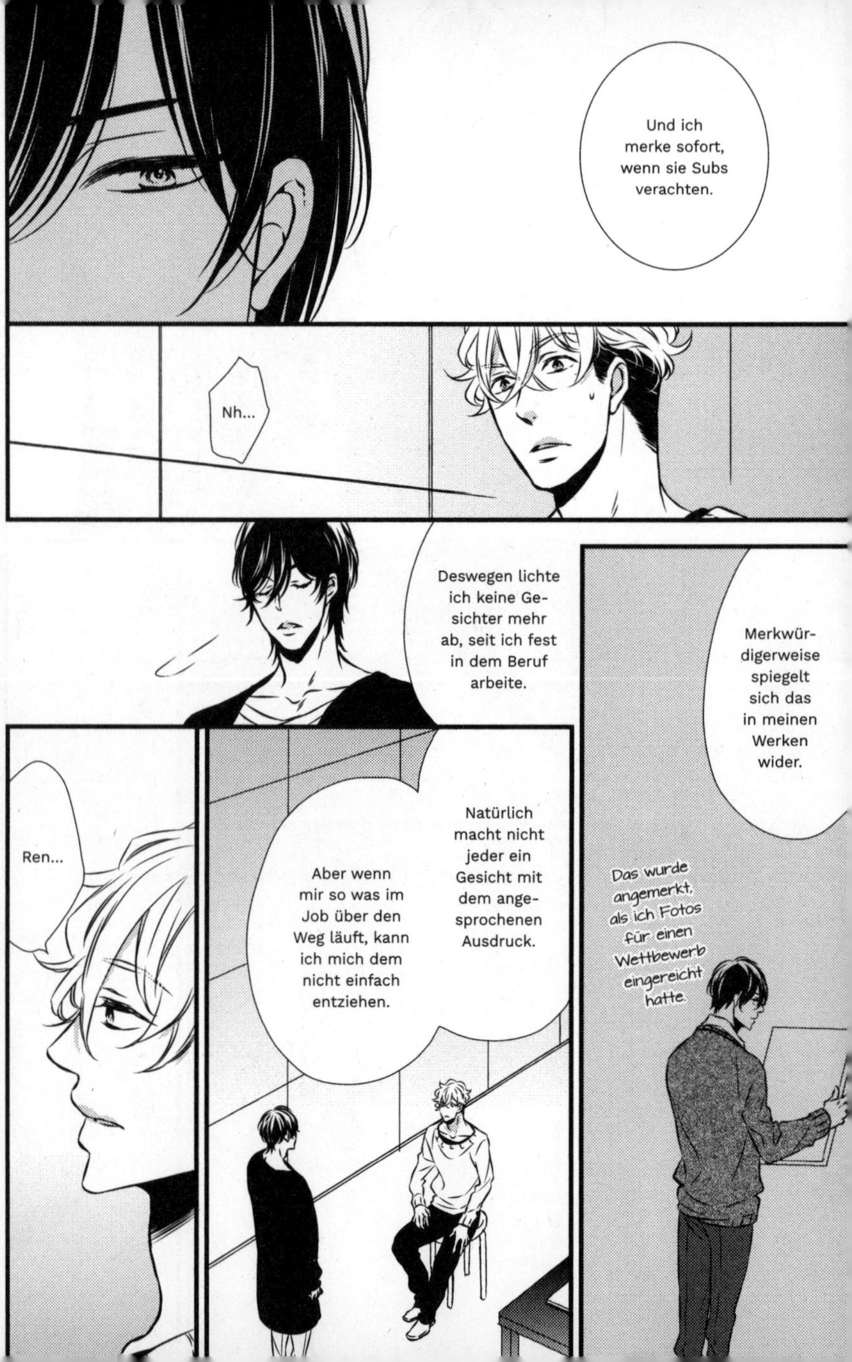
Und ich merke sofort, wenn sie Subs verachten.
Nh...
Merkwürdigerweise spiegelt sich das in meinen Werken wider.
Das wurde angemerkt, als ich Fotos für einen Wettbewerb eingereicht hatte.
Deswegen lichte ich keine Gesichter mehr ab, seit ich fest in dem Beruf arbeite.
Natürlich macht nicht jeder ein Gesicht mit dem angesprochenen Ausdruck.
Aber wenn mir so was im Job über den Weg läuft, kann ich mich dem nicht einfach entziehen.
Ren...

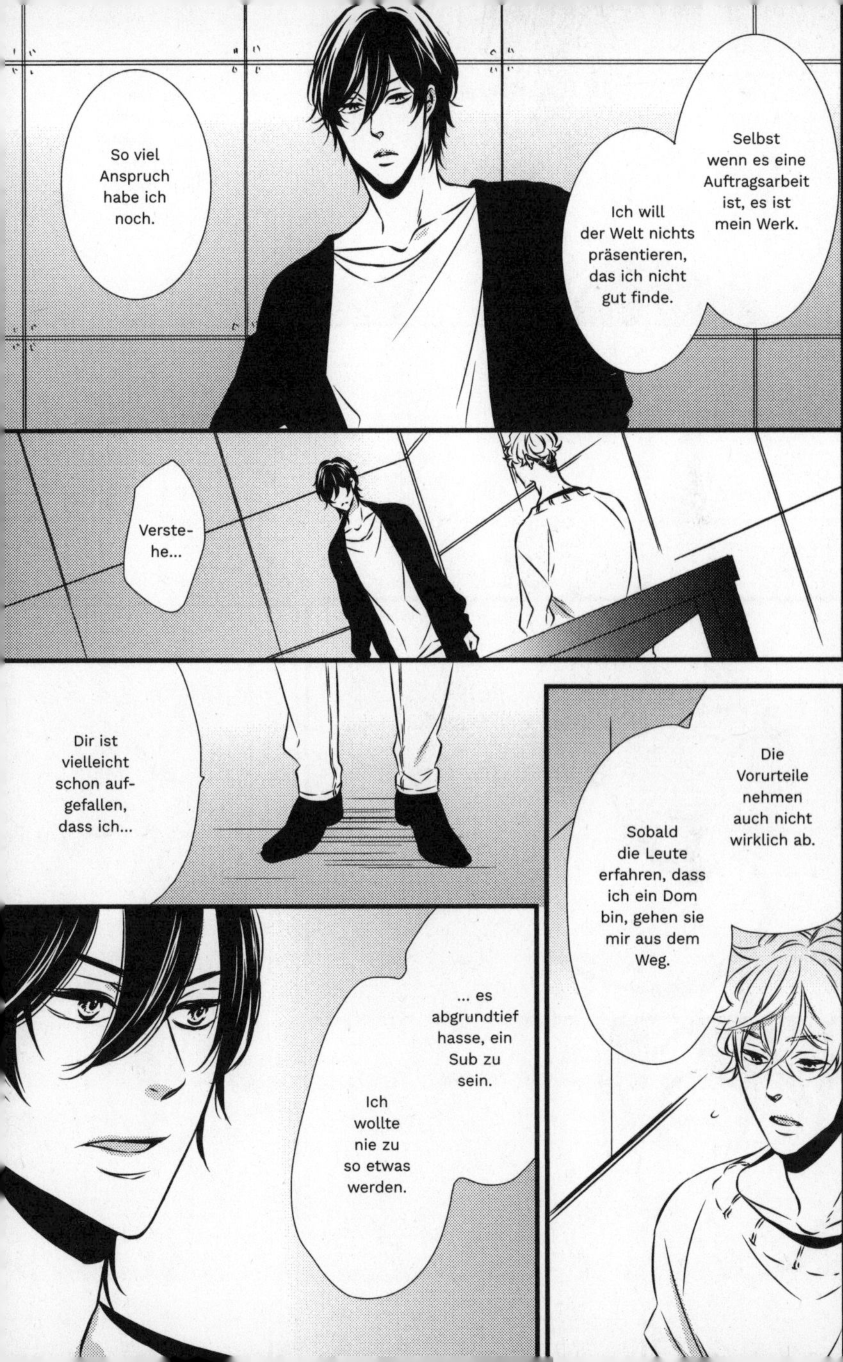

Selbst wenn es eine Auftragsarbeit ist, es ist mein Werk.
Ich will der Welt nichts präsentieren, das ich nicht gut finde.
So viel Anspruch habe ich noch.
Verstehe...
Die Vorurteile nehmen auch nicht wirklich ab.
Sobald die Leute erfahren, dass ich ein Dom bin, gehen sie mir aus dem Weg.
Dir ist vielleicht schon aufgefallen, dass ich...
... es abgrundtief hasse, ein Sub zu sein.
Ich wollte nie zu so etwas werden.

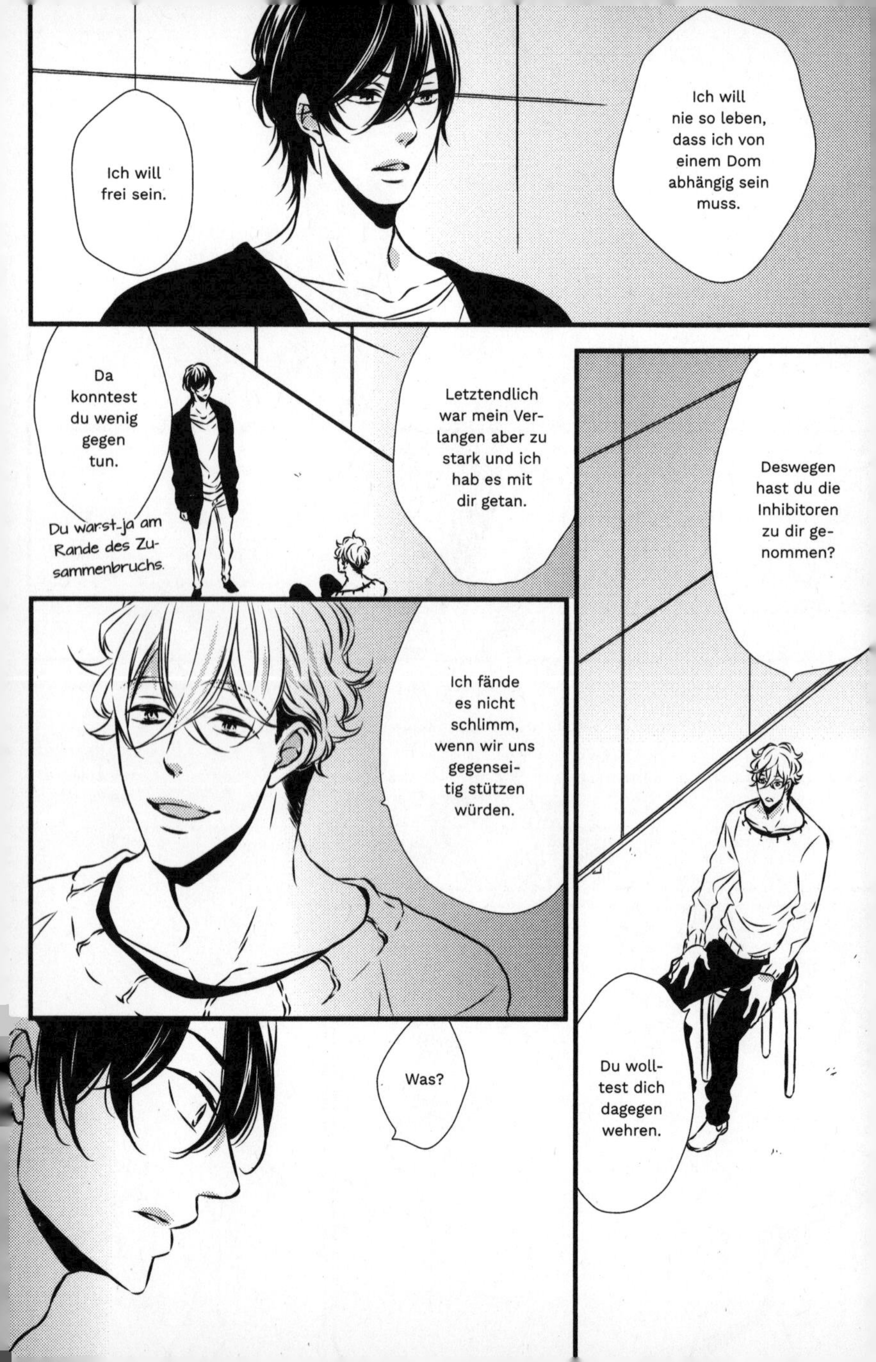
Ich will nie so leben, dass ich von einem Dom abhängig sein muss.
Ich will frei sein.
Deswegen hast du die Inhibitoren zu dir genommen?
Du wolltest dich dagegen wehren.
Letztendlich war mein Verlangen aber zu stark und ich hab es mit dir getan.
Da konntest du wenig gegen tun.
Du warst ja am Rande des Zusammenbruchs.
Ich fände es nicht schlimm, wenn wir uns gegenseitig stützen würden.
Was?

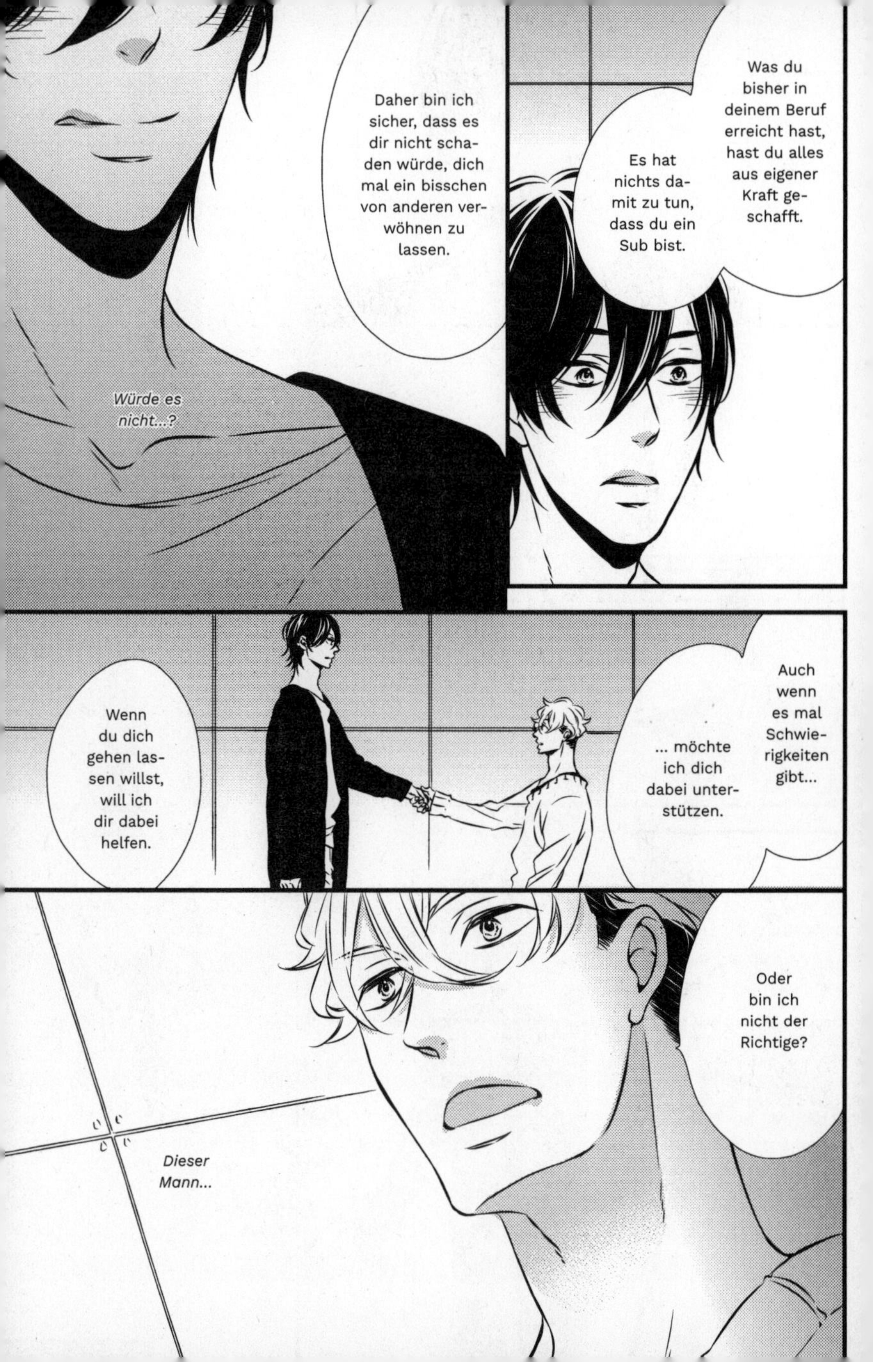
Was du bisher in deinem Beruf erreicht hast, hast du alles aus eigener Kraft geschafft.
Es hat nichts damit zu tun, dass du ein Sub bist.
Daher bin ich sicher, dass es dir nicht schaden würde, dich mal ein bisschen von anderen verwöhnen zu lassen.
Würde es nicht...?
Auch wenn es mal Schwierigkeiten gibt...
... möchte ich dich dabei unterstützen.
Wenn du dich gehen lassen willst, will ich dir dabei helfen.
Oder bin ich nicht der Richtige?
Dieser Mann...

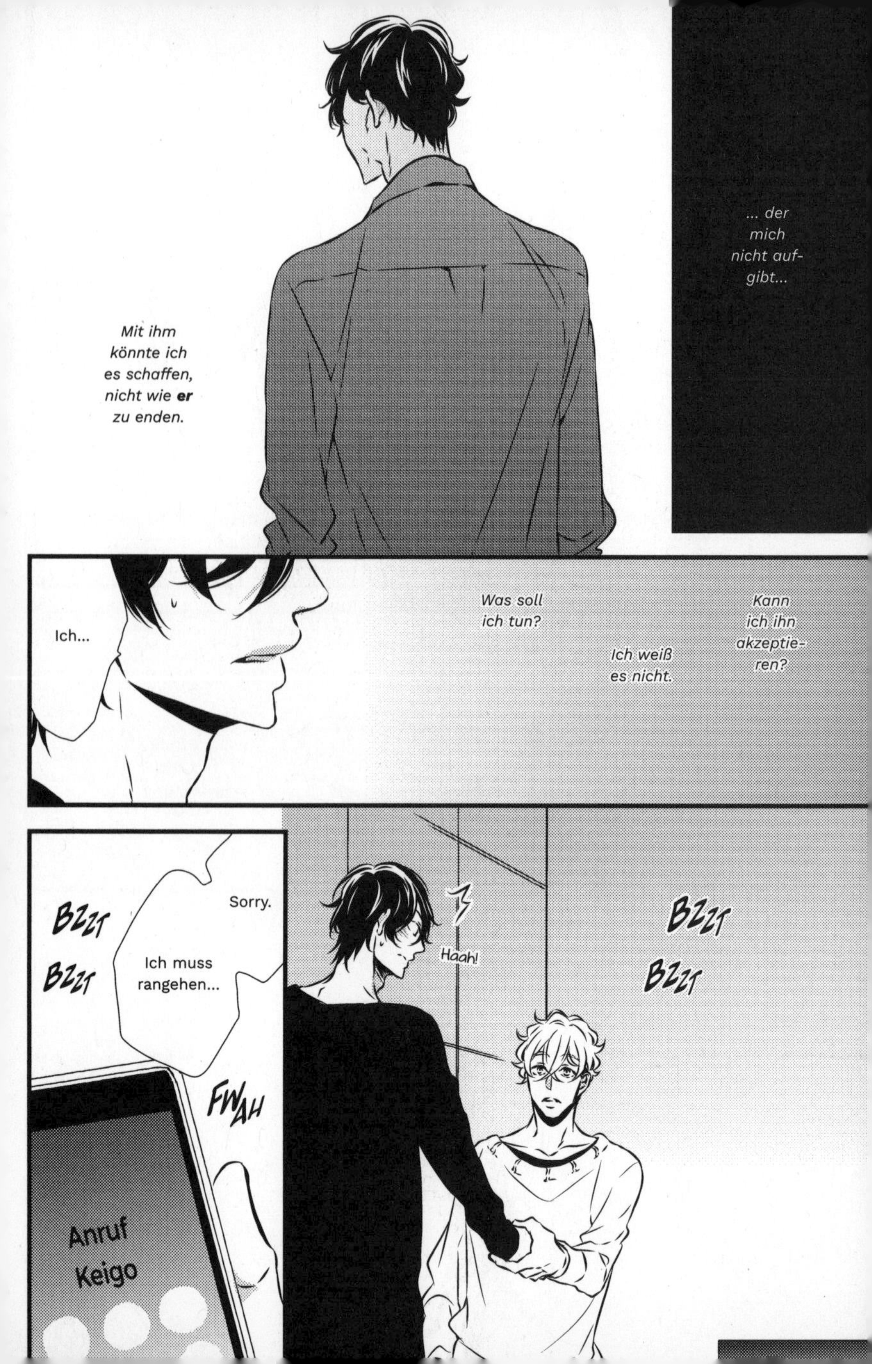
... der mich nicht auf-gibt...
Mit ihm könnte ich es schaffen, nicht wie **er** zu enden.
Kann ich ihn akzeptie-ren?
Ich weiß es nicht.
Was soll ich tun?
Ich...
BZZT
BZZT
Haah!
Sorry.
Ich muss rangehen...
BZZT
BZZT
FWAH
Anruf Keigo

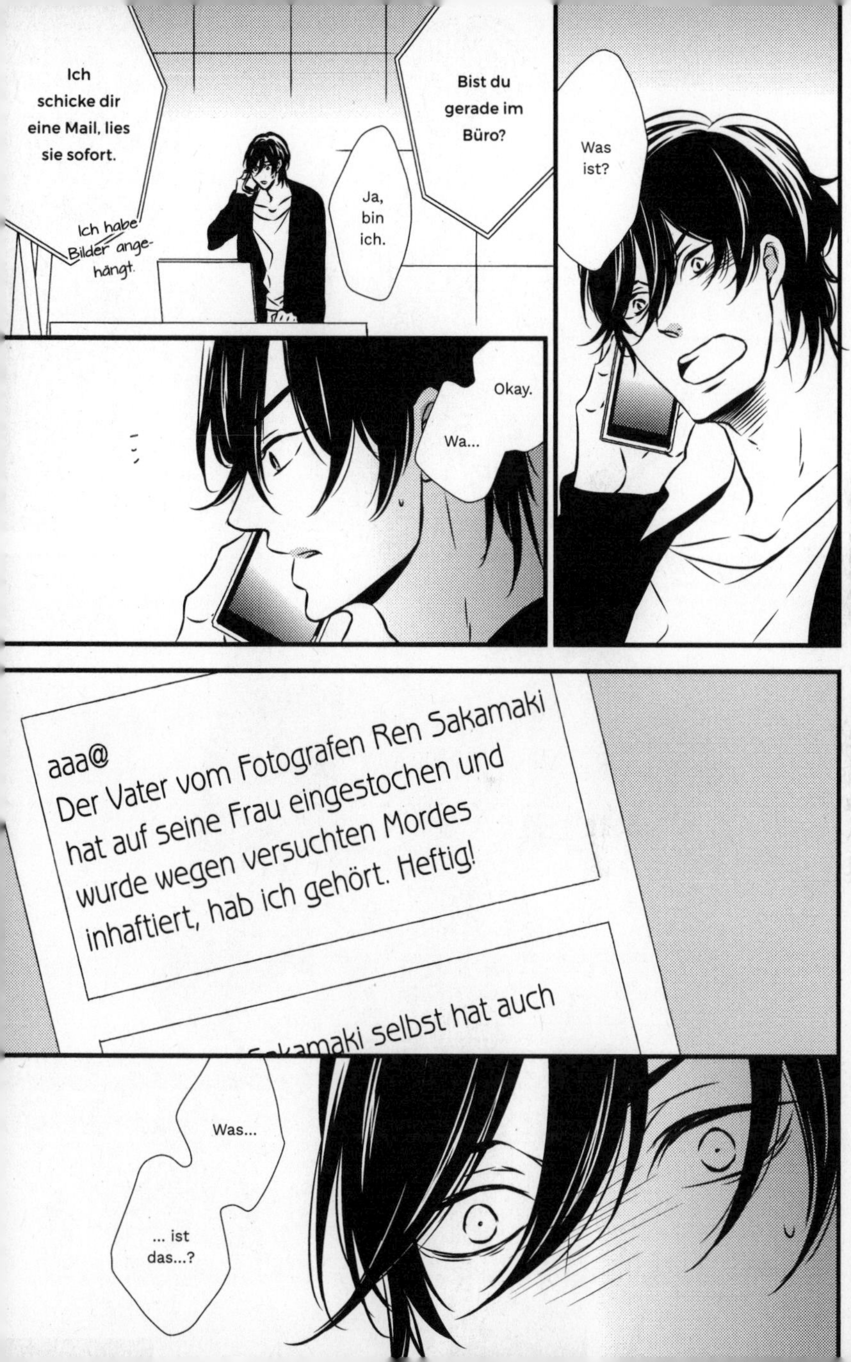
Was ist?
Bist du gerade im Büro?
Ja, bin ich.
Ich schicke dir eine Mail, lies sie sofort.
Ich habe Bilder angehängt.
Okay.
Wa...
aaa@
Der Vater vom Fotografen Ren Sakamaki hat auf seine Frau eingestochen und wurde wegen versuchten Mordes inhaftiert, hab ich gehört. Heftig!
Sakamaki selbst hat auch
Was...
... ist das...?

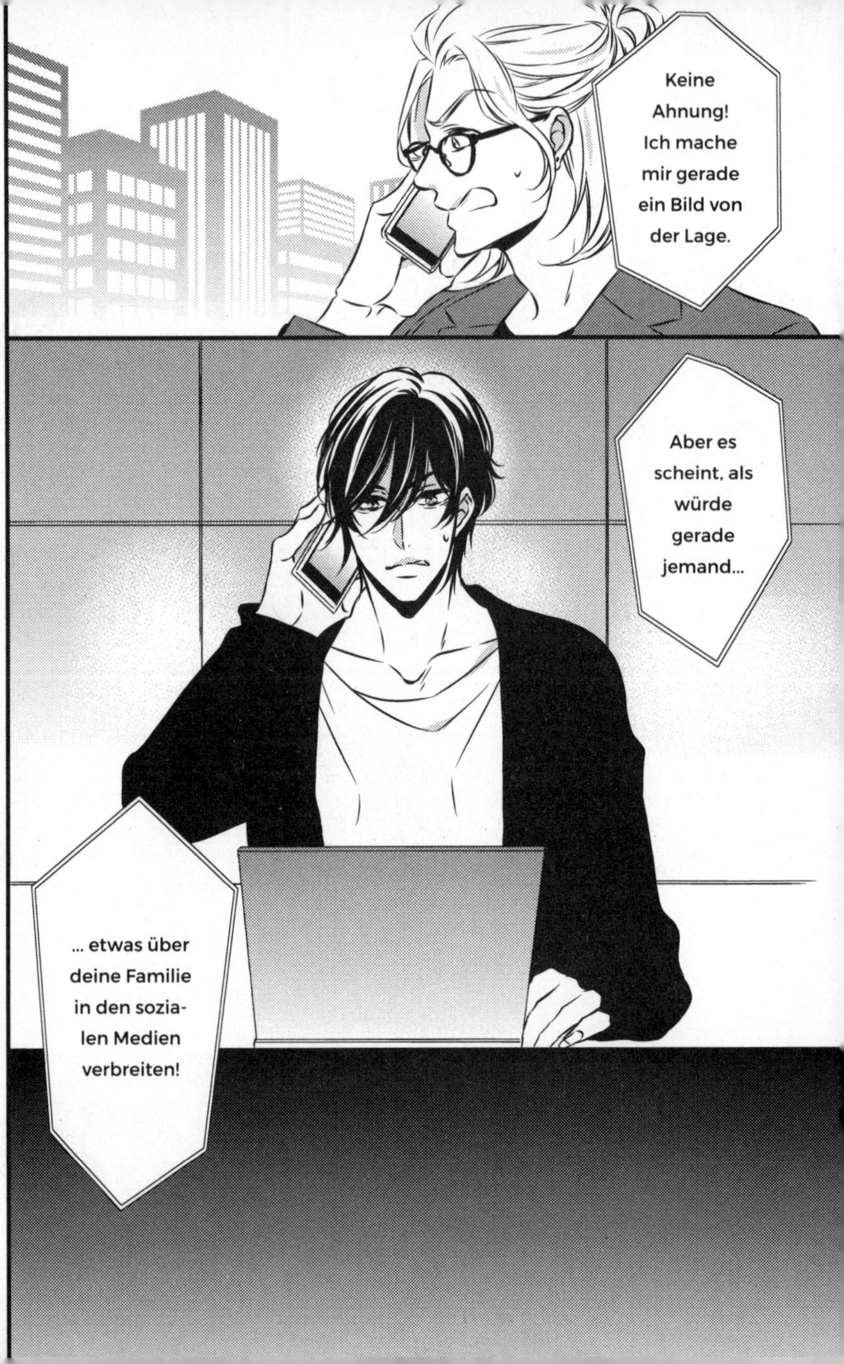
Keine Ahnung! Ich mache mir gerade ein Bild von der Lage.
Aber es scheint, als würde gerade jemand...
... etwas über deine Familie in den sozia-len Medien verbreiten!

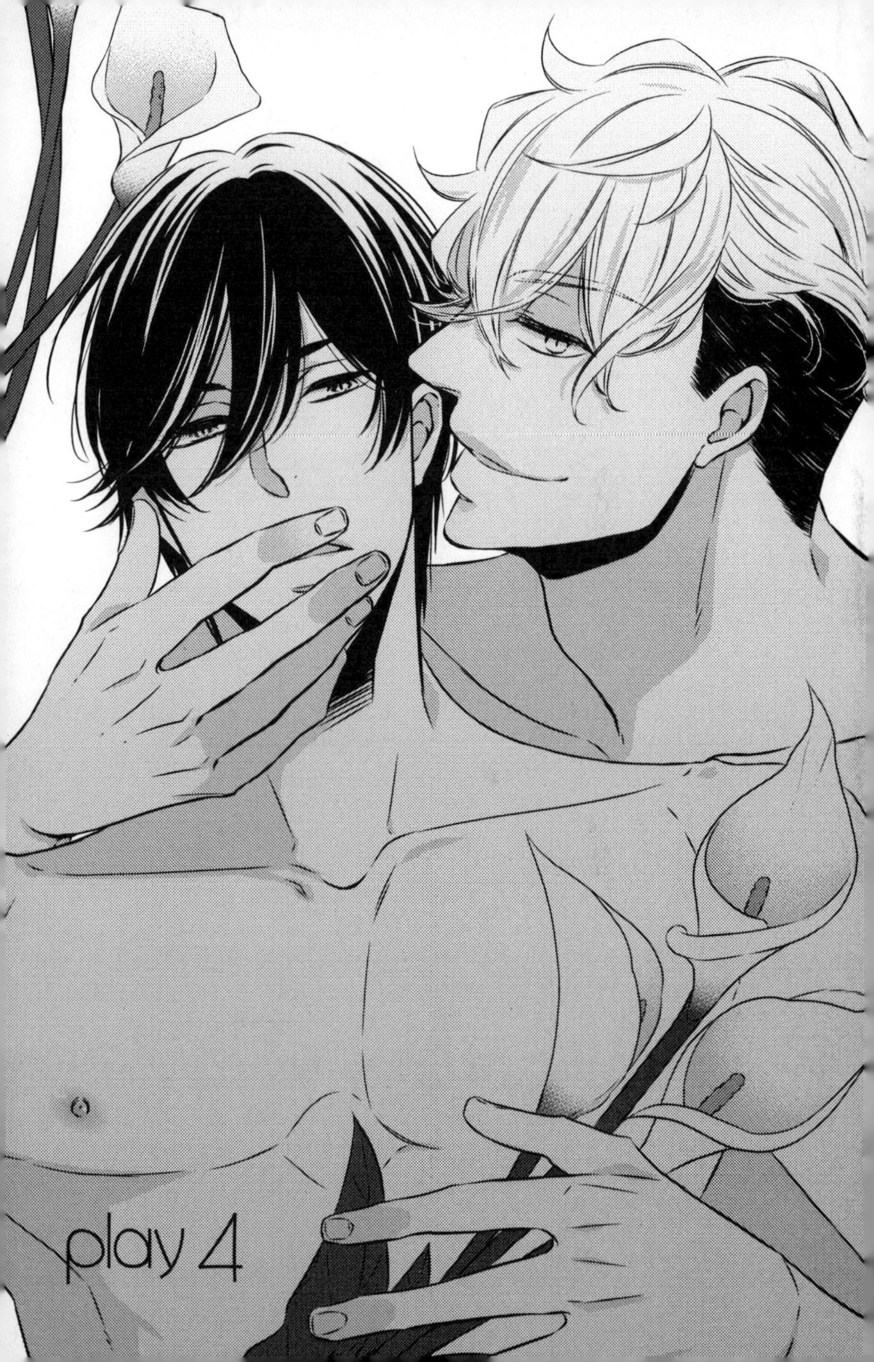
play 4

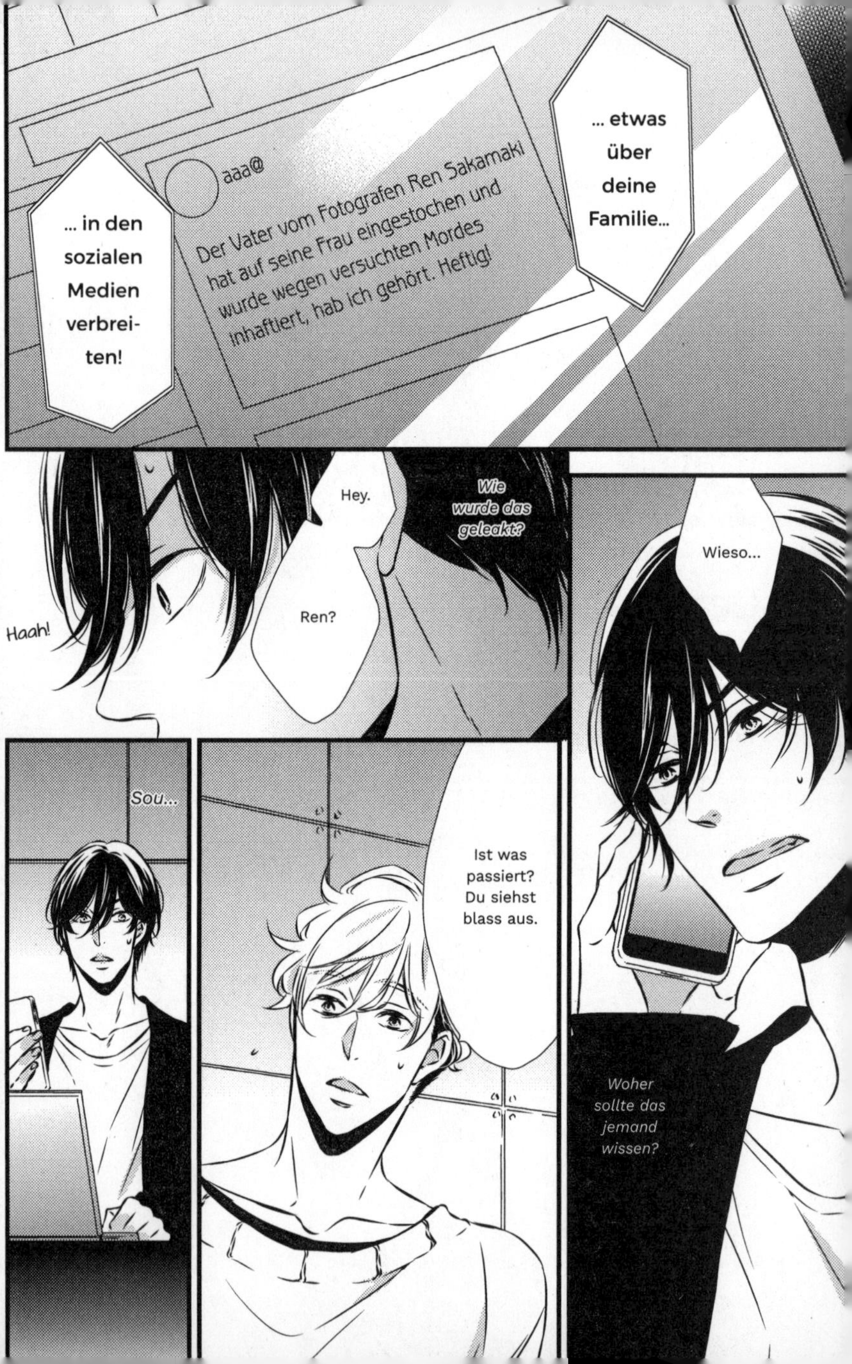
... etwas über deine Familie...
aaa@
Der Vater vom Fotografen Ren Sakamaki hat auf seine Frau eingestochen und wurde wegen versuchten Mordes inhaftiert, hab ich gehört. Heftig!
... in den sozialen Medien verbrei-ten!
Wieso...
Wie wurde das geleakt?
Hey.
Ren?
Haah!
Woher sollte das jemand wissen?
Ist was passiert? Du siehst blass aus.
Sou...

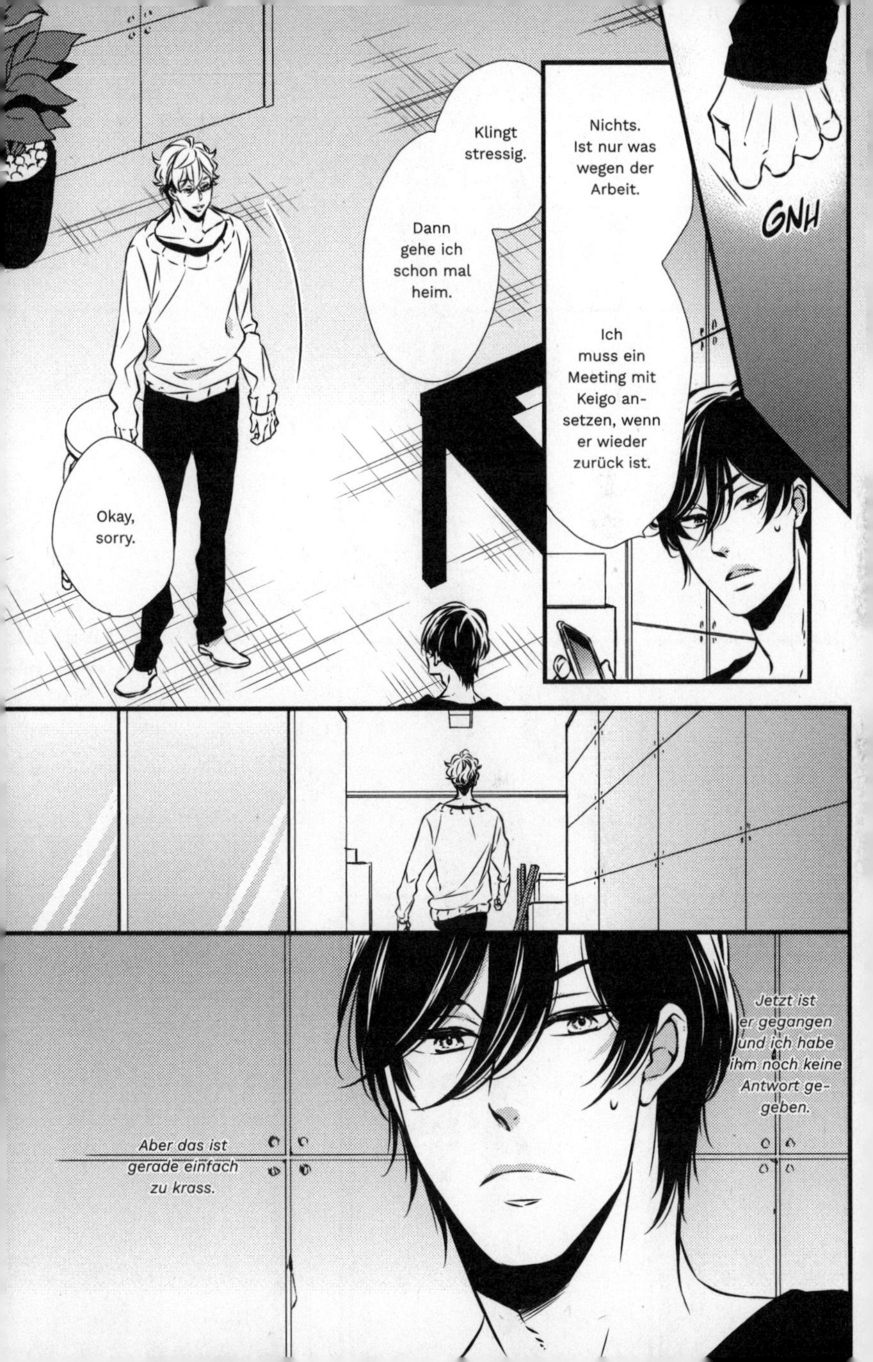
GNH
Nichts. Ist nur was wegen der Arbeit.
Ich muss ein Meeting mit Keigo an-setzen, wenn er wieder zurück ist.
Klingt stressig.
Dann gehe ich schon mal heim.
Okay, sorry.
Jetzt ist er gegangen und ich habe ihm noch keine Antwort ge-geben.
Aber das ist gerade einfach zu krass.

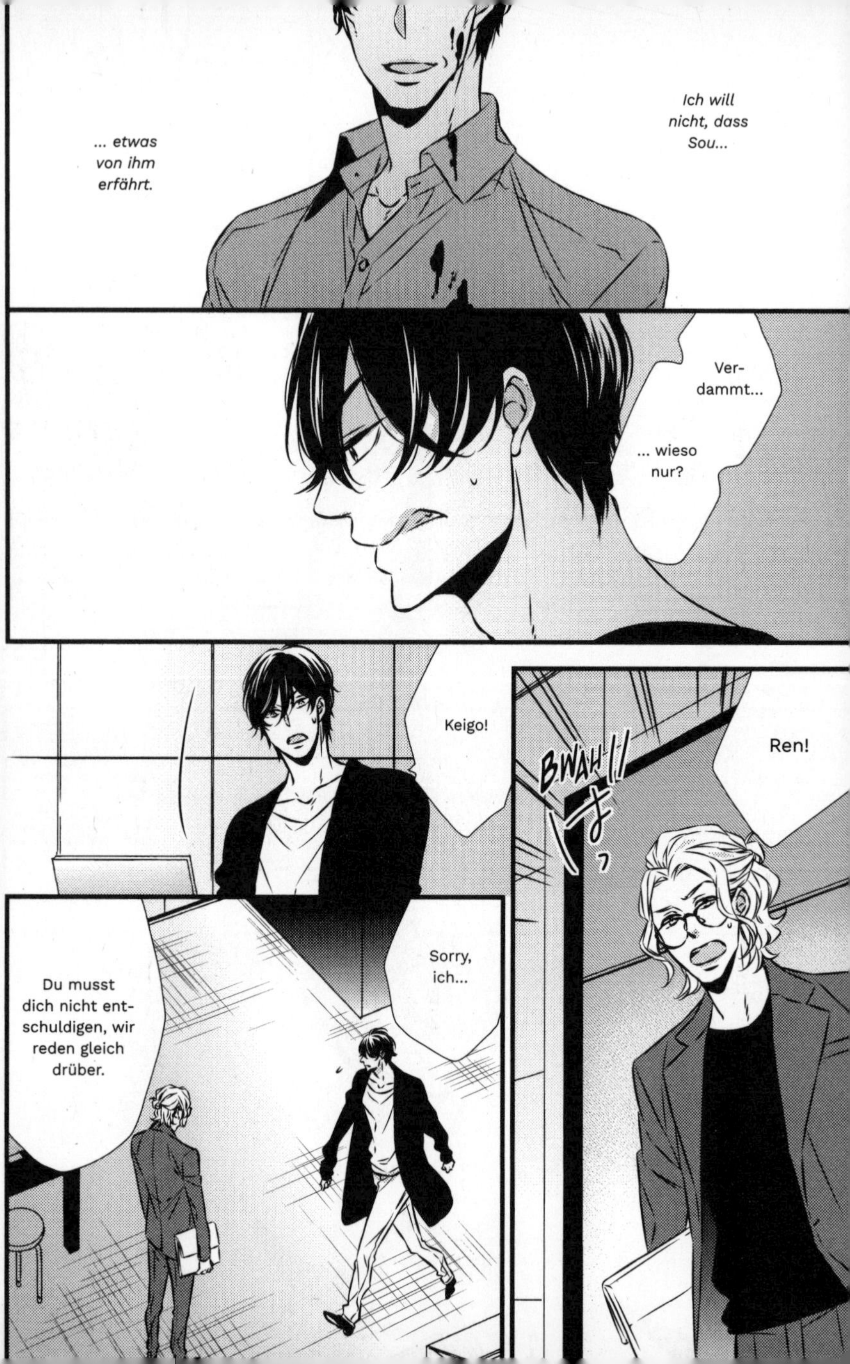
Ich will nicht, dass Sou...
... etwas von ihm erfährt.
Verdammt...
... wieso nur?
BWAH!!
Ren!
Keigo!
Sorry, ich...
Du musst dich nicht entschuldigen, wir reden gleich drüber.

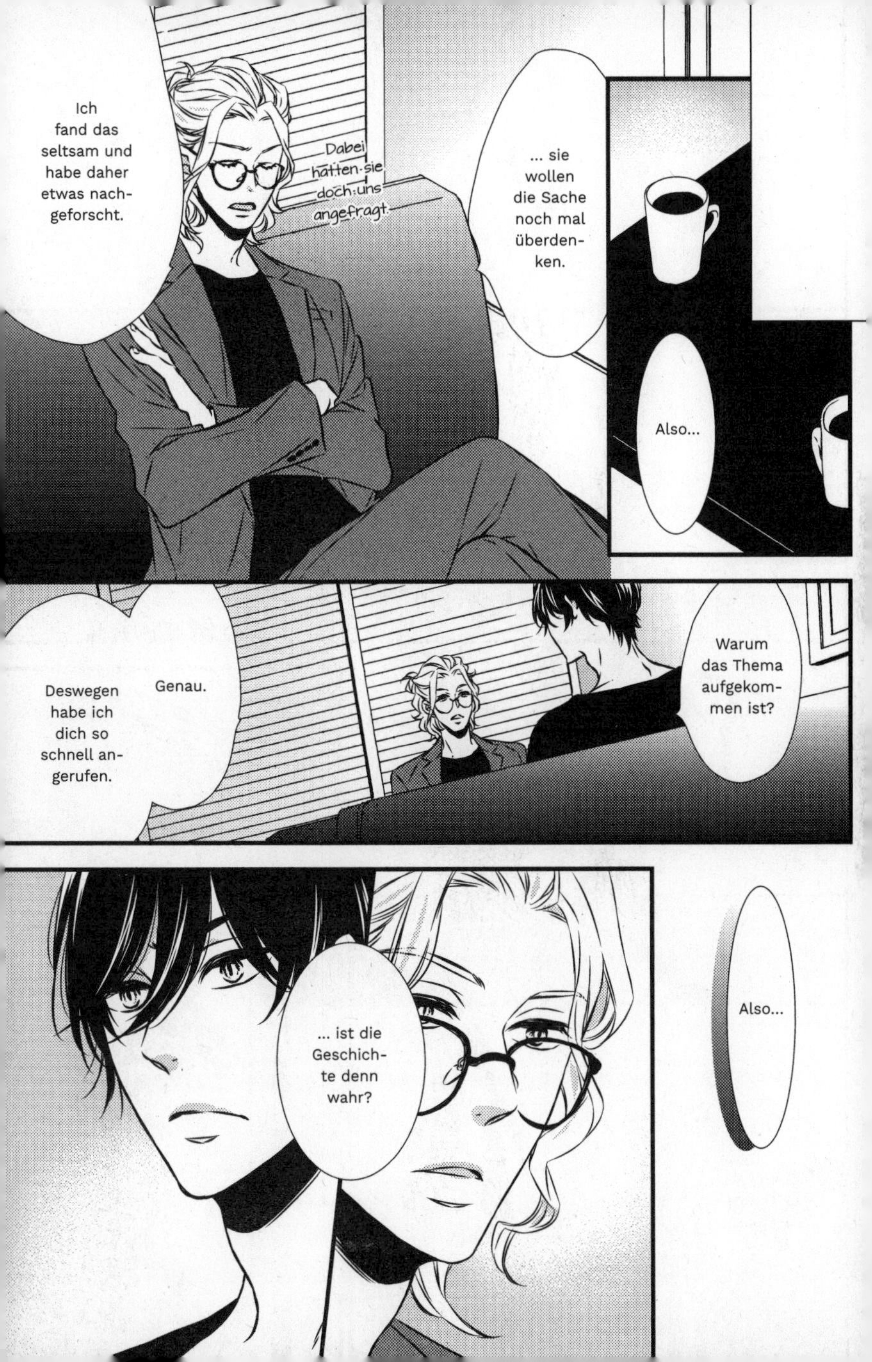
Also...
... sie wollen die Sache noch mal überdenken.
Dabei hatten sie doch uns angefragt.
Ich fand das seltsam und habe daher etwas nachgeforscht.
Warum das Thema aufgekommen ist?
Genau.
Deswegen habe ich dich so schnell angerufen.
Also...
... ist die Geschichte denn wahr?

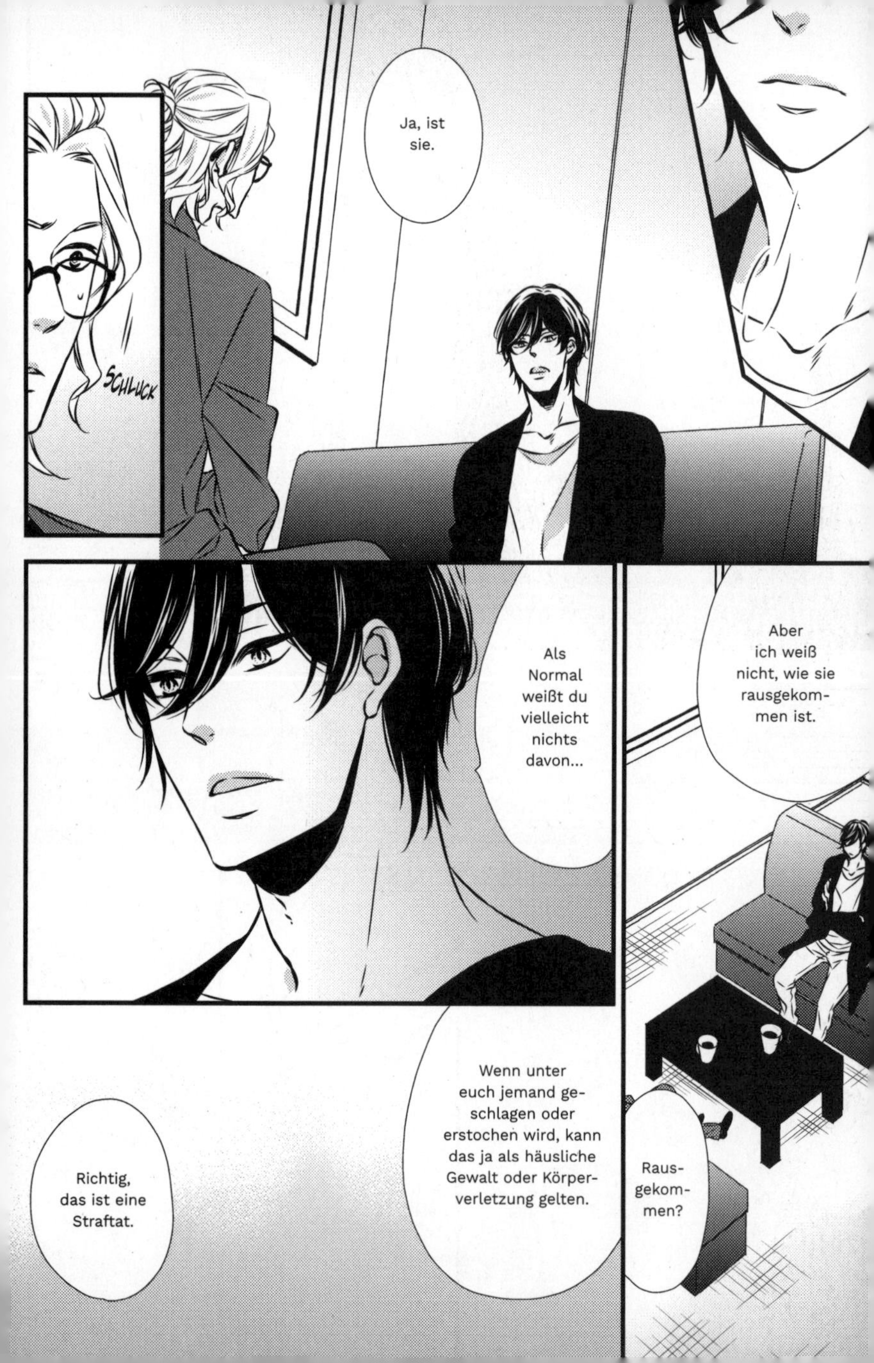
Ja, ist sie.
SCHLUCK
Aber ich weiß nicht, wie sie rausgekommen ist.
Als Normal weißt du vielleicht nichts davon...
Raus-gekommen?
Wenn unter euch jemand geschlagen oder erstochen wird, kann das ja als häusliche Gewalt oder Körperverletzung gelten.
Richtig, das ist eine Straftat.

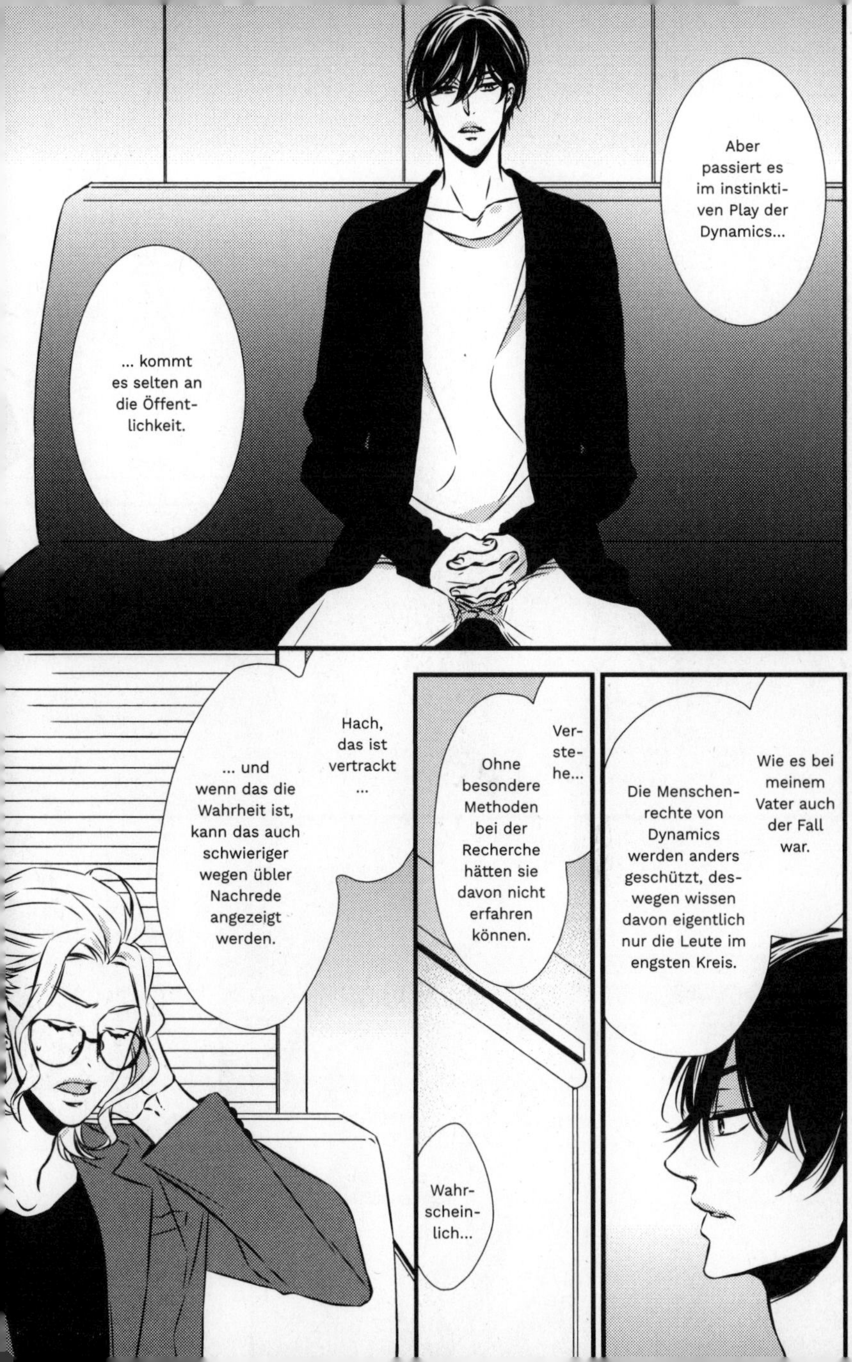
Aber passiert es im instinktiven Play der Dynamics...
... kommt es selten an die Öffentlichkeit.
Wie es bei meinem Vater auch der Fall war.
Die Menschenrechte von Dynamics werden anders geschützt, deswegen wissen davon eigentlich nur die Leute im engsten Kreis.
Verstehe...
Ohne besondere Methoden bei der Recherche hätten sie davon nicht erfahren können.
Wahrscheinlich...
Hach, das ist vertrackt ...
... und wenn das die Wahrheit ist, kann das auch schwieriger wegen übler Nachrede angezeigt werden.

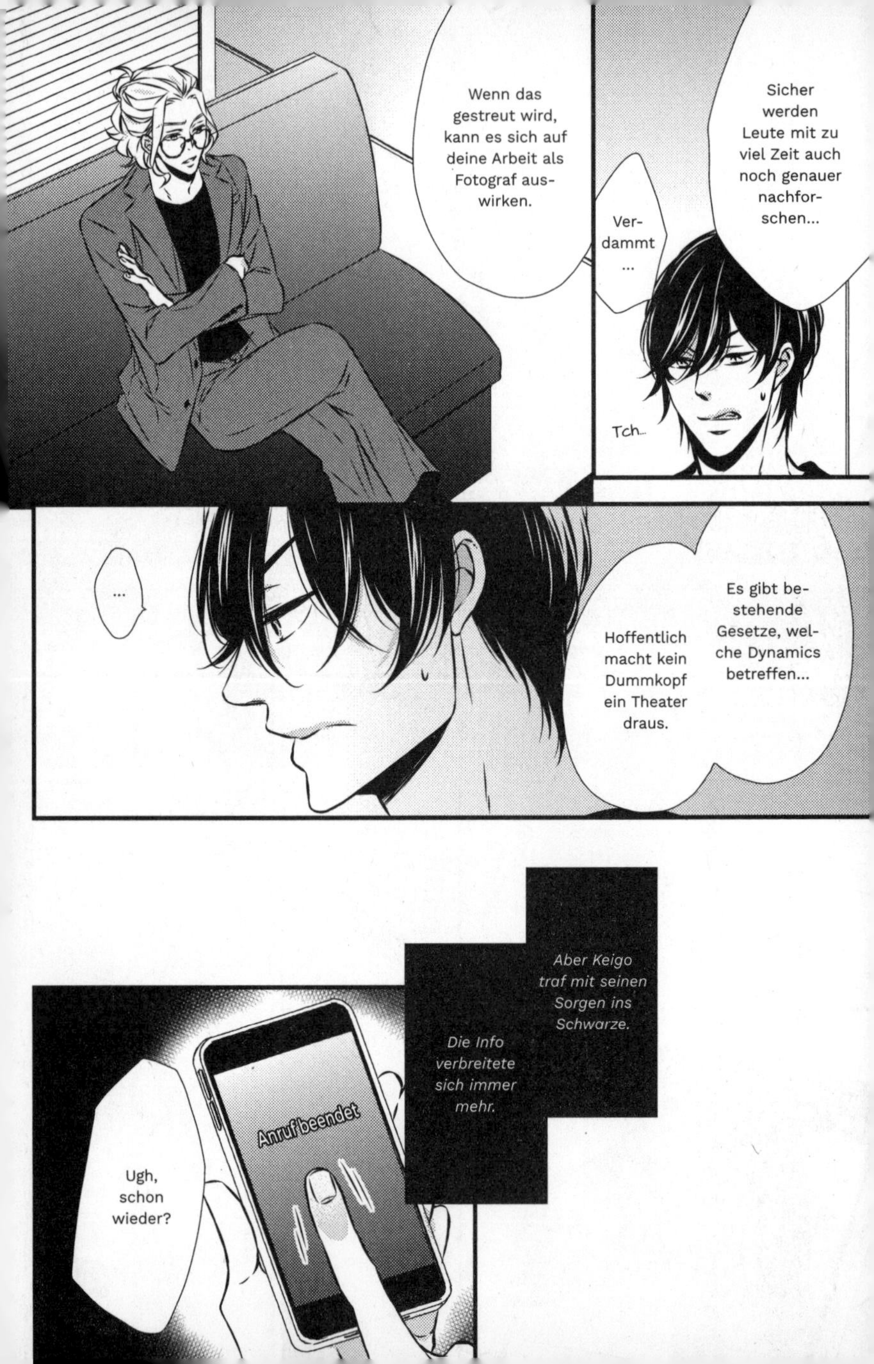
Sicher werden Leute mit zu viel Zeit auch noch genauer nachforschen...
Verdammt ...
Tch...
Wenn das gestreut wird, kann es sich auf deine Arbeit als Fotograf auswirken.
Es gibt bestehende Gesetze, welche Dynamics betreffen...
Hoffentlich macht kein Dummkopf ein Theater draus.
...
Aber Keigo traf mit seinen Sorgen ins Schwarze.
Die Info verbreitete sich immer mehr.
Anruf beendet
Ugh, schon wieder?

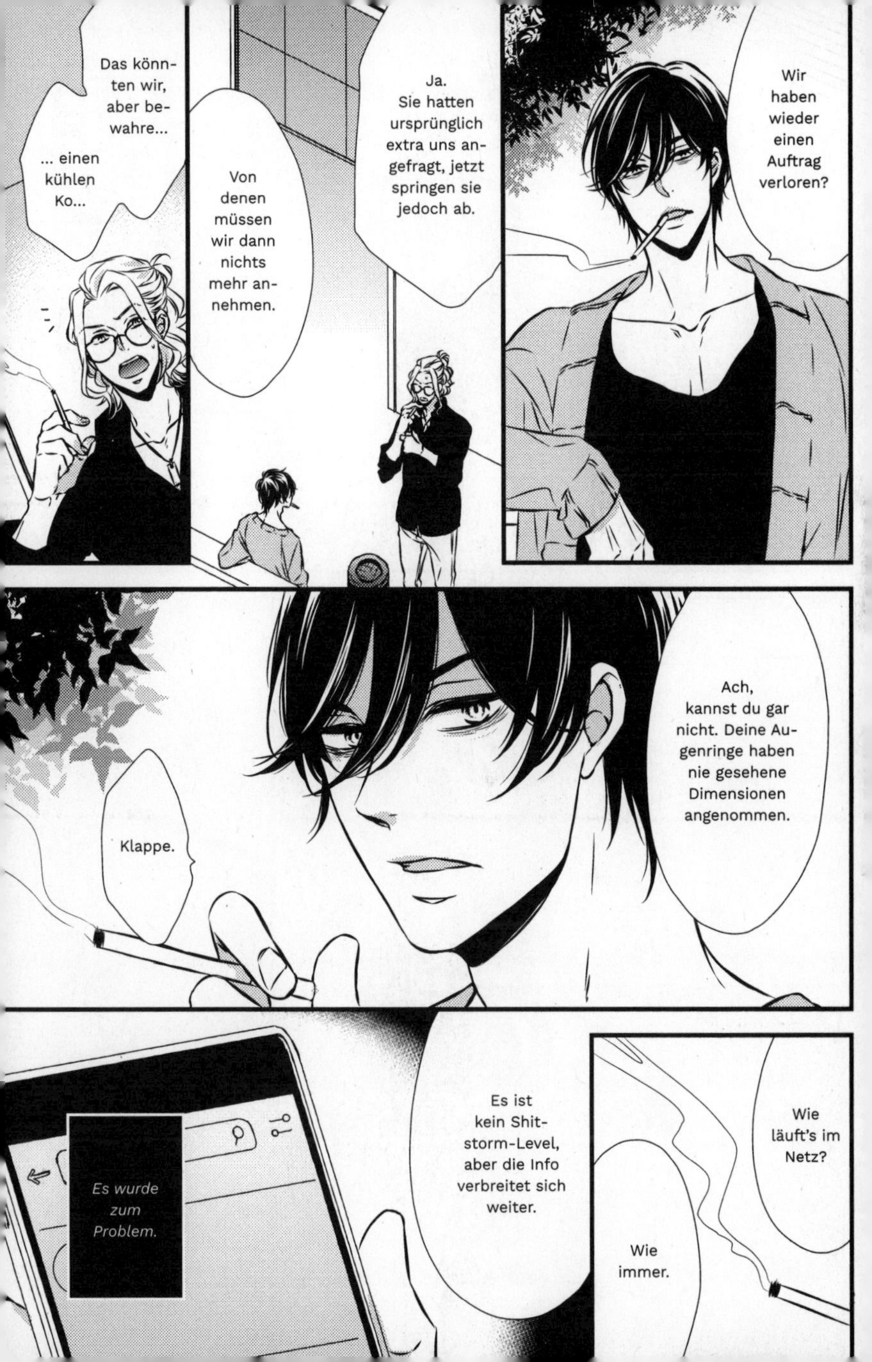

Wir haben wieder einen Auftrag verloren?
Ja. Sie hatten ursprünglich extra uns angefragt, jetzt springen sie jedoch ab.
Von denen müssen wir dann nichts mehr annehmen.
Das könnten wir, aber bewahre...
... einen kühlen Ko...
Ach, kannst du gar nicht. Deine Augenringe haben nie gesehene Dimensionen angenommen.
Klappe.
Wie läuft's im Netz?
Wie immer.
Es ist kein Shitstorm-Level, aber die Info verbreitet sich weiter.
Es wurde zum Problem.

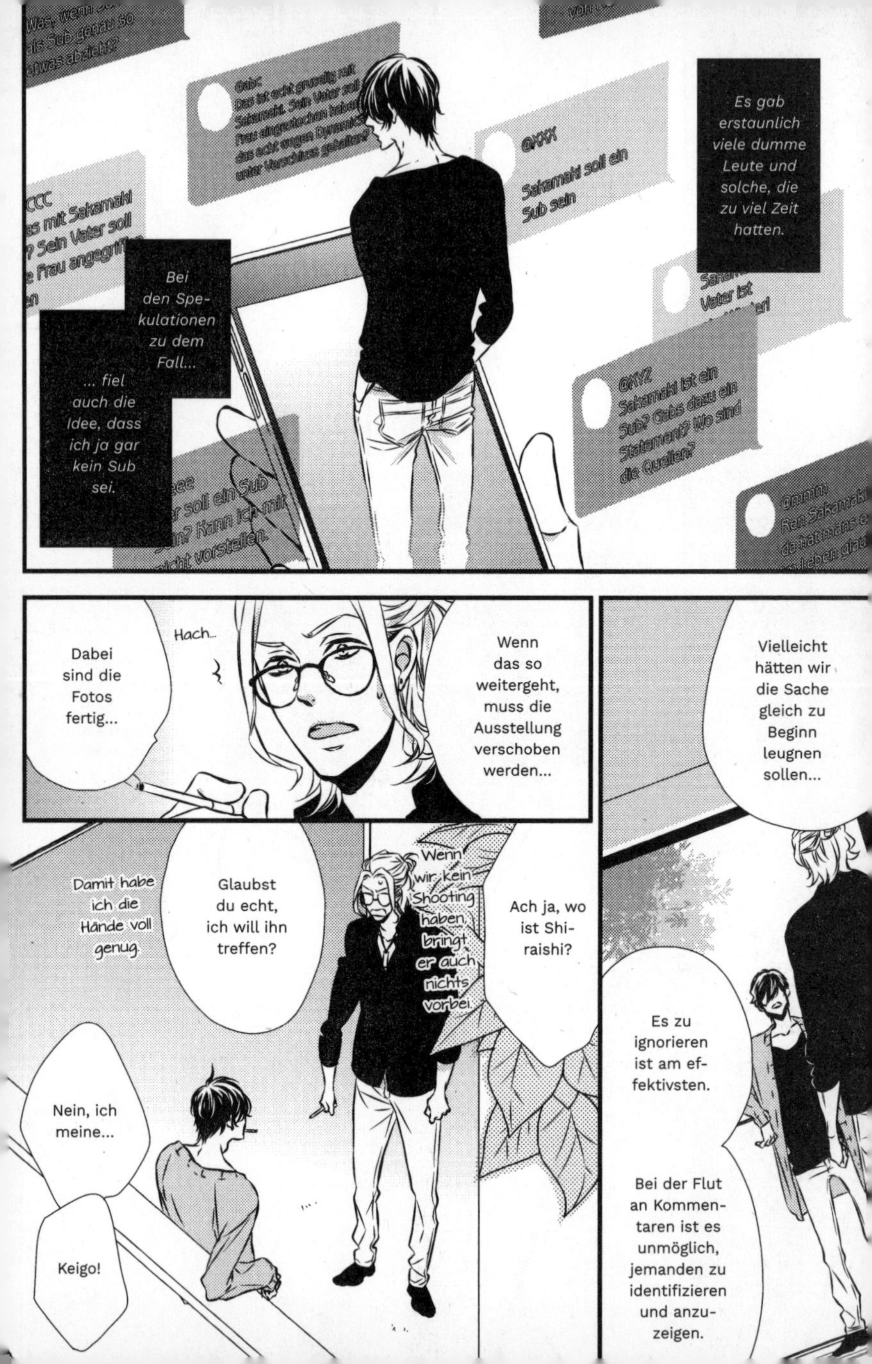
Es gab erstaunlich viele dumme Leute und solche, die zu viel Zeit hatten.
@XXX Sakamaki soll ein Sub sein
@XYZ Sakamaki ist ein Sub? Gabs dazu ein Statement? Wo sind die Quellen?
Bei den Spekulationen zu dem Fall...
... fiel auch die Idee, dass ich ja gar kein Sub sei.
Vielleicht hätten wir die Sache gleich zu Beginn leugnen sollen...
Wenn das so weitergeht, muss die Ausstellung verschoben werden...
Hach...
Dabei sind die Fotos fertig...
Es zu ignorieren ist am effektivsten.
Bei der Flut an Kommentaren ist es unmöglich, jemanden zu identifizieren und anzuzeigen.
Ach ja, wo ist Shiraishi?
Wenn wir kein Shooting haben, bringt er auch nichts vorbei.
Glaubst du echt, ich will ihn treffen?
Damit habe ich die Hände voll genug.
Nein, ich meine...
...
Keigo!

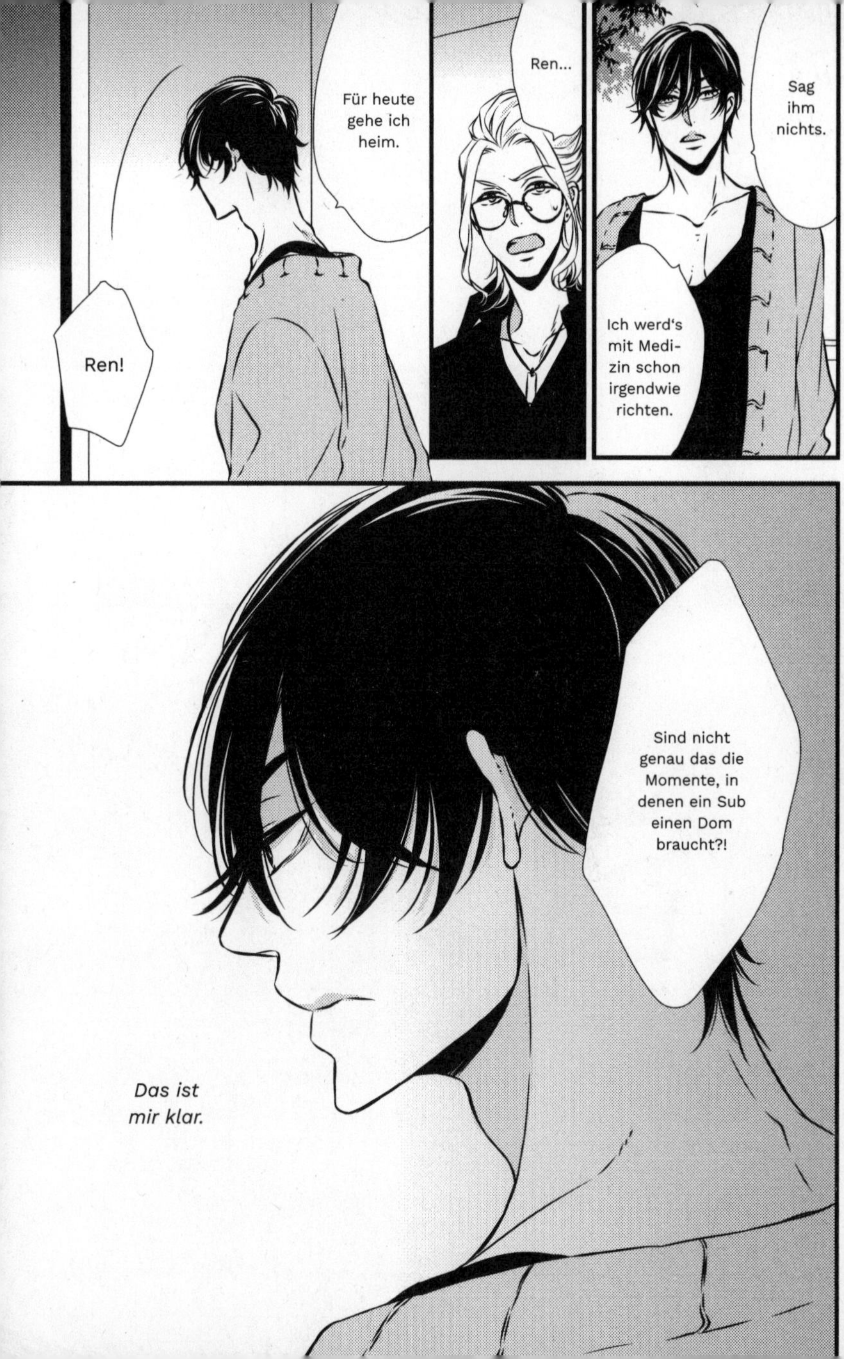
Sag ihm nichts.
Ich werd's mit Medizin schon irgendwie richten.
Ren…
Für heute gehe ich heim.
Ren!
Sind nicht genau das die Momente, in denen ein Sub einen Dom braucht?!
Das ist mir klar.

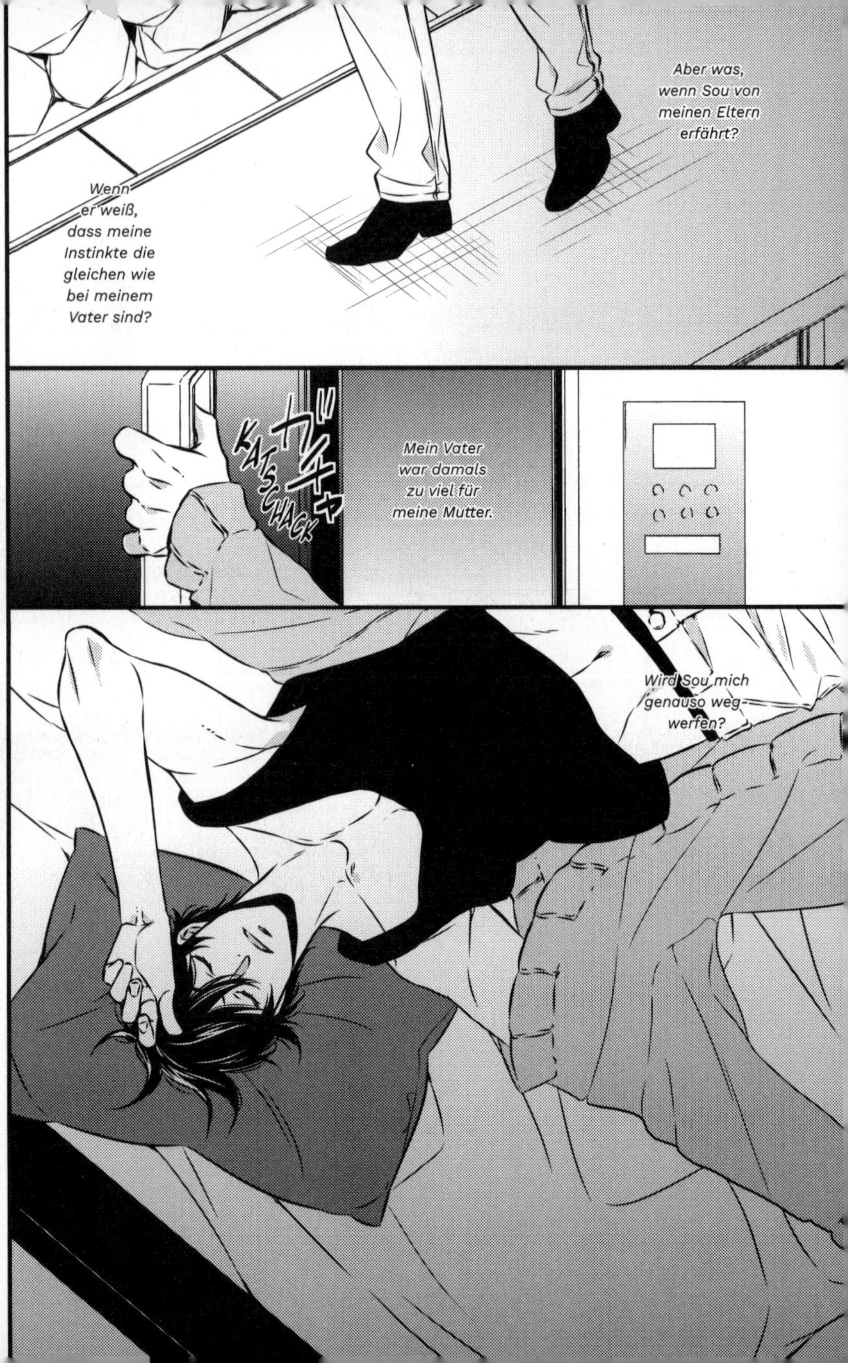
Aber was, wenn Sou von meinen Eltern erfährt?
Wenn er weiß, dass meine Instinkte die gleichen wie bei meinem Vater sind?
ガチャ
KATSCHACK
Mein Vater war damals zu viel für meine Mutter.
Wird Sou mich genauso weg-werfen?

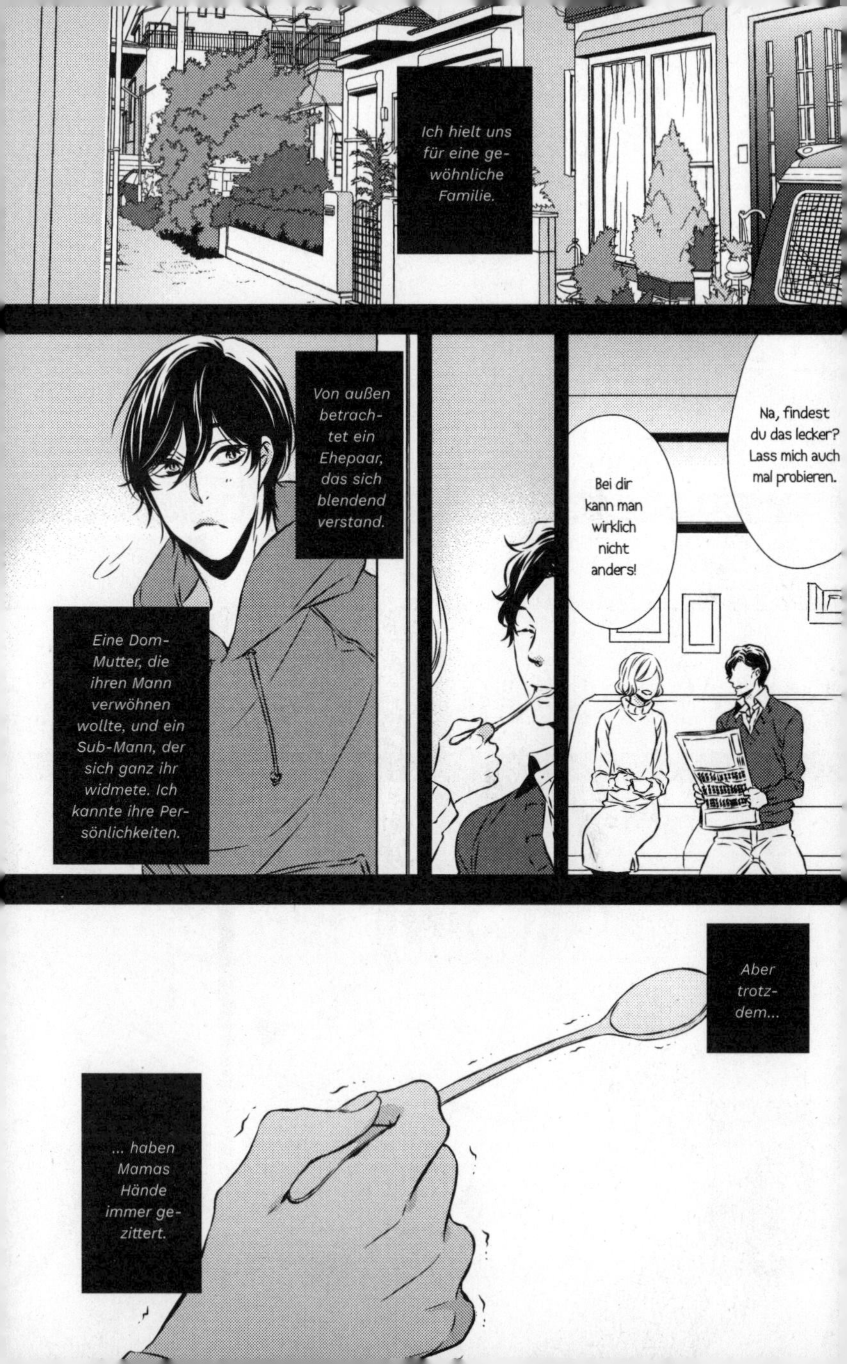

Ich hielt uns für eine gewöhnliche Familie.
Na, findest du das lecker? Lass mich auch mal probieren.
Bei dir kann man wirklich nicht anders!
Von außen betrachtet ein Ehepaar, das sich blendend verstand.
Eine Dom-Mutter, die ihren Mann verwöhnen wollte, und ein Sub-Mann, der sich ganz ihr widmete. Ich kannte ihre Persönlichkeiten.
Aber trotzdem...
... haben Mamas Hände immer gezittert.

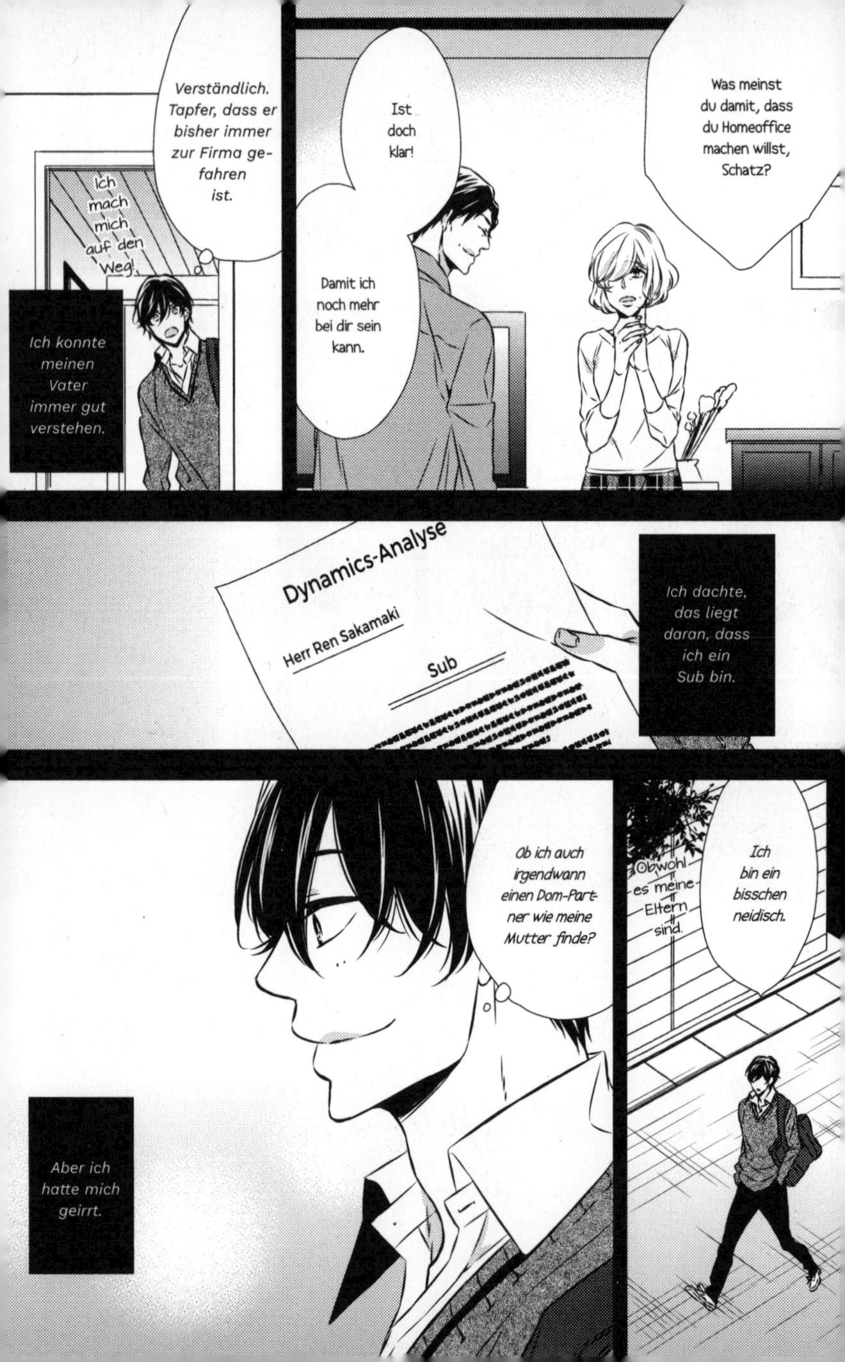

Was meinst du damit, dass du Homeoffice machen willst, Schatz?
Ist doch klar!
Damit ich noch mehr bei dir sein kann.
Verständlich. Tapfer, dass er bisher immer zur Firma gefahren ist.
Ich mach mich auf den Weg!
Ich konnte meinen Vater immer gut verstehen.
Ich dachte, das liegt daran, dass ich ein Sub bin.
Dynamics-Analyse
Herr Ren Sakamaki
Sub
Ich bin ein bisschen neidisch.
Obwohl es meine Eltern sind.
Ob ich auch irgendwann einen Dom-Partner wie meine Mutter finde?
Aber ich hatte mich geirrt.

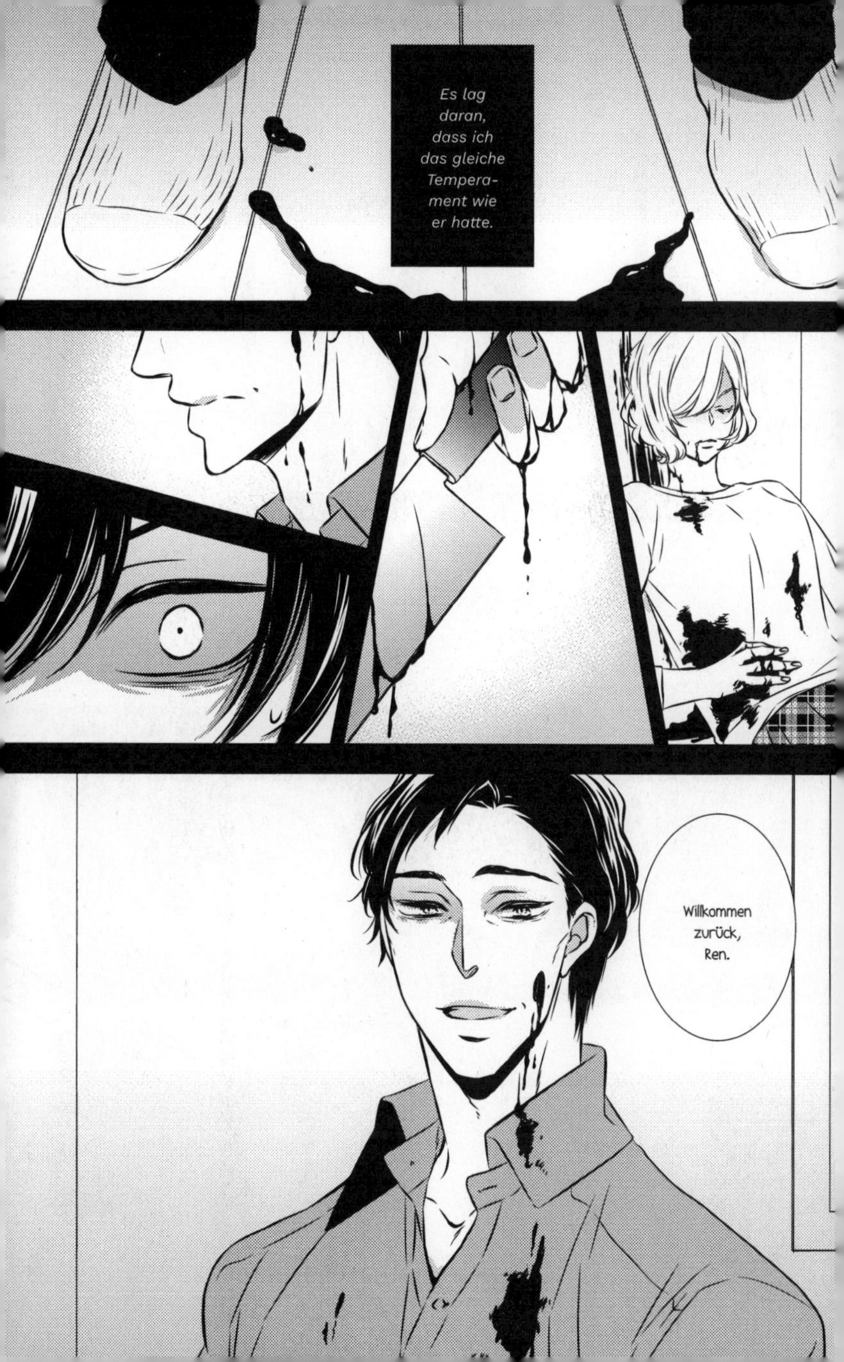
Es lag daran, dass ich das gleiche Tempera- ment wie er hatte.
Willkommen zurück, Ren.

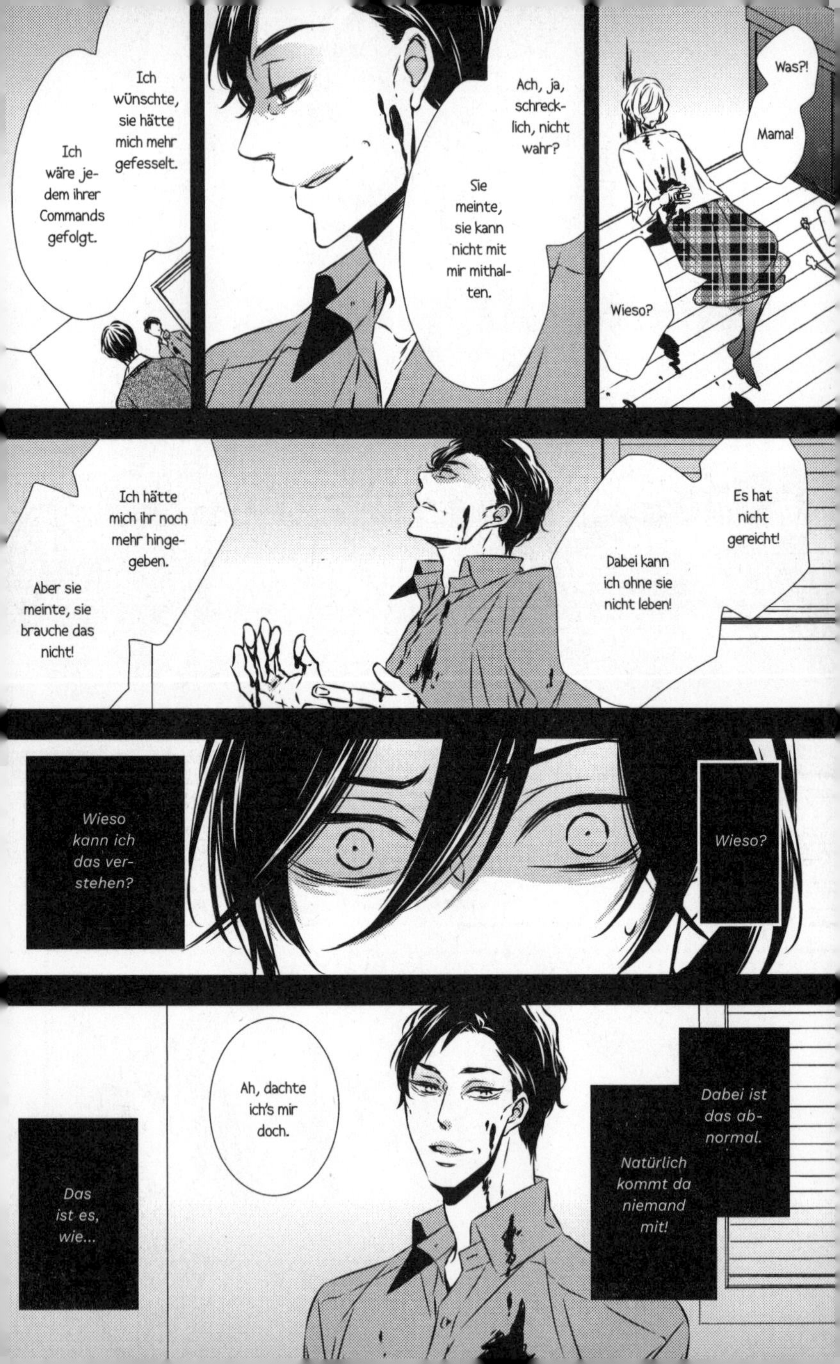
Was?!
Mama!
Wieso?
Ach, ja, schrecklich, nicht wahr?
Sie meinte, sie kann nicht mit mir mithalten.
Ich wünschte, sie hätte mich mehr gefesselt.
Ich wäre jedem ihrer Commands gefolgt.
Es hat nicht gereicht!
Dabei kann ich ohne sie nicht leben!
Ich hätte mich ihr noch mehr hingegeben.
Aber sie meinte, sie brauche das nicht!
Wieso?
Wieso kann ich das verstehen?
Dabei ist das abnormal.
Natürlich kommt da niemand mit!
Ah, dachte ich's mir doch.
Das ist es, wie...

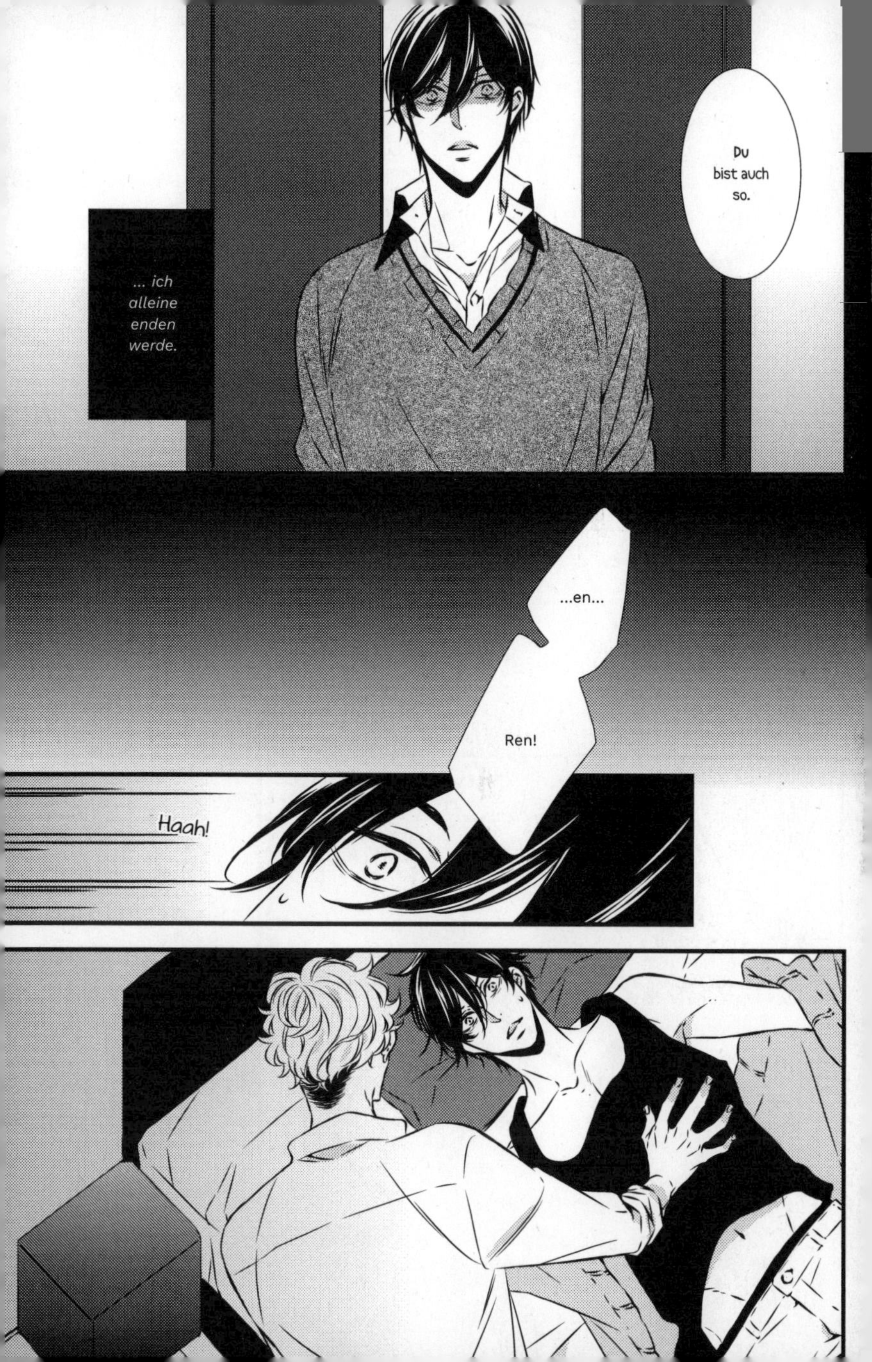
Du
bist auch
so.
... ich
alleine
enden
werde.
...en...
Ren!
Haah!

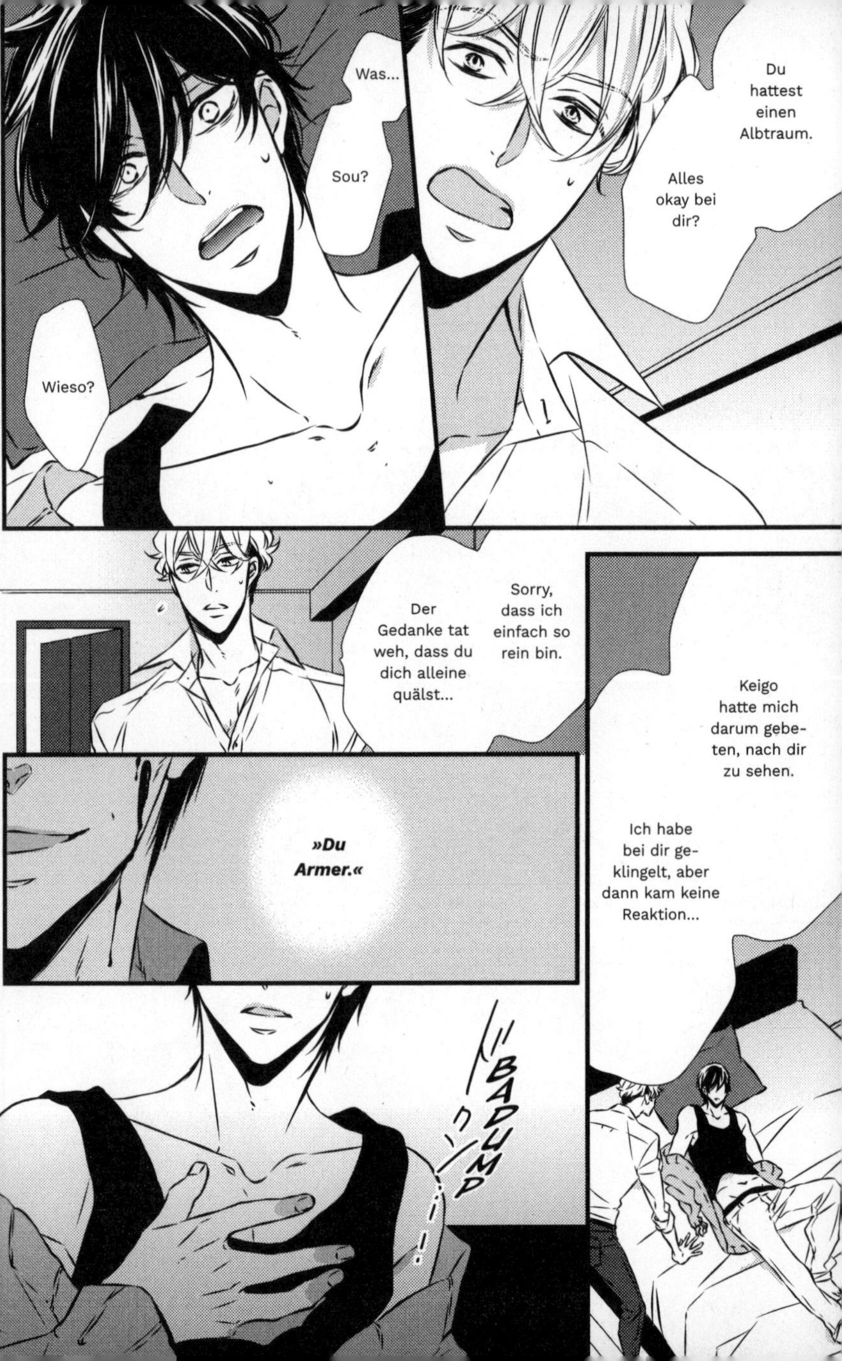
Du hattest einen Albtraum.
Alles okay bei dir?
Was...
Sou?
Wieso?
Keigo hatte mich darum gebeten, nach dir zu sehen.
Ich habe bei dir geklingelt, aber dann kam keine Reaktion...
Sorry, dass ich einfach so rein bin.
Der Gedanke tat weh, dass du dich alleine quälst...
»Du Armer.«
BADUMP

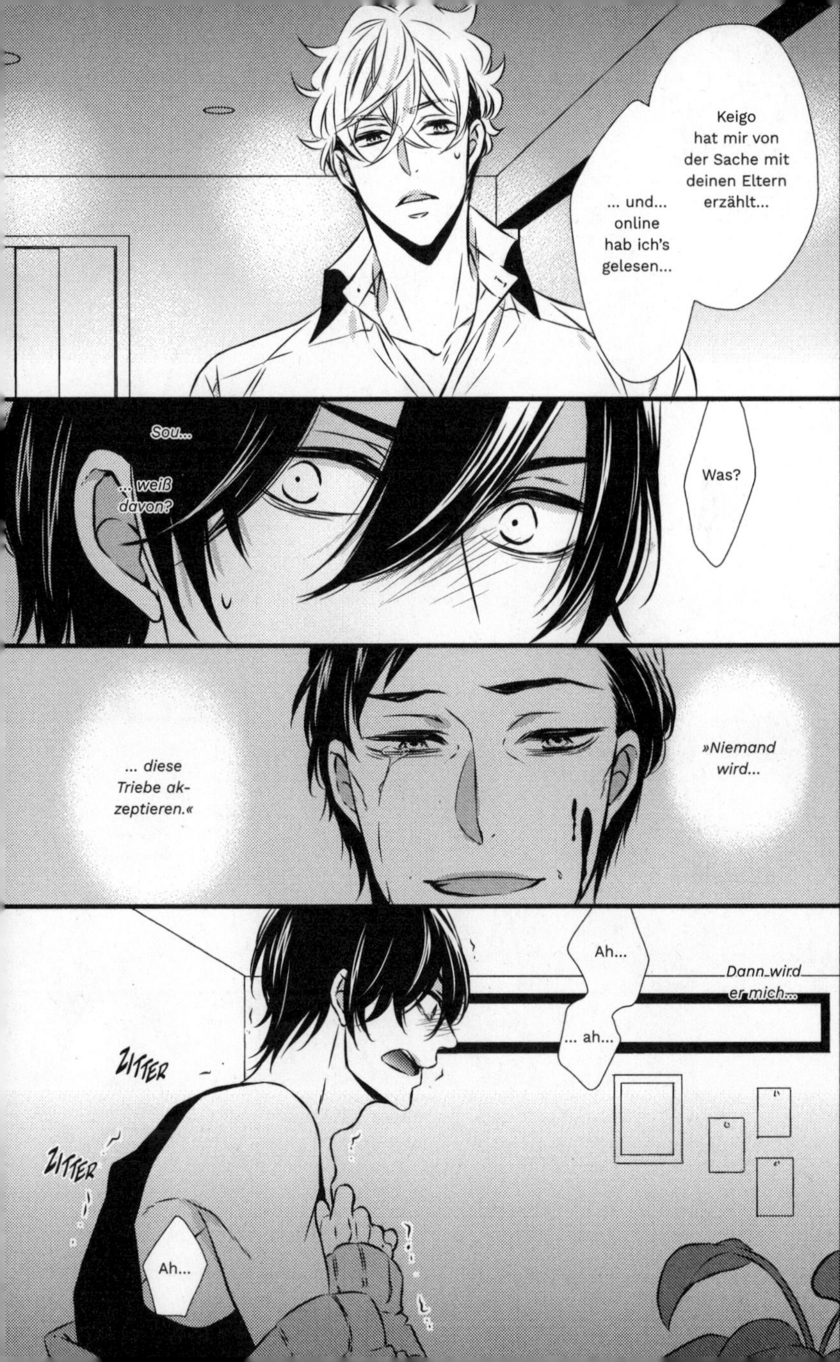
Keigo hat mir von der Sache mit deinen Eltern erzählt...
... und... online hab ich's gelesen...
Was?
Sou...
... weiß davon?
»Niemand wird...
... diese Triebe akzeptieren.«
Ah...
... ah...
Dann wird er mich...
ZITTER
ZITTER
Ah...

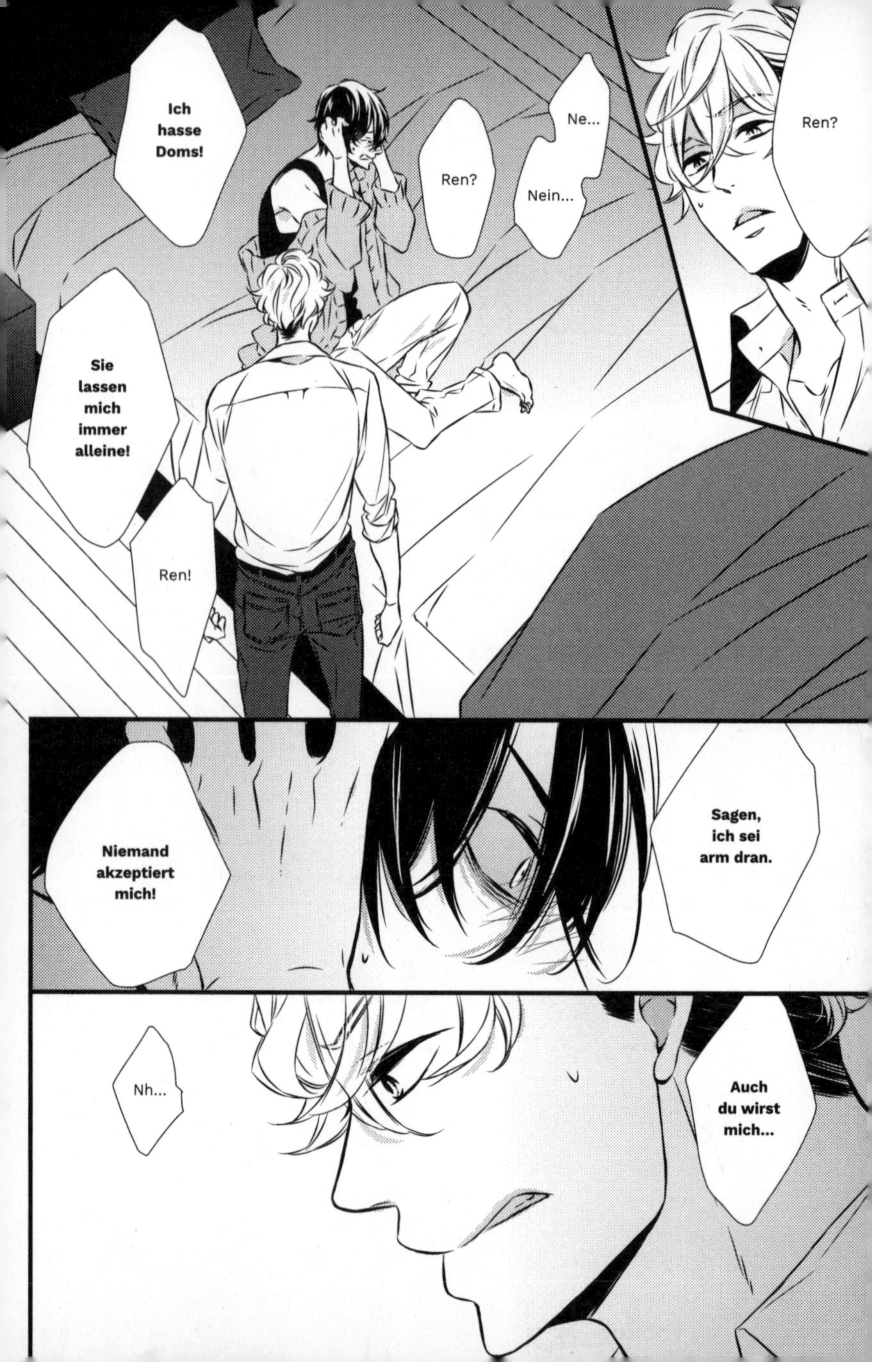

Ren?
Ne...
Nein...
Ren?
Ich hasse Doms!
Sie lassen mich immer alleine!
Ren!
Sagen, ich sei arm dran.
Niemand akzeptiert mich!
Auch du wirst mich...
Nh...

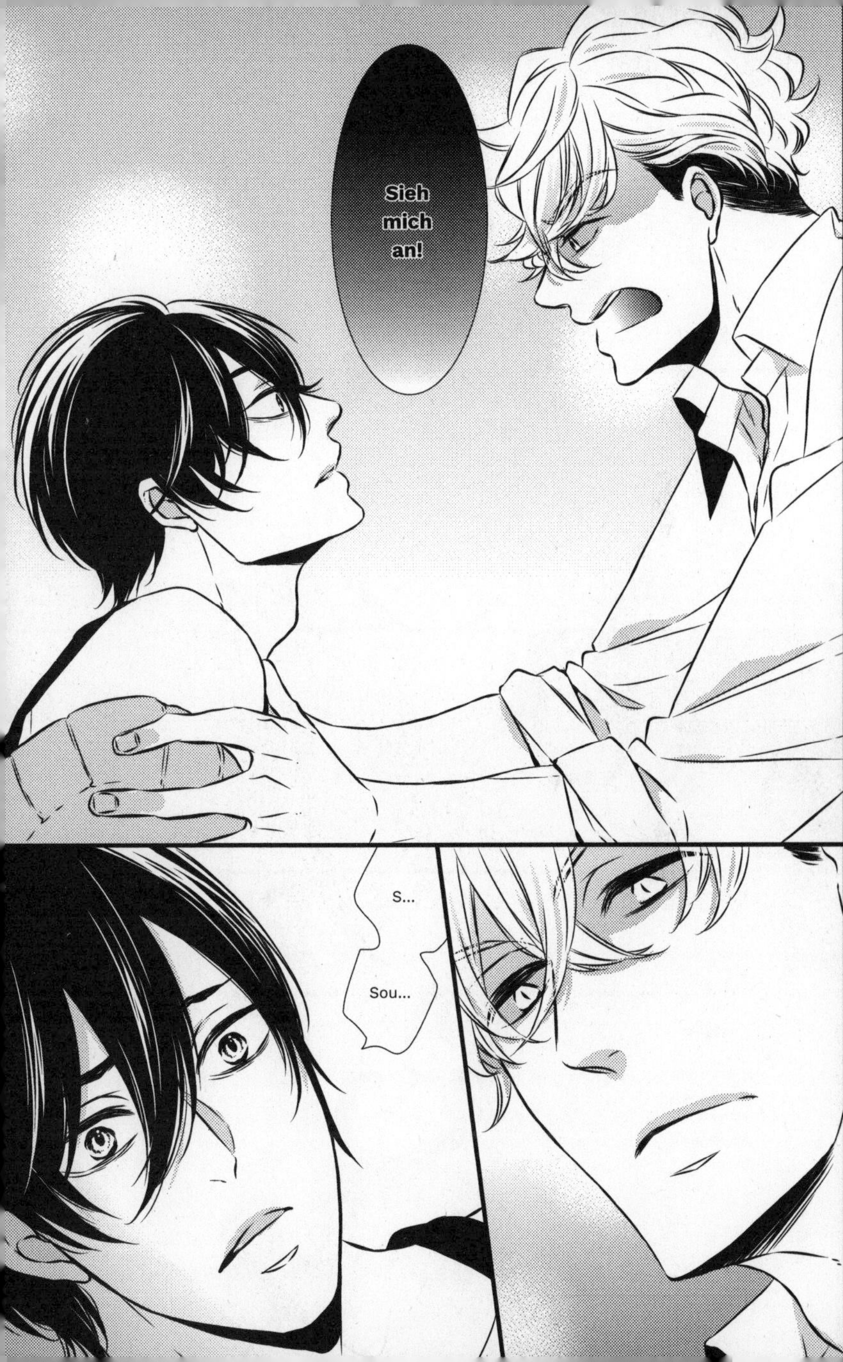
Sieh mich an!
S...
Sou...

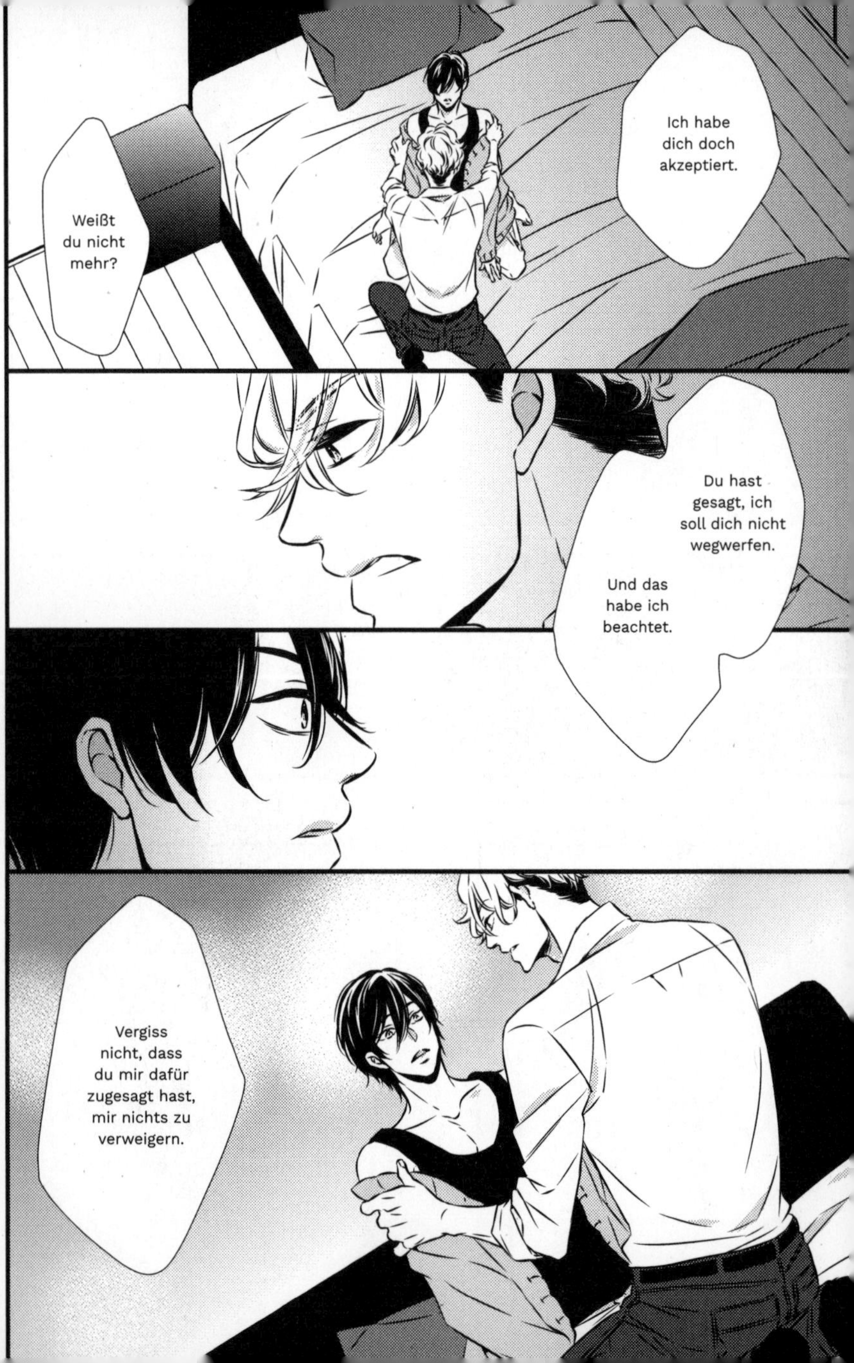
Ich habe dich doch akzeptiert.
Weißt du nicht mehr?
Du hast gesagt, ich soll dich nicht wegwerfen.
Und das habe ich beachtet.
Vergiss nicht, dass du mir dafür zugesagt hast, mir nichts zu verweigern.

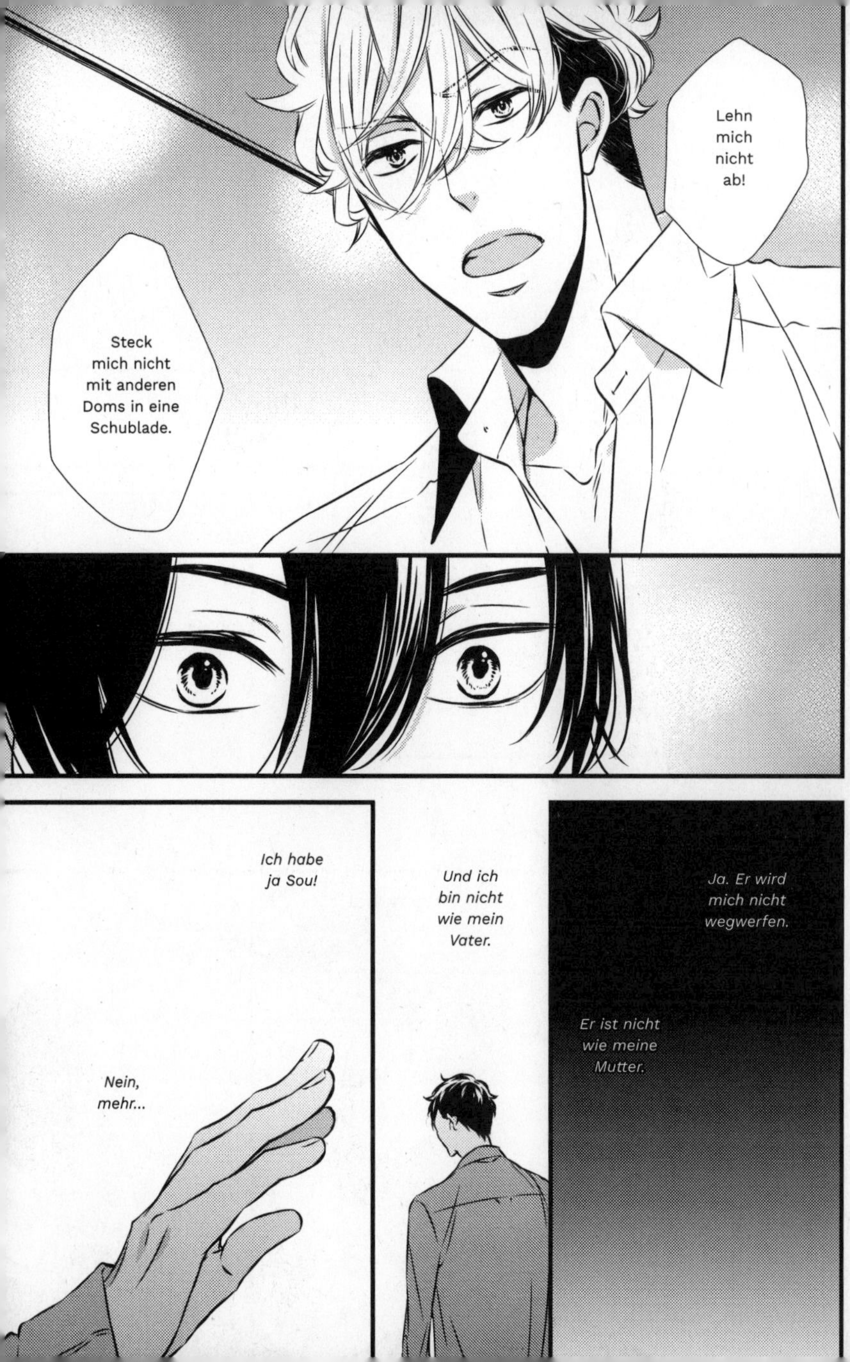
Lehn mich nicht ab!
Steck mich nicht mit anderen Doms in eine Schublade.
Ja. Er wird mich nicht wegwerfen.
Er ist nicht wie meine Mutter.
Und ich bin nicht wie mein Vater.
Ich habe ja Sou!
Nein, mehr...

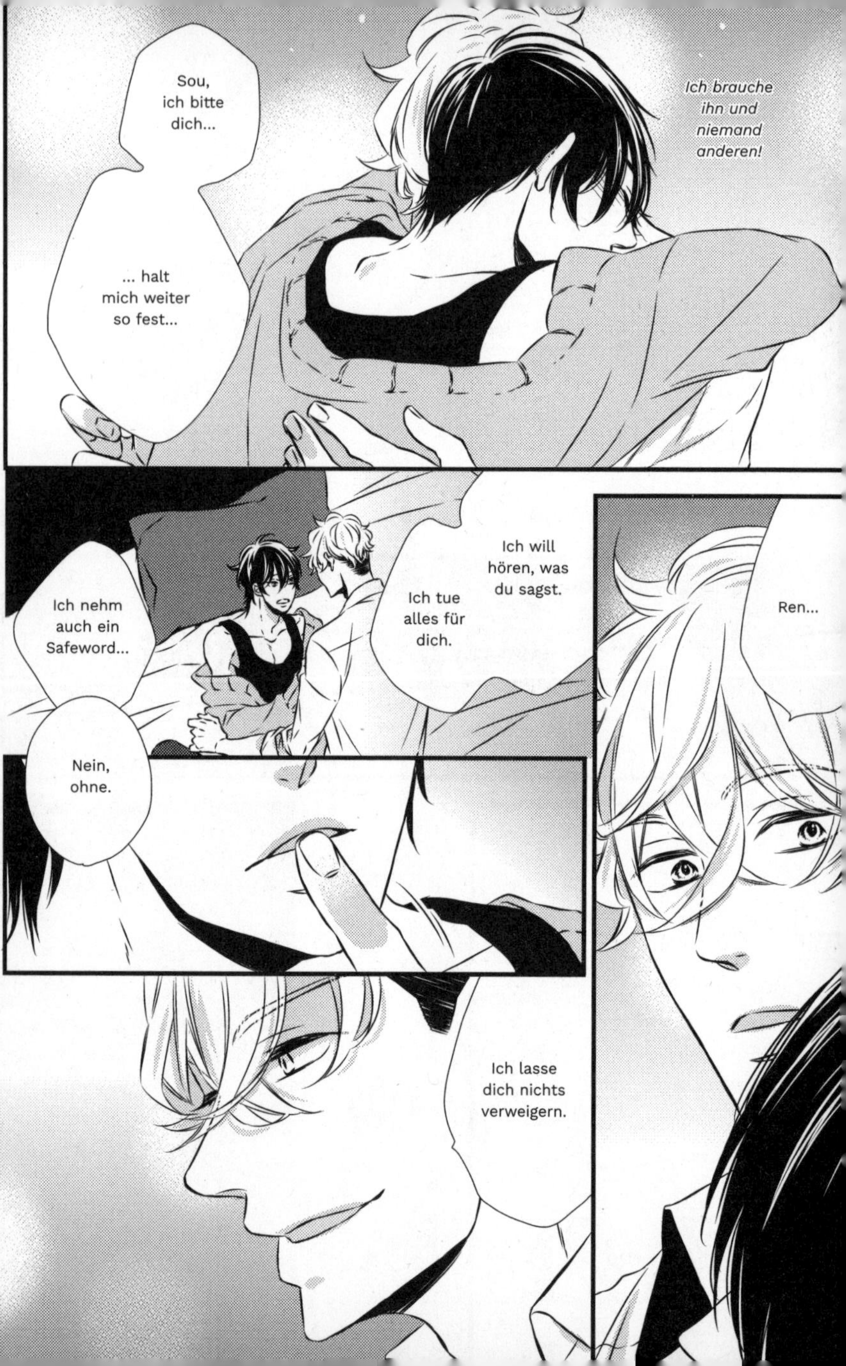
Ich brauche ihn und niemand anderen!
Sou, ich bitte dich...
... halt mich weiter so fest...
Ren...
Ich will hören, was du sagst.
Ich tue alles für dich.
Ich nehm auch ein Safeword...
Nein, ohne.
Ich lasse dich nichts verweigern.

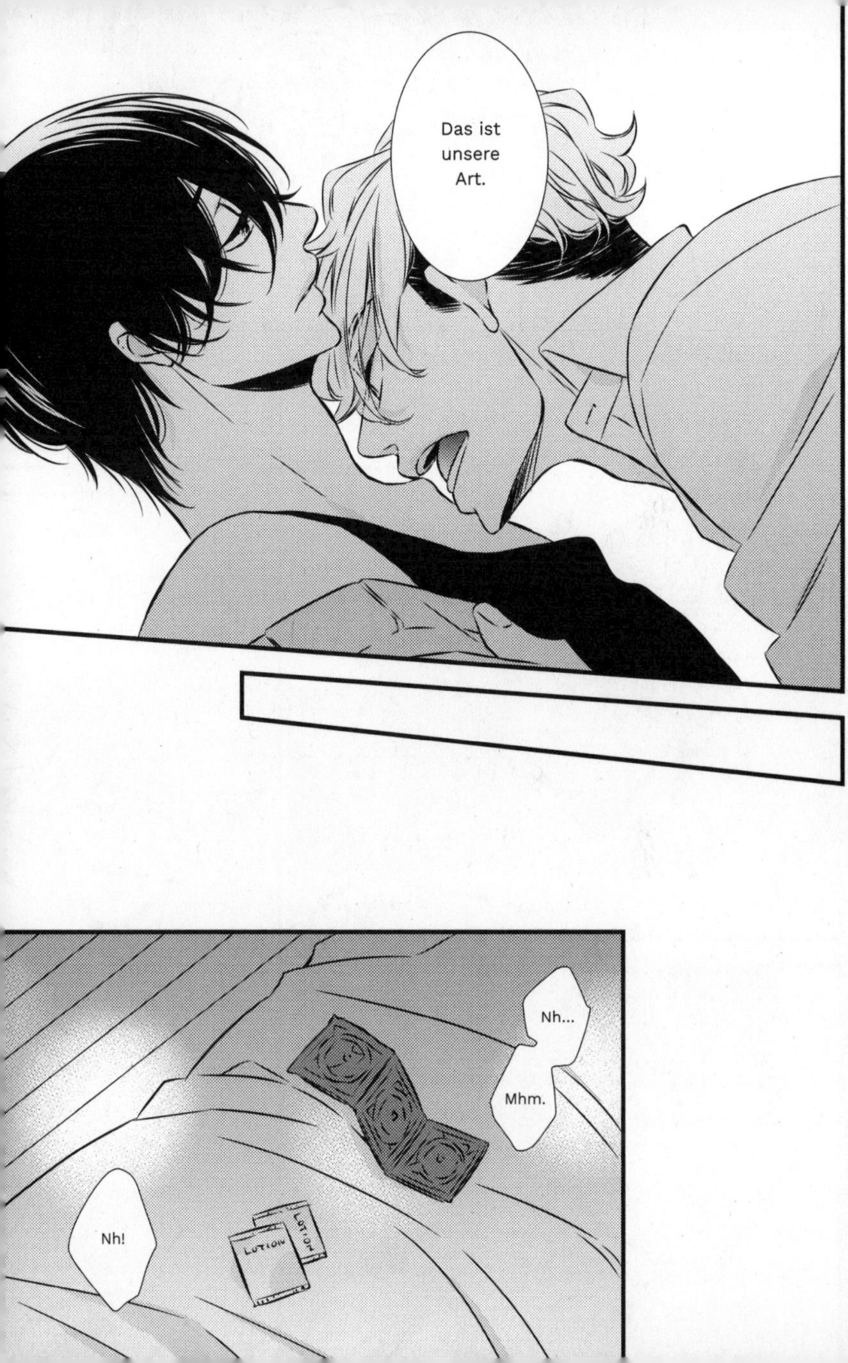
Das ist unsere Art.
Nh...
Mhm.
Nh!

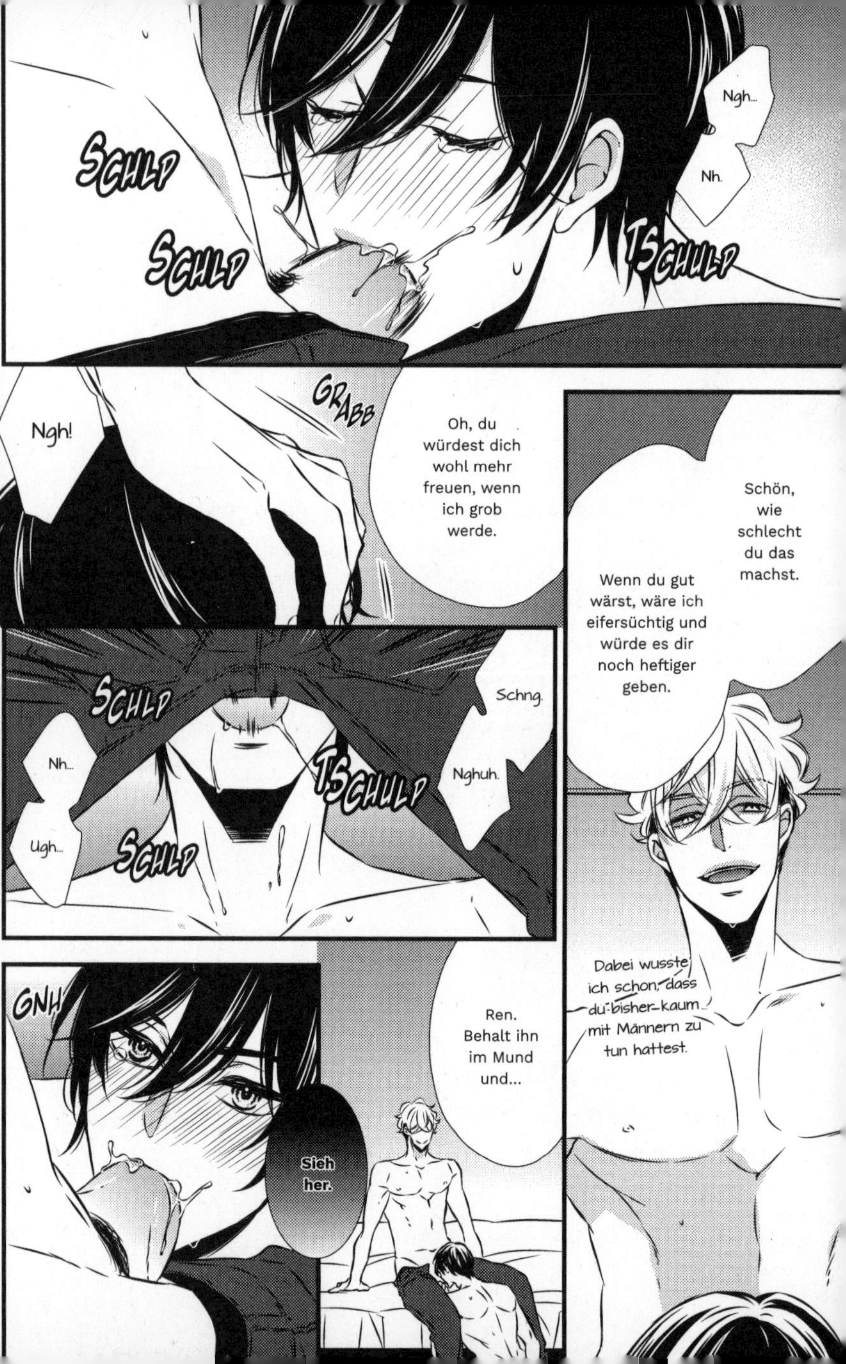
Ngh...
Nh.
TSCHULP
SCHLP
SCHLP
GRABB
Ngh!
Oh, du würdest dich wohl mehr freuen, wenn ich grob werde.
Schön, wie schlecht du das machst.
Wenn du gut wärst, wäre ich eifersüchtig und würde es dir noch heftiger geben.
Dabei wusste ich schon, dass du bisher kaum mit Männern zu tun hattest.
Schng.
SCHLP
Nh...
TSCHULP
Nghuh.
Ugh...
SCHLP
Ren. Behalt ihn im Mund und...
GNH
Sieh her.

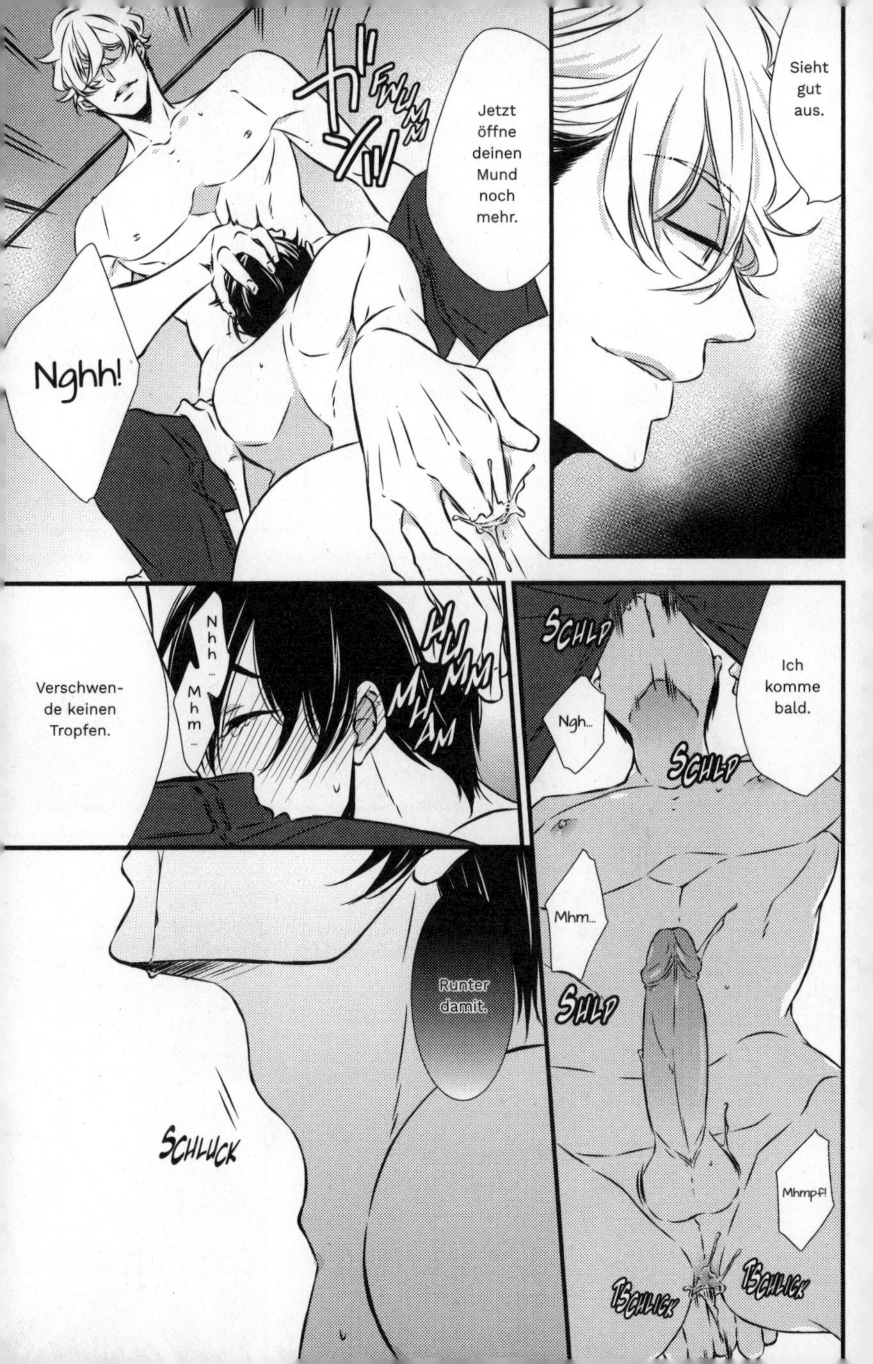

Sieht gut aus.
Jetzt öffne deinen Mund noch mehr.
Nghh!
Ich komme bald.
Schlp
Ngh...
Schlp
Mhm...
Shlp
Mhmpf!
Tschlick
Tschlick
Verschwende keinen Tropfen.
Nhh ... Mhm ...
Runter damit.
Schluck

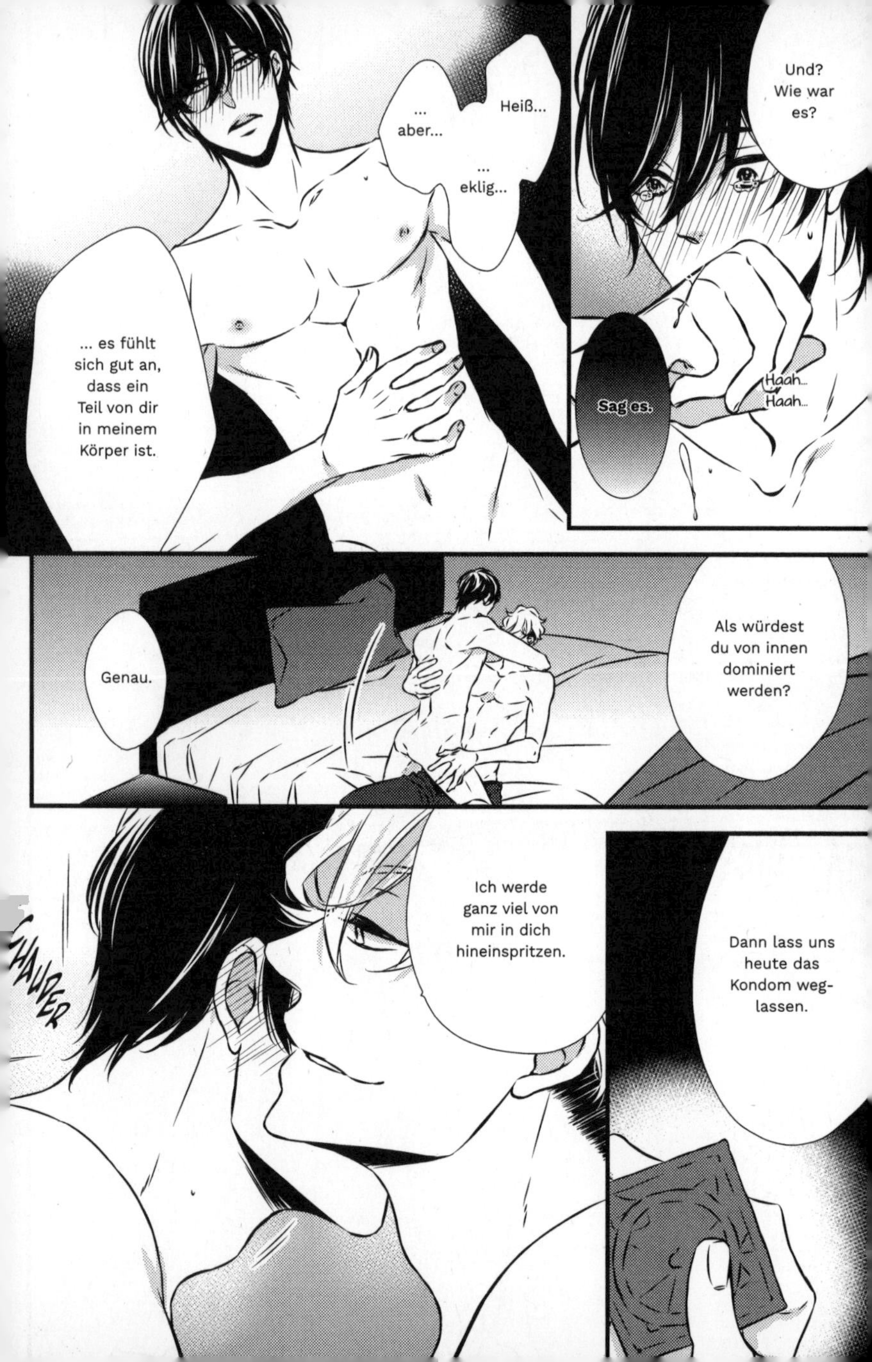

Und? Wie war es?
Sag es.
Haah... Haah...
Heiß...
... aber...
... eklig...
... es fühlt sich gut an, dass ein Teil von dir in meinem Körper ist.
Als würdest du von innen dominiert werden?
Genau.
Dann lass uns heute das Kondom weglassen.
Ich werde ganz viel von mir in dich hineinspritzen.

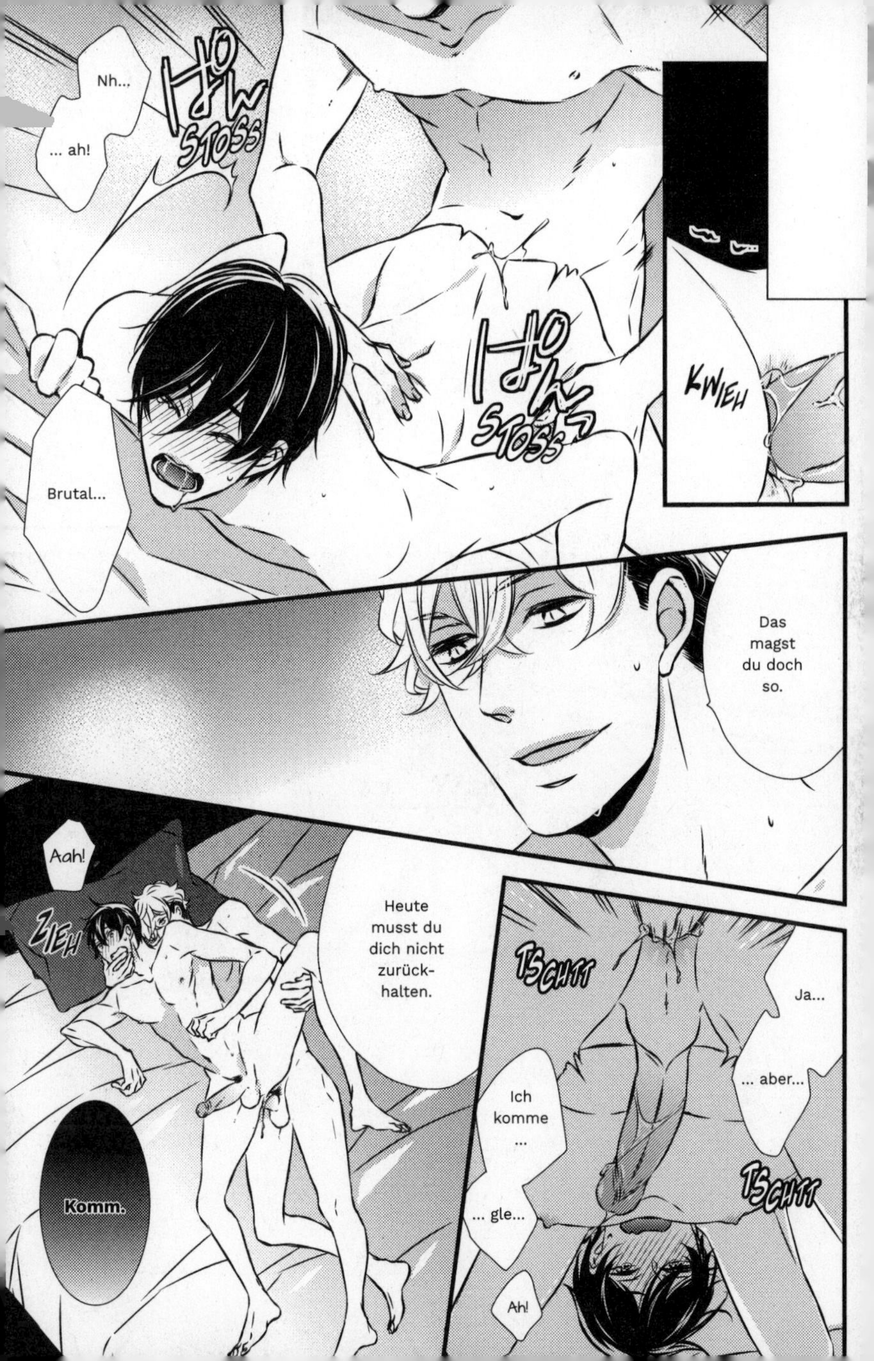

KWIEH
STOSS
Nh...
... ah!
STOSS
Brutal...
Das magst du doch so.
Ja...
... aber...
TSCHITT
Ich komme ...
TSCHITT
... gle...
Ah!
Heute musst du dich nicht zurückhalten.
Aah!
ZIEH
Komm.

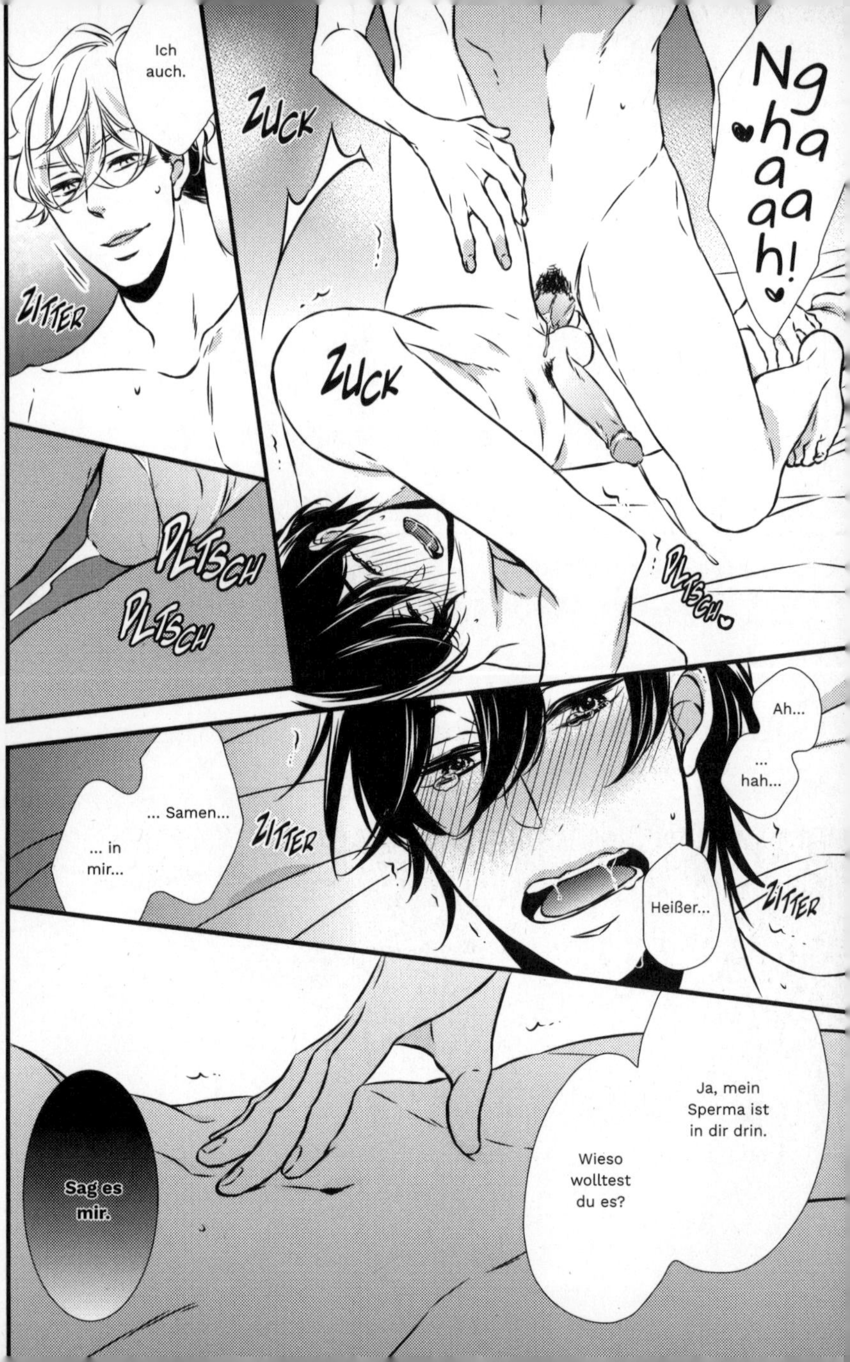
Nghaaaah!
ZUCK
ZUCK
Ich auch.
ZITTER
DLTSCH
DLTSCH
DLTSCH
DLTSCH
Ah... ... hah...
Heißer...
ZITTER
... Samen...
... in mir...
ZITTER
Ja, mein Sperma ist in dir drin.
Wieso wolltest du es?
Sag es mir.

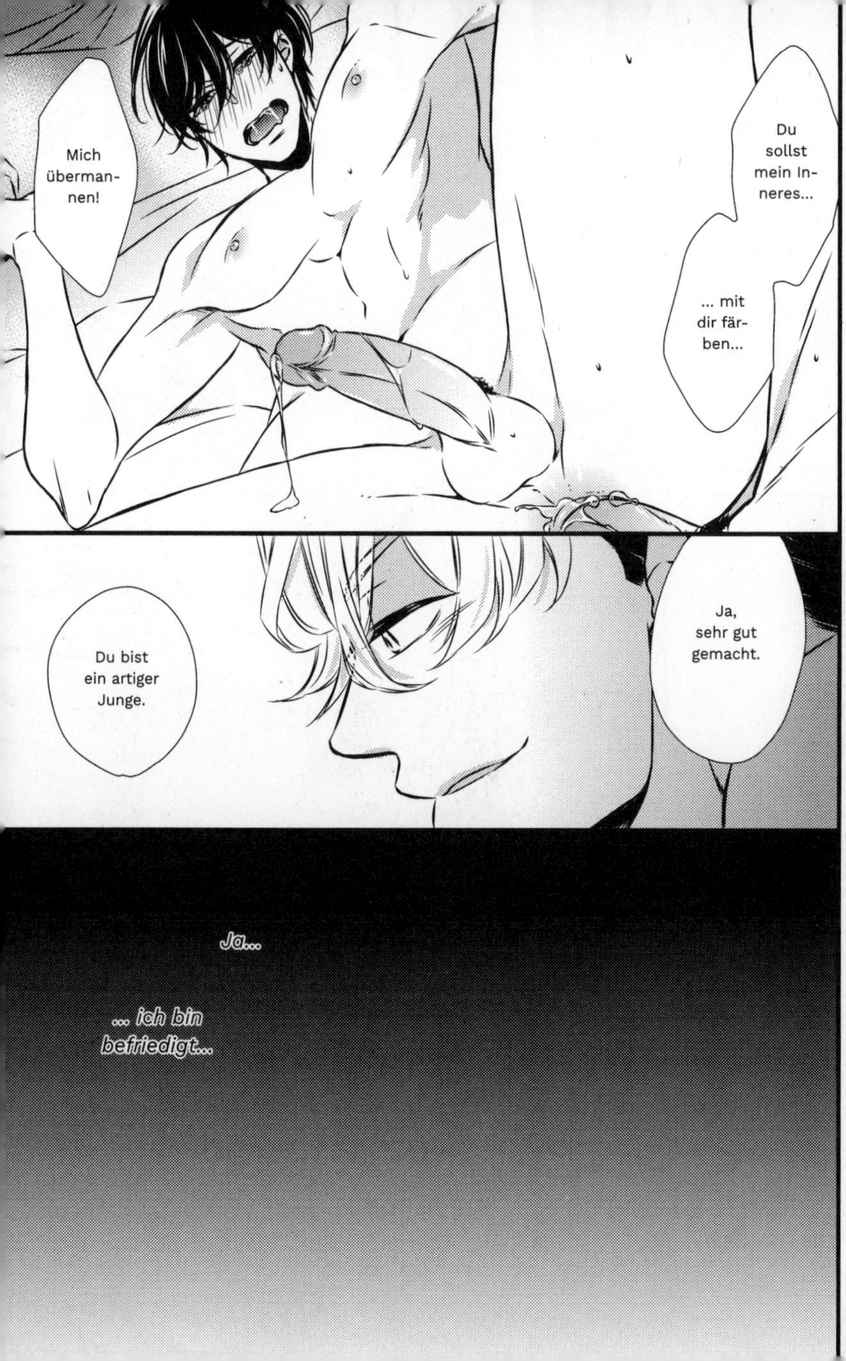
Du sollst mein Inneres...
... mit dir färben...
Mich übermannen!
Ja, sehr gut gemacht.
Du bist ein artiger Junge.
Ja...
... ich bin befriedigt...

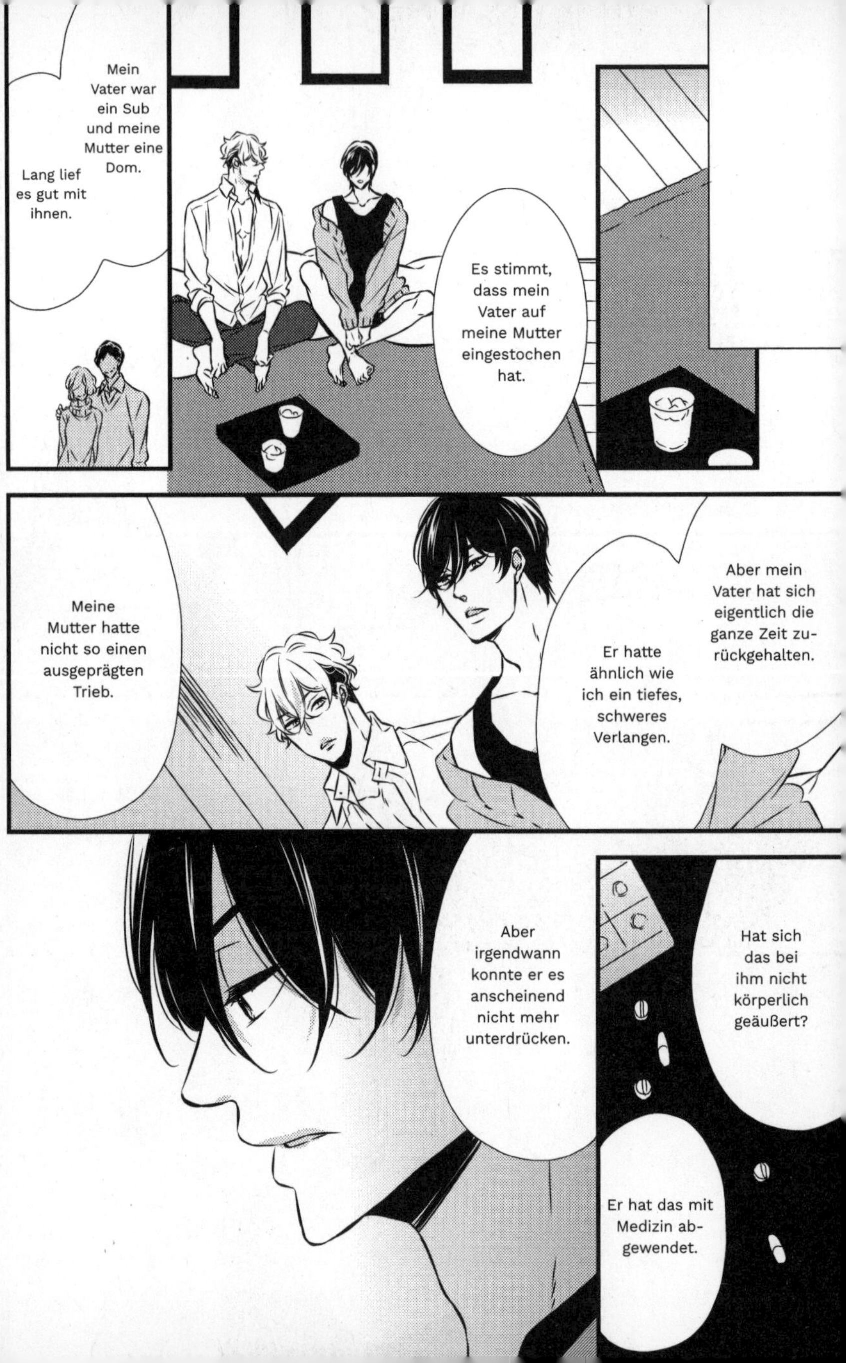
Es stimmt, dass mein Vater auf meine Mutter eingestochen hat.
Mein Vater war ein Sub und meine Mutter eine Dom.
Lang lief es gut mit ihnen.
Aber mein Vater hat sich eigentlich die ganze Zeit zurückgehalten.
Er hatte ähnlich wie ich ein tiefes, schweres Verlangen.
Meine Mutter hatte nicht so einen ausgeprägten Trieb.
Hat sich das bei ihm nicht körperlich geäußert?
Er hat das mit Medizin abgewendet.
Aber irgendwann konnte er es anscheinend nicht mehr unterdrücken.

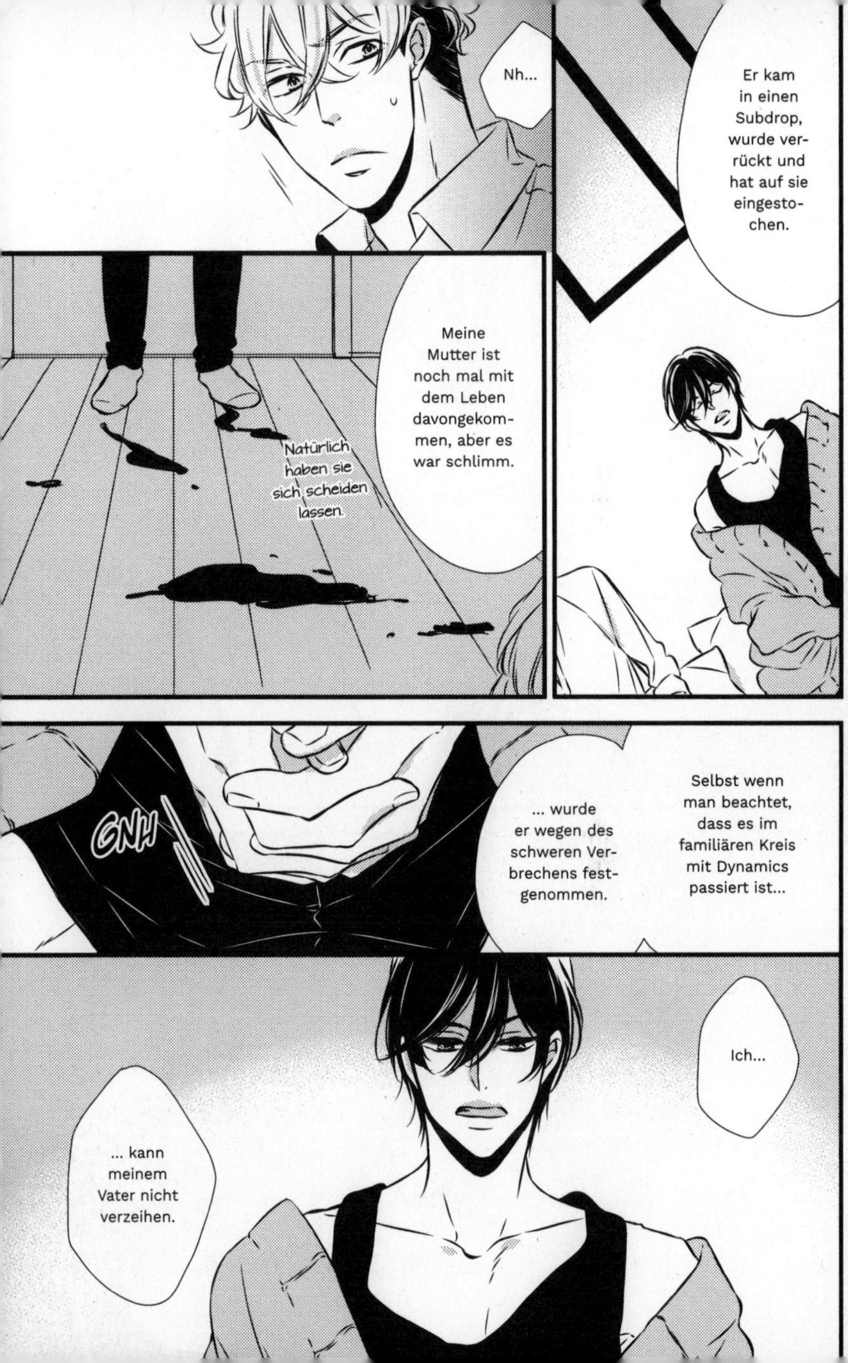
Er kam in einen Subdrop, wurde verrückt und hat auf sie eingestochen.
Nh...
Meine Mutter ist noch mal mit dem Leben davongekommen, aber es war schlimm.
Natürlich haben sie sich scheiden lassen.
Selbst wenn man beachtet, dass es im familiären Kreis mit Dynamics passiert ist...
... wurde er wegen des schweren Verbrechens festgenommen.
GNH
Ich...
... kann meinem Vater nicht verzeihen.

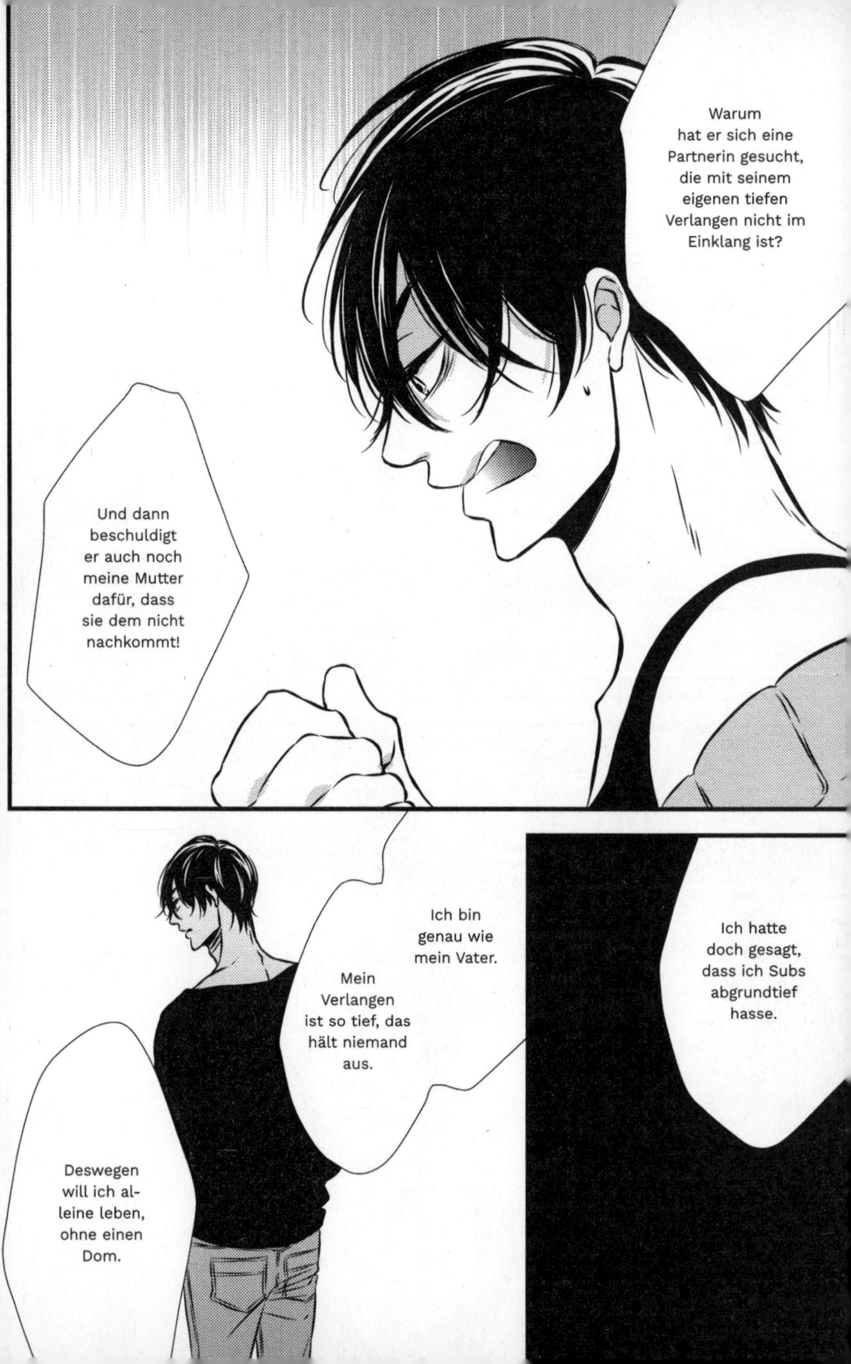
Warum hat er sich eine Partnerin gesucht, die mit seinem eigenen tiefen Verlangen nicht im Einklang ist?
Und dann beschuldigt er auch noch meine Mutter dafür, dass sie dem nicht nachkommt!
Ich hatte doch gesagt, dass ich Subs abgrundtief hasse.
Ich bin genau wie mein Vater.
Mein Verlangen ist so tief, das hält niemand aus.
Deswegen will ich al-leine leben, ohne einen Dom.

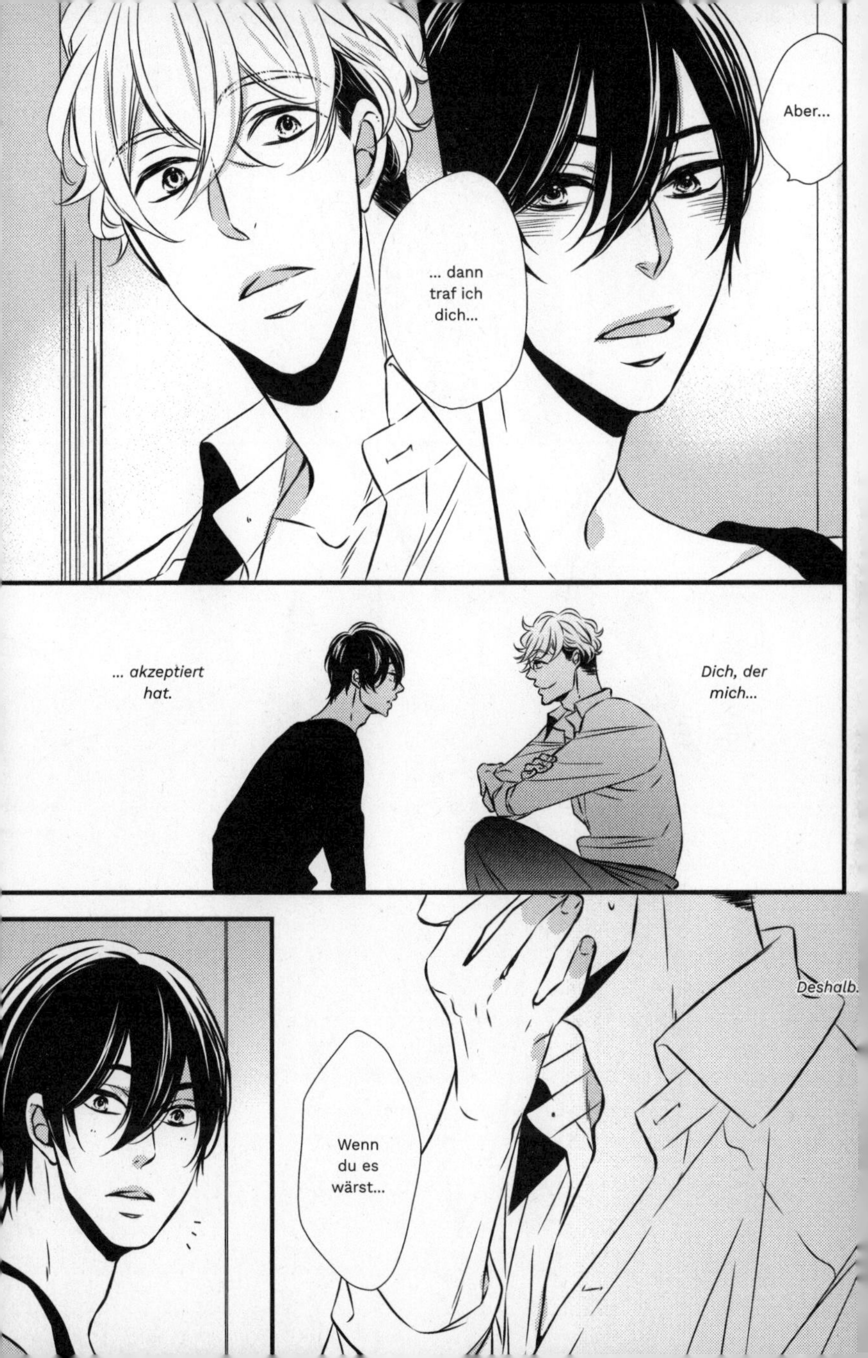

Aber...
... dann traf ich dich...
Dich, der mich...
... akzeptiert hat.
Deshalb.
Wenn du es wärst...

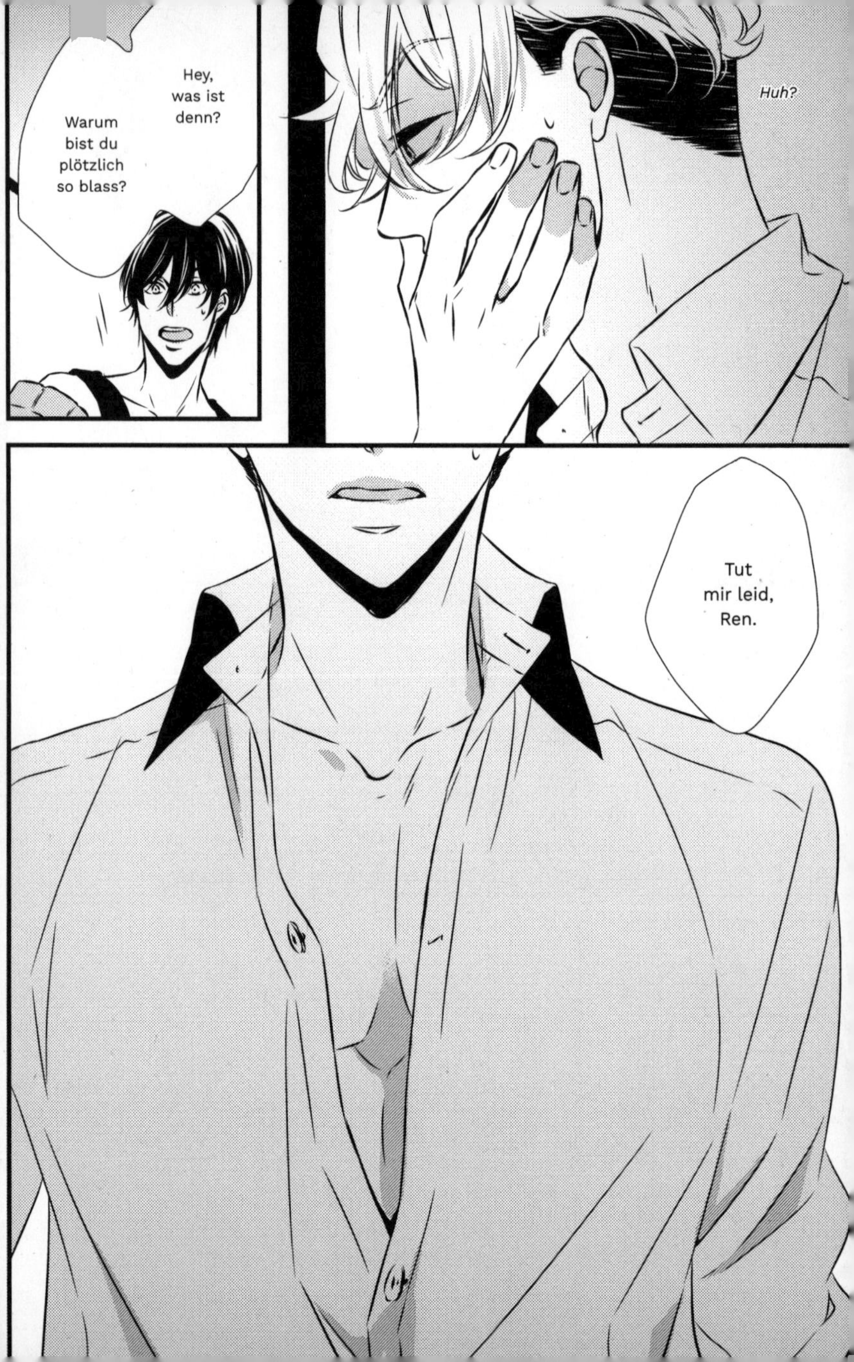
Huh?
Hey, was ist denn?
Warum bist du plötzlich so blass?
Tut mir leid, Ren.

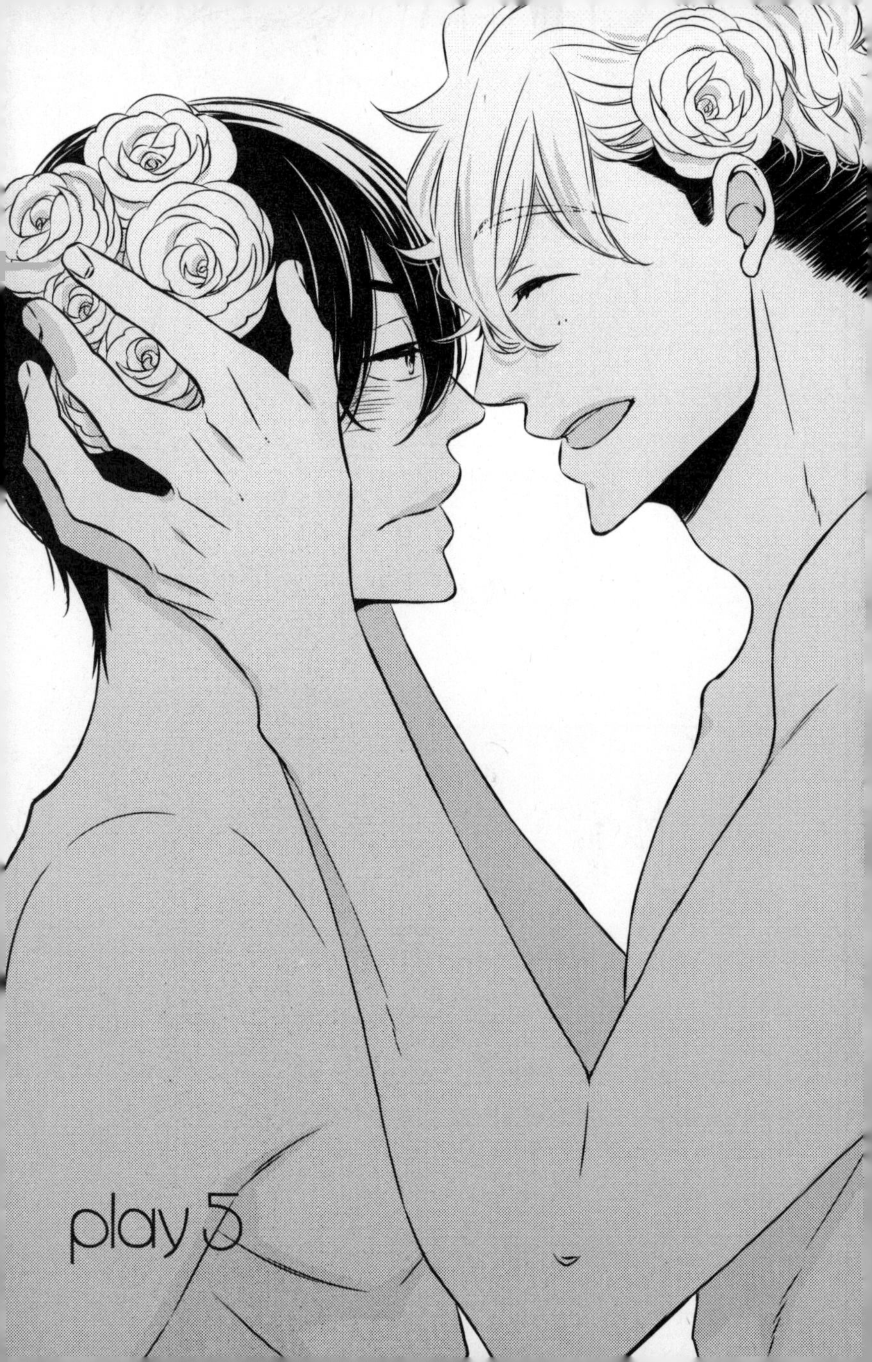
play 5

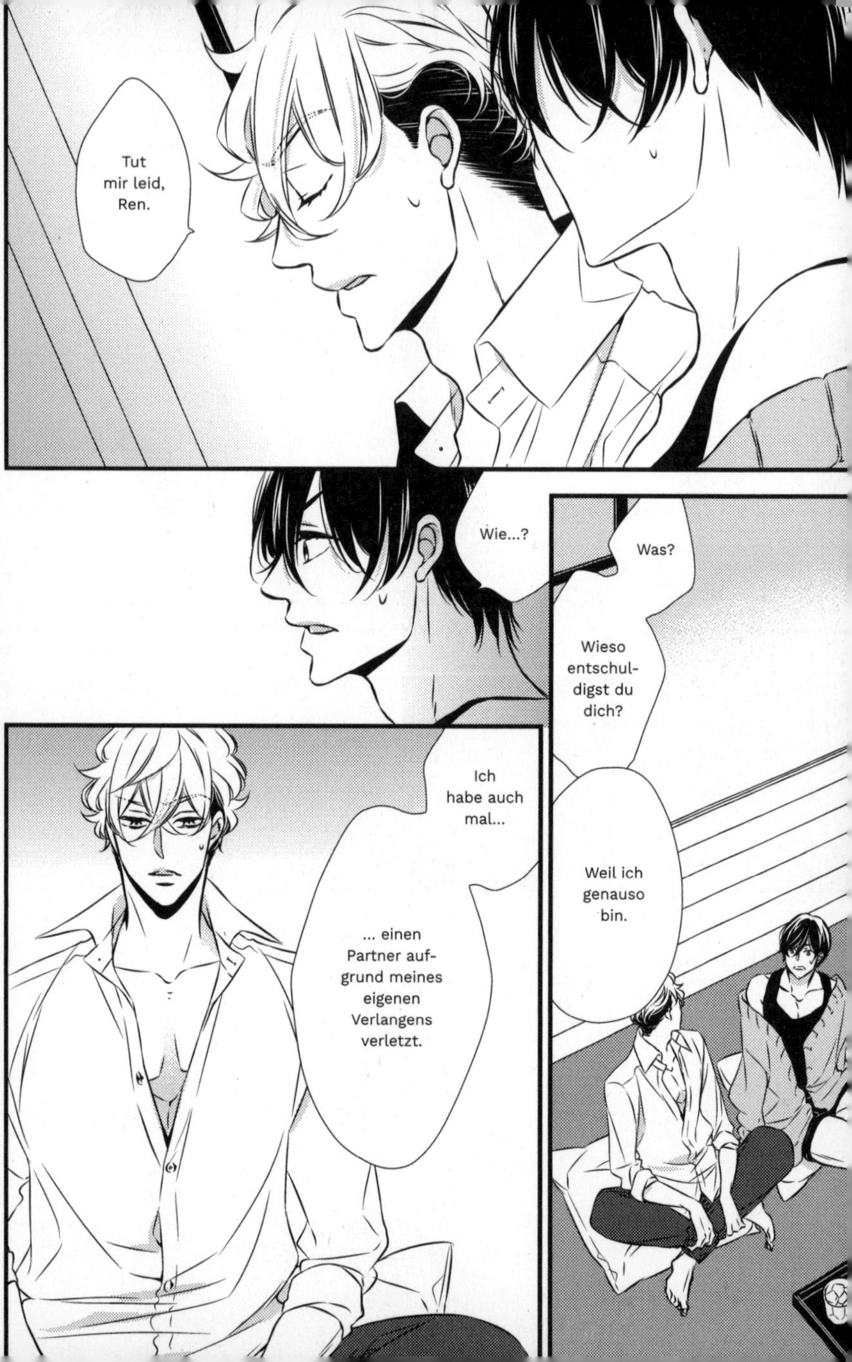
Tut mir leid, Ren.
Wie...?
Was?
Wieso entschuldigst du dich?
Weil ich genauso bin.
Ich habe auch mal...
... einen Partner aufgrund meines eigenen Verlangens verletzt.

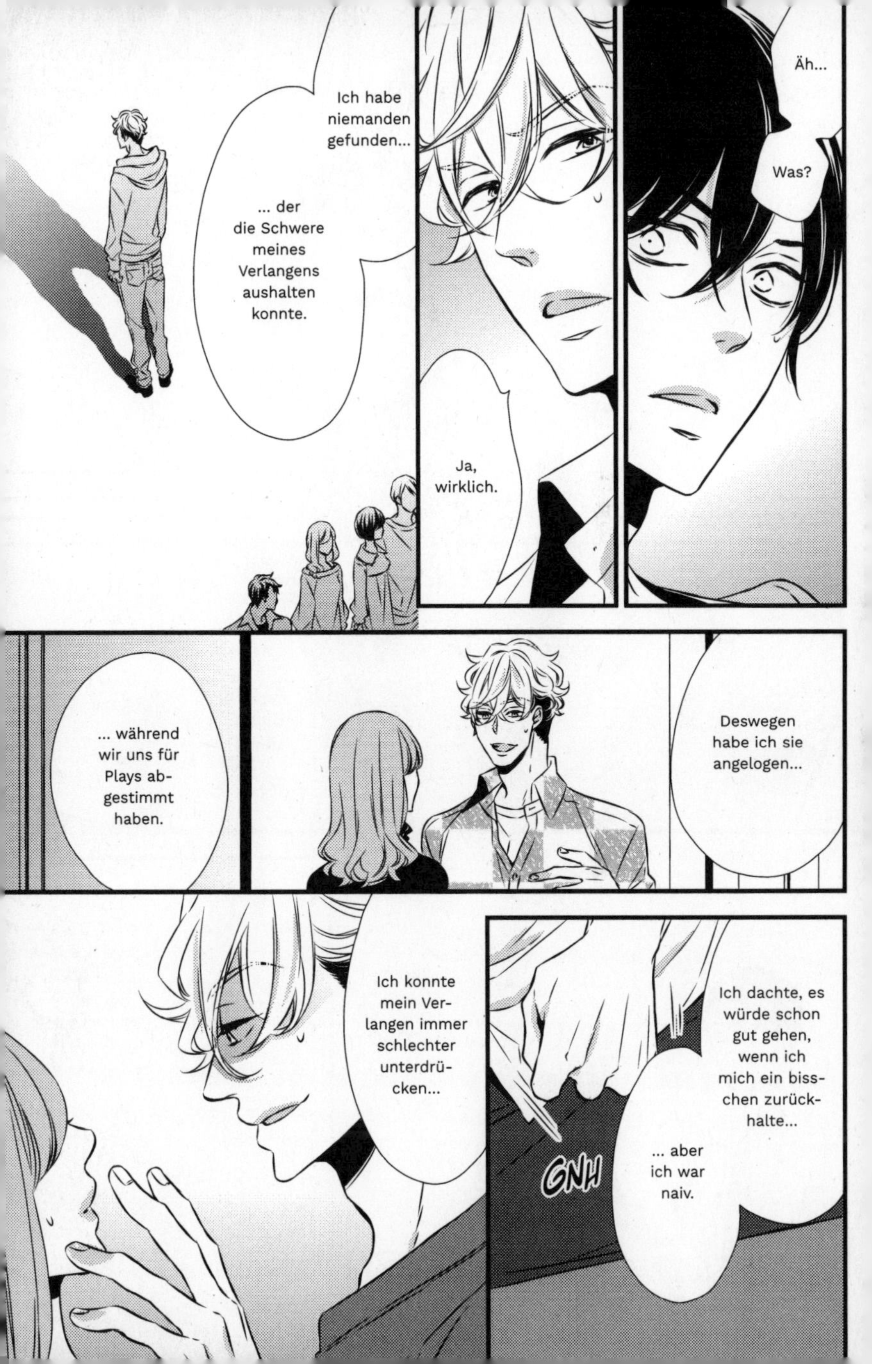
Ich habe niemanden gefunden...
... der die Schwere meines Verlangens aushalten konnte.
Äh...
Was?
Ja, wirklich.
Deswegen habe ich sie angelogen...
... während wir uns für Plays abgestimmt haben.
Ich dachte, es würde schon gut gehen, wenn ich mich ein bisschen zurückhalte...
... aber ich war naiv.
GNH
Ich konnte mein Verlangen immer schlechter unterdrücken...

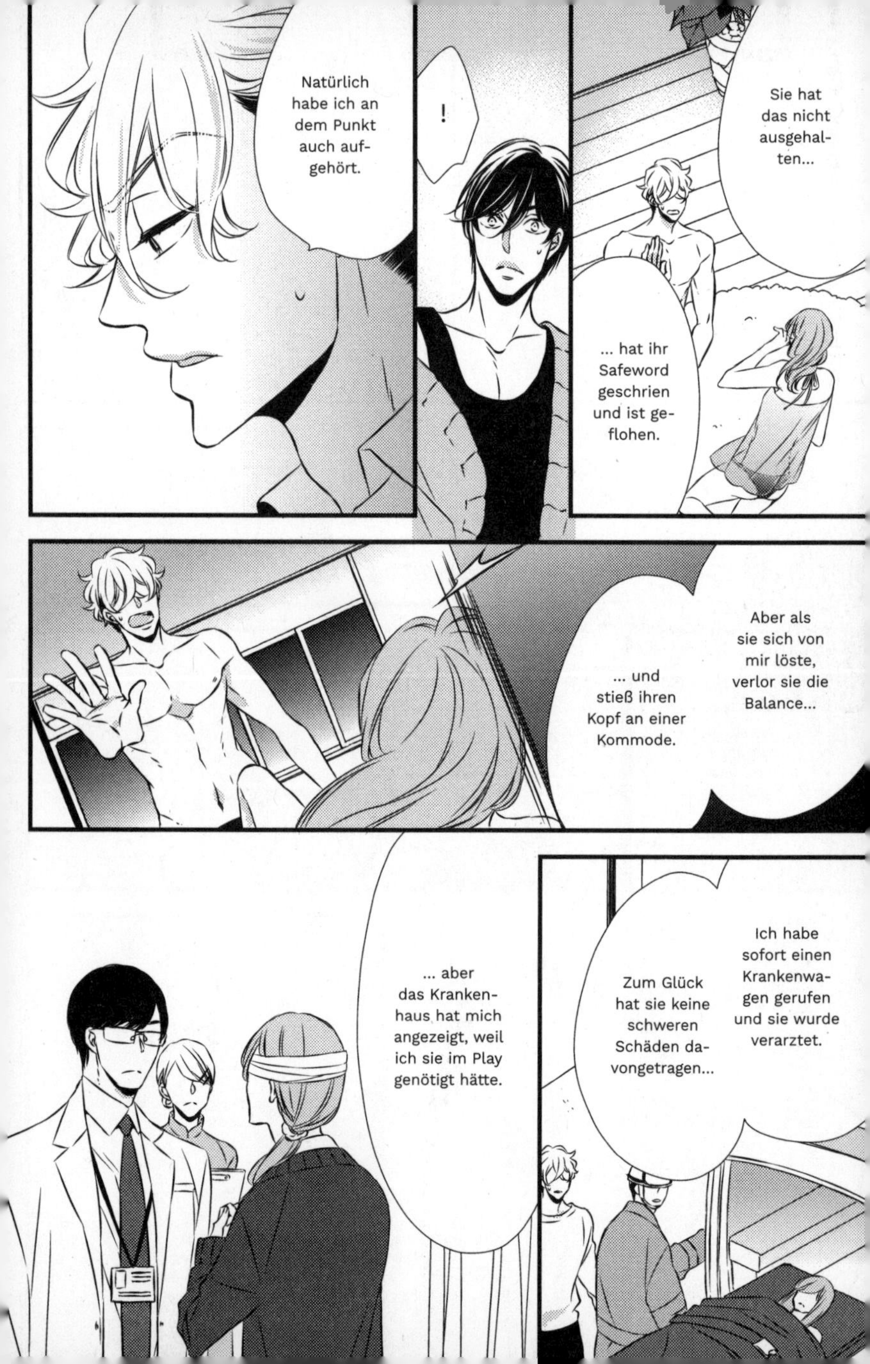
Sie hat das nicht ausgehalten...
... hat ihr Safeword geschrien und ist geflohen.
!
Natürlich habe ich an dem Punkt auch aufgehört.
Aber als sie sich von mir löste, verlor sie die Balance...
... und stieß ihren Kopf an einer Kommode.
Ich habe sofort einen Krankenwagen gerufen und sie wurde verarztet.
Zum Glück hat sie keine schweren Schäden davongetragen...
... aber das Krankenhaus hat mich angezeigt, weil ich sie im Play genötigt hätte.

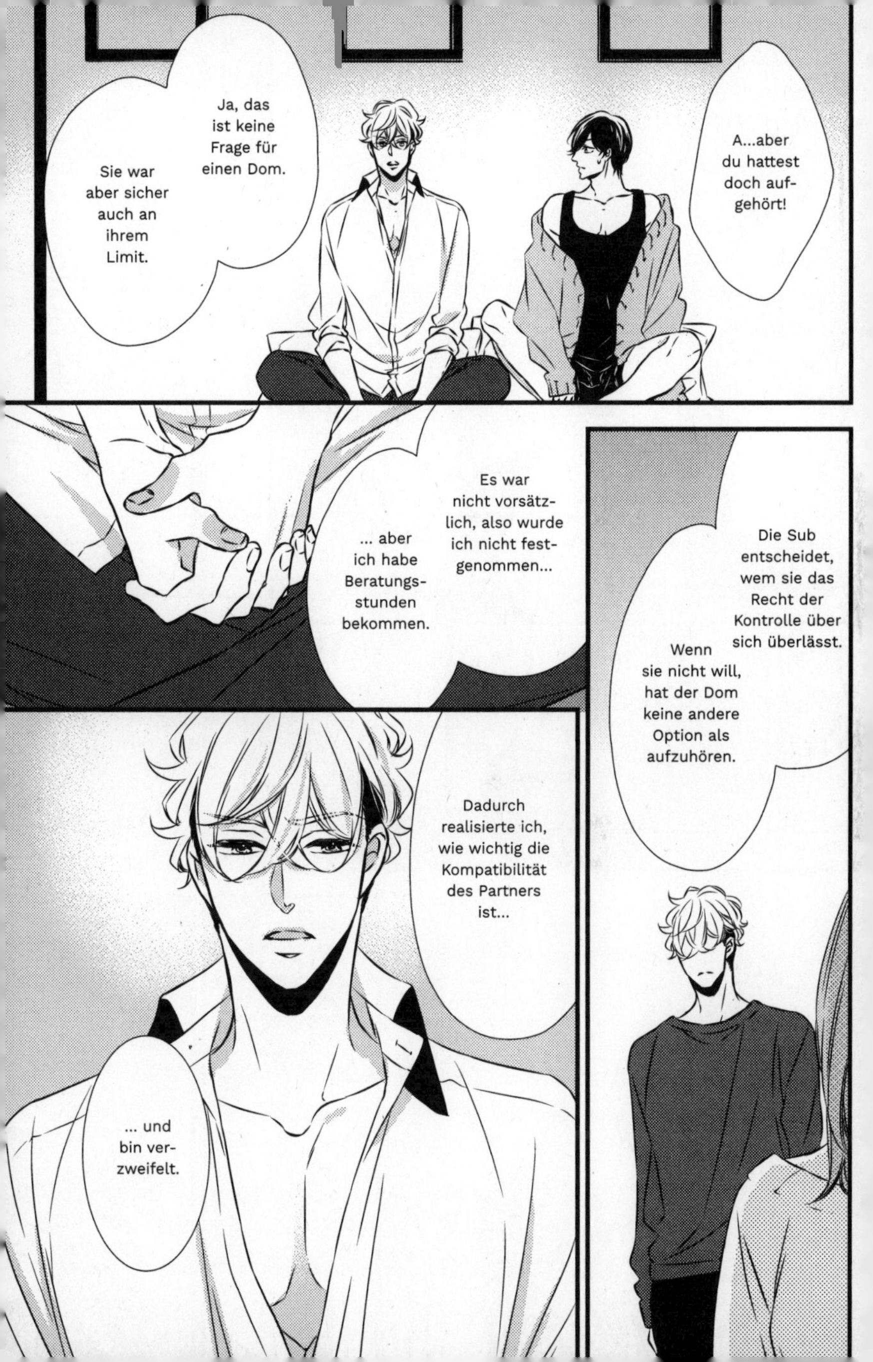
A...aber du hattest doch aufgehört!
Ja, das ist keine Frage für einen Dom.
Sie war aber sicher auch an ihrem Limit.
Die Sub entscheidet, wem sie das Recht der Kontrolle über sich überlässt.
Wenn sie nicht will, hat der Dom keine andere Option als aufzuhören.
Es war nicht vorsätzlich, also wurde ich nicht festgenommen...
... aber ich habe Beratungsstunden bekommen.
Dadurch realisierte ich, wie wichtig die Kompatibilität des Partners ist...
... und bin verzweifelt.

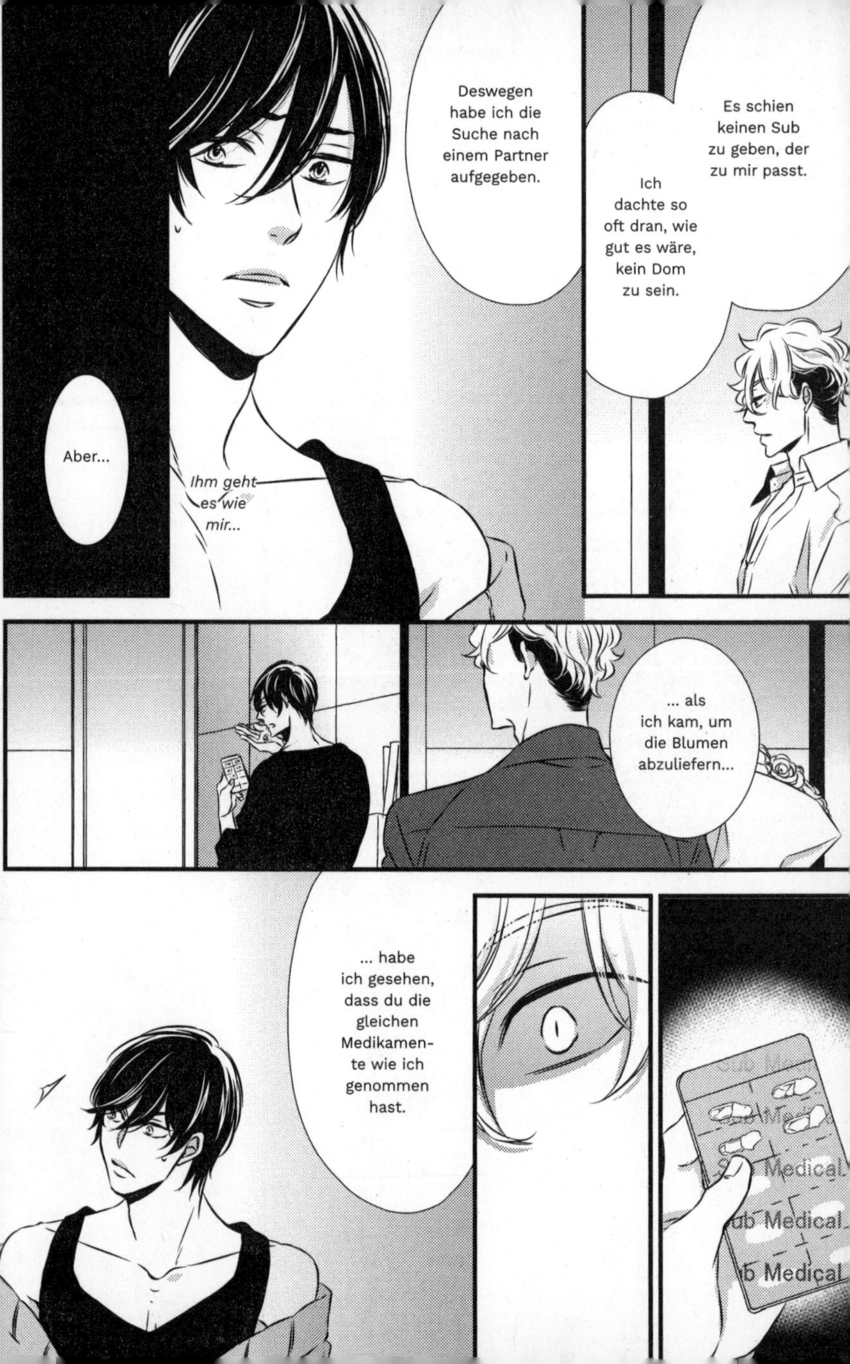
Es schien keinen Sub zu geben, der zu mir passt.
Ich dachte so oft dran, wie gut es wäre, kein Dom zu sein.
Deswegen habe ich die Suche nach einem Partner aufgegeben.
Ihm geht es wie mir...
Aber...
... als ich kam, um die Blumen abzuliefern...
... habe ich gesehen, dass du die gleichen Medikamente wie ich genommen hast.
Sub Medical
Sub Medical
Sub Medical

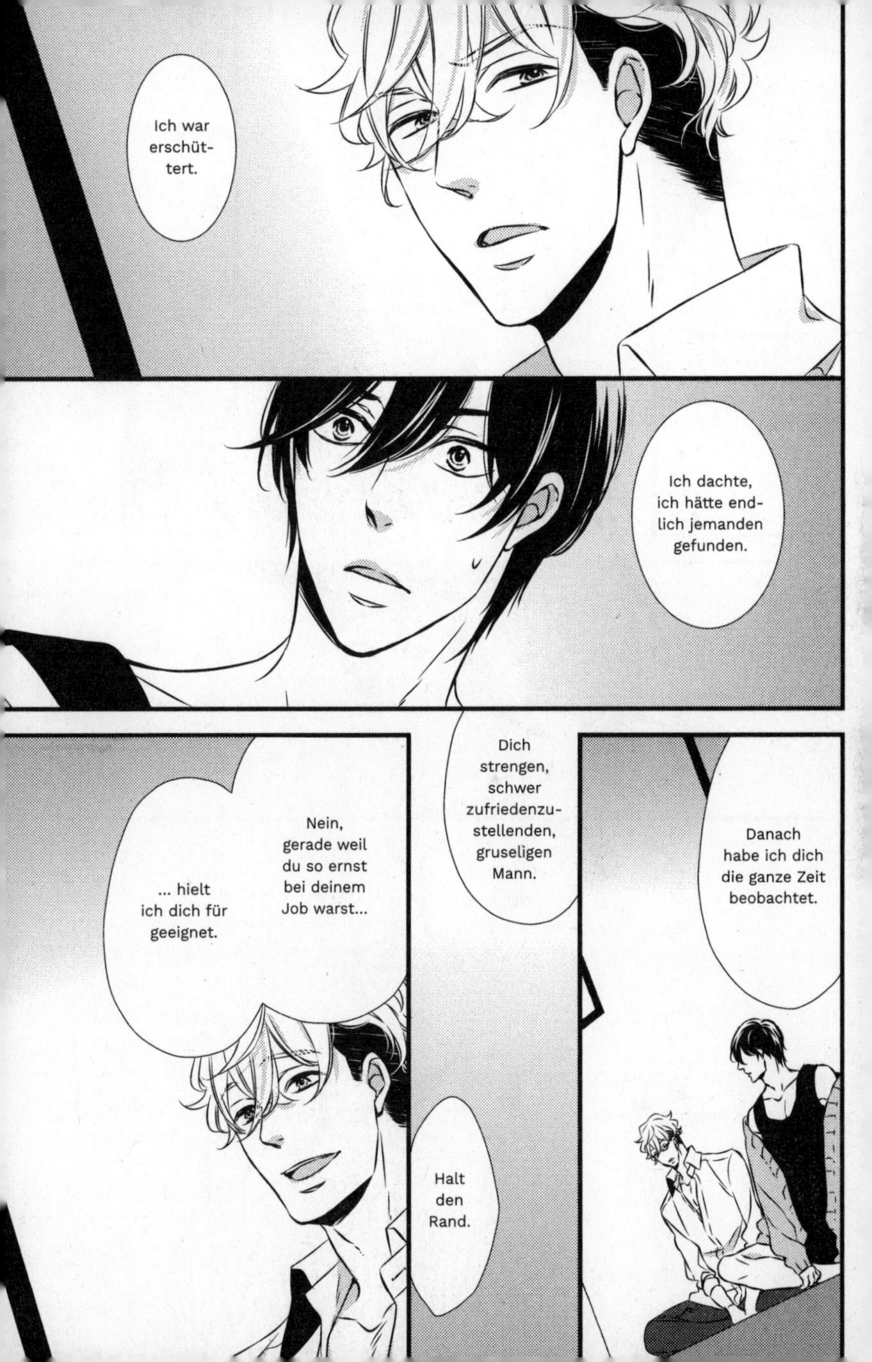
Ich war erschüttert.
Ich dachte, ich hätte endlich jemanden gefunden.
Danach habe ich dich die ganze Zeit beobachtet.
Dich strengen, schwer zufriedenzustellenden, gruseligen Mann.
Halt den Rand.
Nein, gerade weil du so ernst bei deinem Job warst...
... hielt ich dich für geeignet.

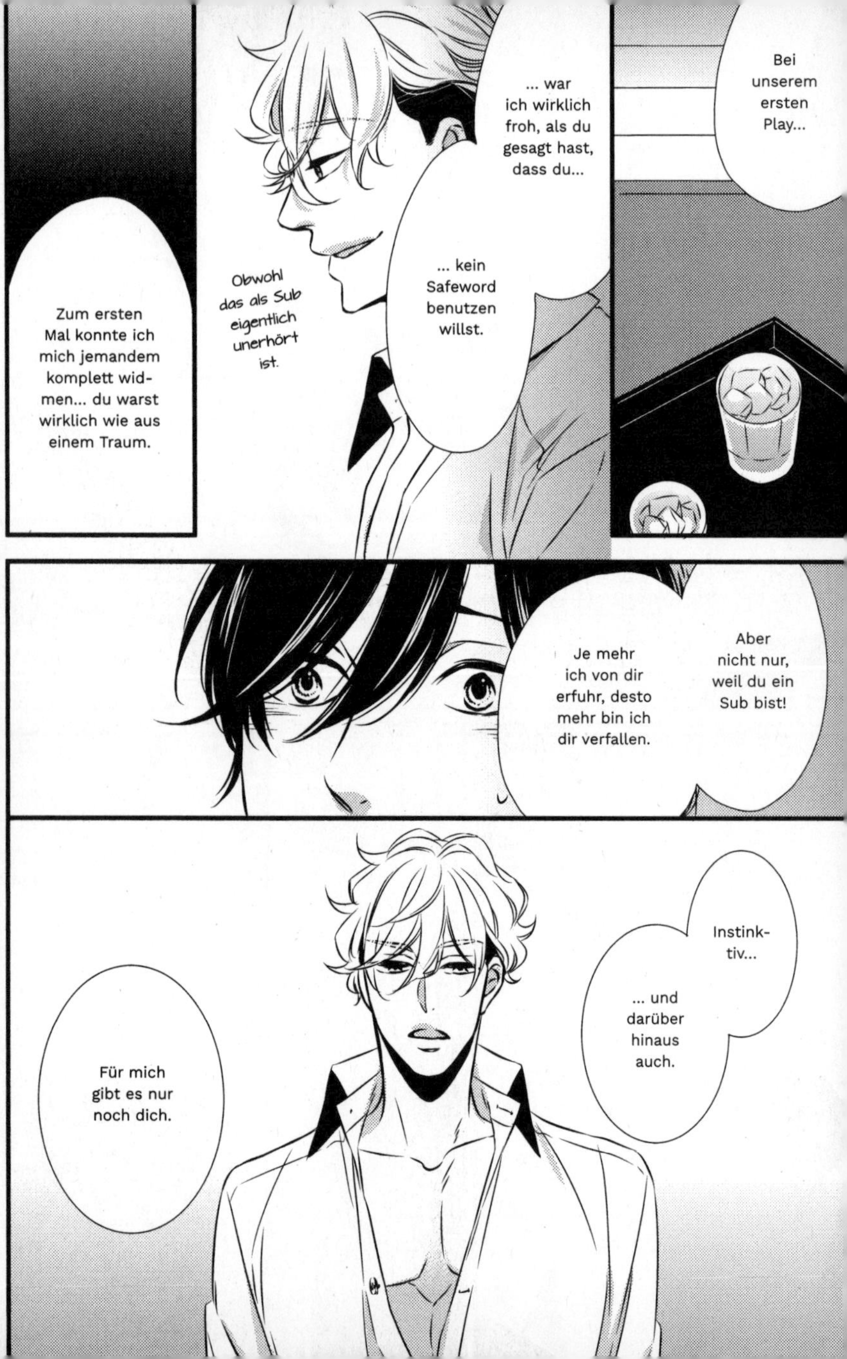
Bei unserem ersten Play...
... war ich wirklich froh, als du gesagt hast, dass du...
... kein Safeword benutzen willst.
Obwohl das als Sub eigentlich unerhört ist.
Zum ersten Mal konnte ich mich jemandem komplett wid-men... du warst wirklich wie aus einem Traum.
Aber nicht nur, weil du ein Sub bist!
Je mehr ich von dir erfuhr, desto mehr bin ich dir verfallen.
Instink-tiv...
... und darüber hinaus auch.
Für mich gibt es nur noch dich.

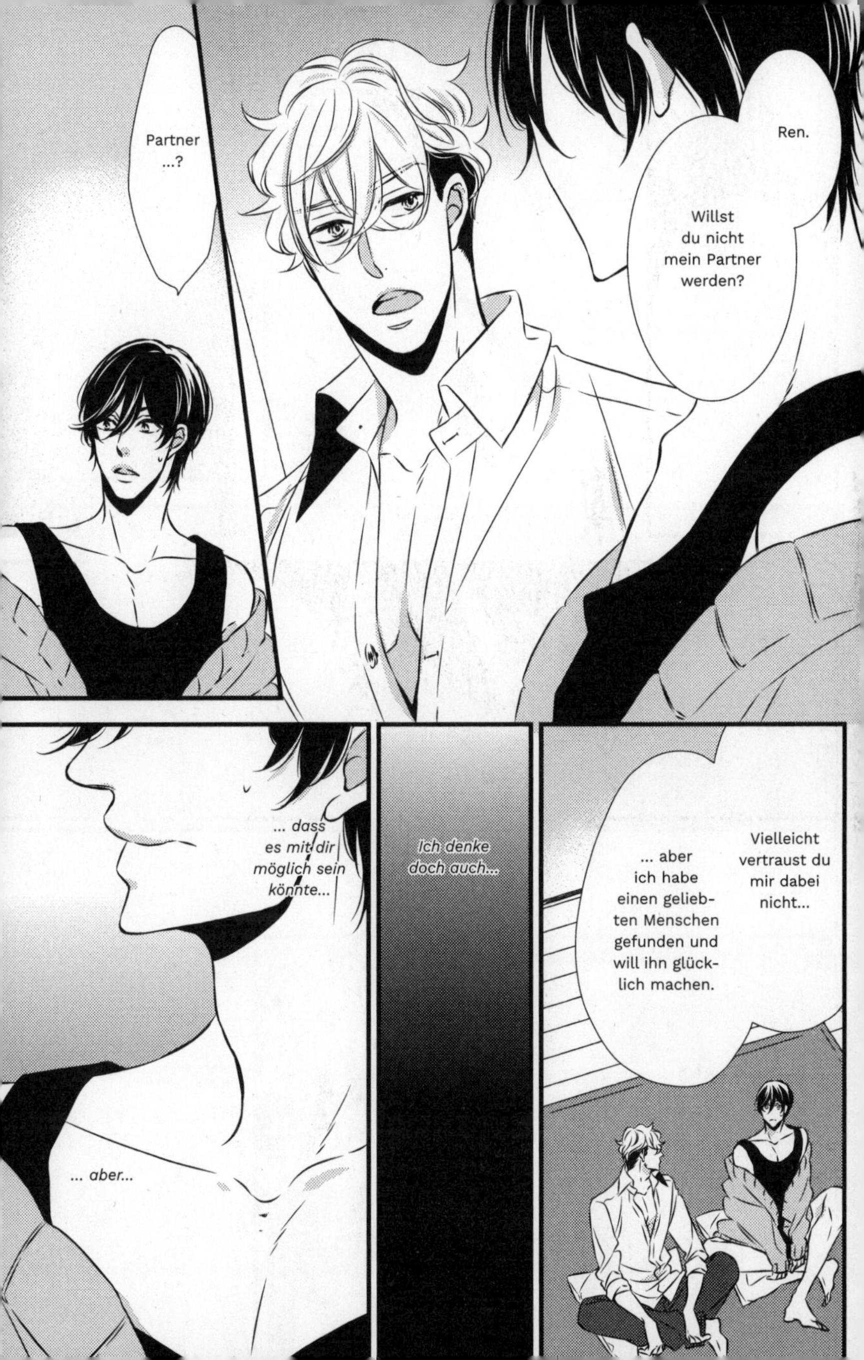
Ren.
Willst du nicht mein Partner werden?
Partner ...?
Vielleicht vertraust du mir dabei nicht...
... aber ich habe einen geliebten Menschen gefunden und will ihn glücklich machen.
Ich denke doch auch...
... dass es mit dir möglich sein könnte...
... aber...

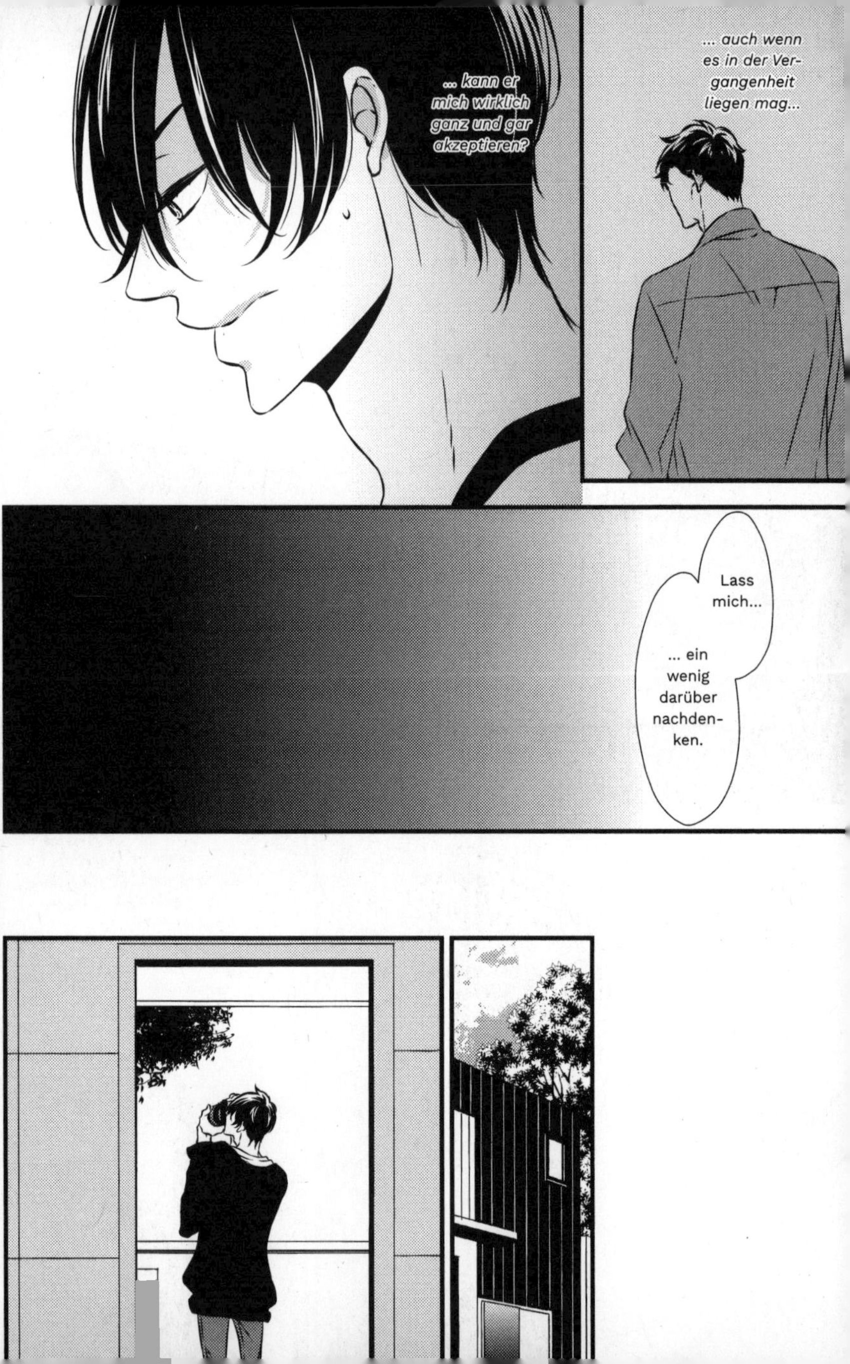
... auch wenn es in der Vergangenheit liegen mag...
... kann er mich wirklich ganz und gar akzeptieren?
Lass mich...
... ein wenig darüber nachdenken.

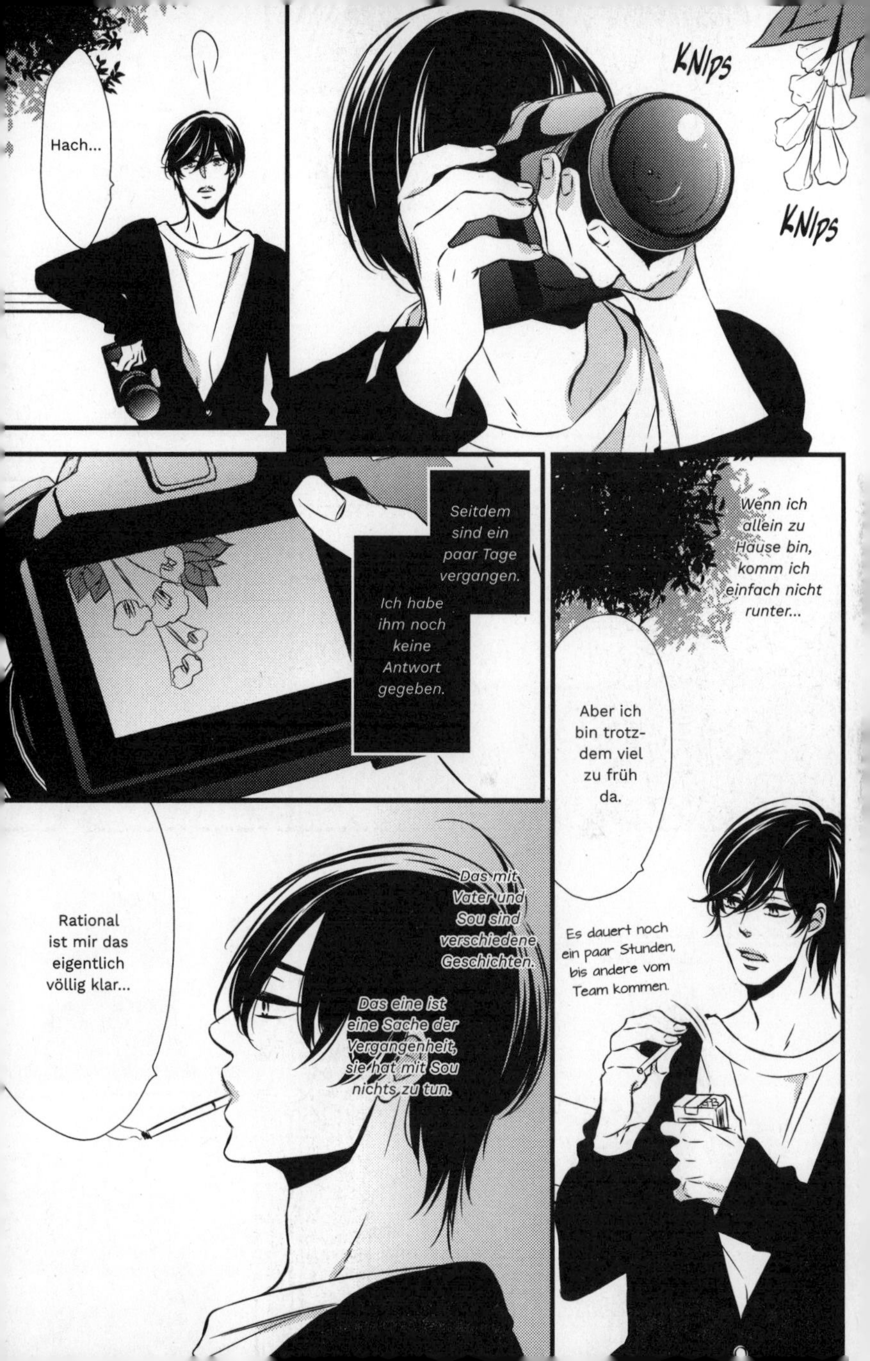
KNIPS
KNIPS
Hach...
Seitdem sind ein paar Tage vergangen.
Ich habe ihm noch keine Antwort gegeben.
Wenn ich allein zu Hause bin, komm ich einfach nicht runter...
Aber ich bin trotzdem viel zu früh da.
Es dauert noch ein paar Stunden, bis andere vom Team kommen.
Das mit Vater und Sou sind verschiedene Geschichten.
Das eine ist eine Sache der Vergangenheit, sie hat mit Sou nichts zu tun.
Rational ist mir das eigentlich völlig klar...

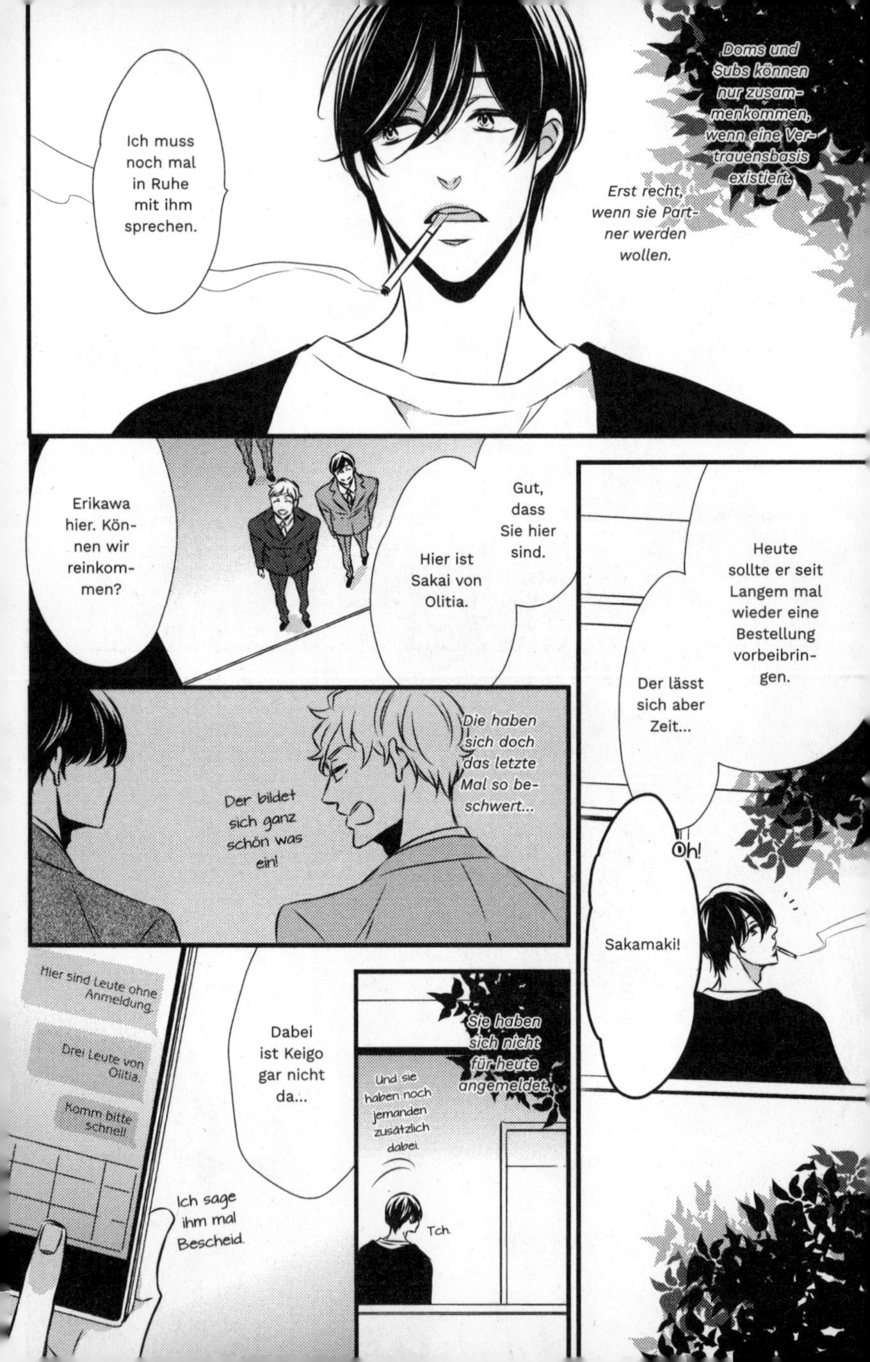
Doms und Subs können nur zusammenkommen, wenn eine Vertrauensbasis existiert.
Erst recht, wenn sie Partner werden wollen.
Ich muss noch mal in Ruhe mit ihm sprechen.
Heute sollte er seit Langem mal wieder eine Bestellung vorbeibringen.
Der lässt sich aber Zeit...
Gut, dass Sie hier sind.
Hier ist Sakai von Olitia.
Erikawa hier. Können wir reinkommen?
Oh!
Sakamaki!
Die haben sich doch das letzte Mal so beschwert...
Der bildet sich ganz schön was ein!
Sie haben sich nicht für heute angemeldet.
Und sie haben noch jemanden zusätzlich dabei.
Tch.
Dabei ist Keigo gar nicht da...
Hier sind Leute ohne Anmeldung.
Drei Leute von Olitia.
Komm bitte schnell!
Ich sage ihm mal Bescheid.

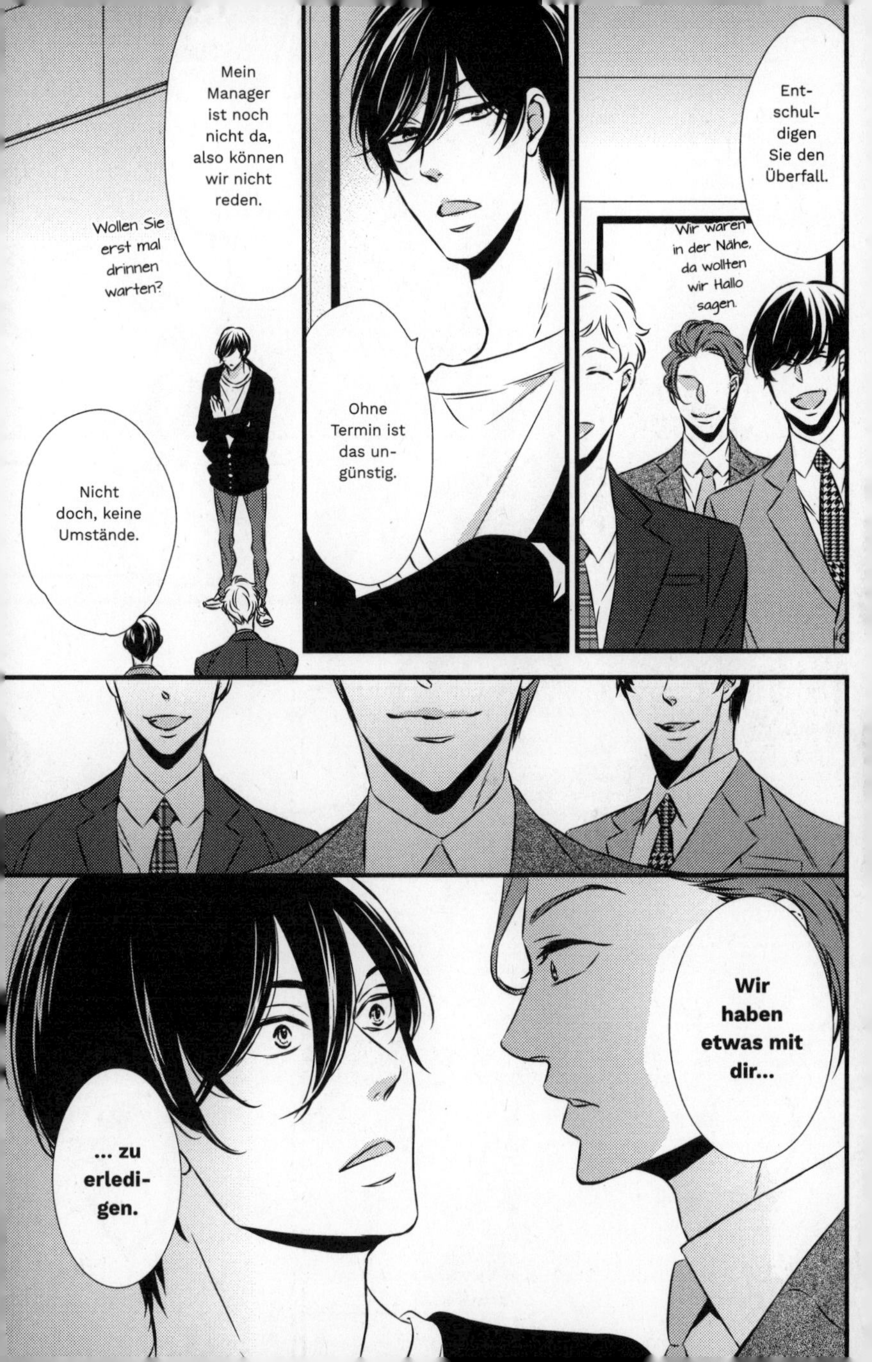
Entschuldigen Sie den Überfall.
Wir waren in der Nähe, da wollten wir Hallo sagen.
Ohne Termin ist das ungünstig.
Mein Manager ist noch nicht da, also können wir nicht reden.
Wollen Sie erst mal drinnen warten?
Nicht doch, keine Umstände.
Wir haben etwas mit dir...
... zu erledigen.

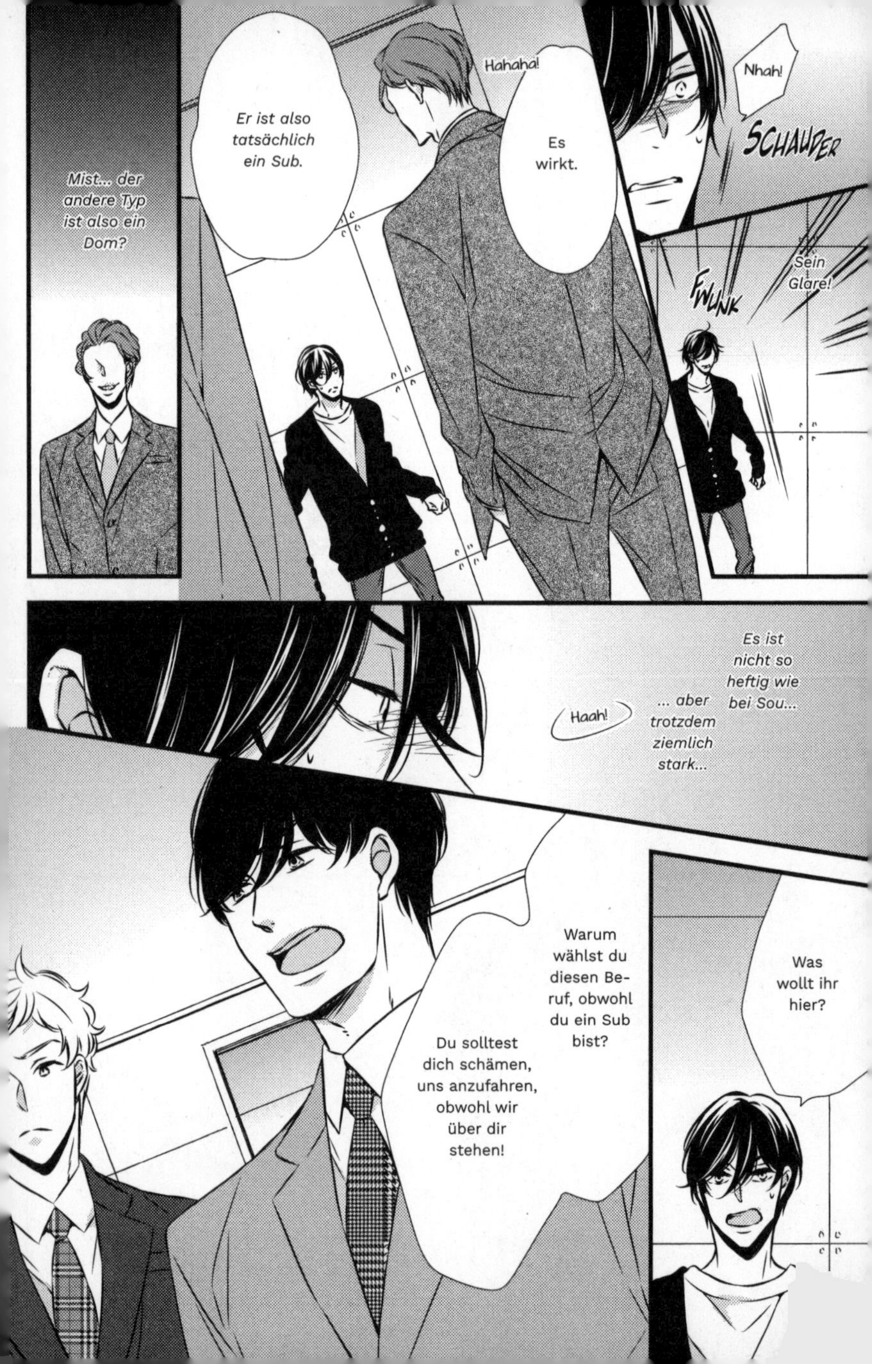
Nhah!
SCHAUDER
Hahaha!
Es wirkt.
Er ist also tatsächlich ein Sub.
Mist... der andere Typ ist also ein Dom?
Sein Glare!
FWUNK
Es ist nicht so heftig wie bei Sou...
... aber trotzdem ziemlich stark...
Haah!
Was wollt ihr hier?
Warum wählst du diesen Beruf, obwohl du ein Sub bist?
Du solltest dich schämen, uns anzufahren, obwohl wir über dir stehen!

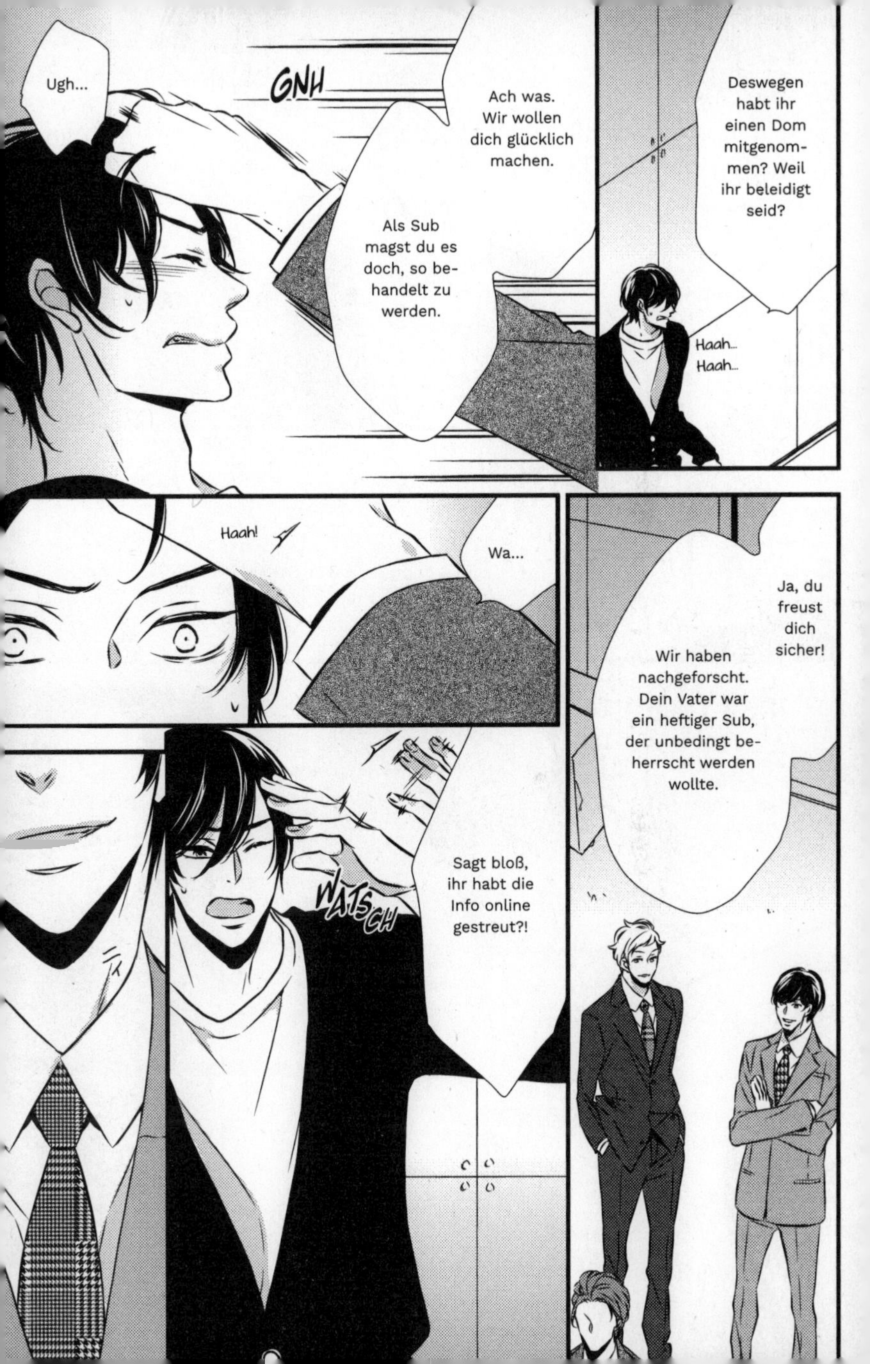

Deswegen habt ihr einen Dom mitgenommen? Weil ihr beleidigt seid?
Haah... Haah...
Ach was. Wir wollen dich glücklich machen.
Als Sub magst du es doch, so behandelt zu werden.
GNH
Ugh...
Ja, du freust dich sicher!
Wir haben nachgeforscht. Dein Vater war ein heftiger Sub, der unbedingt beherrscht werden wollte.
Wa...
Haah!
Sagt bloß, ihr habt die Info online gestreut?!
WATSCH

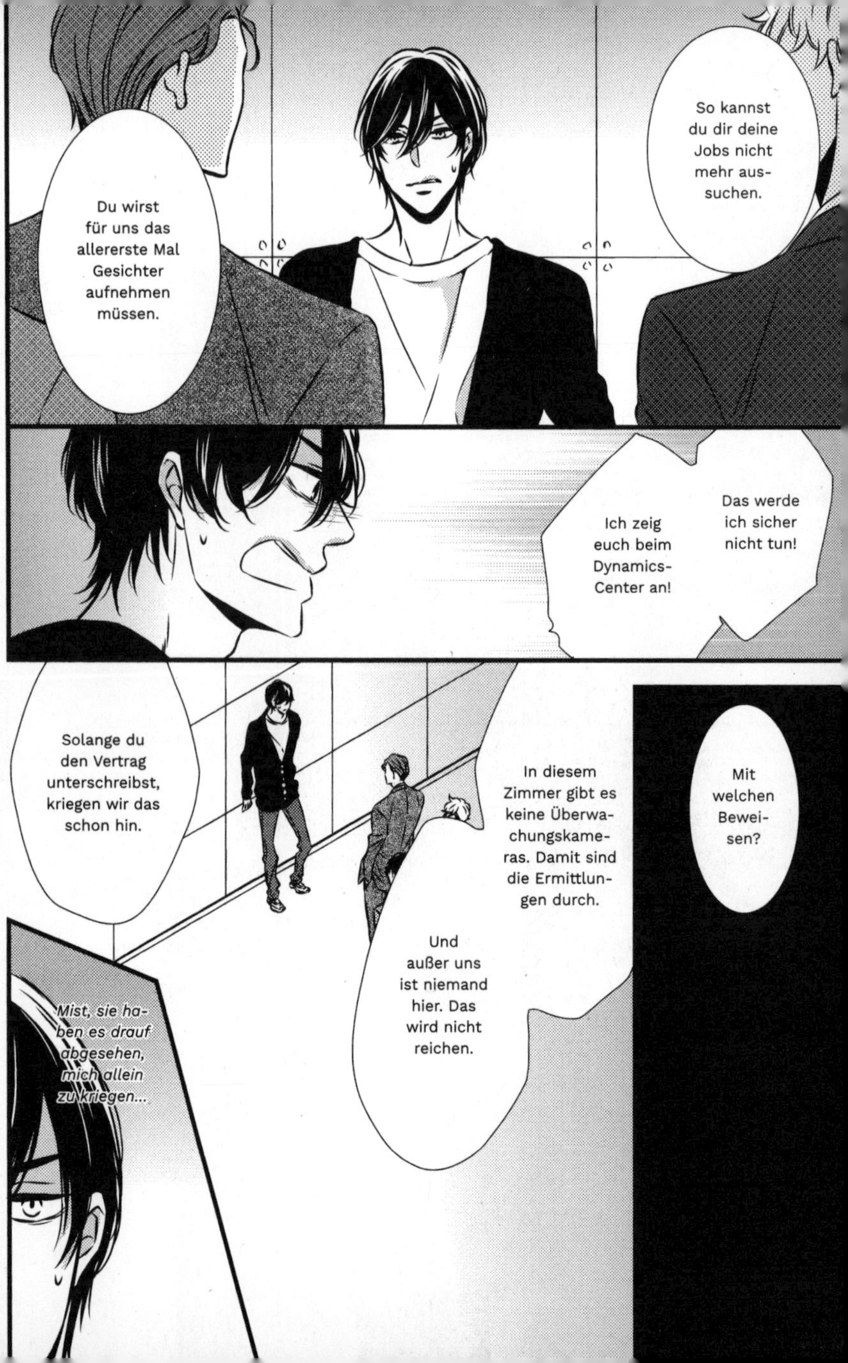

So kannst du dir deine Jobs nicht mehr aussuchen.
Du wirst für uns das allererste Mal Gesichter aufnehmen müssen.
Das werde ich sicher nicht tun!
Ich zeig euch beim Dynamics-Center an!
Mit welchen Beweisen?
In diesem Zimmer gibt es keine Überwachungskameras. Damit sind die Ermittlungen durch.
Und außer uns ist niemand hier. Das wird nicht reichen.
Solange du den Vertrag unterschreibst, kriegen wir das schon hin.
Mist, sie haben es drauf abgesehen, mich allein zu kriegen...

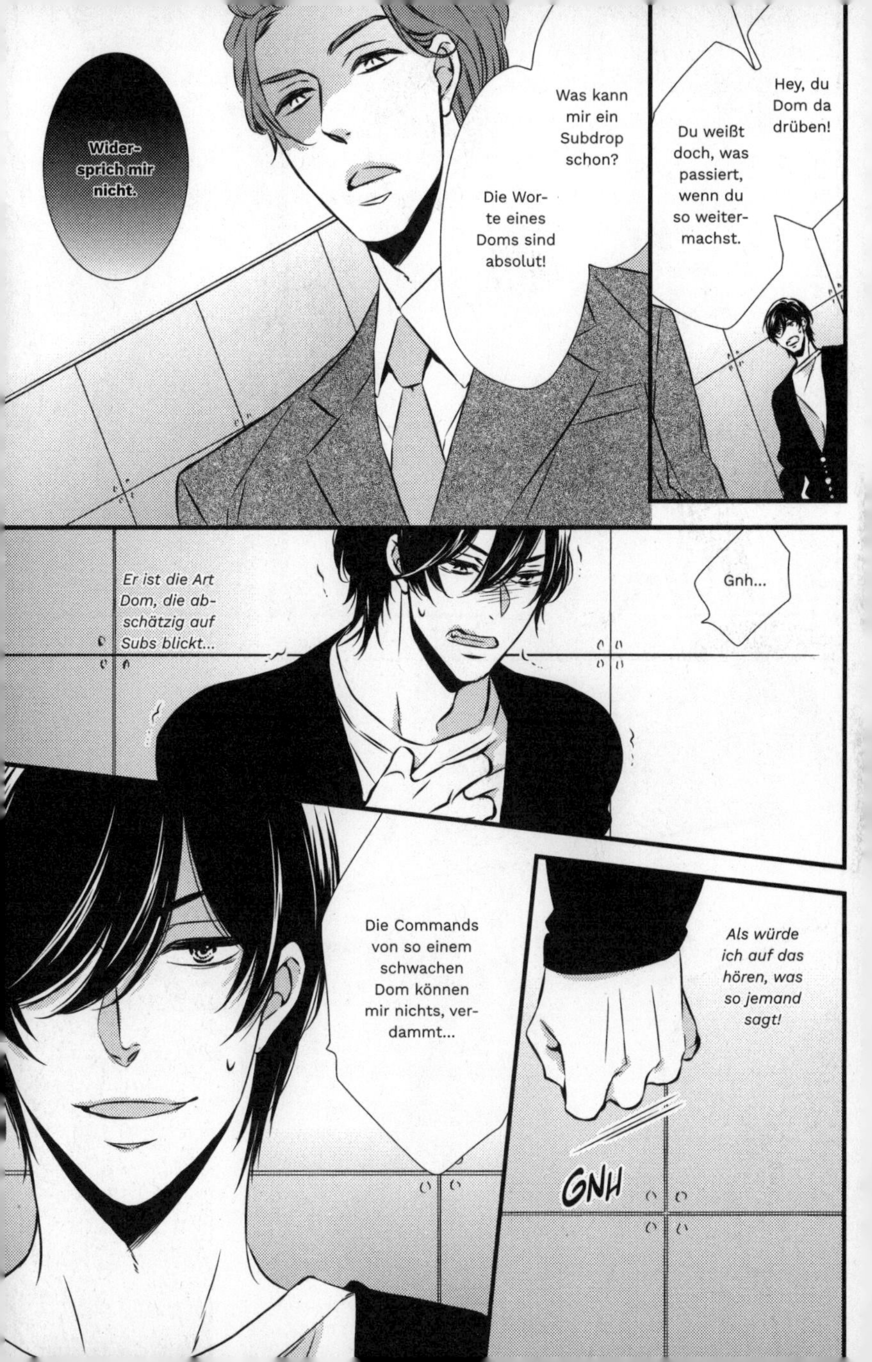
Hey, du Dom da drüben!
Du weißt doch, was passiert, wenn du so weitermachst.
Was kann mir ein Subdrop schon?
Die Worte eines Doms sind absolut!
Widersprich mir nicht.
Gnh...
Er ist die Art Dom, die abschätzig auf Subs blickt...
Als würde ich auf das hören, was so jemand sagt!
GNH
Die Commands von so einem schwachen Dom können mir nichts, verdammt...

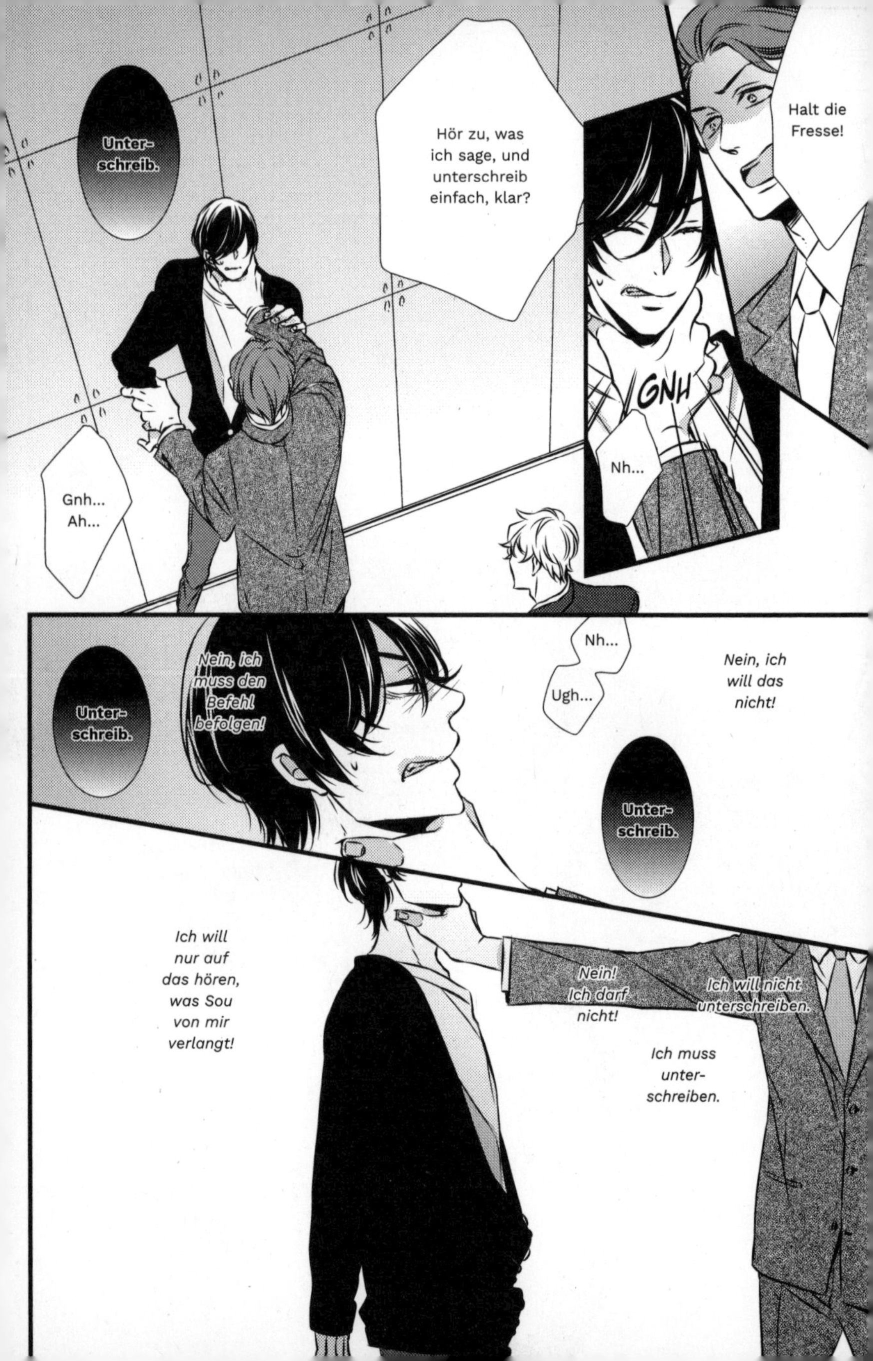
Halt die Fresse!
Hör zu, was ich sage, und unterschreib einfach, klar?
Unter-schreib.
GNH
Nh...
Gnh... Ah...
Nein, ich will das nicht!
Nh...
Ugh...
Nein, ich muss den Befehl befolgen!
Unter-schreib.
Unter-schreib.
Ich will nicht unterschreiben.
Ich muss unter-schreiben.
Nein! Ich darf nicht!
Ich will nur auf das hören, was Sou von mir verlangt!

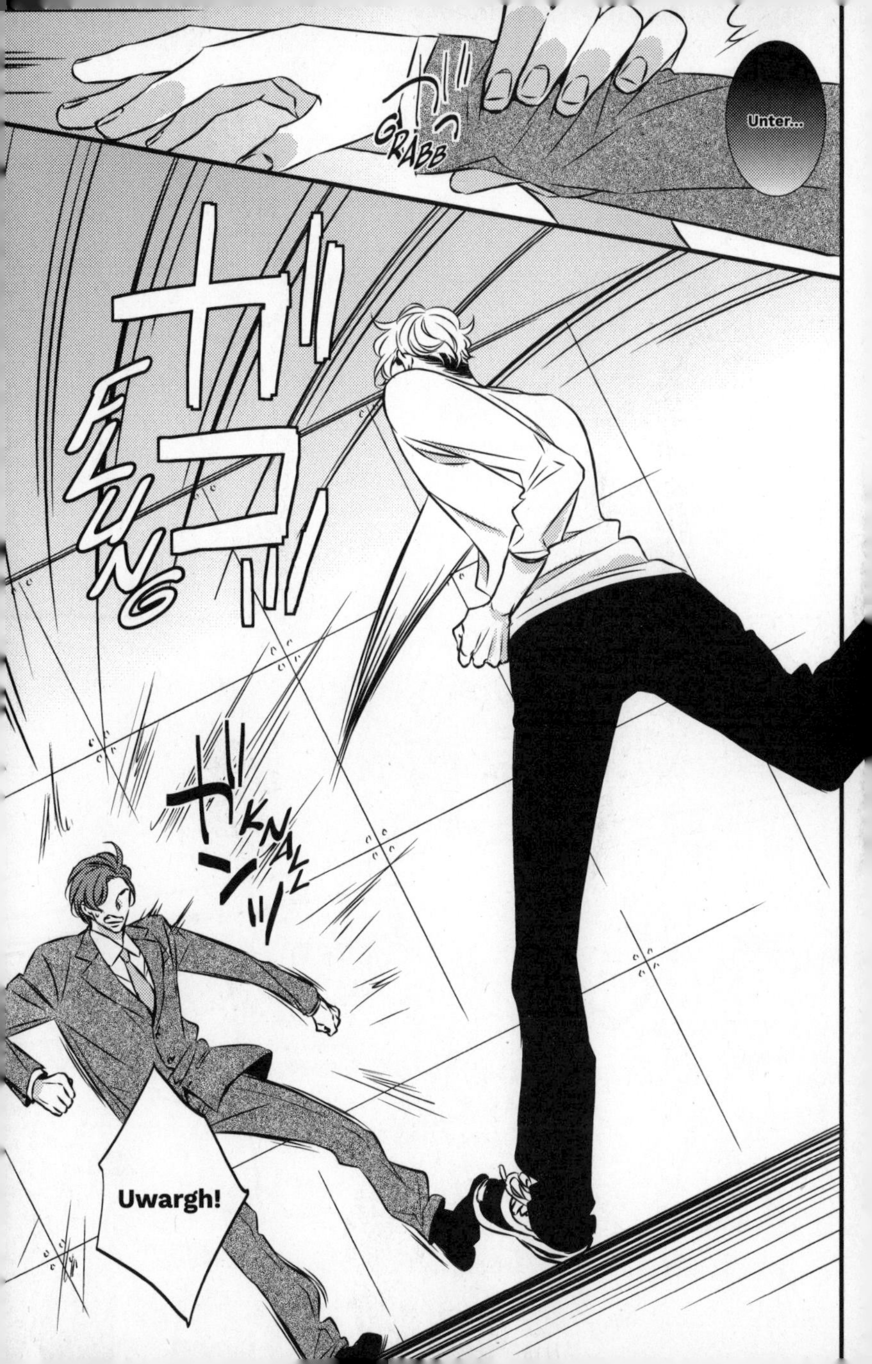
Unter...
GRABB
FLUNG
KNALL
Uwargh!

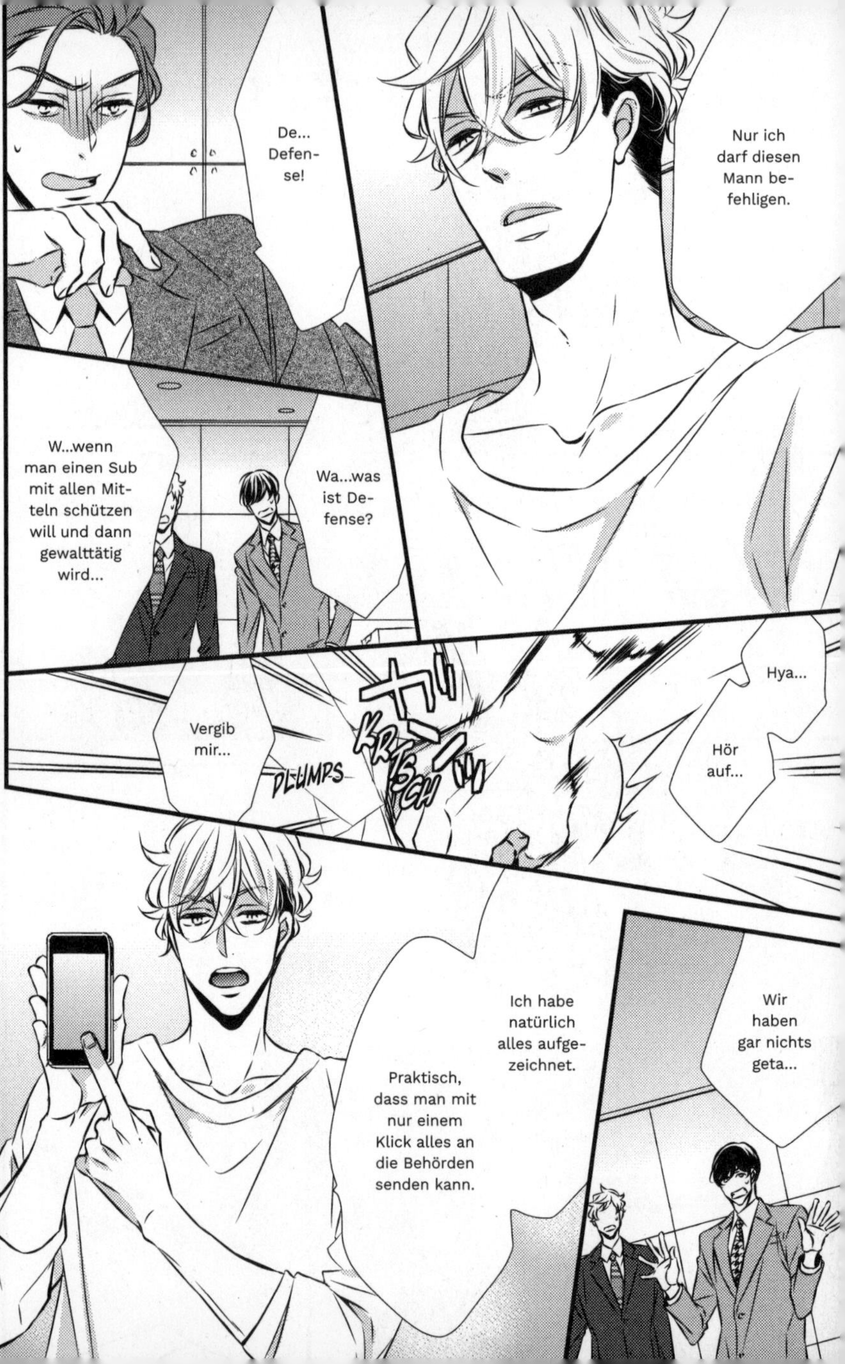
Nur ich darf diesen Mann befehligen.
De... Defense!
Wa...was ist Defense?
W...wenn man einen Sub mit allen Mitteln schützen will und dann gewalttätig wird...
Hya...
Hör auf...
KRTSCH
DLUMPS
Vergib mir...
Wir haben gar nichts geta...
Ich habe natürlich alles aufgezeichnet.
Praktisch, dass man mit nur einem Klick alles an die Behörden senden kann.

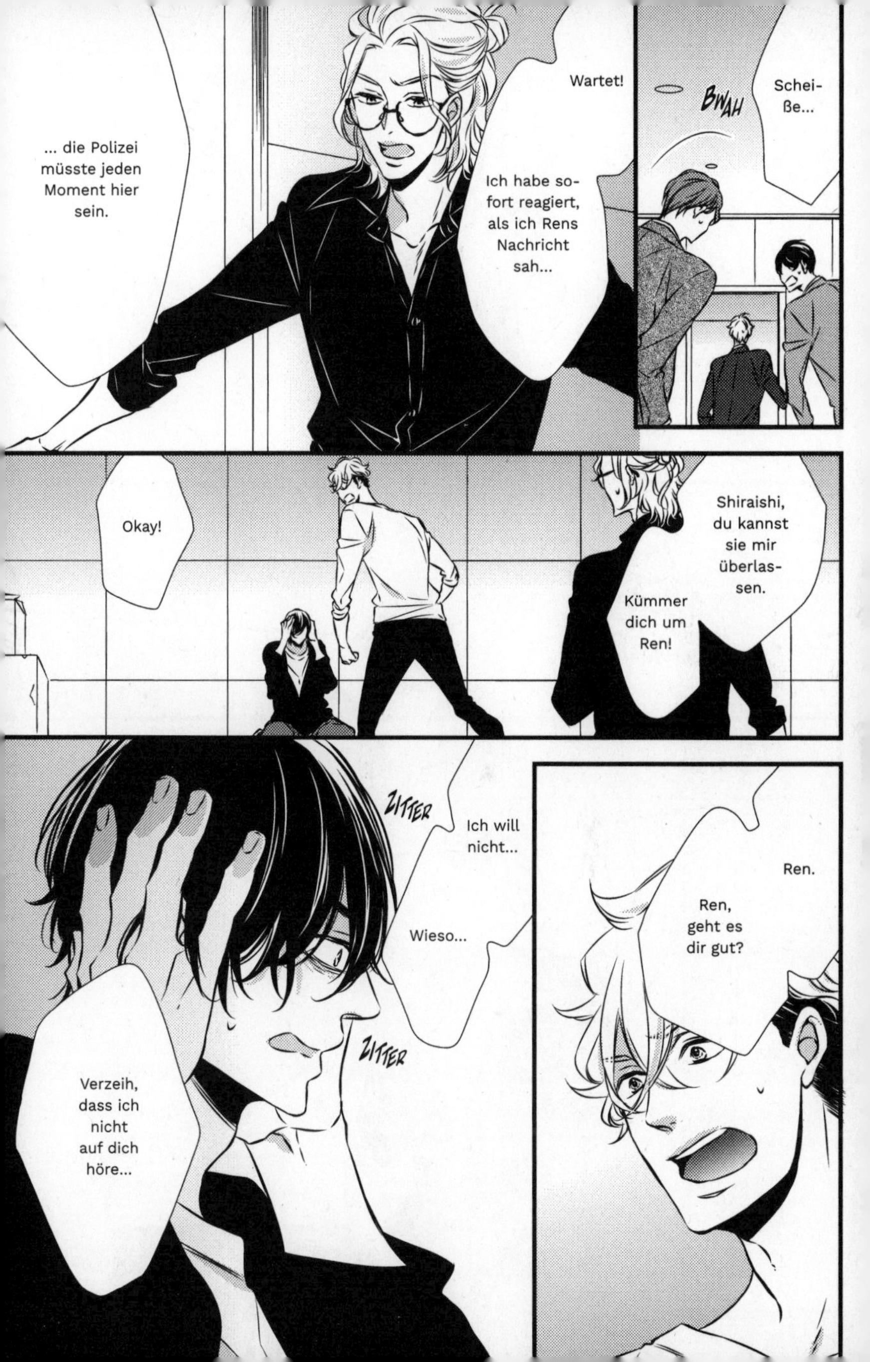
BWAH
Scheiße...
Wartet!
Ich habe sofort reagiert, als ich Rens Nachricht sah...
... die Polizei müsste jeden Moment hier sein.
Shiraishi, du kannst sie mir überlassen.
Kümmer dich um Ren!
Okay!
Ren.
Ren, geht es dir gut?
ZITTER
Ich will nicht...
Wieso...
ZITTER
Verzeih, dass ich nicht auf dich höre...

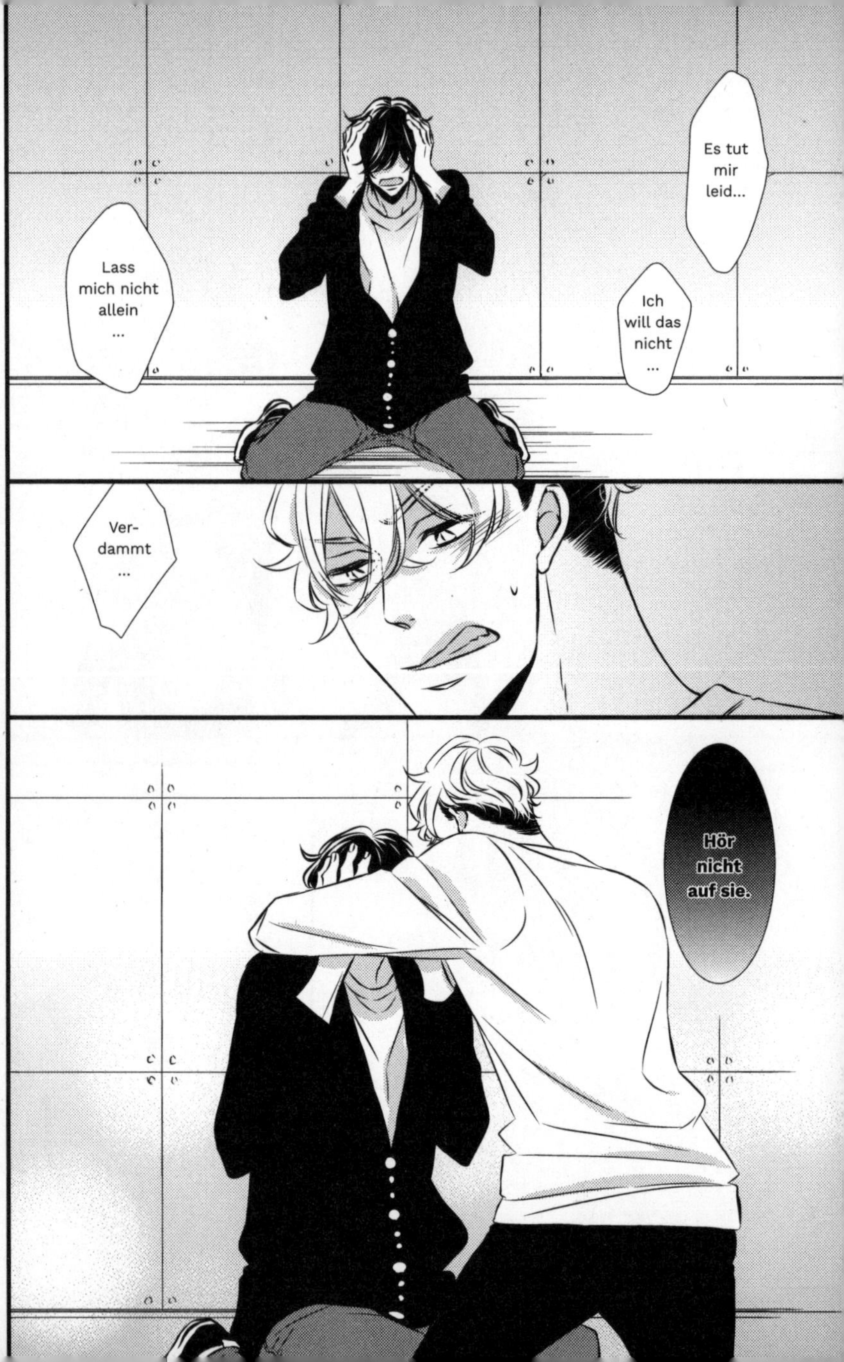
Es tut mir leid...
Ich will das nicht ...
Lass mich nicht allein ...
Ver-dammt ...
Hör nicht auf sie.

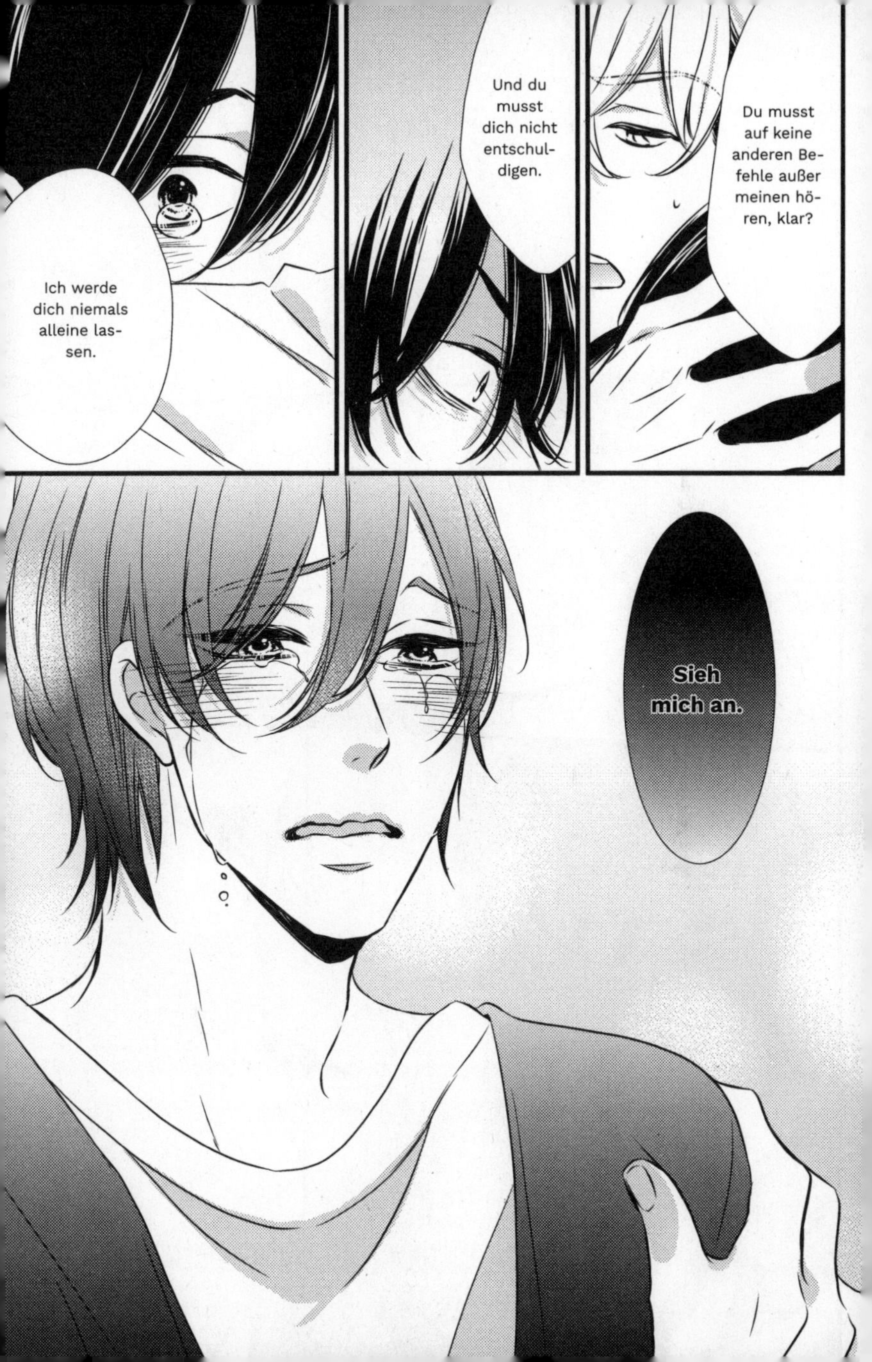
Du musst auf keine anderen Befehle außer meinen hören, klar?
Und du musst dich nicht entschuldigen.
Ich werde dich niemals alleine lassen.
Sieh mich an.

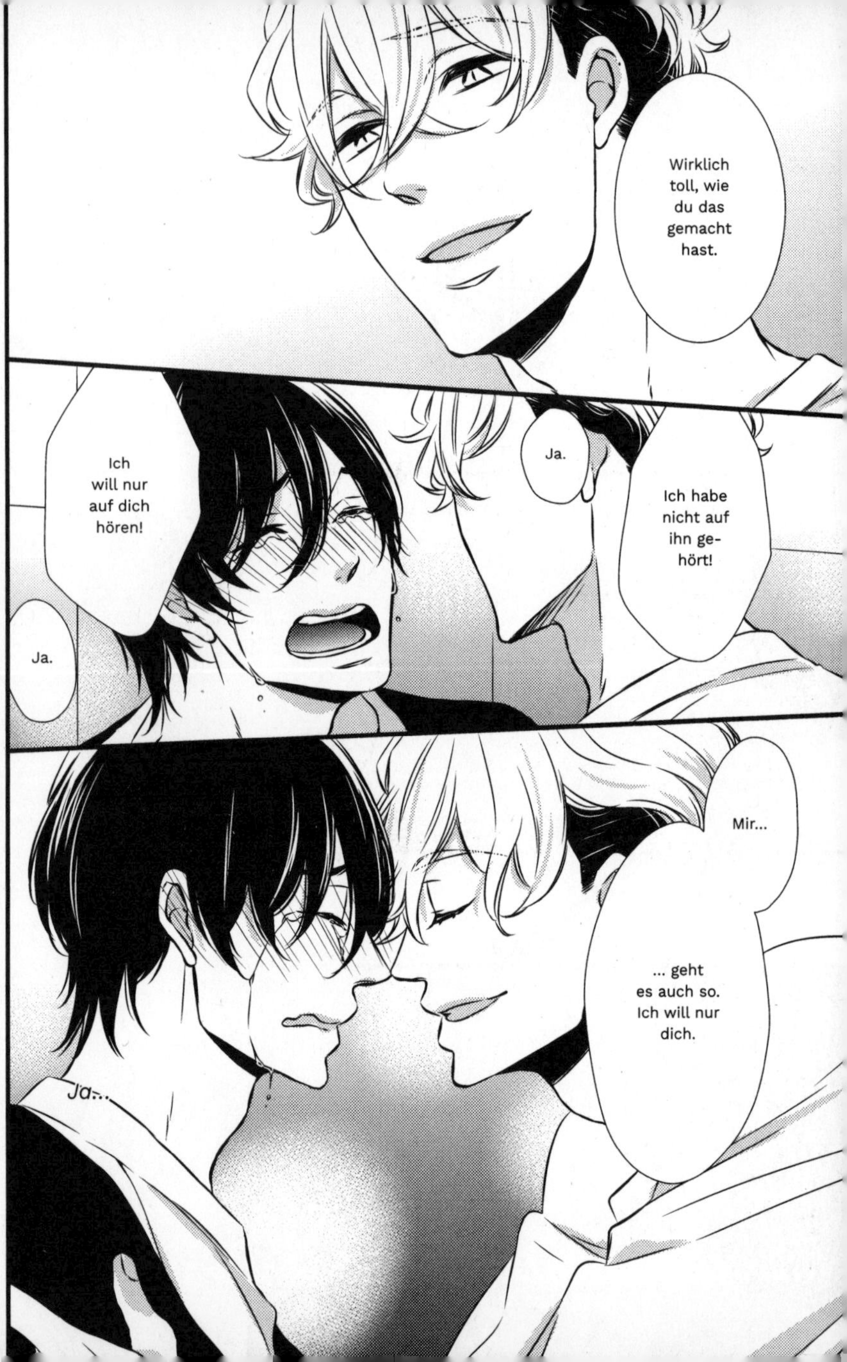
Wirklich toll, wie du das gemacht hast.
Ich habe nicht auf ihn gehört!
Ja.
Ich will nur auf dich hören!
Ja.
Mir...
... geht es auch so. Ich will nur dich.
Ja...

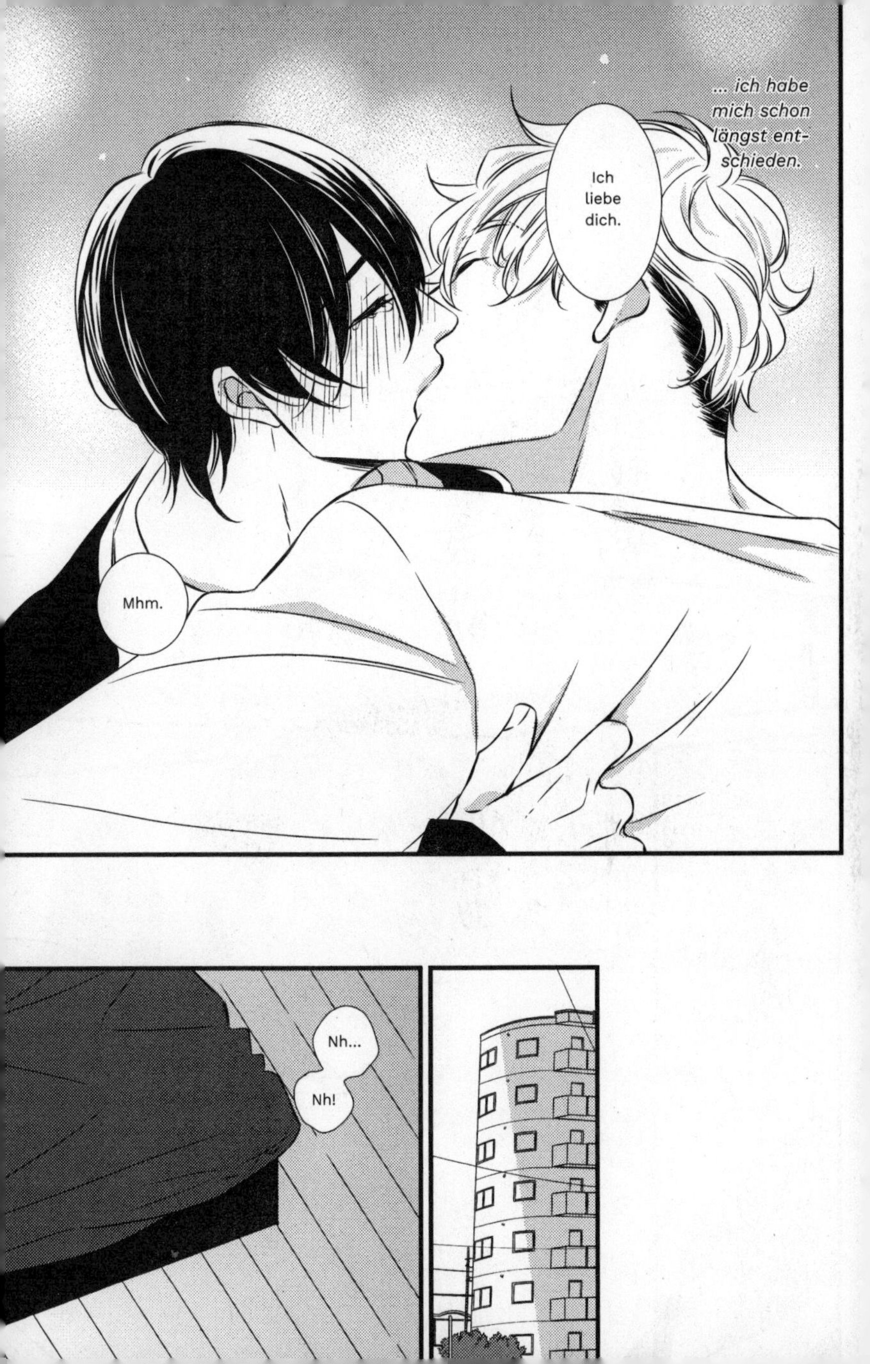
... ich habe mich schon längst entschieden.
Ich liebe dich.
Mhm.
Nh...
Nh!

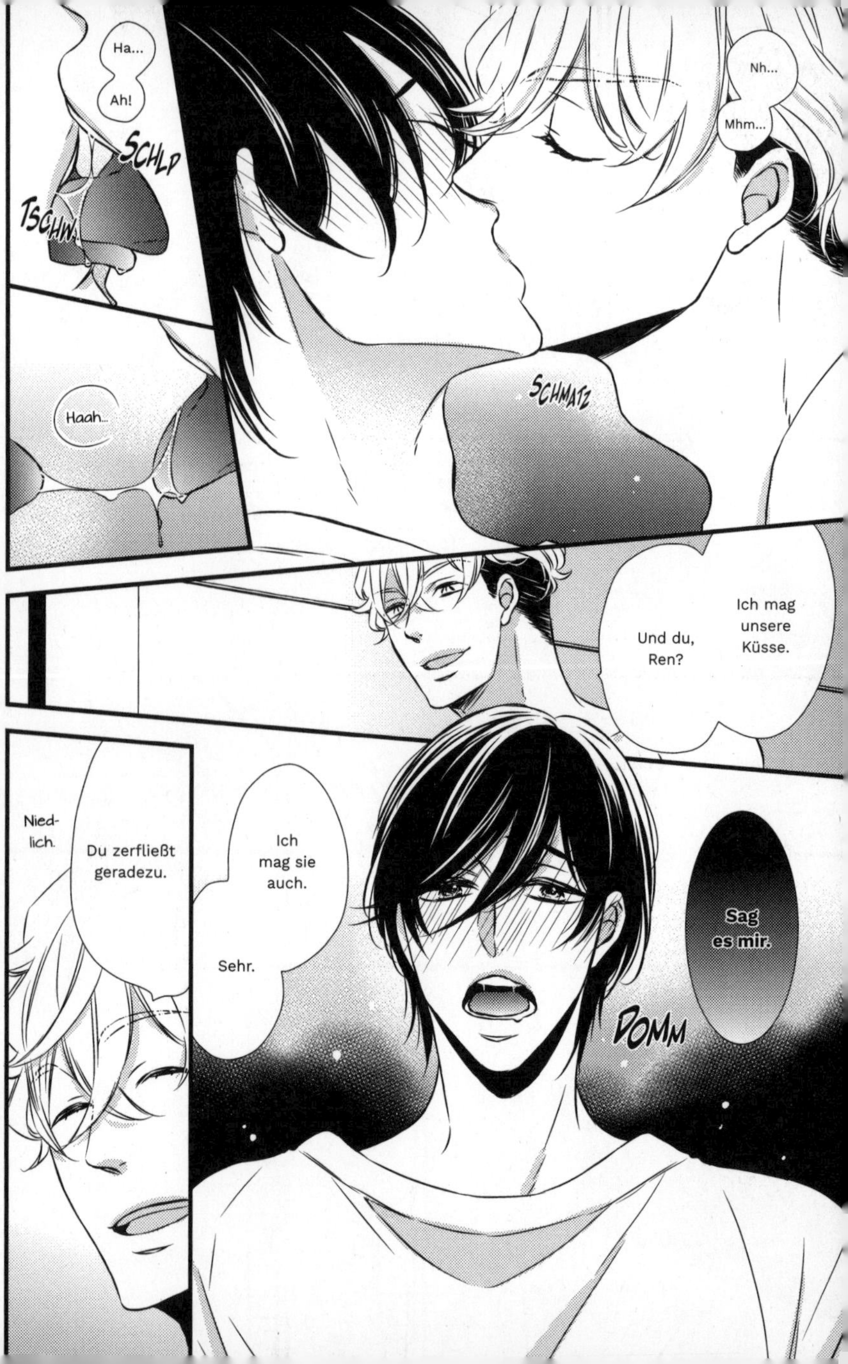
Nh...
Mhm...
Ha...
Ah!
SCHLP
TSCHW
SCHMATZ
Haah...
Ich mag unsere Küsse.
Und du, Ren?
Sag es mir.
DOMM
Ich mag sie auch.
Sehr.
Du zerfließt geradezu.
Nied-lich.

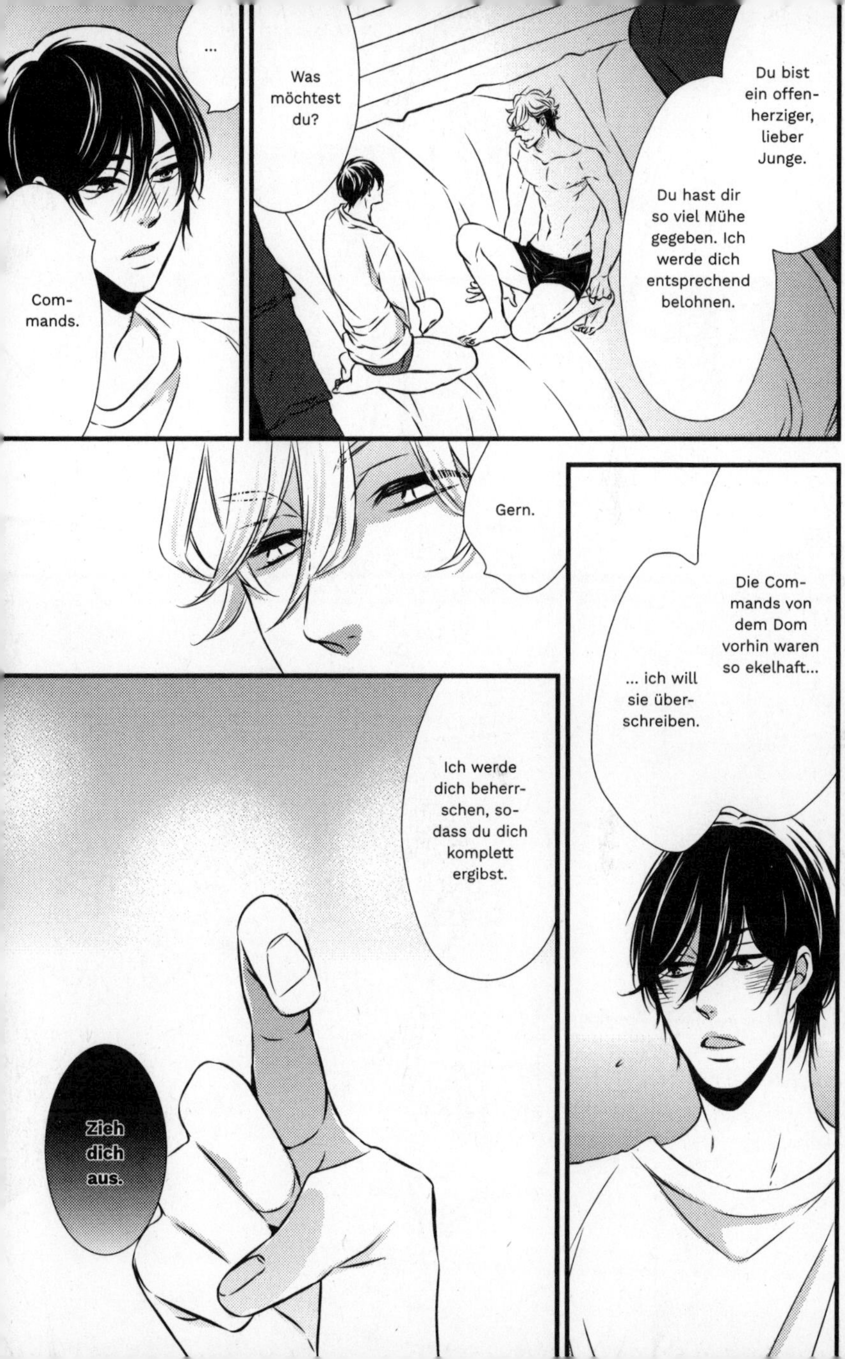
Du bist ein offenherziger, lieber Junge.
Du hast dir so viel Mühe gegeben. Ich werde dich entsprechend belohnen.
Was möchtest du?
...
Commands.
Die Commands von dem Dom vorhin waren so ekelhaft...
... ich will sie überschreiben.
Gern.
Ich werde dich beherrschen, sodass du dich komplett ergibst.
Zieh dich aus.

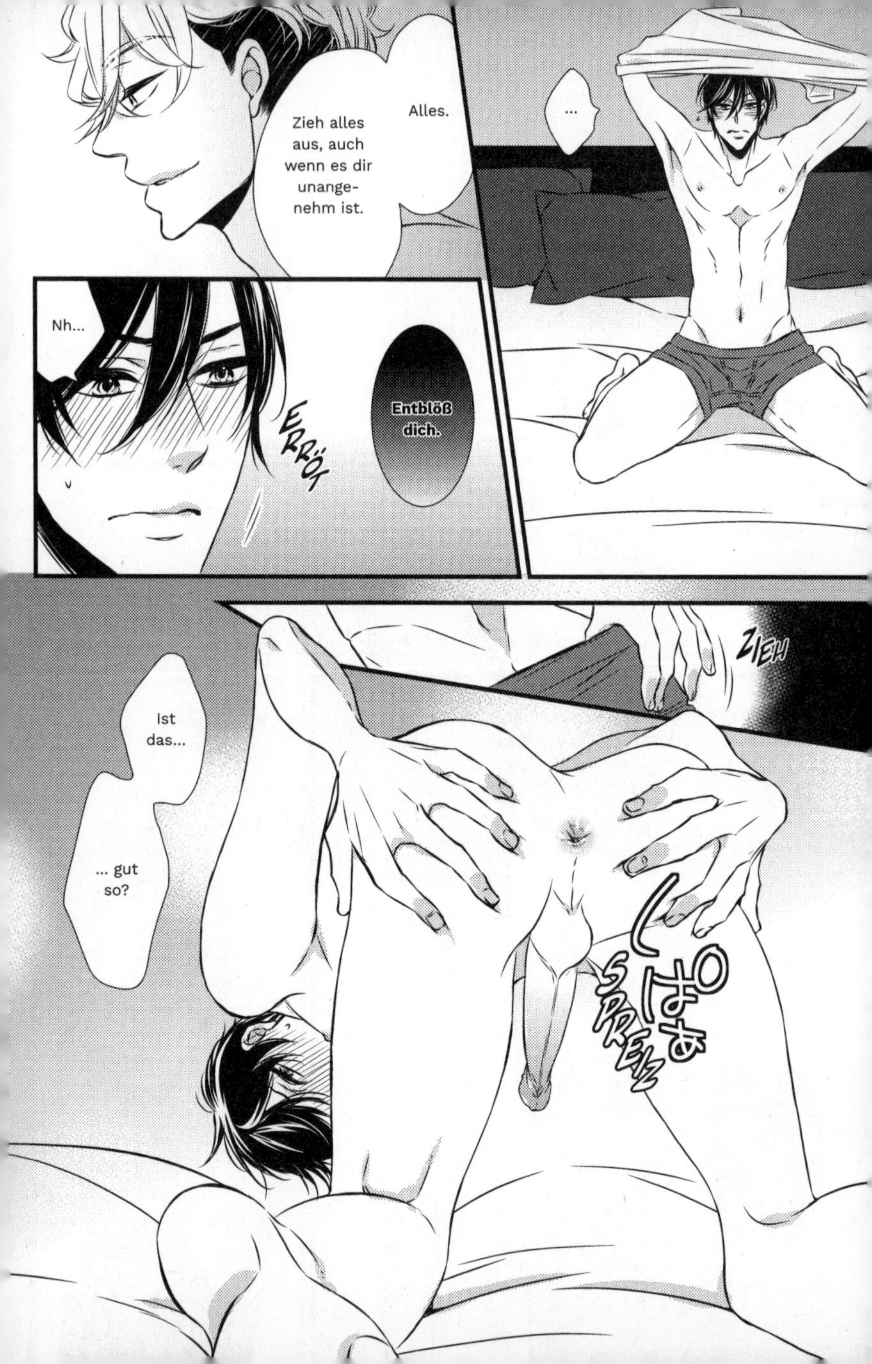
...
Alles.
Zieh alles aus, auch wenn es dir unangenehm ist.
Entblöß dich.
ERRÖT
Nh...
ZIEH
SPREIZ
Ist das...
... gut so?

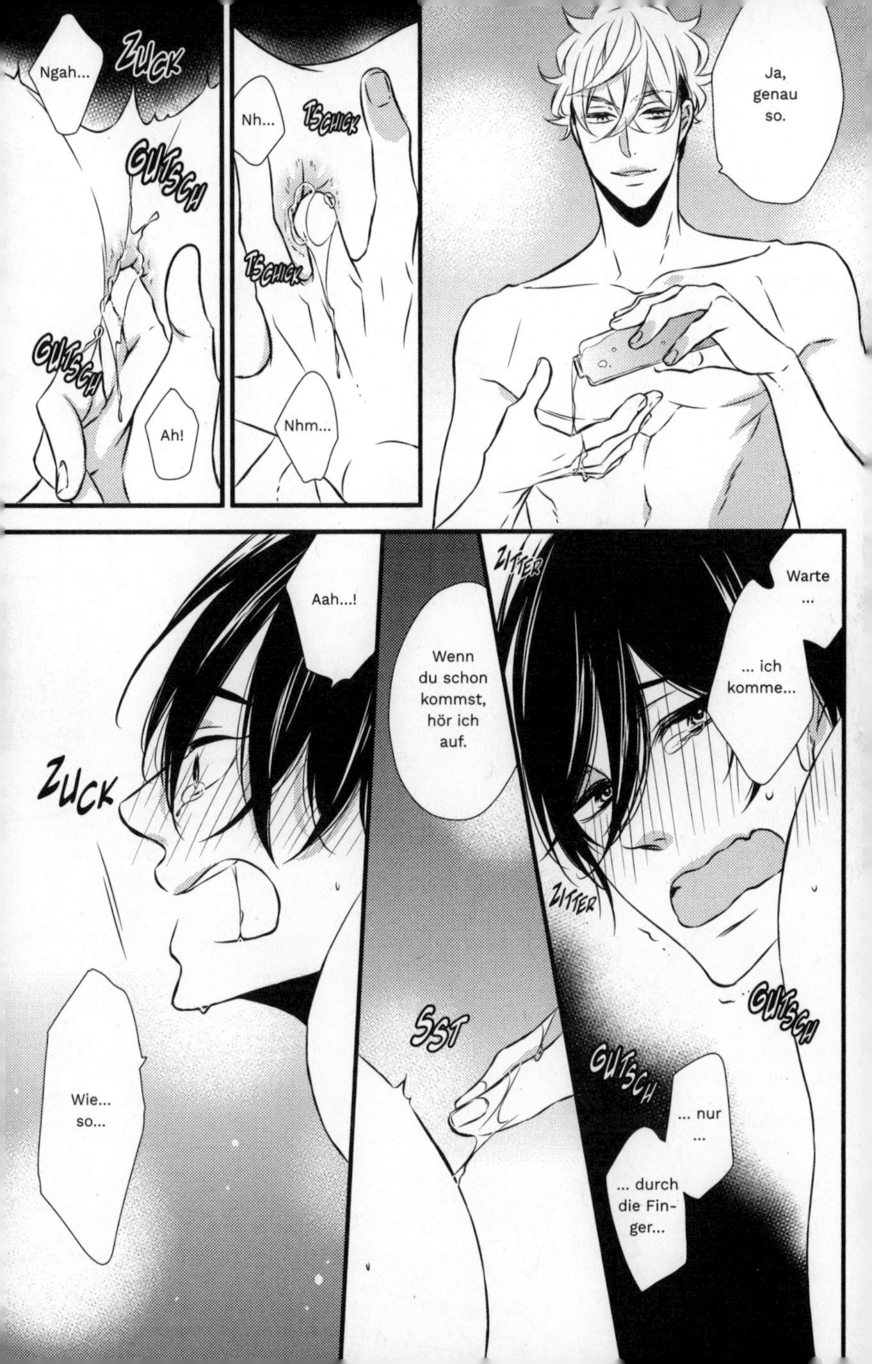
Ja, genau so.
Nh...
TSCHICK
TSCHICK
Nhm...
Ngah...
ZUCK
GUTSCH
GUTSCH
Ah!
Warte ...
ZITTER
... ich komme...
ZITTER
GUTSCH
GUTSCH
... nur ...
... durch die Finger...
Wenn du schon kommst, hör ich auf.
SST
Aah...!
ZUCK
Wie... so...

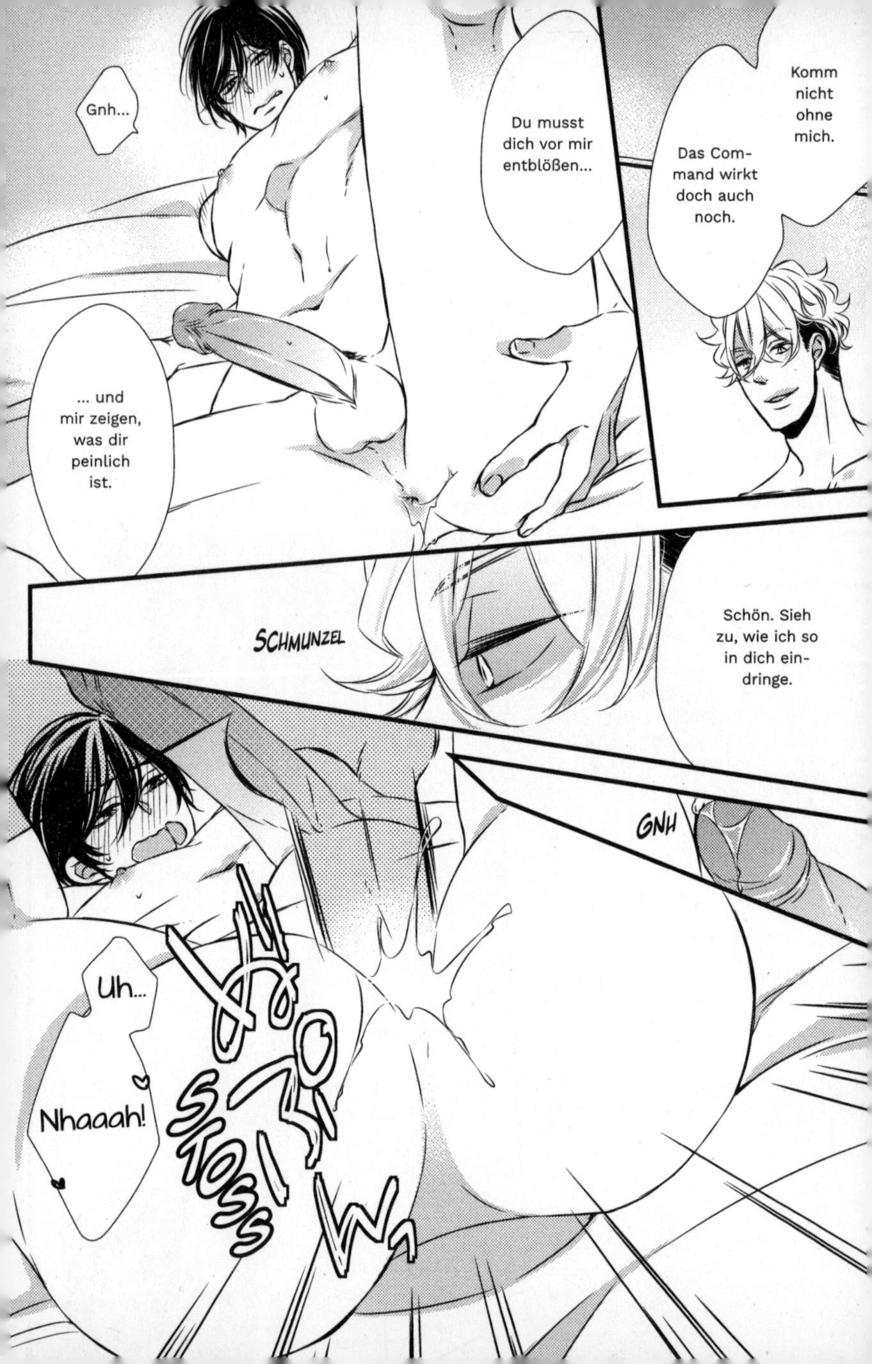

Komm nicht ohne mich.
Das Command wirkt doch auch noch.
Du musst dich vor mir entblößen...
Gnh...
... und mir zeigen, was dir peinlich ist.
Schön. Sieh zu, wie ich so in dich eindringe.
SCHMUNZEL
GNH
Uh...
Nhaaah!

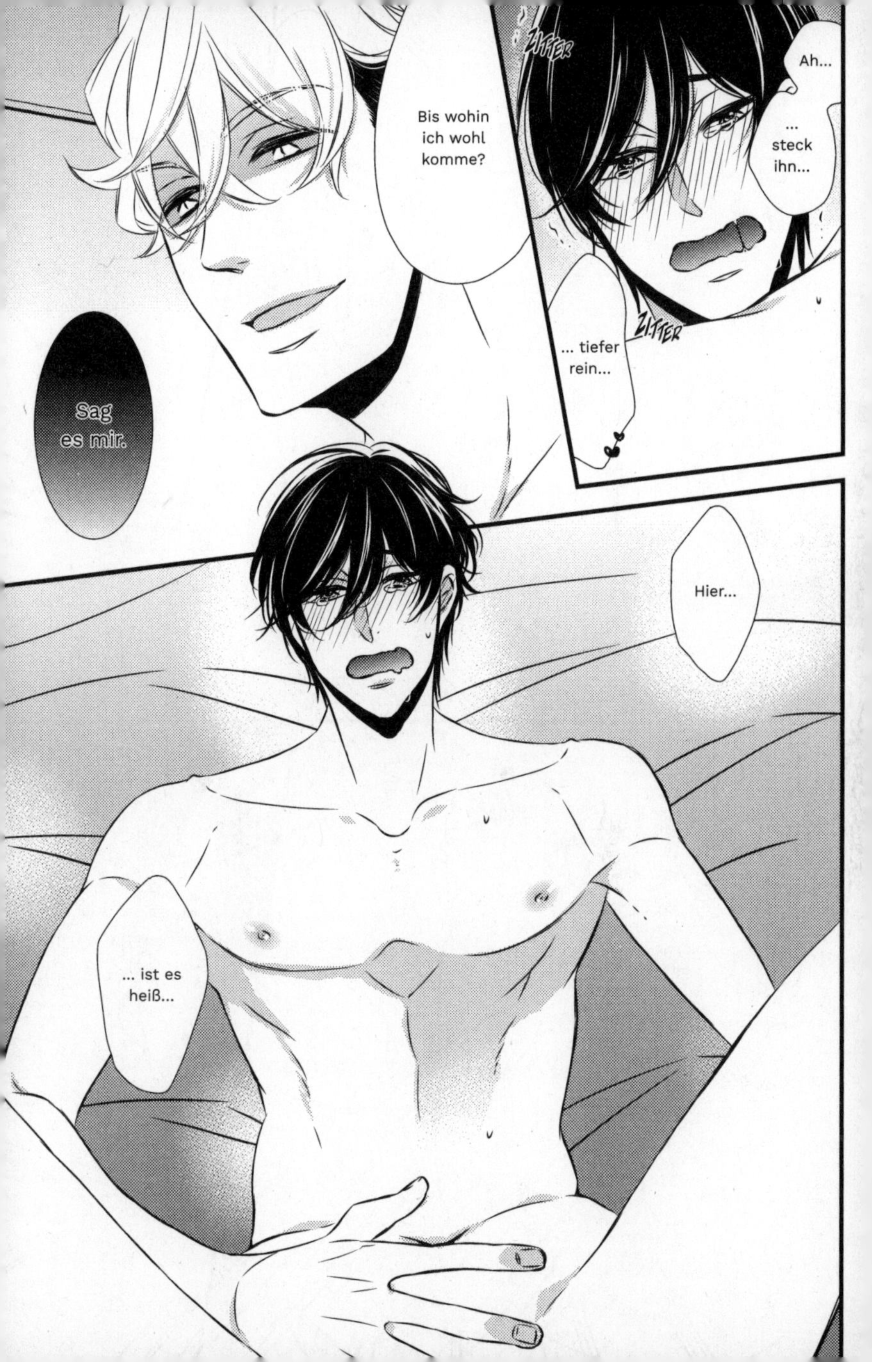
Bis wohin ich wohl komme?
Sag es mir.
ZITTER
Ah...
... steck ihn...
ZITTER
... tiefer rein...
Hier...
... ist es heiß...

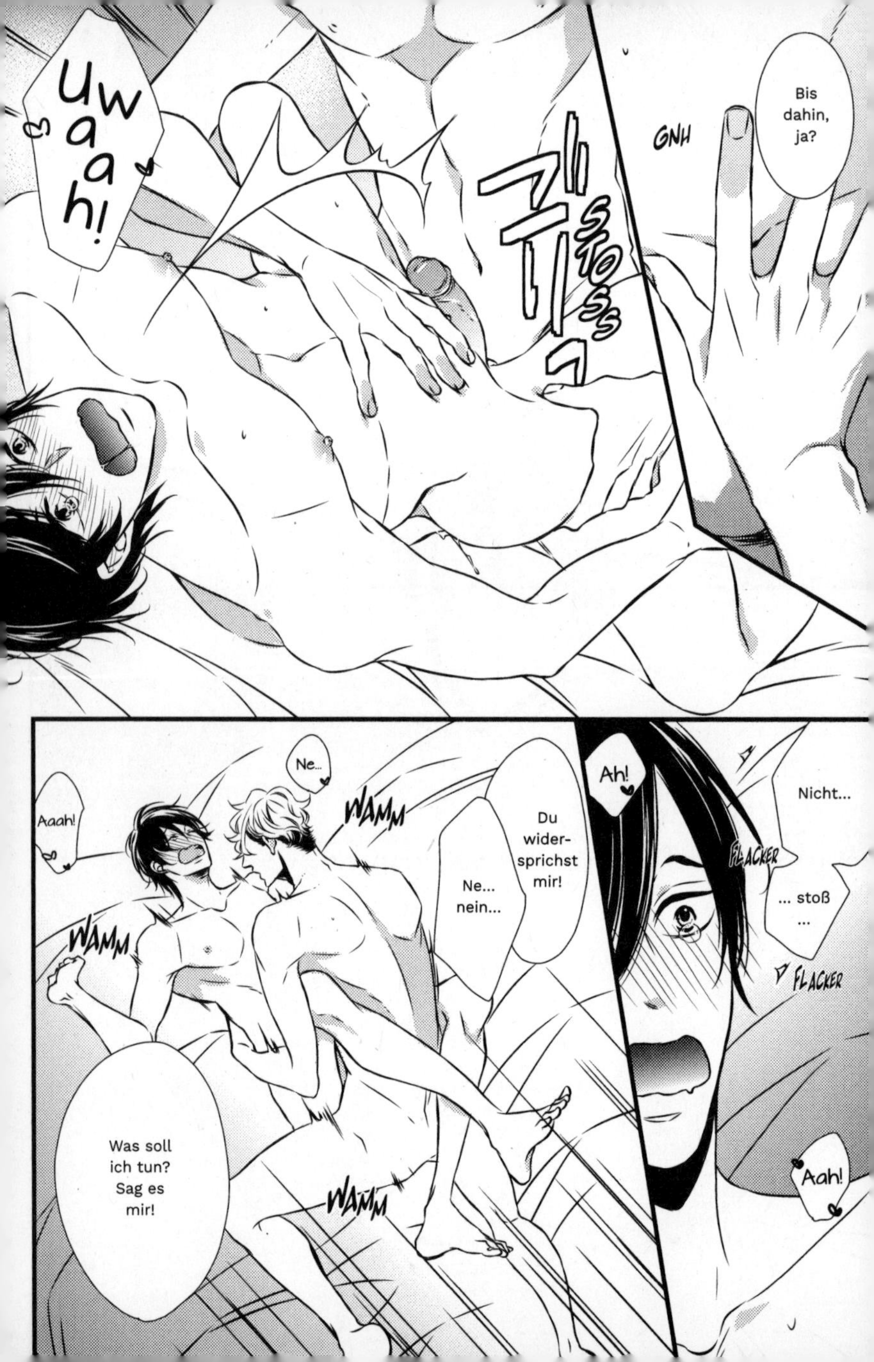
Bis dahin, ja?
GNH
STOSSS
Uwaaah!
Ah!
Nicht...
FLACKER
... stoß ...
FLACKER
Aah!
Du wider-sprichst mir!
Ne... nein...
Ne...
WAMM
Aaah!
WAMM
Was soll ich tun? Sag es mir!
WAMM

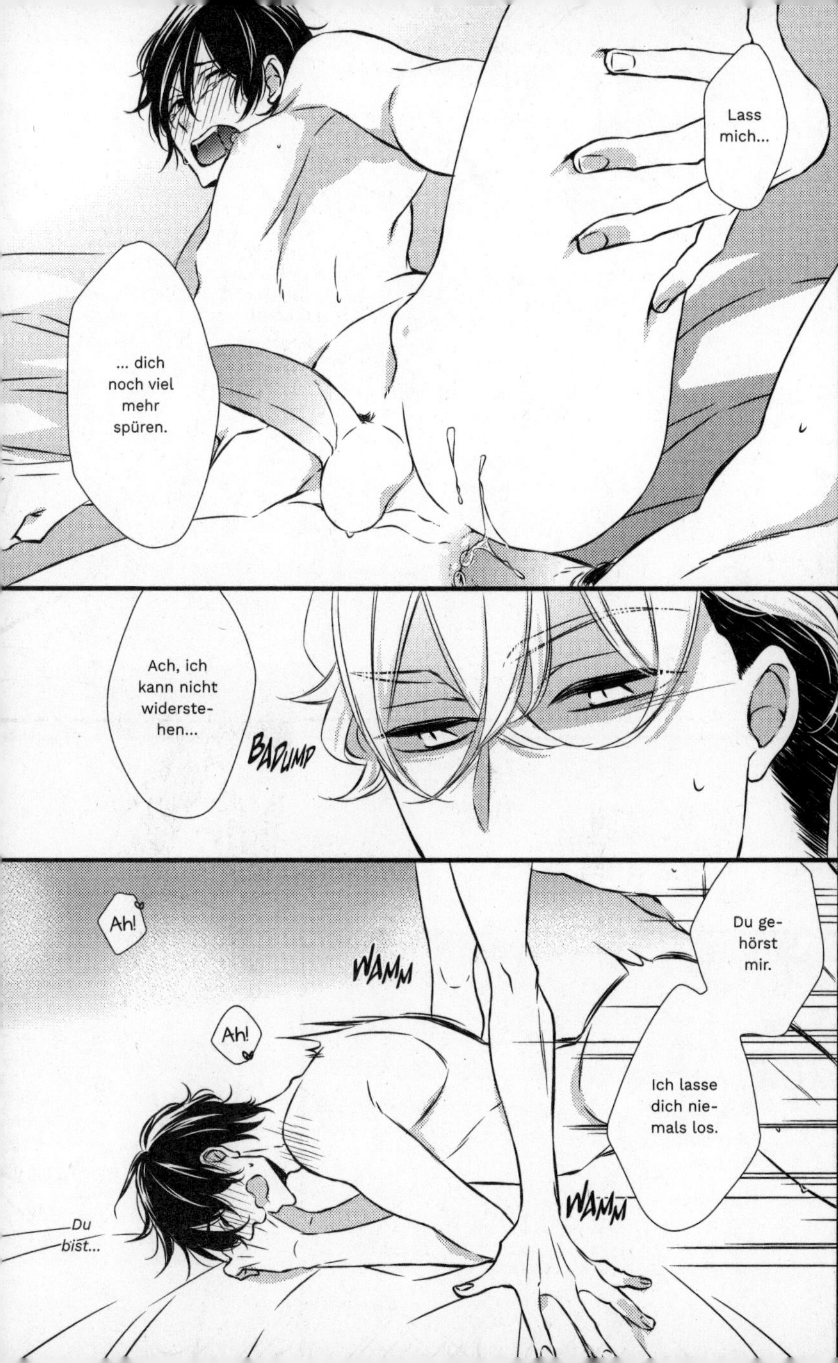
Lass mich...
... dich noch viel mehr spüren.
Ach, ich kann nicht widerste-hen...
BADUMP
Du ge-hörst mir.
WAMM
Ah!
Ah!
Ich lasse dich nie-mals los.
WAMM
Du bist...

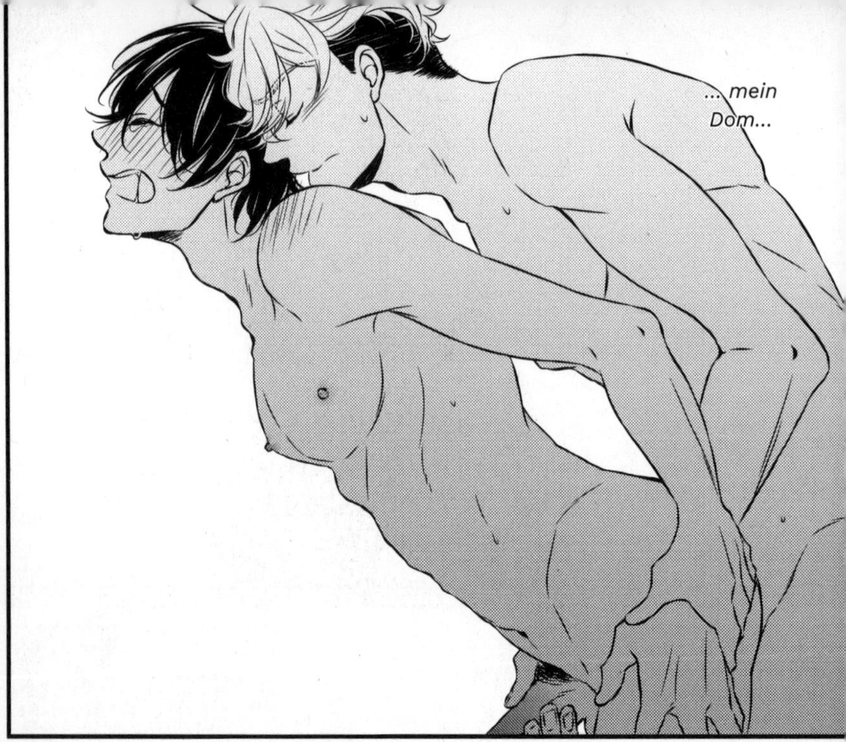
... mein
Dom...

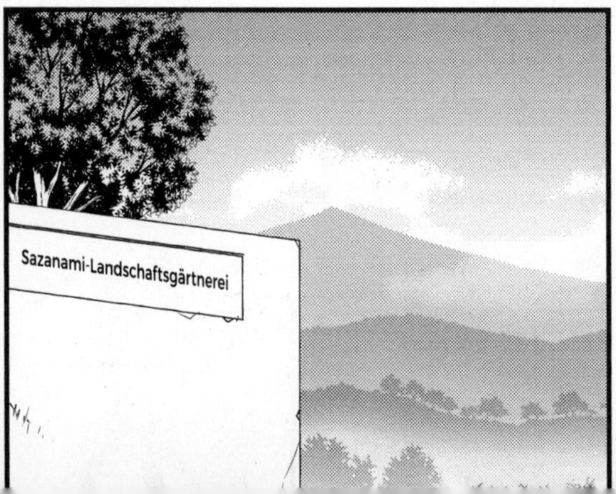
Sazanami-Landschaftsgärtnerei

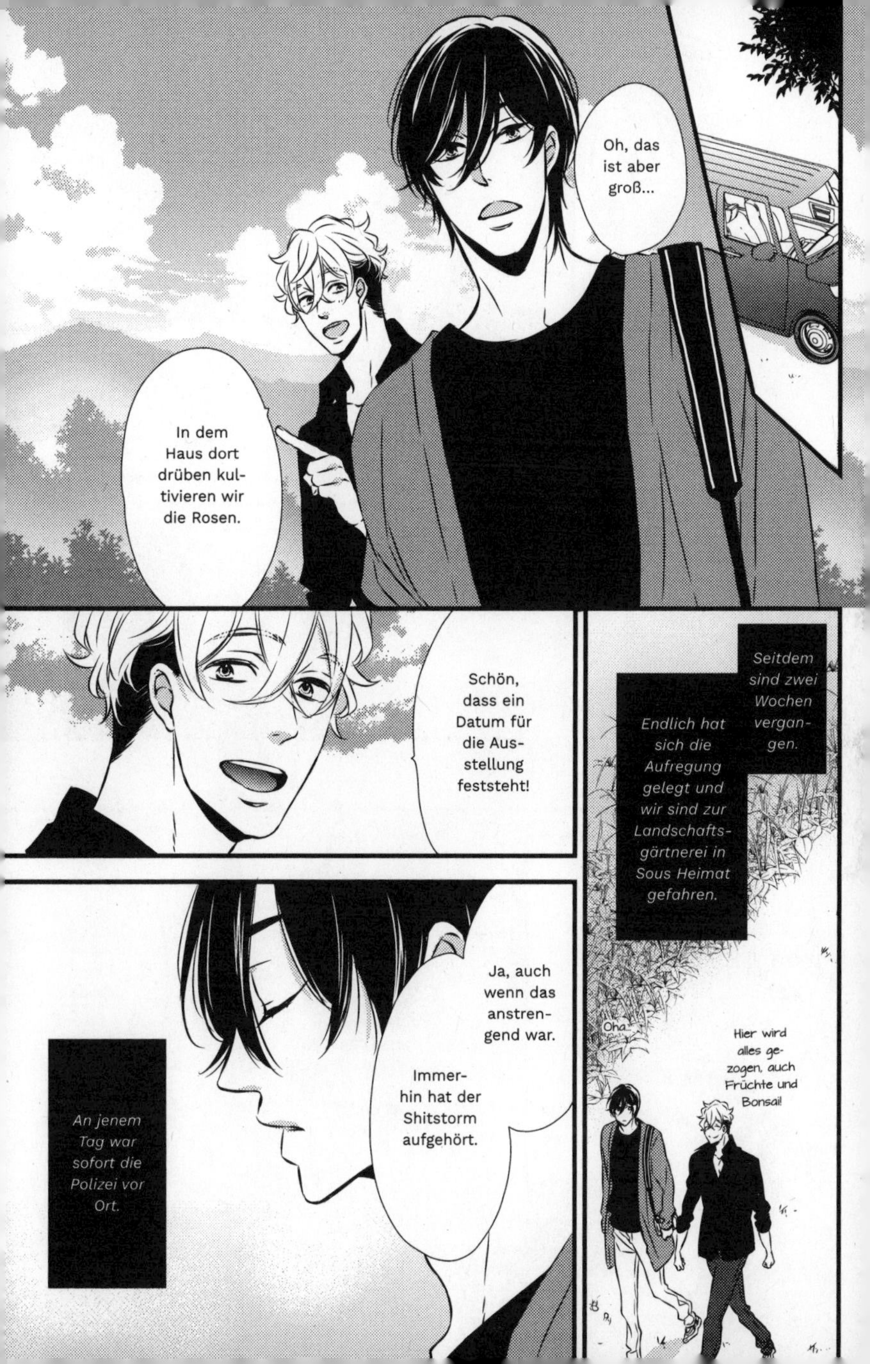
Oh, das ist aber groß...
In dem Haus dort drüben kultivieren wir die Rosen.
Seitdem sind zwei Wochen vergangen.
Endlich hat sich die Aufregung gelegt und wir sind zur Landschaftsgärtnerei in Sous Heimat gefahren.
Oha-
Hier wird alles gezogen, auch Früchte und Bonsai!
Schön, dass ein Datum für die Ausstellung feststeht!
Ja, auch wenn das anstrengend war.
Immerhin hat der Shitstorm aufgehört.
An jenem Tag war sofort die Polizei vor Ort.

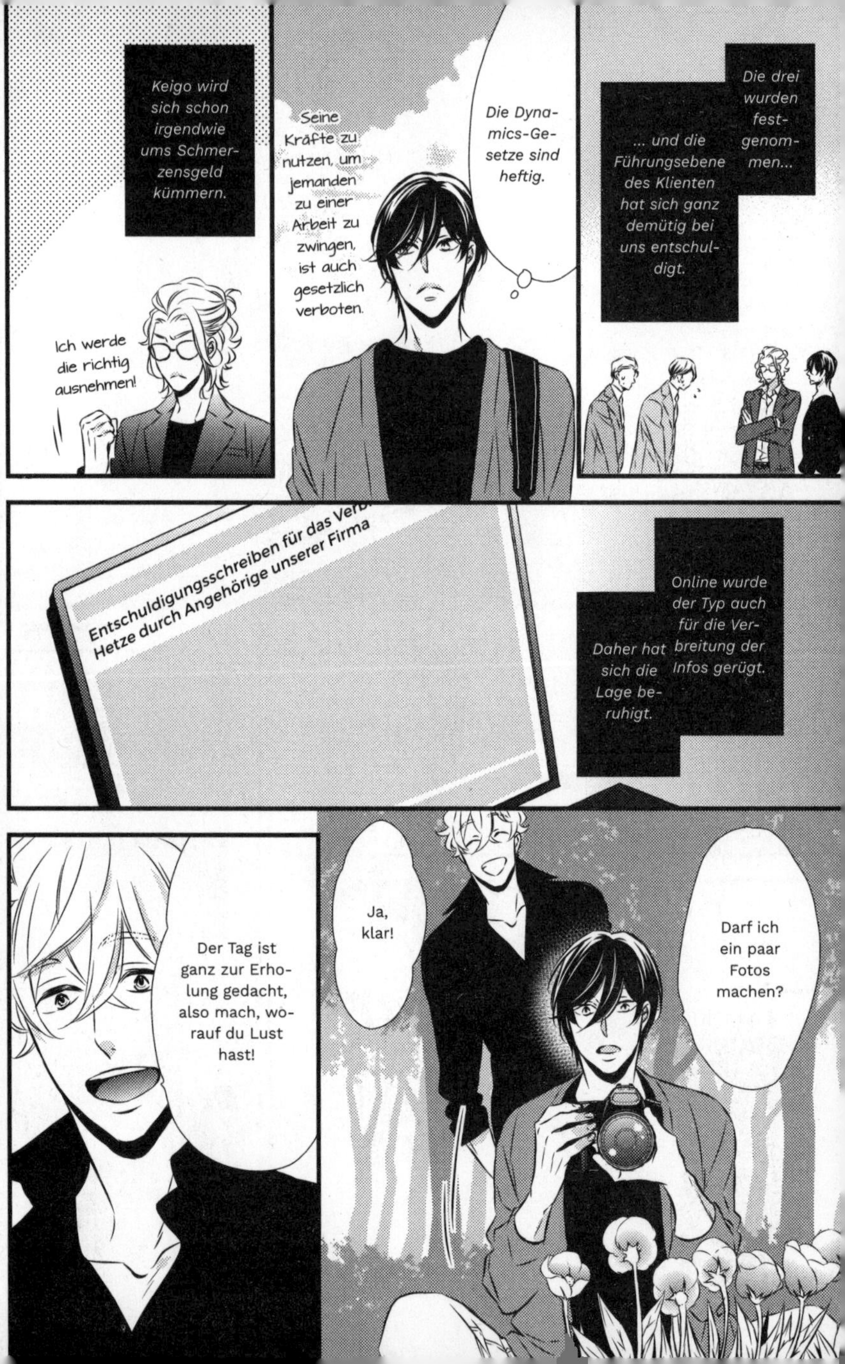

Die drei wurden festgenommen...
... und die Führungsebene des Klienten hat sich ganz demütig bei uns entschuldigt.
Die Dynamics-Gesetze sind heftig.
Seine Kräfte zu nutzen, um jemanden zu einer Arbeit zu zwingen, ist auch gesetzlich verboten.
Keigo wird sich schon irgendwie ums Schmerzensgeld kümmern.
Ich werde die richtig ausnehmen!
Online wurde der Typ auch für die Verbreitung der Infos gerügt.
Daher hat sich die Lage beruhigt.
Entschuldigungsschreiben für das Verb
Hetze durch Angehörige unserer Firma
Darf ich ein paar Fotos machen?
Ja, klar!
Der Tag ist ganz zur Erholung gedacht, also mach, worauf du Lust hast!

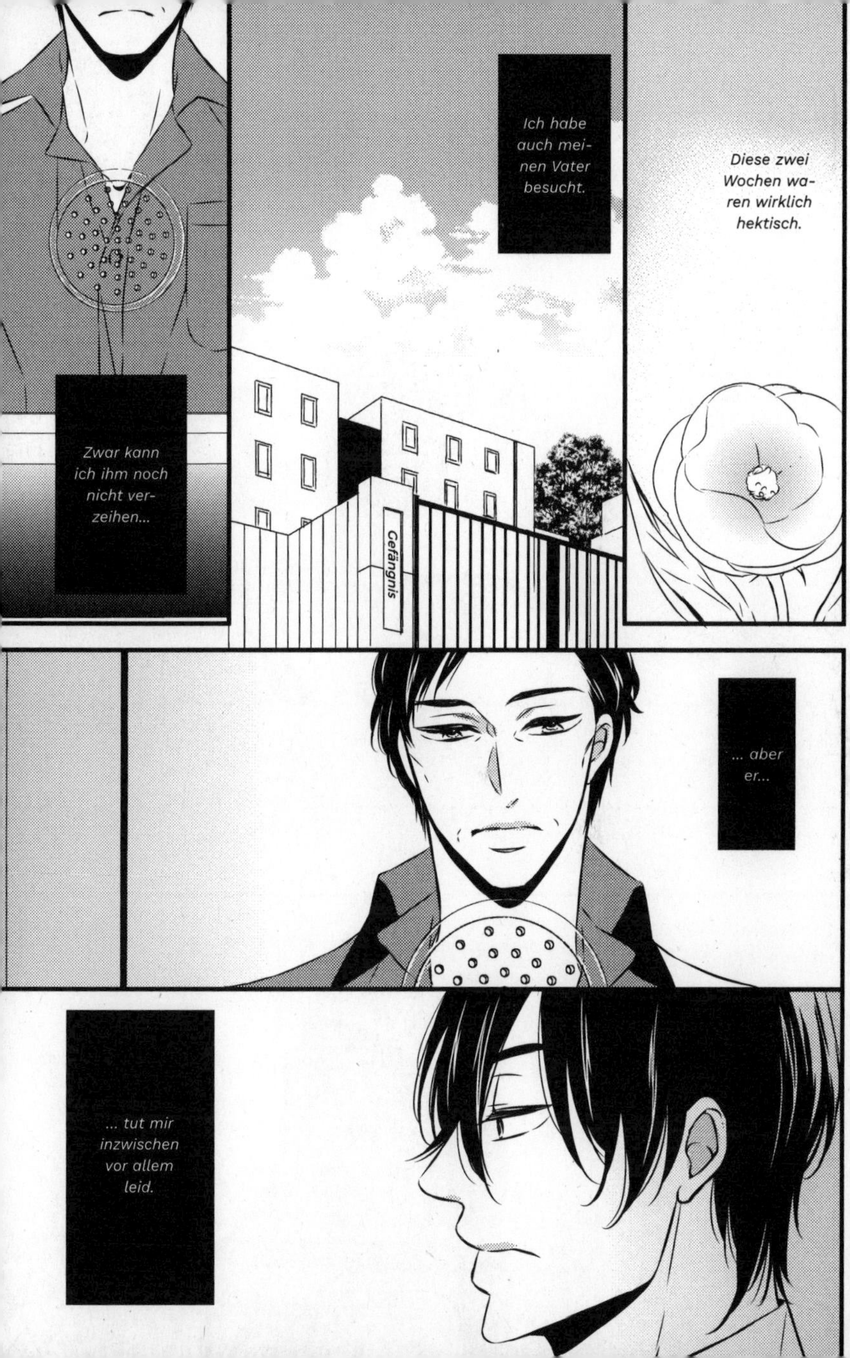

Diese zwei Wochen waren wirklich hektisch.
Ich habe auch meinen Vater besucht.
Gefängnis
Zwar kann ich ihm noch nicht verzeihen...
... aber er...
... tut mir inzwischen vor allem leid.

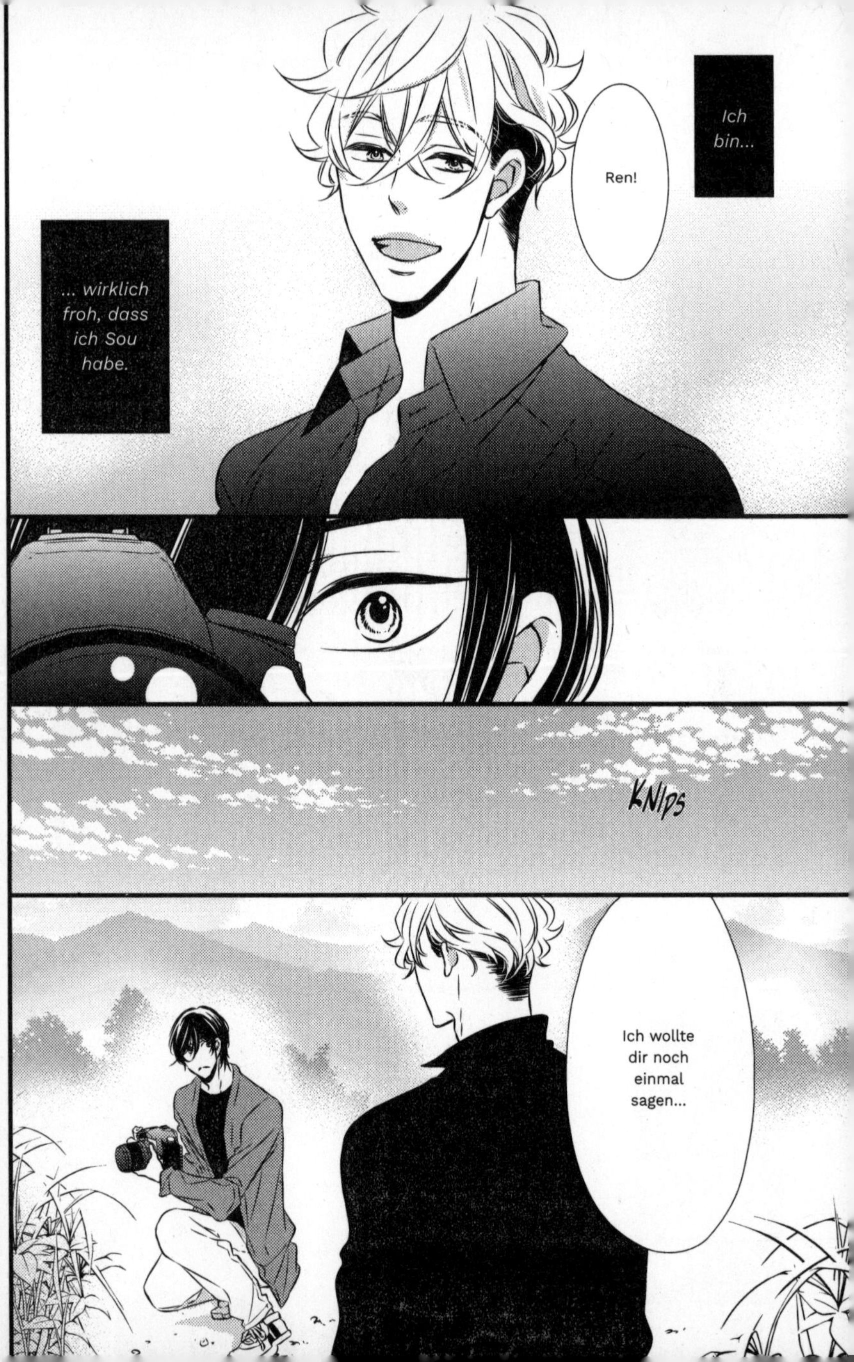
Ich bin...
Ren!
... wirklich froh, dass ich Sou habe.
KNIPS
Ich wollte dir noch einmal sagen...

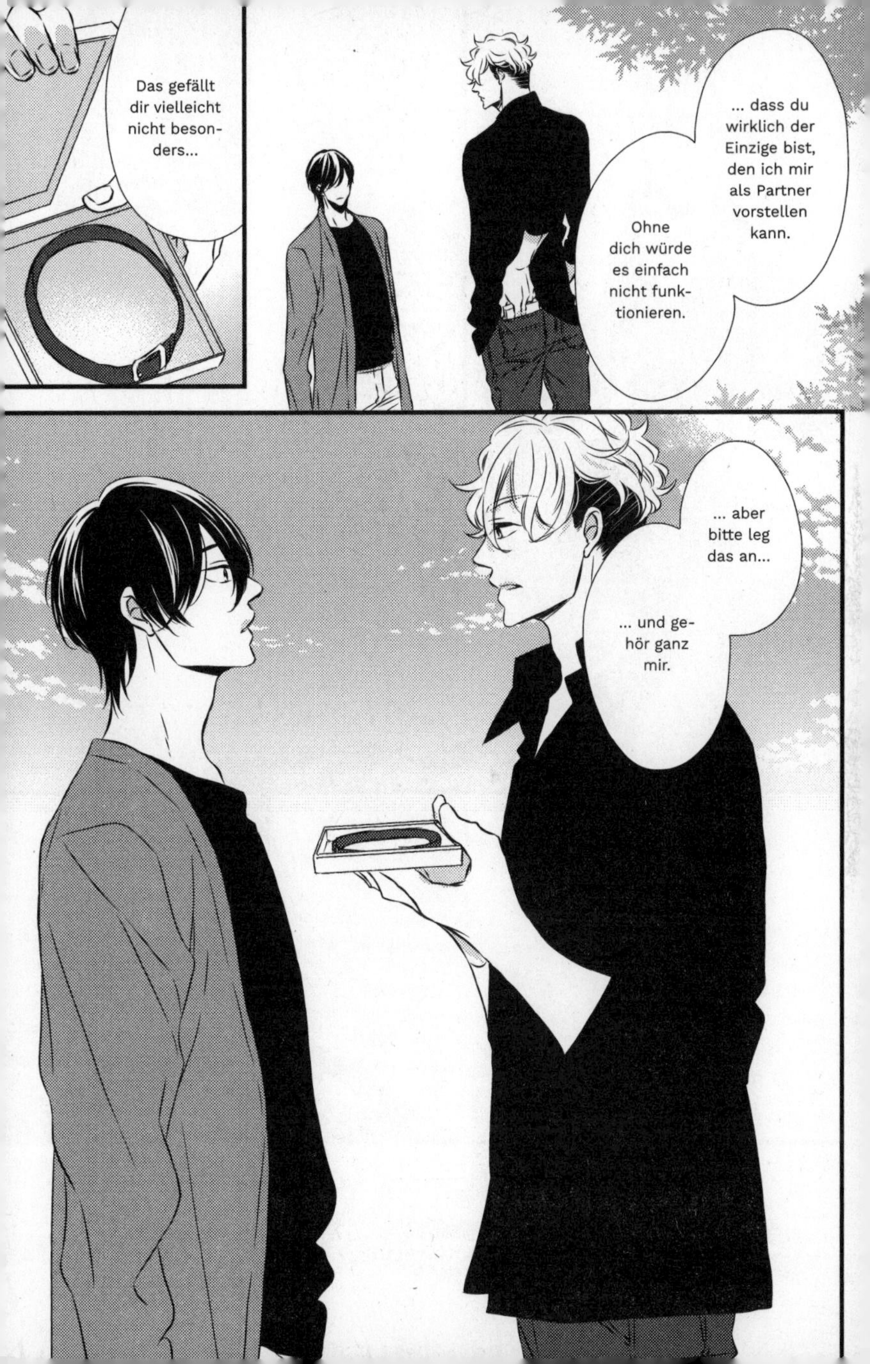
... dass du wirklich der Einzige bist, den ich mir als Partner vorstellen kann.
Ohne dich würde es einfach nicht funk- tionieren.
Das gefällt dir vielleicht nicht beson- ders...
... aber bitte leg das an...
... und ge- hör ganz mir.

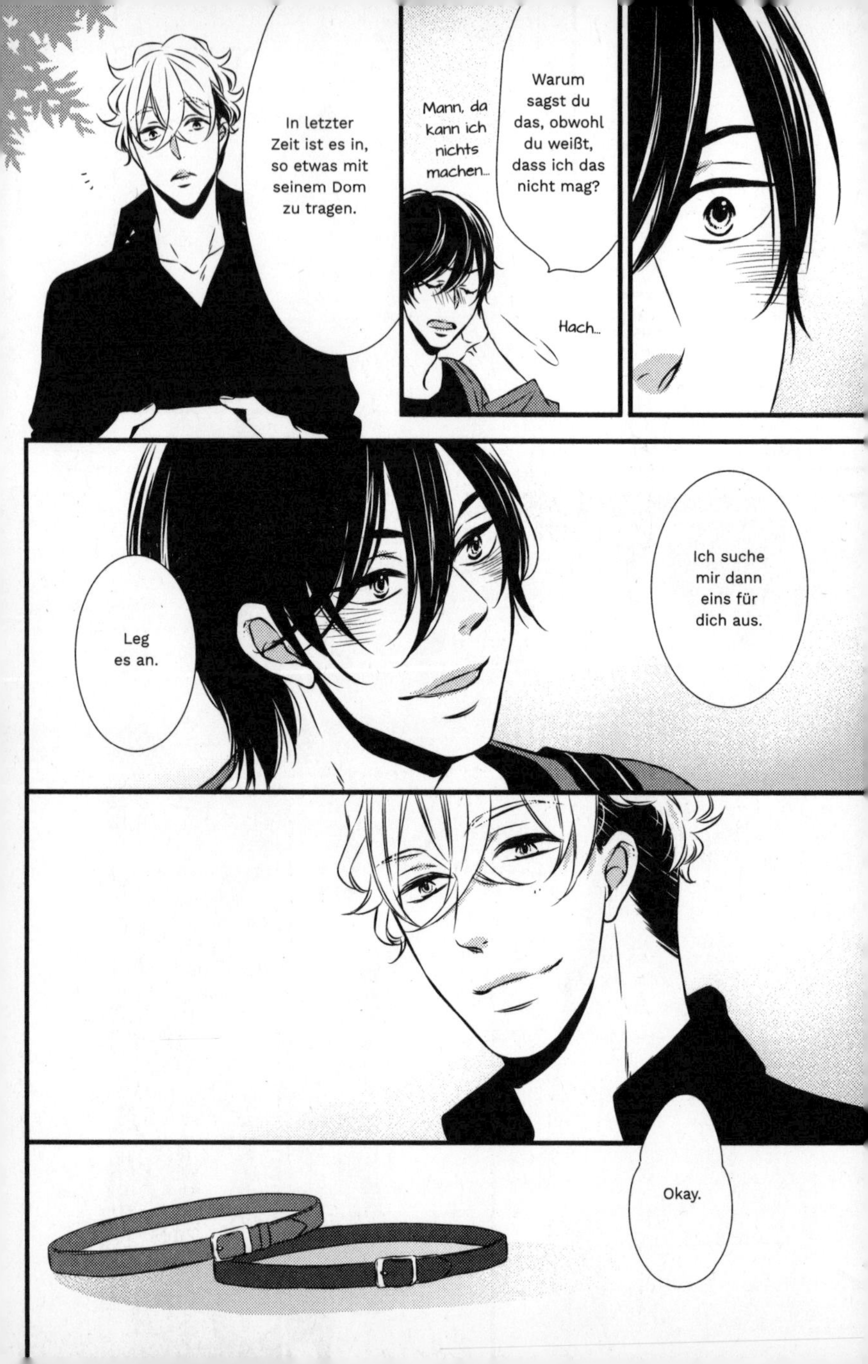
In letzter Zeit ist es in, so etwas mit seinem Dom zu tragen.
Warum sagst du das, obwohl du weißt, dass ich das nicht mag?
Hach...
Mann, da kann ich nichts machen...
Ich suche mir dann eins für dich aus.
Leg es an.
Okay.

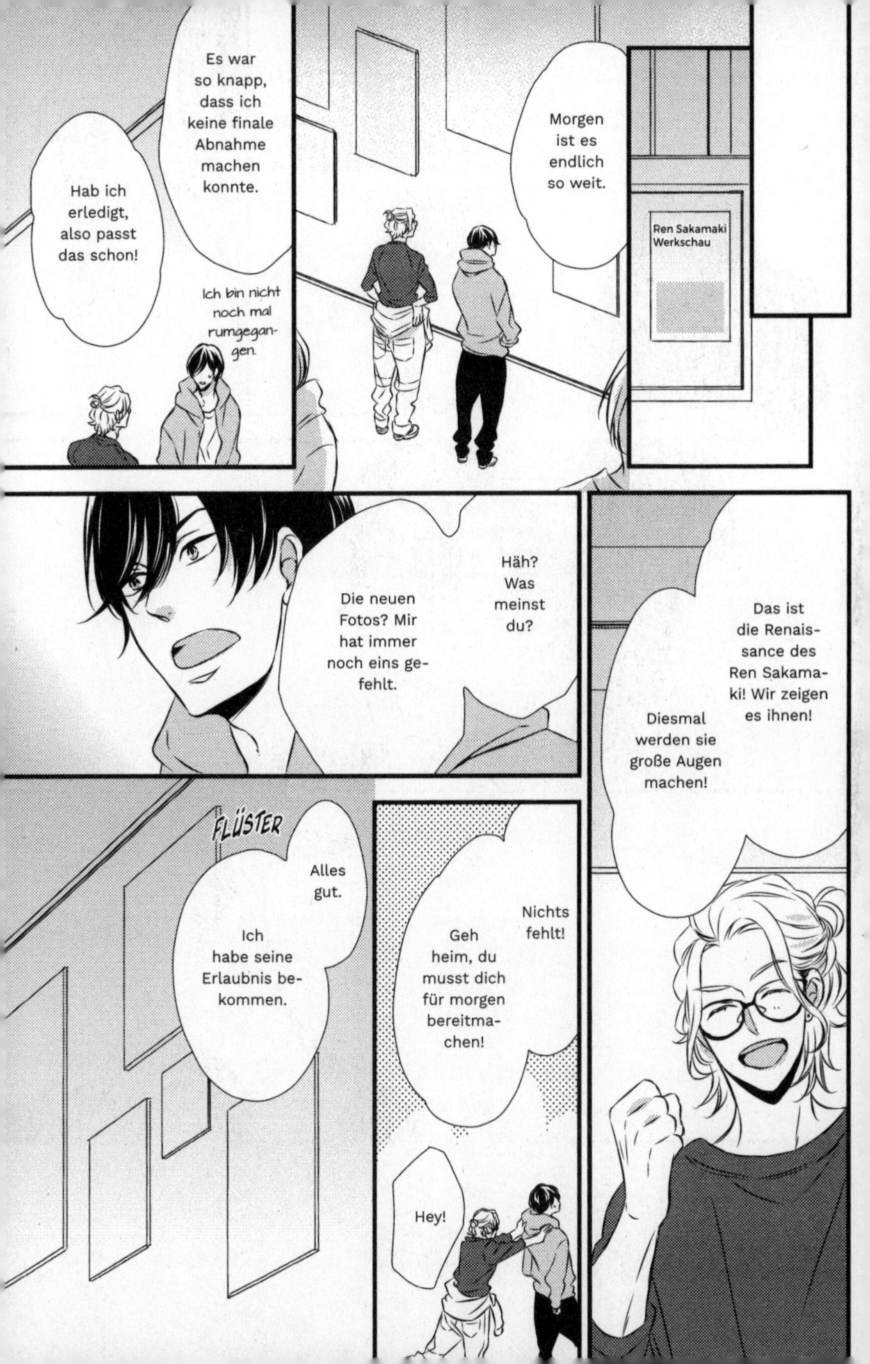
Ren Sakamaki Werkschau
Morgen ist es endlich so weit.
Es war so knapp, dass ich keine finale Abnahme machen konnte.
Hab ich erledigt, also passt das schon!
Ich bin nicht noch mal rumgegangen.
Das ist die Renaissance des Ren Sakamaki! Wir zeigen es ihnen!
Diesmal werden sie große Augen machen!
Häh? Was meinst du?
Die neuen Fotos? Mir hat immer noch eins gefehlt.
Nichts fehlt!
Geh heim, du musst dich für morgen bereitmachen!
Hey!
FLÜSTER
Alles gut.
Ich habe seine Erlaubnis bekommen.

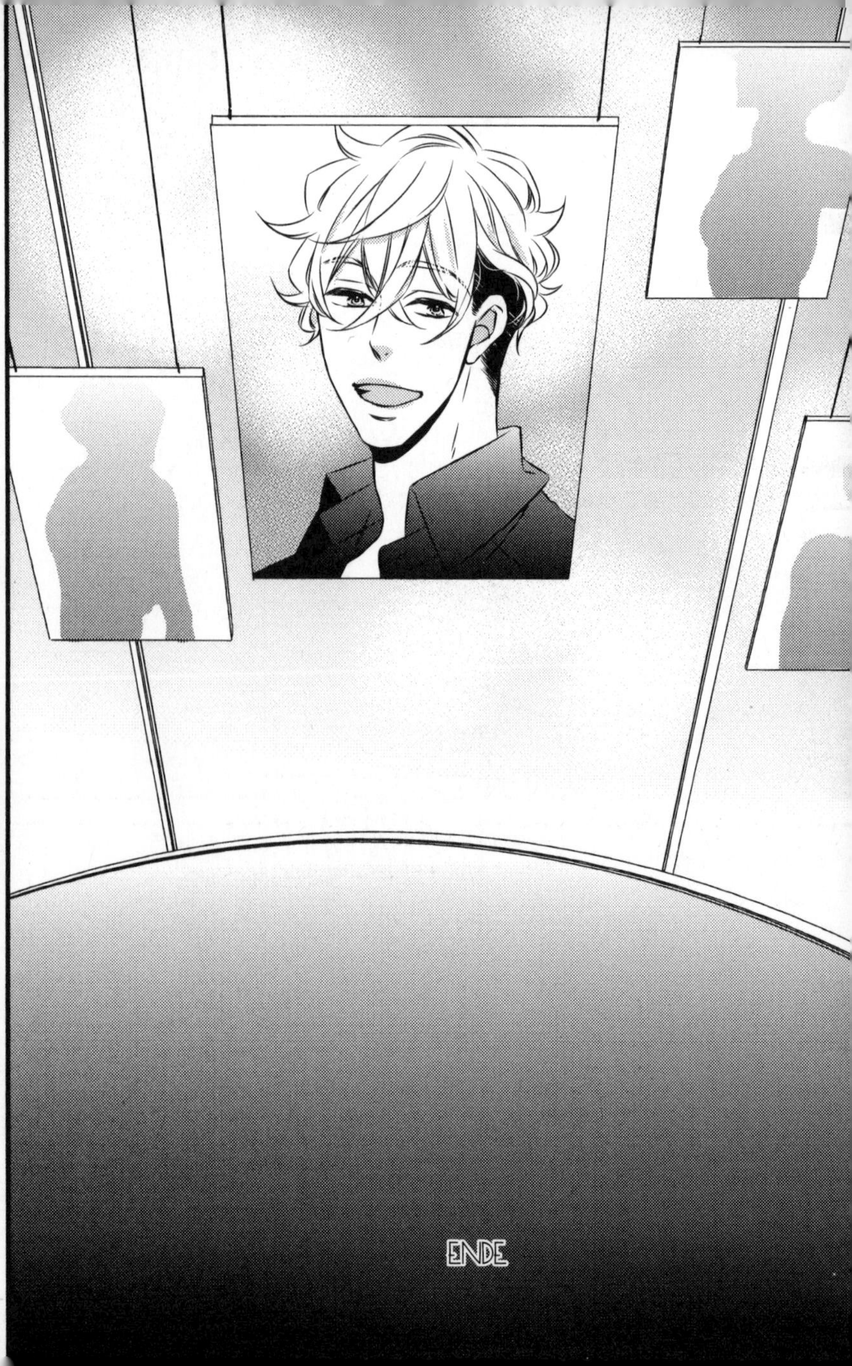
ENDE

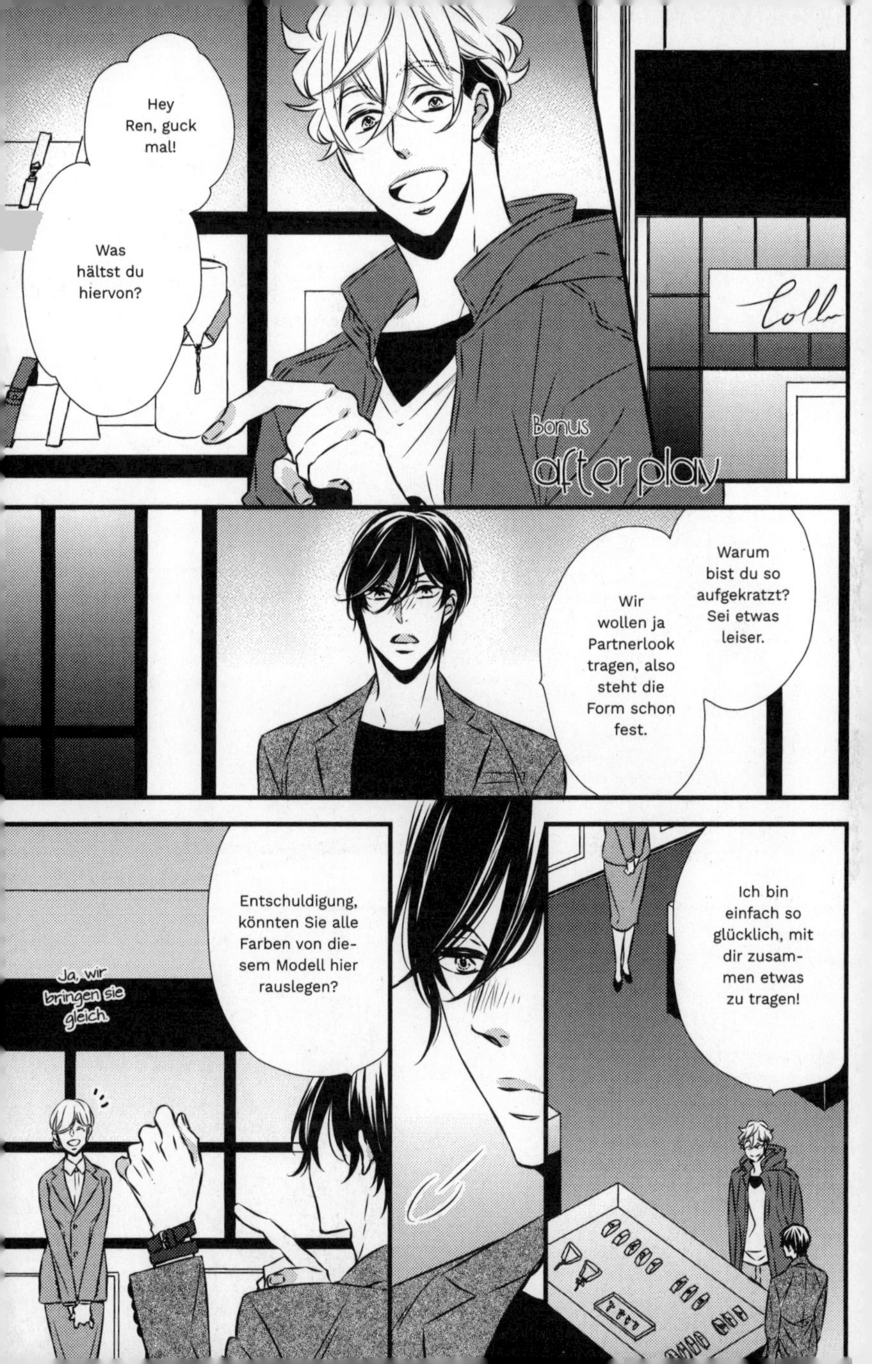
Bonus
after play
Hey Ren, guck mal!
Was hältst du hiervon?
Warum bist du so aufgekratzt? Sei etwas leiser.
Wir wollen ja Partnerlook tragen, also steht die Form schon fest.
Ich bin einfach so glücklich, mit dir zusammen etwas zu tragen!
Entschuldigung, könnten Sie alle Farben von diesem Modell hier rauslegen?
Ja, wir bringen sie gleich.

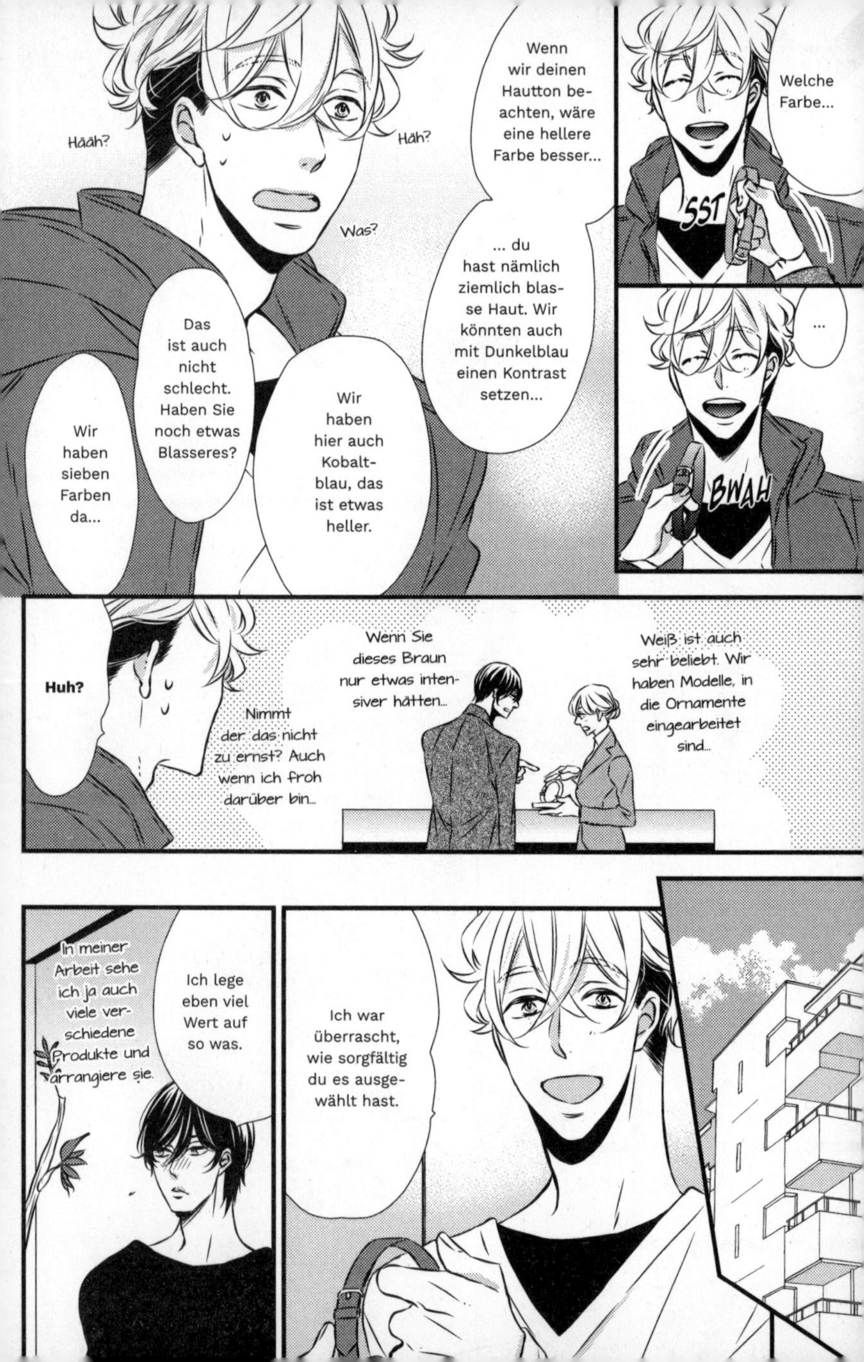

Welche Farbe...
SST
...
BWAH
Wenn wir deinen Hautton beachten, wäre eine hellere Farbe besser...
... du hast nämlich ziemlich blasse Haut. Wir könnten auch mit Dunkelblau einen Kontrast setzen...
Häh?
Was?
Hääh?
Wir haben hier auch Kobaltblau, das ist etwas heller.
Das ist auch nicht schlecht. Haben Sie noch etwas Blasseres?
Wir haben sieben Farben da...
Weiß ist auch sehr beliebt. Wir haben Modelle, in die Ornamente eingearbeitet sind...
Wenn Sie dieses Braun nur etwas intensiver hätten...
Nimmt der das nicht zu ernst? Auch wenn ich froh darüber bin...
Huh?
Ich war überrascht, wie sorgfältig du es ausgewählt hast.
Ich lege eben viel Wert auf so was.
In meiner Arbeit sehe ich ja auch viele verschiedene Produkte und arrangiere sie.

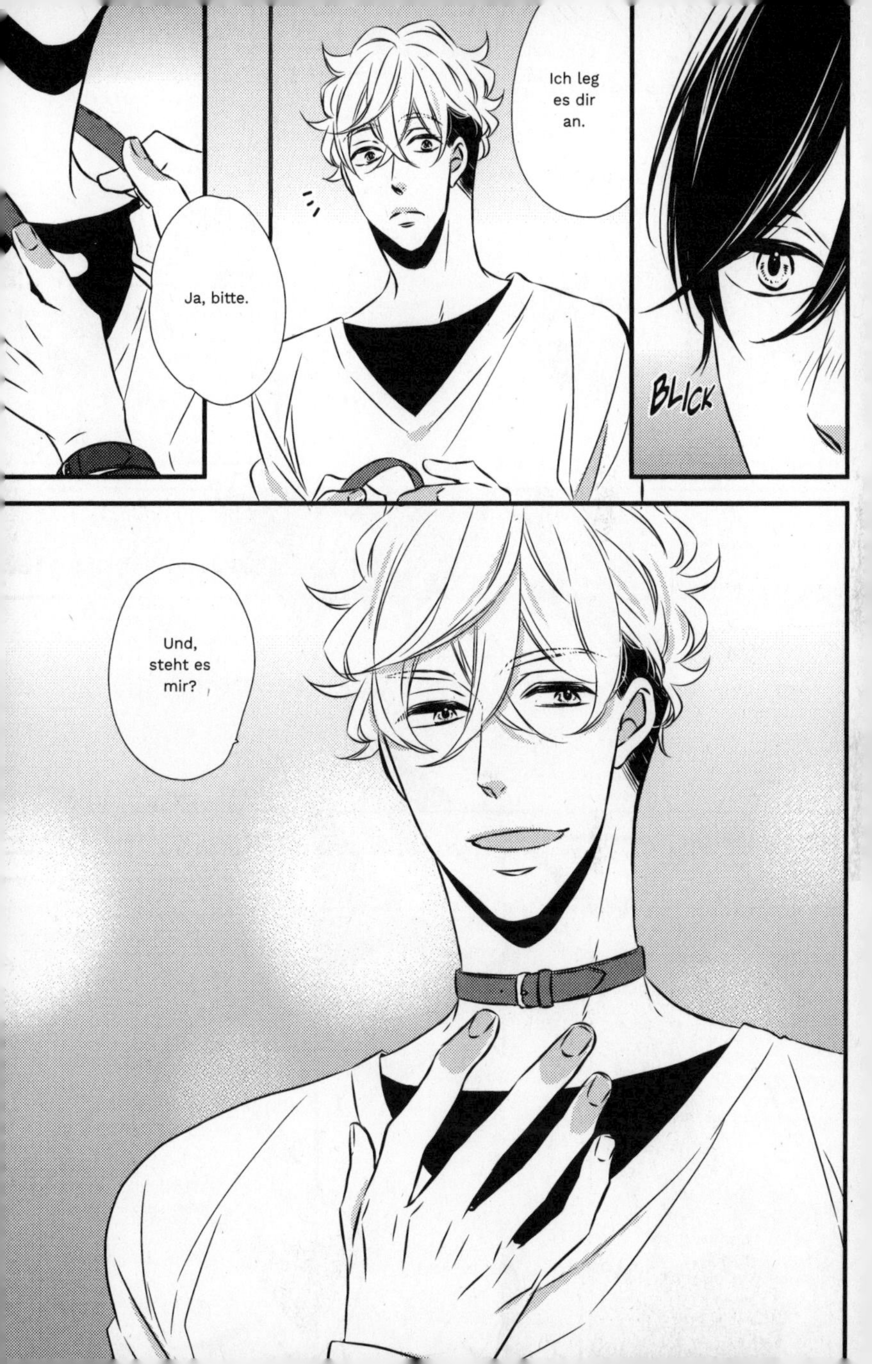
Ich leg es dir an.
BLICK
Ja, bitte.
Und, steht es mir?

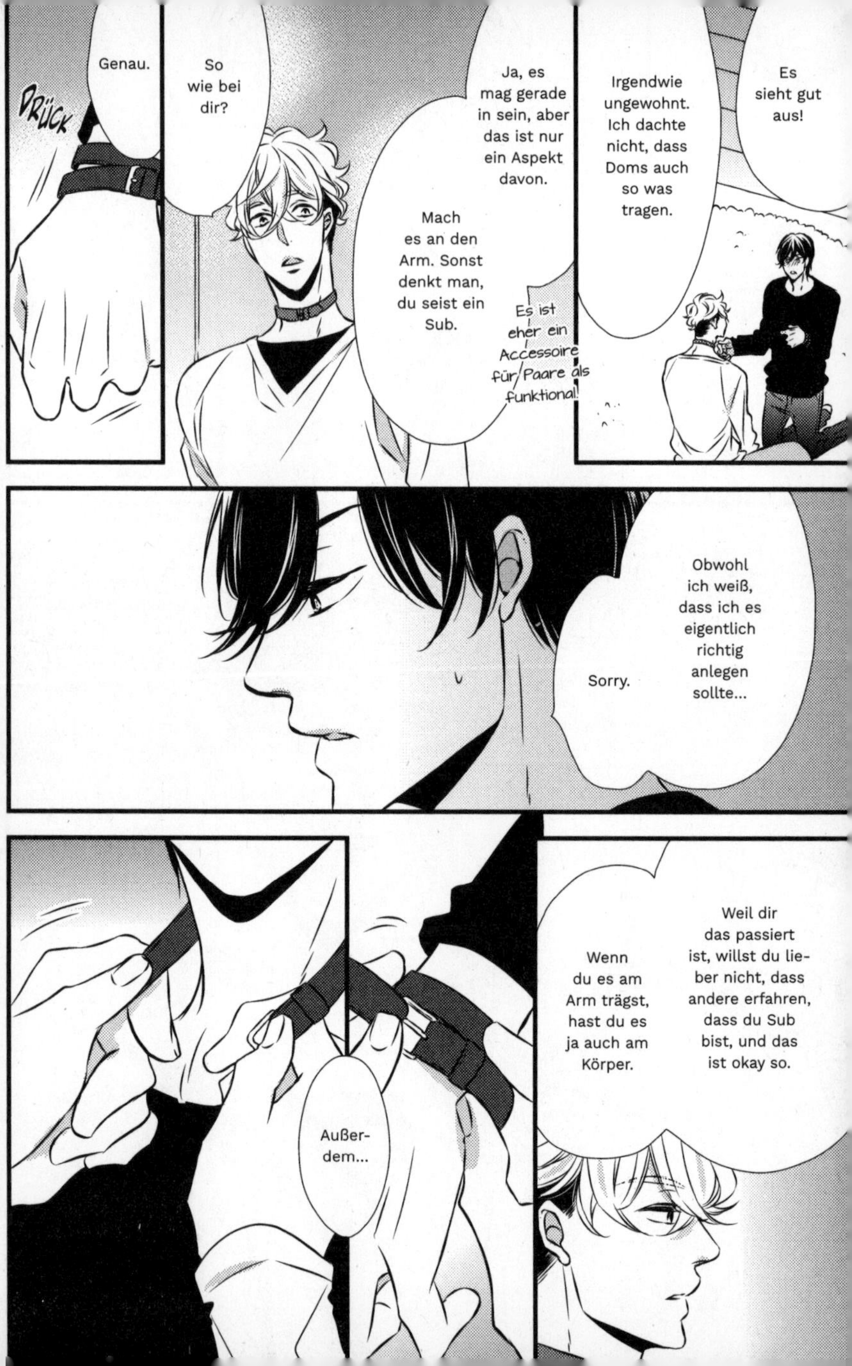
Es sieht gut aus!
Irgendwie ungewohnt. Ich dachte nicht, dass Doms auch so was tragen.
Ja, es mag gerade in sein, aber das ist nur ein Aspekt davon.
Es ist eher ein Accessoire für Paare als funktional!
Mach es an den Arm. Sonst denkt man, du seist ein Sub.
So wie bei dir?
Genau.
DRÜCK
Obwohl ich weiß, dass ich es eigentlich richtig anlegen sollte...
Sorry.
Weil dir das passiert ist, willst du lieber nicht, dass andere erfahren, dass du Sub bist, und das ist okay so.
Wenn du es am Arm trägst, hast du es ja auch am Körper.
Außerdem...

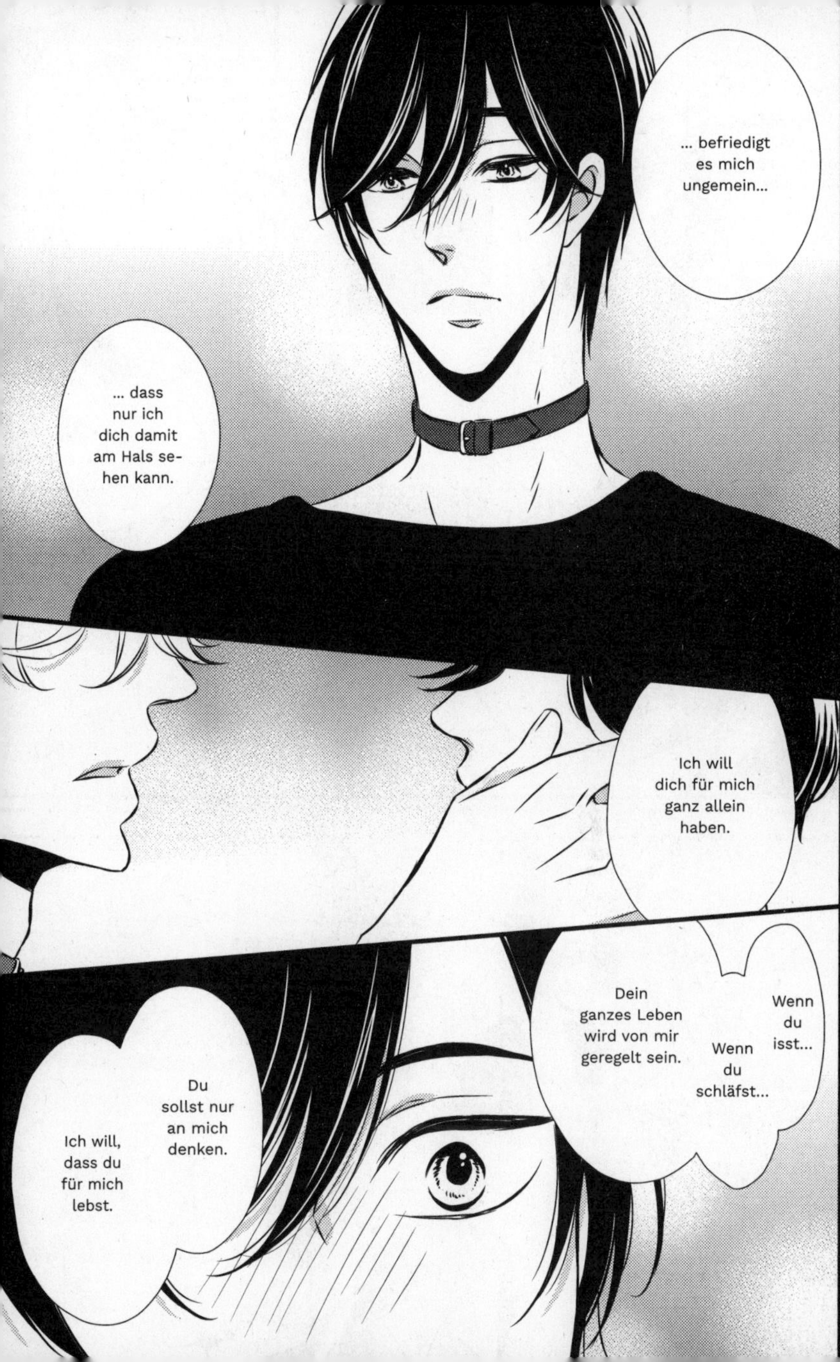
... befriedigt es mich ungemein...
... dass nur ich dich damit am Hals se-hen kann.
Ich will dich für mich ganz allein haben.
Wenn du isst...
Wenn du schläfst...
Dein ganzes Leben wird von mir geregelt sein.
Du sollst nur an mich denken.
Ich will, dass du für mich lebst.

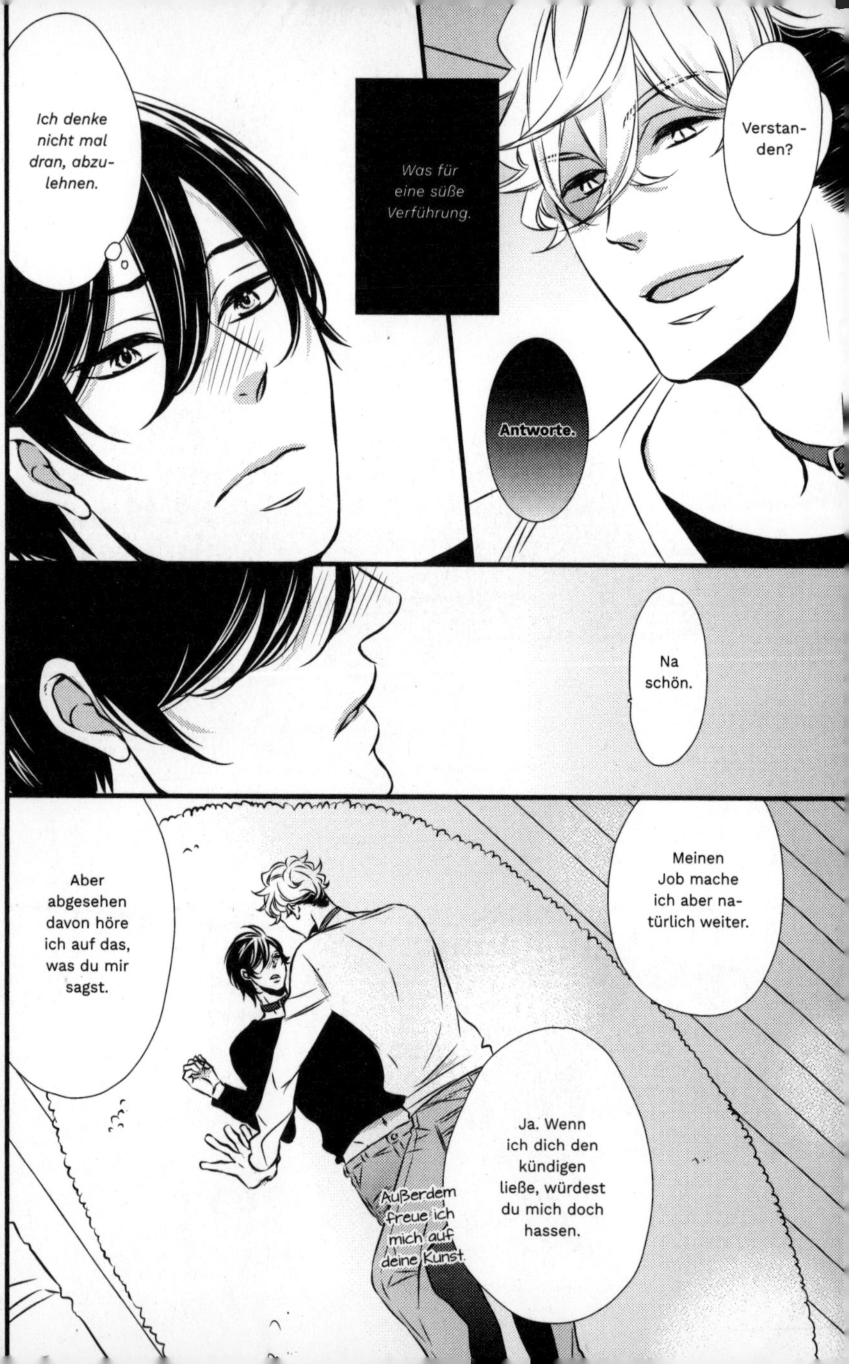
Verstan-
den?
Antworte.
Was für eine süße Verführung.
Ich denke nicht mal dran, abzu-
lehnen.
Na schön.
Meinen Job mache ich aber na-
türlich weiter.
Ja. Wenn ich dich den kündigen ließe, würdest du mich doch hassen.
Außerdem freue ich mich auf deine Kunst.
Aber abgesehen davon höre ich auf das, was du mir sagst.

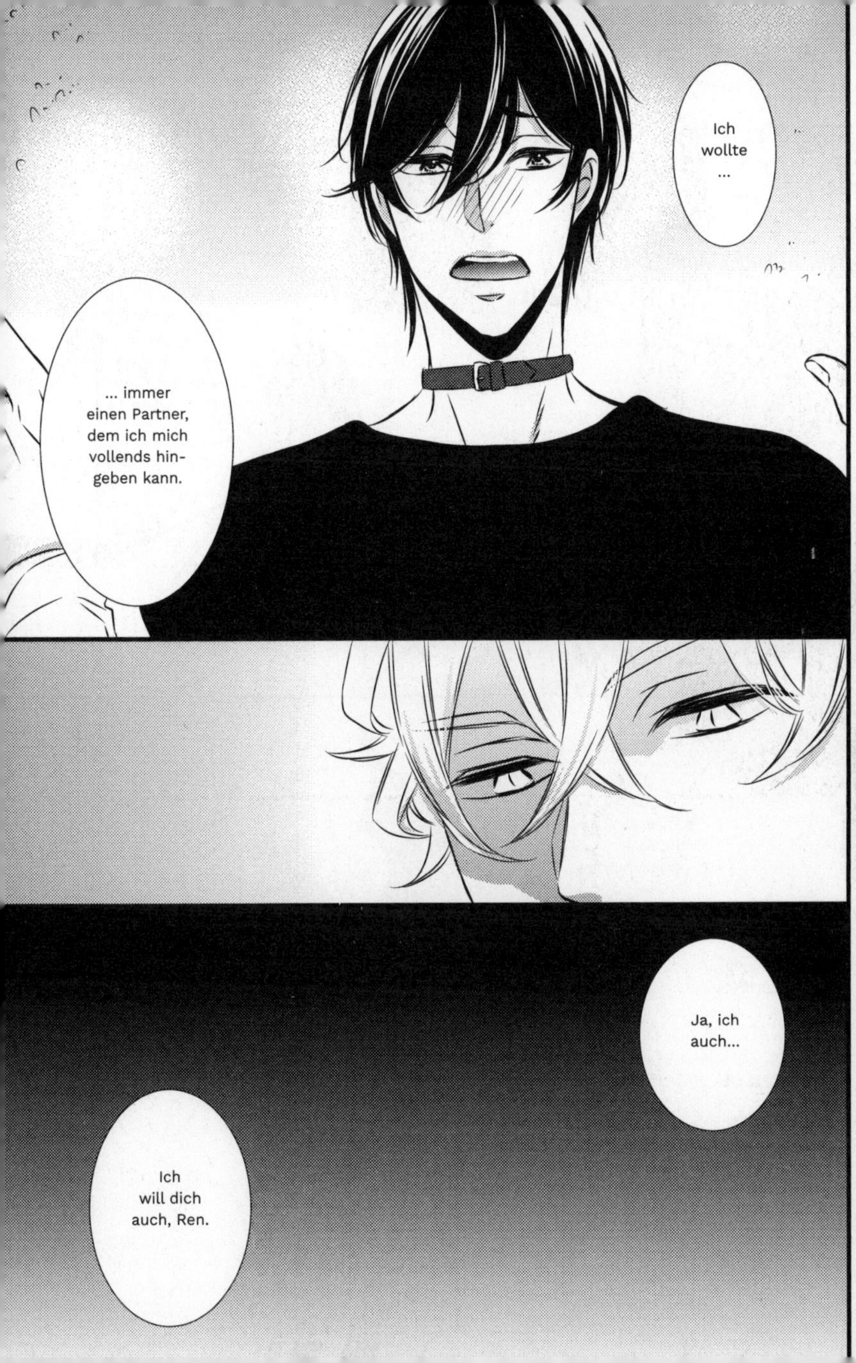
Ich wollte …
… immer einen Partner, dem ich mich vollends hin-geben kann.
Ja, ich auch…
Ich will dich auch, Ren.

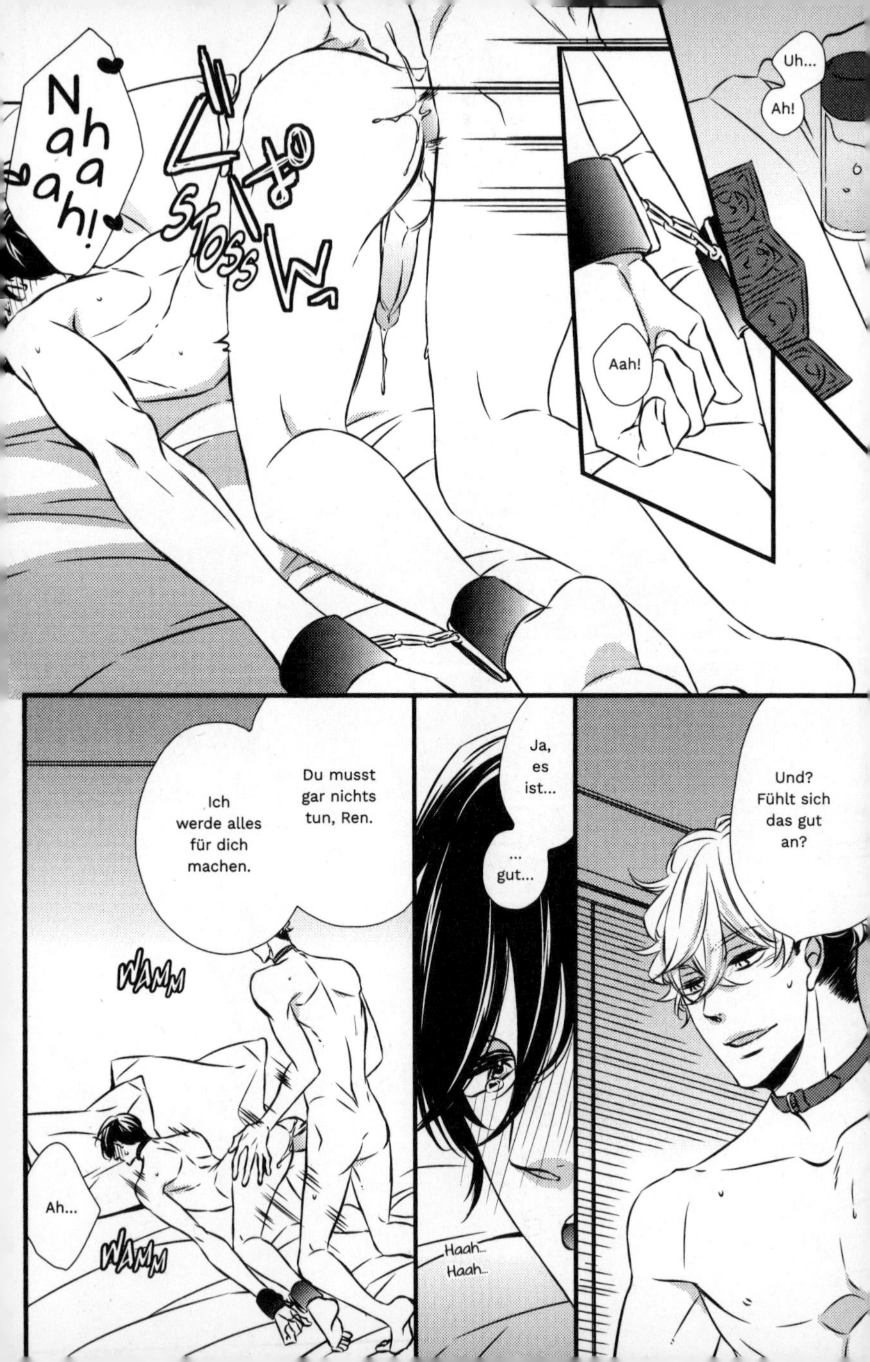
Uh...
Ah!
Aah!
Nahaaah!
STOSS
Und? Fühlt sich das gut an?
Ja, es ist...
... gut...
Haah... Haah...
Du musst gar nichts tun, Ren.
Ich werde alles für dich machen.
WAMM
Ah...
WAMM

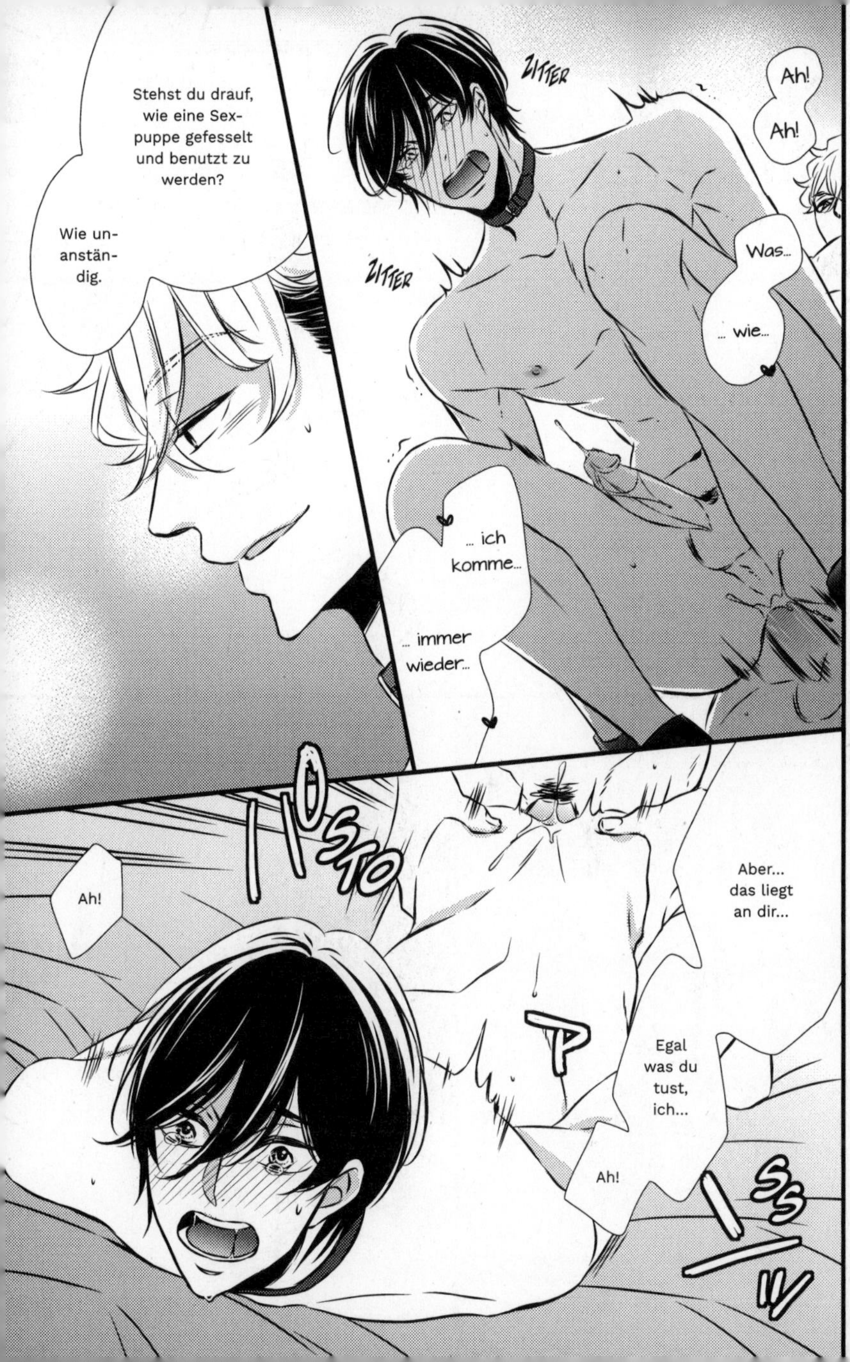

Ah!
Ah!
ZITTER
ZITTER
Was...
... wie...
... ich komme...
... immer wieder...
Stehst du drauf, wie eine Sex-puppe gefesselt und benutzt zu werden?
Wie un-anständig.
STO
Aber... das liegt an dir...
Egal was du tust, ich...
Ah!
SS
Ah!

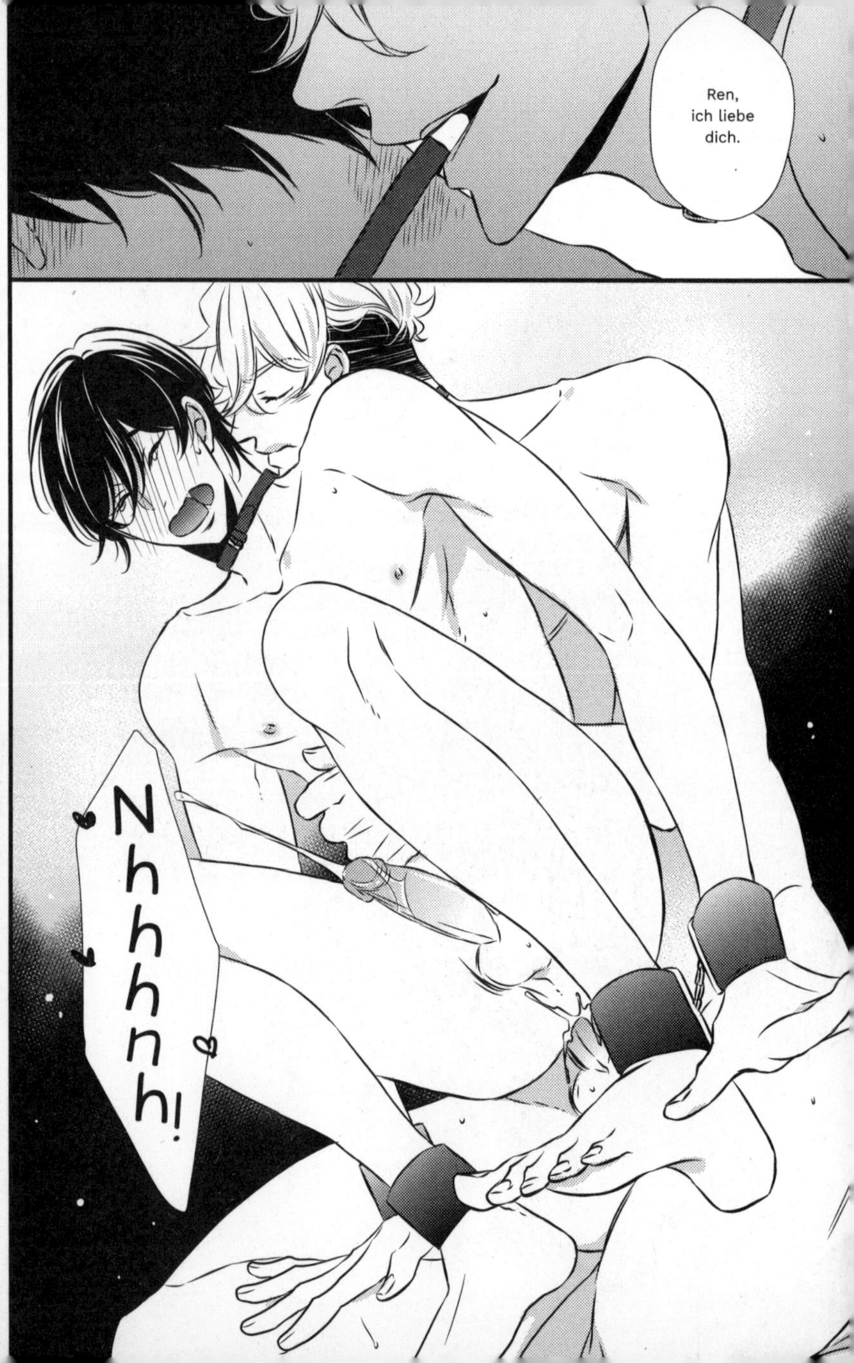
Ren, ich liebe dich.
Nhhhnh!

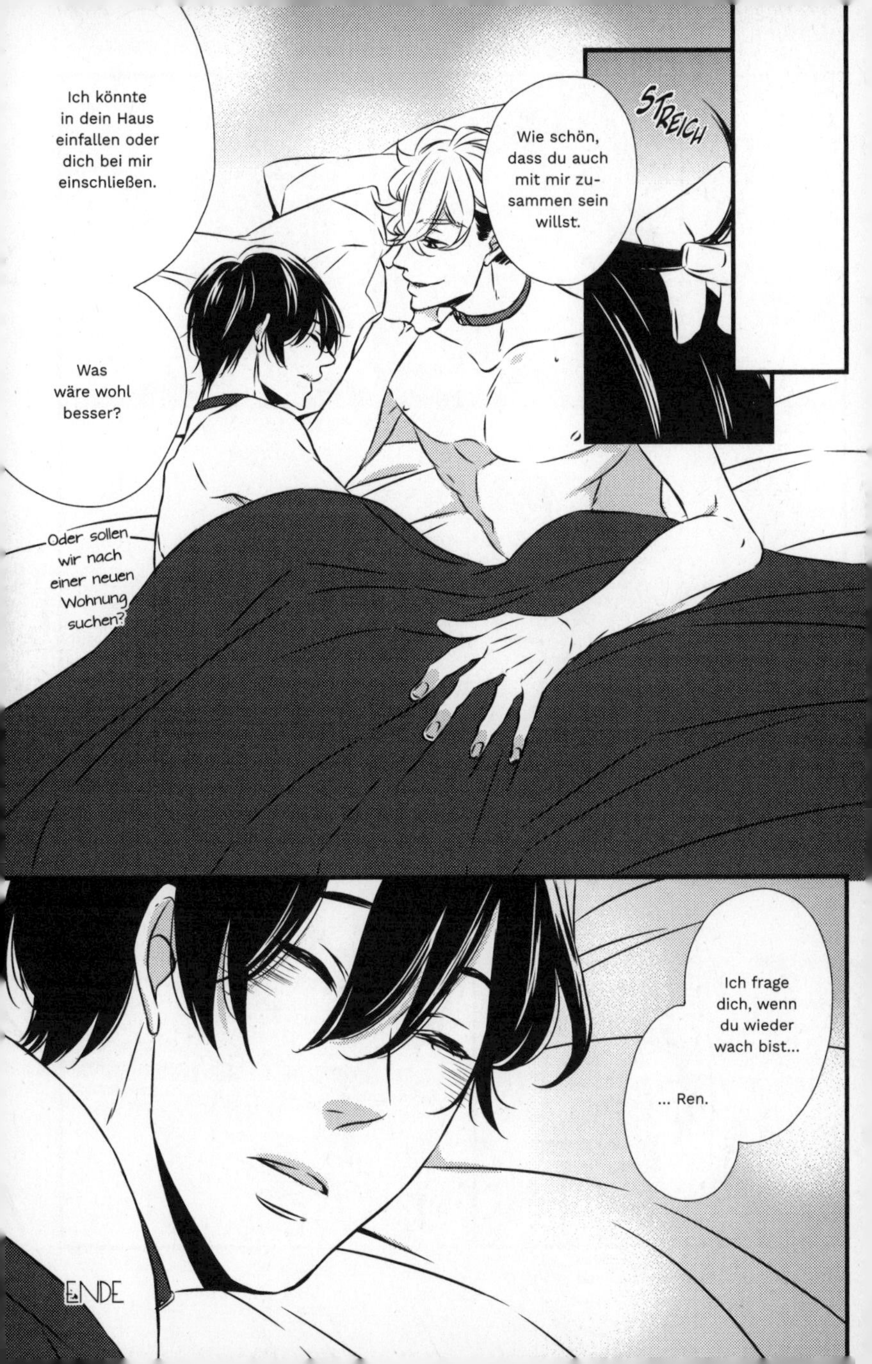

STREICH
Wie schön, dass du auch mit mir zusammen sein willst.
Ich könnte in dein Haus einfallen oder dich bei mir einschließen.
Was wäre wohl besser?
Oder sollen wir nach einer neuen Wohnung suchen?
Ich frage dich, wenn du wieder wach bist...
... Ren.
ENDE

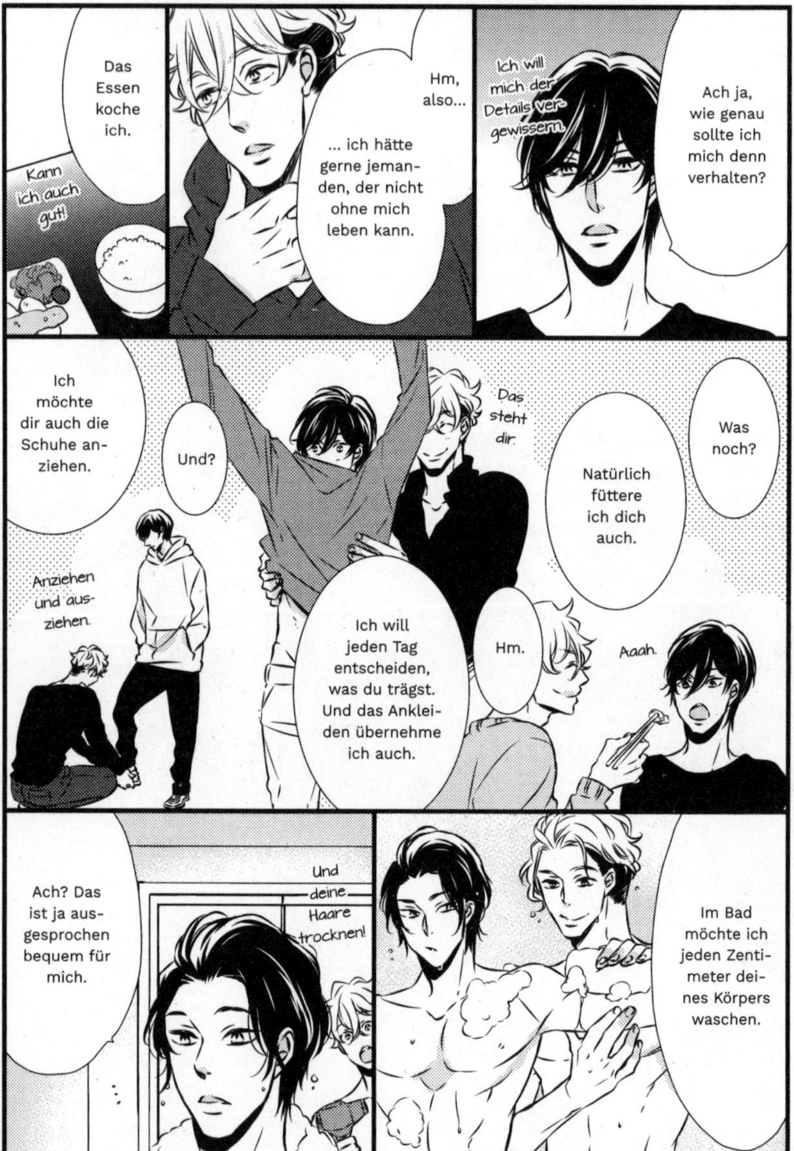
Ach ja, wie genau sollte ich mich denn verhalten?
Ich will mich der Details vergewissern.
Hm, also...
... ich hätte gerne jemanden, der nicht ohne mich leben kann.
Das Essen koche ich.
Kann ich auch gut!
Was noch?
Natürlich füttere ich dich auch.
Aaah.
Hm.
Das steht dir.
Ich will jeden Tag entscheiden, was du trägst. Und das Ankleiden übernehme ich auch.
Und?
Ich möchte dir auch die Schuhe anziehen.
Anziehen und ausziehen.
Im Bad möchte ich jeden Zentimeter deines Körpers waschen.
Und deine Haare trocknen!
Ach? Das ist ja ausgesprochen bequem für mich.
...

Kontrollierender Dom Shiraishi ②

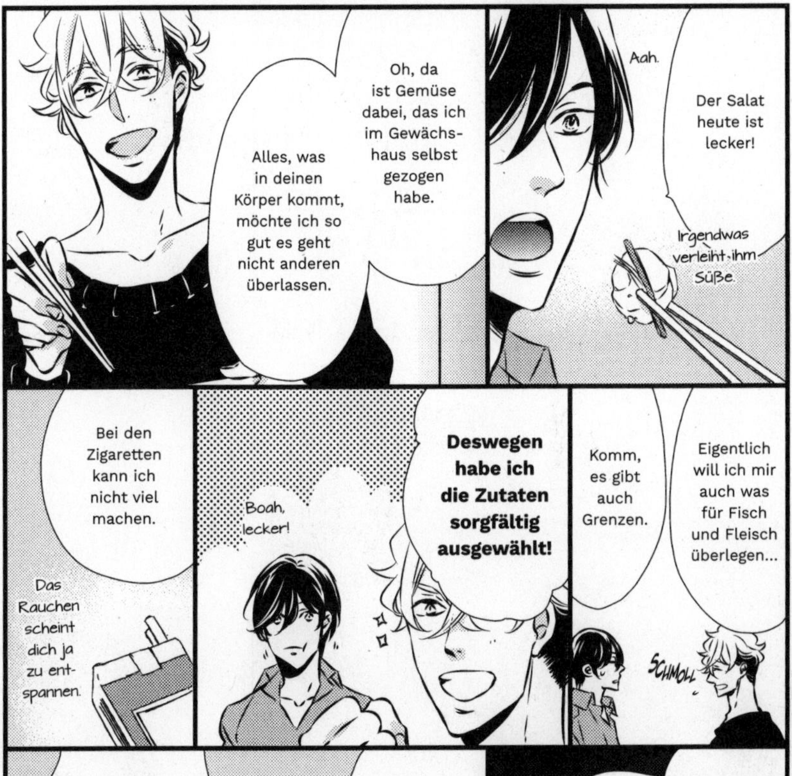

Ich liebe Dom/Sub-Settings wirklich so sehr, dass ich gespannt auf eine Gelegenheit gewartet habe, es nach meinen Wünschen zeichnen zu können, und bin so froh darüber! Ich habe ein Standard-Setting entworfen, ohne besondere Einfälle von mir hinzuzufügen, damit auch Leser*innen, die das erste Mal so ein Werk lesen, sich leicht einfinden können.
Es ist ein Dom/Sub-Alternate-Universe. Ich konnte viele Play-Szenen, die ich liebe, zeichnen! Ren, mit seinem größten Wunsch, alles in seinem Leben Sou zu überlassen, und dann Sou, der sich dieses Wunsches aufrichtig annimmt und Ren nicht aufgibt. Wie hat es euch gefallen? Ich hoffe, alle, die das gelesen haben, hatten viel Spaß mit dieser Geschichte im Dom/Sub-Setting!

Unlimited Lust

MITSURI SI

MEGUMI & TSUGUMI

ALPHATIER VS. HITZKOPF

IST LIEBE WIRKLICH GRENZENLOS...?!

Tsugumi, ein Omega, hasst alle Alphas. Er glaubt, dass sie Omegas unterdrücken und ausnutzen. Deshalb verpasst er ihnen Abreibungen, wo er nur kann. Bei einer solchen steht er plötzlich dem Alpha Megumi gegenüber, der die anderen Alphas beschützen will. Megumi scheint anders zu sein als andere Alphas – und Tsugumi ist verwirrt. Er findet sich schnell zwischen seinem Hass und einem neuen Gefühl der Sehnsucht wieder...

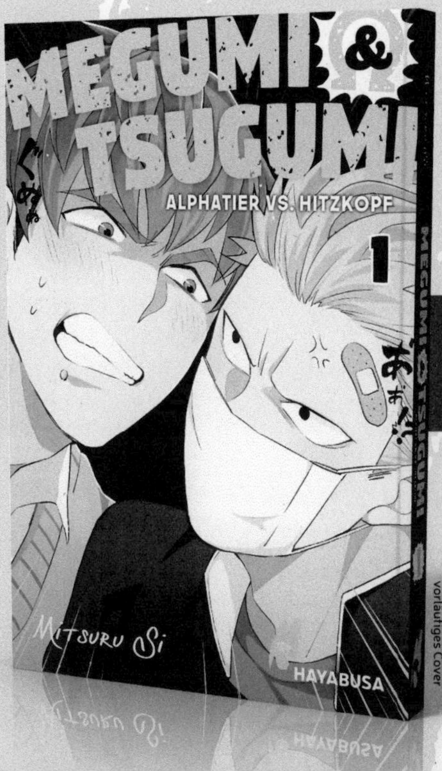

vorläufiges Cover

BAND 1 MIT EDLER SNS-CARD – nur in der Erstauflage!

OMEGAVERSE

Boys Love • ab 18 Jahren
Großtaschenbuch • sw/vierfarbig
ca. 242 Seiten • 12,5 x 18 cm

HAYABUSA
www.hayabusa-manga.de

hayabusa_manga HayabusaTweets

SAI ASAI

FROM TOP TO BOTTOM

AKTIV ODER PASSIV?!

Naoto scheint der perfekte Liebhaber zu sein – er sieht unfassbar gut aus, besitzt den Körper einer griechischen Statue und ist auch untenrum bestens ausgestattet. Alles Gründe, warum er die letzten Jahre immer die aktive Rolle übernommen hat. Yugo durchschaut den sehnlichen Wunsch Naotos, endlich auch mal selbst flachgelegt zu werden...

Ein erotischer Einzelband der Zeichnerin von LOVE AND LET DIE!

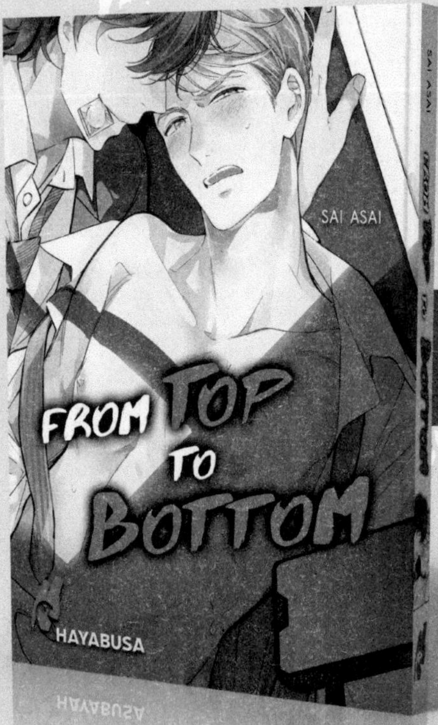

Boys Love • ab 18 Jahren
Paperback • schwarz-weiß/farbig
178 Seiten • 12,5 x 18 cm
Einzelband

HAYABUSA
www.hayabusa-manga.de

hayabusa_manga HayabusaTweets

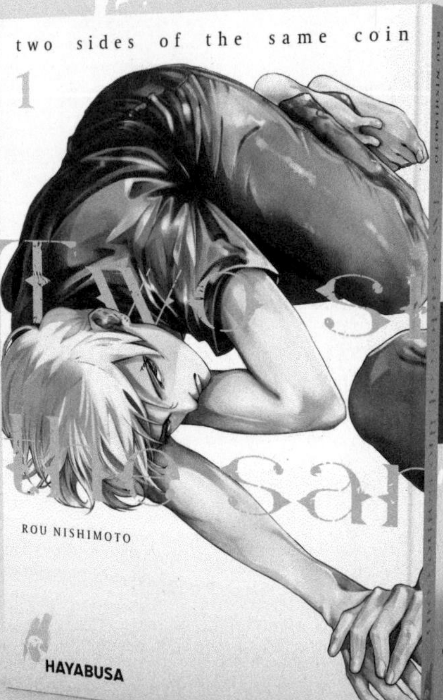
two sides of the same coin
1
ROU NISHIMOTO
HAYABUSA

DAISUKE HIYAMA

PETER GRILL
AND THE PHILOSOPHER'S TIME

DIE »CREME DE LA CREME« DES HAREM-GENRES

Um seine große Liebe zu beeindrucken, nimmt Peter Grill am wichtigsten Kampfturnier des Landes teil... und gewinnt! Doch der damit verbundene Ruhm rückt den frisch gekrönten »stärksten Kämpfer der Welt« in den Fokus der gesamten Damenwelt. Peter steht von nun an zwischen den Fronten: Auf der einen Seite wartet seine Verlobte Luvelia, die immer noch annimmt, Babys würden von Störchen gebracht, auf der anderen Seite machen sich unzählige Monstermädchen auf den Weg, alle mit derselben Hoffnung – durch Peter besonders starken Nachwuchs zu bekommen.

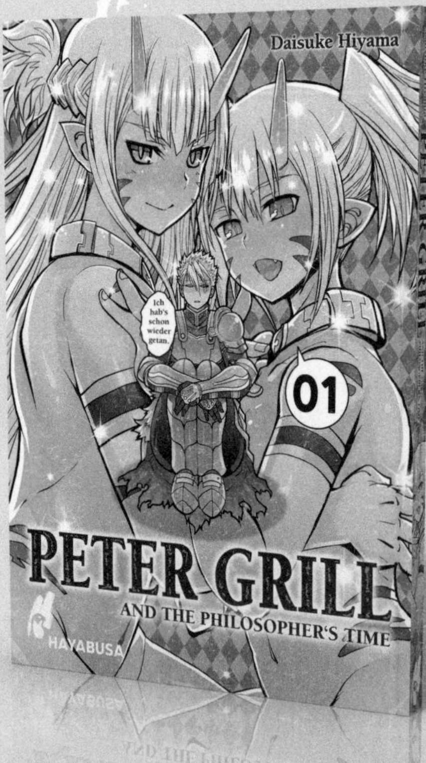

Die MANGA-VORLAGE zum gleichnamigen ANIME!

Comedy • ab 16 Jahren
Großtaschenbuch • sw
176 Seiten • 12,5 x 18 cm

HAYABUSA

www.hayabusa-manga.de

hayabusa_manga HayabusaTweets

Unlimited Lust

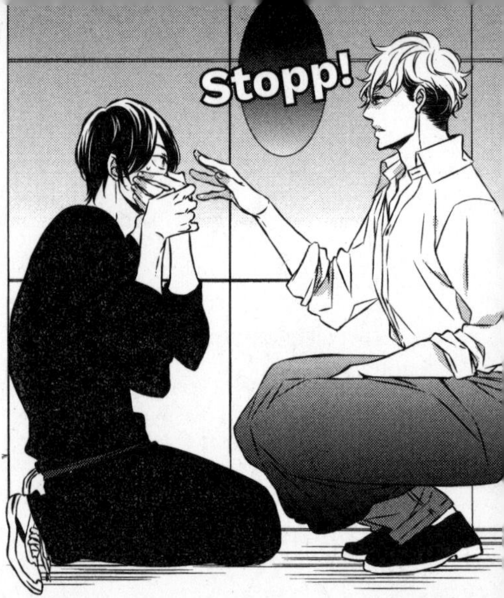

ist ein japanischer Manga, der originalgetreu von »hinten« nach »vorne« und von rechts nach links gelesen wird! Schlagt das Buch also »hinten« auf und blättert Seite für Seite nach »vorne« weiter! Auch die Bilder und Sprechblasen werden von rechts oben nach links unten gelesen, wie es in der Grafik gezeigt wird! HAYABUSA wünscht gute Unterhaltung!

HAYABUSA
2024 Carlsen Verlag GmbH · Völckersstraße 14-20 · 22765 Hamburg
Aus dem Japanischen von Lina Ballhus
UNLIMITED LUST

First published in Japan in 2023 by KAIOHSHA PUBLISHING Co. Ltd.
German translation rights arranged with KAIOHSHA PUBLISHING Co. Ltd. through Tuttle-Mori Agency, Inc, Tokyo.
Original Cover Design: Rika Nogi
Redaktion: Julia Liebetraut, Lisa Duty
Herstellung: Lena Voigt

ISBN: 978-3-551-62431-4

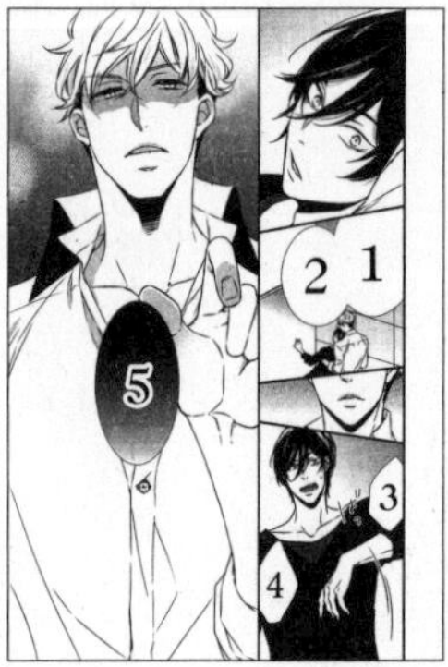

PLAY WITH THE FALCON
www.hayabusa-manga.de
www.carlsen.de
hayabusa_manga
HayabusaTweets